国家社会科学基金规划项目

福建省和福州大学211工程重点学科建设项目

深化体制改革中的利益兼容问题探索

周小亮　等著

商　务　印　书　馆

2007年·北京

图书在版编目(CIP)数据

深化体制改革中的利益兼容问题探索/周小亮等著.
北京:商务印书馆,2007
ISBN 7-100-05271-8

Ⅰ.深… Ⅱ.周… Ⅲ.利益兼容-研究-中国
Ⅳ.F124.7

中国版本图书馆CIP数据核字(2006)第144755号

深化体制改革中的
利益兼容问题探索
周小亮 等著

商 务 印 书 馆 出 版
(北京王府井大街36号 邮政编码 100710)
商 务 印 书 馆 发 行
北京瑞古冠中印刷厂印刷
ISBN 7-100-05271-8/F·650

2007年6月第1版 开本850×1168 1/32
2007年6月北京第1次印刷 印张16¼
定价:29.00元

序　　言

胡代光

“经济学”本是“经邦济世、经世济民之学”。学习经济学首先就是为了强国富民，为广大人民谋福利。

从实践上说，当前我国所进行的以建立社会主义市场经济体制为目标的改革，由于市场经济内在的价值规律的自发作用，必然会引起不同要素主体的收入差距的扩大，兼之不规范的所有制结构和产权关系的调整，非均衡体制改革所产生的差别政策与制度安排，以及不完全市场运行中的权钱交易等，从制度层面上人为地扩大居民收入差距，并由此引发了不同利益主体之间的矛盾与冲突。因此，作为经济理论工作者，很有必要从理论上深刻分析、研究体制转型与利益关系调整的内在关联，以及目前我国不同主体之间利益矛盾与冲突的体制原因，并在此基础上，分析、研究我国如何在深化体制改革中协调、化解现有的利益矛盾与冲突，防止两极分化，兼顾各阶层各方面群众的利益关系，以促进效率与公平、市场经济体制与社会主义和谐社会的相互统一。

因此，本书从选题角度讲，可以说是切中了我国体制改革与建设社会主义和谐社会中的一个非常关键性的问题。它对于完善社会主义经济体制，坚持改革开放的社会主义方向和我国社会主义基本制度的性质,促进社会主义和谐社会的构建,无疑具有重大的理论与现实意义。

此外,本书还有四个比较突出的理论创新特点:其一是坚持马克思主义经济学与历史唯物主义为指导,切实地运用马克思主义政治经济学,并吸取西方经济学中合理的有关理论和方法,借鉴了抽象演绎和博弈论的相关分析方法,同时还使用了一定量的图表和模型进行数理统计分析,从而为本书所研究问题的分析,提供了较为雄厚的理论基础与良好的分析支撑。其二,以体制改革中的利益关系变化和调整为分析主线,对体制改革中利益矛盾的制度成因、各种利益的实现形式、运行机理和协调机制作出了深入分析,并创立了一个较为完整的分析框架,从而为该类问题的进一步研究拓展了一个良好基础。其三,在对现实问题的分析中,突出理论分析与内在逻辑关系探讨,如在居民收入差距扩大与城乡落差的关联分析模型、体制改革中的利益集团博弈关系、体制创新与利益兼容的内在逻辑联系等方面,进行了创新性的分析。其四,在理论研究中贯彻以事实为根据,生产力首要性的观点,并提出了不少符合实际的创新性对策观点。如认为目前深化体制改革的首要任务是协调利益矛盾和冲突,以实现利益兼容基础上的效率、财富增长;社会生产力与效率和财富的增长是利益兼容的物质基础,社会主义基本经济制度的巩固和发展是利益兼容的根本制度保障;当前政府实施体制改革的当务之急是大胆实施以公平为导向的收入分配政策,在确保企业和市场效率基础上,将注意力集中转向社会保障与社会福利体系建设及财税体制改革上,等等。

当然,由于本书所研究的是一个重大的理论与现实问题,有些问题还可以作进一步的深入、系统地研究。但总的来说,本书是一本具有明显理论创新和重大实际参考价值的著作,值得理论研究工作者和政府决策人员研讨与借鉴。为此,乐于作序。

北京大学经济学院

2006 年 7 月 1 日

目　　录

导　论

——兼论利益兼容在全面建设小康社会与构建社会主义和谐社会中的历史地位

全面建设小康社会与构建社会主义和谐社会是中国实现社会主义现代化的奋斗目标。协调利益关系,实现利益兼容基础上的和谐经济发展,是和谐社会构建的基本标志。由于过去二十多年来的非均衡发展与非均衡体制改革,促发了以居民收入分配差距不断扩大为标志的利益不协调的问题,并制约了社会经济的和谐发展。为此,我们要实现社会主义现代化,必须在树立、落实科学发展观的基础上,通过深化体制改革和完善社会主义市场经济体制,努力协调、解决各种利益不协调的问题,以促进社会主义物质文明、政治文明和精神文明的和谐发展以及社会主义和谐社会的构建。

第一节　实现利益兼容是构建社会主义和谐社会中的应有之义

一、有关社会发展的不同经济理论综述

1. 马克思主义关于社会发展目标的论述

马克思主义创始人在批判资本主义私有制与雇佣劳动制度下将产生“人的异化”的基础上，通过以历史唯物主义为基础的人类社会发展规律的研究，科学地提出了关于未来共产主义社会的设想。马克思认为，未来新社会的本质特征是“建立在个人的全面发展和他们共同的社会生产能力成为他们的社会财富这一基础上的自由个性”①，未来社会应该是“以每个人的全面而自由的发展为基本原则的社会形式”②，可见，实现每个人的自由全面发展在马克思看来是共产主义社会（“自由王国”）的最重要目的，也是未来社会的基本发展目标。要实现人的全面自由发展，在马克思看来，则必须在社会生产力高度发展的基础上，建立社会生产的公共所有制。因此，马克思主义创始人认为，未来的共产主义社会经济形态是在生产力高度发展下的一个“自由人联合体”，是“一个更高级的、以每个人的全面而自由的发展为基本原则的社会形式”③。其基本特征是：提高每个人的生产能力，促使社会生产力得到空前迅

---

① 马克思：《马克思恩格斯全集》，第46卷上，第104页，北京，人民出版社，1979。
② 马克思：《马克思恩格斯全集》，第23卷，第649页，北京，人民出版社，1979。
③ 同上书，第95、649页。

速的发展与物质财富的极大丰富;消灭资本主义所有制和建立生产资料的社会所有制,从而消灭剥削的物质制度条件;按照社会需要在社会范围内有计划地组织和调节社会生产,节约劳动时间,是未来共产主义社会经济形态的首要经济规律;一切社会产品将按照共同协议进行直接分配,消除阶级差别和旧的社会分工,包括工农、城乡以及脑力劳动和体力劳动的差别等。

2. 发展经济学关于经济发展方式的理论综述

发展经济学的研究对象主要是不发达国家的工业化进程,主要运用数量研究工具分析不发达国家的经济问题。发展经济学理论本身在总结各国发展经验中而得以不断的修正与完善,它经历了结构主义、新古典主义、制度主义三个阶段理论范式的变革。

20 世纪 40 年代到 60 年代中期形成了发展经济学第一个范式,即以结构主义为特征。结构主义认为发展中国家在经济结构方面存在缺陷,不能仅仅通过市场机制配置资源来实现经济发展与工业化,因此经济政策的制定应立足于优化经济结构。由 20 世纪 60 年代末到 70 年代末形成了发展经济学的第二个范式,即以新古典主义为主导思想,对经济发展中市场机制和资源配置因素再度突出。新古典主义认为:不发达国家政府过度活动引起的太多的国家干预导致错误的价格政策,使资源配置不当,经济不能增长,为此经济发展必须进一步完善市场经济体制,以实现生产要素的市场均衡配置,从而提高资源配置效率,促进经济增长与发展。

在发展经济学的结构主义和新古典主义范式中,其研究侧重于宏观经济层面的总量分析。其分析范式忽视了与经济发展过程密切相关的制度变迁、公平、社会和谐等利益机制。为此,20 世纪

80年代以来，出现了发展经济学的第三个范式，即以制度主义和内生增长理论为主导思想。在发展经济学的第三范式中，经济发展中的制度因素或利益协调机制、人力资本因素被吸纳进发展经济学的理论体系，逐渐接近制度变迁理论的思想，即内生的制度对经济发展起重要作用，由此打破了新古典主义经济学的制度均衡假定。而内生增长理论、边际报酬递增理论成为当代发展经济学的新进展。内生增长理论提出了知识经济的概念，并研究了经济增长方式的变革。舒尔茨强调了人力资本投资在经济发展中的重要作用及由此带来的经济制度的创新。

以加尔布雷思为代表的制度主义学派，继承了凡勃伦传统，运用包括权利分析、利益集团分析、规范分析以及社会政治和经济互动等在内的制度—结构分析方法，分析资本主义社会的制度因素与利益协调的关系，揭露资本主义社会的制度结构不协调之弊病，并批判“正统派”的经济理论与政策主张。加尔布雷思在《丰裕社会》中首创“生活质量”概念，并且分析了美国“丰裕”时代的到来对经济利益关系的冲击；他把既有的新古典经济学称为“来自贫困的传统智慧”，提出要研究“丰裕社会”的经济原理。在《经济学和公共目标》中，加尔布雷思提到，对公共目标的忽视是导致生活质量下降的原因，因此，不能只重视经济增长目标，而忽视环境保护等公共目标。

以科斯、阿尔钦、诺斯等为代表的新制度主义学派把产权、制度等变量引入新古典经济学的分析工具。诺斯(1973)强调制度因素决定经济增长，他把投资增加、技术进步、专业化和分工的发展这些现象看做是发展本身，而把经济制度或利益机制的变革看做经济发展的原因。制度变迁理论的基本分析框架是:分析变化了的自然环境、技术水平、人口结构、产权、道德文化、意识形态等等如何向人们提供新的获利机会,从而提供变革旧制度、创造新制度的动机,为了获得更大的收益或节约某些交易成本,人们必须进行制度创新;当新制度所能提供的边际收益相当于旧制度运行所需付出的边际成本的时候,制度变迁就会暂时停止,制度结构就达到了某种“均衡”,即帕累托状态,只有当环境改变时,才会又发生对新制度的“需求”与“供给”。

3. 福利经济学关于经济社会发展目标的研究

西方发达国家经历了从单一的经济发展到经济社会全面发展的过程。随着社会财富总量的扩大,社会分配不公、环境污染、劳动异化的问题日益突出,人们的主观幸福、社会福利并没有因为财富总量扩大得到提高。在此社会现实背景下,客观上要求经济理论在关于经济制度和政策应该实现的社会目标和必须遵循的价值判断等方面,进行更全面的科学评价。为此,福利经济学在新古典经济学一般均衡理论分析框架的基础上,对不同经济状态下社会福利的增减变动,进而对社会发展目标等方面作出了相应的理论解释与分析。

福利经济学把关于社会发展目标的价值判断与新古典经济学的分析方法结合起来。庇古系统创立了福利经济学体系。庇古把总福利定义为社会成员从各种满足来源获得的效用之和,假定个人效用可以具体量化,表示为某些物品消费或收入的函数,进而得出社会福利总量函数为个人福利之和,从而可以分析社会福利的最大化。

20世纪30—50年代,西方经济学在批判和吸收庇古的旧福利经济学的基础上,形成新福利经济学。新福利经济学以序数效用论为基点。社会福利状态的最优是以每个人各自的状态在原有基础上、在不损害别人的条件下都不能再增进为标准,即帕累托标准。福利经济学的基本定理论证了完全竞争一般均衡都是帕累托最优,同时,帕累托最优状态也可以由一套竞争价格和适当的要素所有制来实现。新福利经济学指出帕累托最优是社会福利最大化的必要条件而不是充分条件,要达到"最大福利",还必须满足其充分条件,即收入分配的合理性,为此创建了社会福利函数。社会福利函数基于不同的公平观念对社会资源分配各种状况排序。新福利经济学又提出社会补偿原则,认为政策与制度变动后必然导致社会成员有的受益,有的受损,而社会福利总量是增进还是减少了,取决于受益的人可否补偿受损的人以后还有剩余。新福利经济学的社会福利目标分析框架在西方经济政策的理论与实践中得到应用。在使用财政政策、货币政策等凯恩斯主义宏观调控方法时,经济学家须使用这些分析工具定量地考量这些政策对社会经济福利的影响。采用收入分配政策时更是要权衡其对社会福利目标的影响。

1998年诺贝尔经济学奖得主阿马蒂亚·森(A. Sen)批判性地重建了福利经济学,扬弃了功利主义。森的研究主线是资源如何分配的福利问题,关注社会的不平等与社会中最贫穷的成员,赋予经济学深刻的道德和伦理取向。森在《以自由看待发展》(1999)书中认为,当代世界达到了前所未有的丰裕,但它还远没有为大多数人提供实质性的自由。自由作为人的基本权利,是发展的首要目的，自由也是促进发展的不可缺少的重要手段。森指出，发展的目的不仅在于增加人的商品消费数量，而且更重要的是在于使人们获得能力。根据这一思想，联合国开发计划署(UNDP)提出了人类发展概念，进一步拓展了发展目标的内涵，指出发展是一个不断扩大人们选择的过程。

4. 几点结论与启示

从马克思主义的社会发展观来看，我们应将人的全面自由发展与人的尊严和人的需求满足视为社会发展的终极目标，为此应将经济发展视为社会发展的手段而不是目的。同时，在马克思主义的社会发展观中，协调、解决利益关系与矛盾，也是实现人的全面自由发展的内在要求，因此，在未来社会的发展中，必须通过系统的制度变革来实现、维护广大人民群众的切身经济利益。可以说，当代中国全面建设小康社会的目标和以人为本、全面、协调、可持续的发展观是与马克思主义创始人关于未来社会发展目标的设想一脉相承的。因此，马克思主义的社会发展观为中国社会主义现代化建设提供了清晰的方向，并在理论上给出了有力的分析工具。

从发展经济学的三大理论范式来看，首先，中国经济发展必须在完善市场经济体制的基础上，调整经济结构，从而确保经济在一个平稳较快的稳态均衡路径上增长，这是结构主义与新古典发展经济学关于发展方式理论分析的一个具有参考价值的现实启示。同时制度主义发展经济学关于经济制度与利益激励机制对经济增长的作用，制度变迁的一般理论模型以及制度变迁对利益激励行为和资源配置效率的影响，这也是有重要的现实启发意义。从发展经济学的第三个分析范式，可以使我们推论出：通过制度变迁以协调利益关系，从而降低社会交易成本，是社会经济发展的题中之义，也是提高生活质量，促进社会经济发展的内在要求。

从西方福利经济学家关于社会发展目标的研究来看，他们分析了市场经济条件下利益协调、兼容和市场竞争机制之间的内在关联，并对社会福利、收入分配、公正等因素进行了相应的理论分析与评价，为我们在市场经济条件下如何协调利益关系，进而促进社会全面发展提供了一个可以借鉴的分析框架。在相当长一段时期，中国经济政策实践中往往只追求一个 GDP 指标增长率，把“以经济建设为中心”误解为“以 GDP 为中心”，把“发展是硬道理”片面理解为“GDP 增长是硬道理”，忽略了对社会福利、社会公正、收入分配的全局性考量。在如何形成正确的政绩观方面，福利经济学的社会福利函数等实证分析工具值得中国借鉴。

二、实现利益兼容是全面建设小康社会与构建社会主义和谐社会中的应有之义与内在要求

小康是中国历代仁人志士关于美好社会生活持久的理想目标。在孔子编的《礼记·礼运》第九篇中，小康得到系统阐述，体现在“礼义以为纪，以正君臣，以笃父子，以睦兄弟，以和夫妇，以设制度，以立田里，以贤勇智”。可见，这是一种“大同”理想社会状态，其完善境界就是以“天下为公”。

在社会主义现代化建设过程中，“小康社会”是邓小平关于中国社会发展阶段与发展目标理论中的一个重要概念。早在 20 世纪 80 年代，邓小平同志根据中国的实际情况，提出我国社会主义

现代化建设的“三步走”的发展战略，把人民生活达到小康水平视为是有中国特色社会主义现代化过程中第二步战略目标。不仅如此，邓小平同志还将经济发展目标和社会主义的分配原则以及共同富裕的社会主义本质要求有机地统一起来，对小康社会发展目标赋予社会主义本质特征的新内涵。邓小平提出：“我们提出四个现代化的最低目标，是到本世纪末达到小康水平。……所谓小康，从国民生产总值来说，就是年人均达到八百美元。……如果按资本主义的分配方法，绝大多数人还摆脱不了贫穷落后状态，按社会主义的分配原则，就可以使全国人民普遍过上小康生活。这就是我们为什么要坚持社会主义的道理。不坚持社会主义，中国的小康社会形成不了。”① 由此可见，在社会主义现代化中，我们所要建设的小康社会，既要适应我国生产力发展水平，又要体现社会主义基本原则与社会主义共同富裕的本质要求。为此，我们建设小康社会，不仅要大力发展社会生产力，提高国民生产总值，还必须坚持社会主义分配原则，努力协调利益关系，正确处理利益矛盾与冲突，因此，在利益兼容的基础上提高人民生活水平，是建设社会主义小康社会的内在要求与应有之义。

经过二十多年的改革开放与现代化建设，中国人民的生活在2000年已经达到总体小康的水平。与此同时，也产生了人与自然、经济与社会之间以及不同群体利益关系之间的一些不和谐问题。为此，在新世纪伊始，中国共产党人提出了全面建设小康社会的奋斗目标。江泽民同志在十六大报告中提出：21世纪头二十

① 《邓小平文选》，第三卷，第64页，北京，人民出版社，1993。

年，对我国来说，是一个必须紧紧抓住并且可以大有作为的重要战略机遇期，我党在这一时期的重要任务就是“全面建设小康社会”。全面建设小康社会，不仅要实现到2020年我国GDP将达4万亿美元，人均GDP将超过3000美元的经济发展目标，而且要全面建设惠及十几亿人口的更高水平的小康社会，使经济更加发展、民主更加健全、科教更加进步、文化与社会更加繁荣、人民生活更加殷实。特别是，全面建设小康社会，除了在总体小康的基础上提出了物质生活层次更高的目标，更把小康从生活水平的单一层面升华到“小康社会”的综合层面，添加了社会和谐这个中华民族传统理念，强调了人的全面发展，强调了利益关系的协调兼容。全面建设小康社会在小康的内涵上更全面、目标更具体并落实在人的全面发展上。

在我们全面建设小康社会与完善社会主义市场经济体制过程中，2004年中国共产党十六届四中全会进一步提出建设社会主义和谐社会的目标。建设社会主义和谐社会就是要全体人民各尽其能、各得其所而又和谐相处，从而促使社会和谐成为小康社会的主要特征。正如胡锦涛同志所指出：社会主义和谐社会，“应该是民主法治、公平正义、诚信友爱、充满活力、安定有序、人与自然和谐相处的社会。”民主法治，就是社会主义民主得到充分发扬，依法治国基本方略得到切实落实，各方面积极因素得到广泛调动；公平正义，就是社会各方面的利益关系得到妥善协调，人民内部矛盾和其他社会矛盾得到正确处理，社会公平和正义得到切实维护和实现；诚信友爱，就是全社会互帮互助、诚实守信，全体人民平等友爱、融洽相处；充满活力，就是能够使一切有利于社会进步的创造愿望得到尊重,创造活动得到支持,创造才能得到发挥,创造成果得到肯定;安定有序,就是社会组织机制健全,社会管理完善,社会秩序良好,人民群众安居乐业,社会保持安定团结;人与自然和谐相处,就是生产发展,生活富裕,生态良好。这些基本特征是相互联系、相互作用的,需要在全面建设小康社会的进程中全面把握和体现。

由此可见,不论是全面建设小康社会还是构建社会主义和谐社会,其根本目的就是为了人的全面发展和人民生活水平和身心素质的提高。为此,我们必须协调不同主体之间的利益关系,促使物质文明、精神文明和政治文明的和谐同步发展,同时必须建立以公平正义为核心内容的伦理价值体系。由于马克思主义把人的本质看做是一切社会关系的总和,因此,人的全面发展,主要体现于人的社会性和社会关系的不断丰富和发展。所以,全面建设小康社会,构建社会主义和谐社会需要在社会经济关系的变革或体制改革中处理好改革、发展与稳定的关系,促进各利益主体的和谐与统一,从而实现利益兼容基础上的效率与公平相结合的社会经济和谐发展。这既是社会主义本质的内在要求,也是深化体制改革、全面建设小康社会和构建社会主义和谐社会的应有之义与内在要求。事实上,中国改革与发展的经验,就是在于注重了利益激励与利益兼容机制的优化组合。在中国的体制改革过程中,正是注意了过去利益结构的历史沿革,遵循了利益调整的路径依赖规律,并强调要保持改革与发展过程中的社会稳定,维护大多数人民的根本利益,才使中国体制改革获得广大人民的支持。可以说,注重利益兼容是中国改革与发展取得较大成果的一大法宝。

第二节 协调利益矛盾是全面建设小康社会与构建社会主义和谐社会的中心任务

为了达到总体小康国内生产总值“翻两番”的目标，中国在各级政府经济政策实践中曾经非常重视GDP增长率。GDP的增长意味着经济实力的壮大和社会财富的增加，确立GDP作为衡量经济增长的重要指标，有积极的意义。但是，有些地方政府成了“GDP政府”，将GDP作为衡量地方经济社会发展的唯一尺度，忽视了经济增长的效益和质量，忽视了资源环境与生态的承受能力，忽视了经济与社会的协调发展。

不仅如此，由于以物(GDP)为本的经济增长模式，制约了人的全面自由发展，并且由于改革和开放二十多年来，我们实行的是非均衡发展模式与非均衡体制改革，致使我国在经济发展与人民生活水平有了极大提高的同时，也出现了诸多的利益矛盾与冲突。

1. 不同社会阶层间的收入分化与贫富差距凸现了利益矛盾。收入分配差距逐渐拉大和社会阶层分化，大量贫困人口、低收入群体的存在，首先是因为社会产品不丰裕，其次在于转型与发展过程中的收入分配不公。根据本书第二章的统计测算结果，我国居民收入差距呈现明显的上升趋势，1995年基尼系数为0.381，1999年为0.375，2000年为0.390，2003年为0.434，从1995年到2003年基尼系数上升了13.88%，年平均增长率约为1.6%。虽然，一定程度的合理的收入分配差距有助于调动经济活力，但不公平的收入分配显然会不利于全面建设小康社会与构建社会主义和谐社会。

2. 经济体制转轨非帕累托的制度变迁及其随之而产生的一系列的制度缺陷，以及与社会主义市场经济相适应的利益协调、整合机制的滞后，致使我国的不同市场竞争主体之间的利益矛盾与冲突日渐凸现。在计划经济体制下，中国社会建立了一整套主要依靠行政手段的利益协调机制，在国有工商企业建立了完整的社会保障制度，在农村则通过人民公社和集体经济来协调农民的经济利益关系。这套利益协调机制的特征是，在公有制基础上，社会全体成员的根本利益是一致的，既然每个成员的利益是同一的，因而也就共同地表现为社会的整体利益，个人利益要服从集体利益，局部利益要服从整体利益，各个利益主体之间利益边界模糊。全体成员实现自身利益的途径是"公共财产的巩固和增加"。政府代表国家统筹所有个人的社会保障，对个人负有社会保障责任。在从计划经济体制向市场经济体制转轨的过程中，计划经济体制下的利益协调机制逐渐被打破了或变得不适用了，而需要逐渐被与市场经济体制相匹配的以法律和契约为主要手段的利益协调机制所取代。但经济体制转轨是一个渐进漫长的过程，由于路径依赖和制度惯性，旧的利益格局仍然存在，无效率的利益制度不仅被保留而且可能强化。改革中非帕累托的制度变迁与一系列的制度缺陷，使得利益协调机制与整合机制滞后于市场化改革进程，由此使利益冲突日渐凸现，并增加改革的成本与阻力。

3. 市场经济体制建构中的缺陷导致了非效率的利益冲突。市场经济体制是建立在不同的利益主体或竞争主体之上的，在尊重各生产要素主体的产权和明确利益主体的权利和责任的基础上，通过价格机制引导与协调各个不同利益个体追求自身利益，实现资源的优化配置和有序流动。市场利益协调机制，其本身具有内在的短期性与盲目性缺陷，而且这种利益配置与协调方式，常常会因为不完全市场所产生的不规范市场竞争、外部性、信息不完全、搭便车行为等不可克服的因素而失灵。市场失灵的缺陷使得与社会主义市场经济体制相适应的利益兼容、利益引导、利益协调等机制也相应出现失灵问题。市场化体制转型过程中的一些具体制度安排上的偏差与制度结构缺陷的累积，例如扰乱市场秩序行为、金融欺诈、财务造假等，进一步扩大了非效率的利益冲突。

4. 体制转轨过程中政府体制的缺陷与寻租利益集团的权力博弈扭曲了社会利益协调机制，并人为地扩大了利益矛盾与冲突。由利益个体组成的市场经济需要政府构建和谐的社会利益协调机制。如果作为公共利益代表者的政府职能存在瑕疵，比如政府越位、政府缺位、政府错位、政绩观不正确等现象，这不仅会损失社会经济效率，而且会加深社会的不公平与不和谐。当前中国体制转轨过程中政府职能转换的严重滞后、行政管理体制缺陷的累积，导致公共管理领域中存在较为严重的权力污染与腐败滋生等不和谐现象。不仅如此，转轨过程中的利益分化，又产生了各种形式的利益集团与权力博弈。如在国有企业产权改革过程中，不同利益集团的权力博弈导致国有企业"内部人控制"。在竞争性行业中，垄断利益集团围绕行政资源、市场资源、自然资源展开权力博弈。特殊利益集团利用国家政策漏洞谋取非法利益，形成寻租利益集团。凡此种种，无不扭曲了社会利益关系协调机制，并造成权力寻租、权力腐败现象，扰乱了社会经济秩序。

不同形式的利益矛盾与冲突，如果不能得以及时、有效的缓解与协调，则不仅使我国的体制改革将处于一种胶着状态，从而难以推进与深化，甚至还会出现一定程度的倒退与复归，而且将会严重阻碍全面建设小康社会与构建社会主义和谐社会的进程。从目前来看，协调、缓解利益矛盾与冲突可以说是全面建设小康社会与构建社会主义和谐社会的一项中心任务。为此：

首先，在全面建设小康社会与构建社会主义和谐社会中，必须以人为本，树立和落实全面、协调、可持续的发展观，促进经济社会和人的全面发展。以人为本，指的是以实现人的全面发展为目标，从人民群众的根本利益出发谋发展、促发展，不断满足人民群众日益增长的物质文化需要，切实保障人民群众的经济、政治和文化利益，让发展与改革的成果能够惠及全体人民。全面发展，是指以经济建设为中心，全面推进经济、政治和文化建设，实现经济发展和社会全面进步。协调发展，是强调统筹城乡发展、统筹区域发展、统筹经济社会发展、统筹人与自然和谐发展、统筹国内发展和对外开放，推进整个社会的经济、政治和文化各个层次、各个环节和各个方面相协调。可持续发展，是强调促进人与自然的和谐，实现经济发展和人口、资源、环境相协调，坚持走生产发展、生活富裕、生态良好的文明发展道路，保证一代接一代地永续发展。

我们必须强调，科学发展观的核心和本质是以人为本。具体地说，就是在经济发展的基础上，不断提高人民群众物质文化生活水平和健康水平；就是要尊重和保障人权，包括公民的政治、经济和文化权利；就是要不断提高人们的思想道德素质、科学文化素质和健康素质；就是要创造人们平等发展、充分发挥聪明才智的社会环境。经济社会的发展必须以人的思想道德素质、科学文化素质和身体健康素质全面发展为前提，随着经济增长，要不断改善居民生活，提高城乡居民收入，拓宽消费领域，优化消费结构，满足居民多样化的物质文化需求。

我国正处在工业化、城镇化、市场化、国际化程度不断提高的发展阶段。无论是消除当前经济运行中的不健康、不稳定因素，还是解决经济社会发展中的各种包括利益矛盾在内的深层次矛盾，都要求我们全面准确地把握科学发展观的深刻内涵，把科学发展观贯穿到经济社会发展的各个领域和各个方面。

其次，必须确立、落实全面建设小康社会与构建社会主义和谐社会过程中的几条利益协调原则。深化体制改革，全面建设小康社会与构建社会主义和谐社会，在市场经济体制下必须协调各方利益关系。为此，我们需要确立并落实几条利益协调原则，以缓解目前存在的利益矛盾与冲突，从而确保体制改革与经济发展能够有利于推进全面小康社会与社会主义和谐社会的目标的实现。我们认为，现时期需要明确的原则是：维护和实现人民的根本利益原则、公平正义原则、统筹兼顾原则、均衡与非均衡原则、规范有序原则。

第一，维护和实现人民的根本利益原则。这是全面建设小康社会和实现人的全面发展在利益关系调整上的根本原则。人民群众是物质财富和精神财富的创造者，是社会历史发展的决定力量，是历史的主人。正确维护好人民的根本利益，协调好群众的利益关系是落实“三个代表”重要思想的要求。发展经济，增加社会财富，是实现人民根本利益的首要任务。和谐社会不仅要实现人民群众的当前利益,也要实现人民群众的长远利益。只有通过全面、协调、可持续的发展,做大全社会的蛋糕,才是解决当前日益突出的利益冲突的根本途径。

第二,公平正义原则。公平正义是社会主义和谐社会的基本特征。社会主义的本质要求实现共同富裕,这就要求在效率优先的基础上确保公正。协调各种利益关系和矛盾包括理顺收入分配关系,每个人的收益率应与其为社会的贡献率成正比。政府通过正确履行职能,树立正确的政绩观,有效引导整合利益关系来实现社会公平与正义。

第三,统筹兼顾原则。统筹兼顾,是指在协调各种各样的利益关系中,不能为了一方的利益而牺牲或抛弃另一方的利益,而应兼而顾之,使之相互促进。在社会主义和谐社会中,个人利益与集体利益、局部利益与整体利益、短期利益与长远利益是统一的,如果不能统筹兼顾,就有可能引起不必要的社会冲突,破坏社会和谐。我们必须对各方面的利益综合考虑,统筹兼顾,充分利用利益的牵引作用,把一切可以团结的力量都调动起来,为全面建设小康社会服务。构建全面小康的和谐社会,政府经济政策的实行和体制改革的推进,必须统筹兼顾,充分协调各方面的利益关系。

第四,均衡与非均衡原则。利益均衡是市场经济体制调节个体利益关系,实现资源优化配置的基本规则。利益各方在市场规则引导下形成一定的利益均衡,可以避免利益矛盾尖锐、利益过度倾斜。均衡不是均等,市场经济体制下均衡与非均衡并存。非均衡原则,就是注意在利益关系各方面之间造成一定的利益涨落,利用利益关系的倾斜形成利益差别和利益流动,在利益均衡基础上保持动力与活力。为了调动利益主体的积极性,必须允许某种程度上社会利益的非均衡、不同步发展,明确承认合理的利益差距方能带动和促进社会整体利益的迅速增长。

第五,规范秩序原则。此原则要求利益关系协调必须按照一定的理念、程序和秩序进行。市场秩序是自然秩序与人为秩序的耦合,社会主义和谐社会需要全社会形成有效率的秩序,纠正体制转轨中的无序现象。建设一个好的市场经济,要求建立健全以相互联系的竞争秩序、主体秩序、法治秩序和道德秩序为主要内容的社会主义市场经济秩序,避免市场逆向选择和道德风险。

再次,必须建立健全全面建设小康社会与构建社会主义和谐社会所需要的社会利益协调机制。中国共产党十六届四中全会《决定》提出构建和谐社会,要建立健全社会利益协调机制,妥善协调各方面的利益关系,促进社会公平和正义。缓解当今社会剧烈的利益冲突,有赖于最大限度地进行制度创新,克服经济转轨过程中的无序和市场经济本身的机制缺陷,树立正确政绩观和有效的整合政府职能。任何社会,如想发挥市场的有效功能,都必须建立与完善引导竞争和解决利益冲突,协调合作的制度体系与机制,使广大人民群众成为利益格局调整的受益者。现实地看,只有建立健全与市场经济相适应的社会利益协调机制,才能整合各种利益矛盾,实现社会和谐的目标。以和谐社会为目标健全社会利益协调机制应包含以下内容:(1)在完善社会主义市场经济体制的基础上,建立健全利益分配的公平正义机制。社会主义市场经济,既要实现不同经济主体的充分竞争,又应注重维护和实现市场经济中的公平与公正。公平就是社会的经济利益和其他利益在全体社会成员之间合理而平等的分配,它意味着权利的平等、分配的合理、机会的均等和司法的公正。在促进发展的同时,要把维护社会公平放到更加突出的位置。维护和实现社会公平必须处理好公平与效率的关系,既避免差距悬殊,又防止平均主义倾向。(2)建立健全利益引导机制让各个群体表达利益要求。随着社会主义市场经济的发展,出现了不少新的社会阶层和利益群体,人们的利益需求逐渐多元化。因此,需要建立通畅的渠道来表达各利益主体和竞争主体的利益需求。(3)建立健全利益约束机制调控人们的行为。主要运用法律和道德手段调控人们的利益动机和利益行为。(4)形成统筹兼顾的利益兼容机制。按照最广大人民根本利益的要求,正确处理改革、发展、稳定的关系,有重点、有步骤地推进改革,使全体人民朝着共同富裕的方向稳步前进。(5)建立健全利益补偿机制以关注弱势群体。要高度重视和关心农民、城市低收入居民和其他困难群众的利益。利益补偿机制的主要内容是确立一套与社会主义市场经济相适应的社会保障制度。中国社会保障制度主要包含三个方面的内容:一是社会保险制度,如养老保险制度、失业保险制度等。二是社会救济制度,对老弱病残等提供基本生活保障。三是社会福利制度。建立和完善社会保障制度有利于增进人的平等,维护社会公正,缓解利益矛盾,保持社会稳定,实现社会和谐。

建立健全包括引导、约束、整合、补偿等在内的社会利益协调机制,有助于按照和谐社会的要求,妥善处理各种利益关系。建立适应和谐社会的利益协调机制,需要对现有制度进行系统配套的改革,有效治理市场经济的功能性缺陷,并通过政府、社会等相关制度的配套改革来落实。然而,从长远来看,要解决物质利益冲突,最根本的还是要靠生产力发展。要解决人们因为需求得不到满足所造成的激烈利益冲突,必须增加社会财富,做大社会利益蛋糕,增加国家财政收入,我们才有能力对改革中的利益受损者进行利益补偿、动用足够的财力和物力扶危济困、统筹社会保障,最终减少社会矛盾,增强社会对改革的承受能力。

最后,必须建立能够体现利益兼容思想的全面建设小康社会的科学评价体系。评价全面建设小康社会与社会主义和谐社会建设进展情况的指标体系,必须体现以人为本的科学发展观的基本思想。由于协调利益关系与矛盾,是全面建设小康社会与构建社会主义和谐社会的中心任务,因此,我们应从利益兼容角度研究全面建设小康社会面临的矛盾与治理思路,要侧重从人民生活质量、收入分配水平角度选取指标,来建立科学的全面建设小康社会的评价指标体系。基于利益兼容的理念,全面建设小康社会应包含三个层次的内容:一是物质生活质量,主要内容为食品、衣着、住房、交通等物质条件,这方面可以用经济建设类指标和人民生活类指标来评价;二是生活环境质量,主要指空气是否清新、交通是否拥挤以及水质和绿化状况,这方面可以用生态环境类指标来评价;三是社会环境质量,主要内容是社会秩序与安全感、社会道德风尚、政治法律环境、社会和谐程度等状况,这方面可以用社会发展类指标来评价(见下表)。

利益兼容思想下全面建设小康社会评价指标体系

指标体系	单位	权重	2000年	2010年目标	2020年目标	内涵
一、经济建设类指标		22				
人均GDP	元	6	7086	12800	36500	综合经济社会产出率
第三产业增加值占GDP的比重	%	5	33.4	35.8	50	产业结构社会化
城镇化率	%	5	36.09	45	56	城市化
R&D占GDP的比重	%	6	1	1.5	1.8	知识创新投入
二、人民生活质量类指标		46				
人均预期寿命	岁	6	71.4	73	>75	生活质量高质化
城镇居民人均可支配收入	元	6	6280	12000	18000	城镇人民财富
农民人均纯收入	元	6	2253	4500	8000	农村人民财富
城镇恩格尔系数(逆指标)	%	5	39.2	30	25	城镇居民生活质量
农村恩格尔系数(逆指标)	%	5	49.1	40	35	农村居民生活质量
城镇登记失业率(逆指标)	%	5	3.1	4	<4	城镇就业状况

城镇人均住房居住面积	m^2	4	10.3	14.4	>20	生存空间质量
移动电话普及率	部/百人	4	6.77	35	49	信息化水平
每万人口医生数	人	5	16.8	20	28	医疗资源占有
三、社会和谐类指标		16				
高等教育毛入学率	%	5	11	20	30	人的文化素质
基尼系数		6	0.39	0.37	≤0.35	收入分配公平度
每万人口刑事案件立案率(逆指标)	件	5	29	22	15	治安与法制化
四、生态质量和环境保护类指标		16				
城市人均公共绿地面积	m^2	6	3.7	6	8	城市绿化
环保投入占 GDP 的比重	%	5	1.13	3.26	>3	环境保护投入
森林覆盖率	%	5	16.55	19.4	>25	生态环境

注:本表数据根据历年《中国统计年鉴》测算,部分数据引用于福建省人民政府发展研究中心的《研究报告》2003 年第 9 号(总第 691 号),2010 年、2020 年全国全面小康的预测值参考了国家发展和改革委员会提出的“全面建设小康社会”的基本标准和中国社会科学院“全面建设小康社会指标体系研究”课题组的测算目标值。

第三节 本书的科学意义及主要思想观点和结构安排

现实地看,人与人之间的经济利益关系是一种相互依存又相互冲突的矛盾与博弈关系。人类为了提高相互交往中的彼此信任,减少经济利益关系中的矛盾与冲突,不仅需要依靠各种禁止不可预见行为和机会主义行为的制度规则,而且需要通过制度规则的替代、转换与交易即制度变迁或体制改革,来不断地协调社会不同阶层、不同团体之间的利益矛盾与冲突,以增进社会秩序,释放各生产要素的生产潜能,从而提高经济效率。与此同时,必然要涉及到利益格局的调整,并且一般情况下的体制改革是一种相对利益得失同存的“非帕累托改善”,所以体制改革必定会产生不同利益主体之间的矛盾与冲突。

社会主义体制改革的基本任务就是要通过利益关系的调整,解决社会主义生产力与生产关系之间的矛盾,从而实现社会主义本质的基本要求,以巩固和发展社会主义基本制度。要完成这一基本任务,在体制改革过程中,同样要涉及社会利益关系和利益格局的调整,并由此而不可避免地产生不同经济主体之间的利益矛盾甚至利益冲突。在改革开放初期,由于我们所选择的改革策略是一种保持“体制内”利益关系不变的前提下,着重进行“体制外”生产成分的发展与改革的“帕累托改善”型改革,其利益矛盾和冲突尚未充分暴露,也并不激烈。但随着改革的深入,我们必须遵循改革的一般规律,进行全方位的体制改革,因此必然会引起相对利益得失同存的“非帕累托改善”，并且由于多年来我们所进行的非均衡渐进性改革而产生社会各阶层利益矛盾的累积，致使我们目前深化改革过程中遇到了较严重利益矛盾障碍。比较突出的就是分配秩序混乱以及社会成员之间的收入差距不断扩大。正因为如此，如何有效地化解社会各阶层之间的利益矛盾，就成为我们深化改革的一个重要前提，甚至可以说是目前深化体制改革的首要任务。对此，江泽民同志具有明确的论述。他在《纪念党的十一届三中全会召开二十周年大会上的讲话》中指出：“必须把实现和维护最广大人民群众的利益作为改革和建设的根本出发点。”“改革越深化，越要正确认识和处理各种利益关系，把个人利益与集体利益、局部利益与整体利益、当前利益与长远利益正确地统一和结合起来，把最广大人民群众的切身利益实现好、维护好、发展好，把他们的积极性引导好、保护好、发挥好，只有这样，我们的改革和建设才能始终获得最广泛最可靠的群众基础和力量源泉。”

从体制改革角度探索不同主体之间的利益兼容，从理论上说，这是政治经济学、制度经济学和转型经济学有待研究和解决的一个新课题。然而，就现有经济理论研究来看，对于体制改革过程中的伦理价值取向、体制改革中的利益集团博弈关系、体制创新与利益兼容的内在逻辑联系以及如何通过体制创新实现利益兼容基础上的效率与财富增长，尚缺乏系统的研究。从这个角度看，本专著研究对于拓展政治经济学、制度经济学和转型经济学的研究范围，进而对于推进和丰富新制度经济学、转型经济学和新政治经济学的研究，是有较大的理论意义的。特别是，可以从一个新的视野研究马克思主义经济理论，拓宽社会主义市场经济理论研究的范围。

在实践上,由于体制改革越深入,利益矛盾与冲突越激烈。从体制改革角度来分析探讨我国利益矛盾与冲突的原因,并从深化体制改革的角度来分析、探讨如何协调、化解现有的利益矛盾与冲突,防止两极分化,兼顾各阶层各方面群众的利益关系,从而实现效率与公平相结合的经济发展,这对于进一步推进改革,正确处理发展、稳定与改革的关系,并对于全面贯彻"三个代表"重要思想的根本要求,实现全面建设小康社会与构建社会主义和谐社会的奋斗目标,可以说是具有重大的政治与经济应用价值。

本书以马克思主义唯物论为指导,全面系统地对深化体制中的利益兼容问题进行分析,力求建立一个较为完整的理论研究框架,为该类问题的深入研究拓展一个研究基础或平台。为此,本书(1)针对市场化体制改革中经济利益分享的不平衡问题,我们主要运用基尼系数、泰尔指数、变异系数、人均 GDP 等指标以及等分法、分层加权和城乡加权等数理统计的方法,测定 20 世纪 90 年代中后期以来,不同阶层、城乡和地区之间收入差距跳跃式加速扩大的基本状况,并从收入差距的加速扩大的基本状况,作出我国目前经济利益矛盾和冲突有所加剧的基本判断。与此同时,从过去二十多年非均衡体制改革产生的一些具体制度安排的偏差与制度结构缺陷的累积角度,分析我们目前利益矛盾与冲突的基本成因。(2)以马克思主义制度变迁理论为基础,借鉴当代转型经济学、新政治经济学、新制度经济学的一些合理思想与观点;同时,以马克思主义的历史唯物主义与唯物辩证法为基础,运用抽象演绎以及规范与实证、定性与定量相结合的分析方法,侧重于利益集团博弈与权力配置的分析角度,并利用经济与政治互动和制度权力与利益分配内在关联的分析框架，探讨体制改革的性质、特征与利益集团博弈方式和利益格局变化的内在逻辑关系，并通过理论分析与探讨，为探寻深化体制改革中的利益兼容提供理论基础。(3)在“三个代表”重要思想的指导下，依据马克思主义的经济利益理论和我国三代领导集体关于体制改革中统筹兼顾各方利益关系的重要指导思想，综合利用中外经济理论关于体制改革性质与特征的理论分析，立足于社会生产力发展、社会主义基本制度的巩固和发展特别是社会主义共同富裕的目标要求，分析社会主义体制改革的本质特征与深化体制改革的基本任务。(4)运用历史唯物主义的基本分析框架与马克思主义经济理论，分析深化体制改革中实现利益兼容的物质与制度基础。同时，在“三个代表”重要思想的指导下，运用相关博弈理论的基本分析方法与工具，分析、探讨如何通过微观企业分配制度的变革与系统性、均衡性、对称性和互补性的市场化体制创新，寻找深化体制改革中的利益兼容机制，以化解、协调目前的各个利益主体之间的矛盾和冲突。与此同时，侧重从政策建议角度，提出目前为协调利益关系，必须实施收入财税政策大调整，以确保我国利益兼容基础上的健康持续发展。

本书提出的主要观点有：

(1)市场化体制转型过程中的一些具体制度安排上的偏差与制度结构缺陷的累积，是引起目前利益矛盾与冲突的基本成因。市场本身的失灵，不完全市场所产生的不规范市场竞争，市场化程度的不一致，政治体制与经济体制的不协调所引发的以寻租等为主要表现形式的“权力污染”，忽视重大利益关系的调整与利益整合和协调制度的供给等，这些市场化体制转型中制度结构缺陷的累计,是目前利益矛盾与冲突的主要因素。

(2)目前深化体制改革的首要任务,是协调各阶层与各利益集团之间的利益冲突,以实现利益兼容基础上的效率、财富增长。

(3)体制改革是内含伦理与价值观念的实现、发展、维护和变革社会利益关系的基本工具,体制改革绩效(特别是收入分配或利益调整)是一定社会生产方式下诸多相互依赖权力累积的函数。社会生产方式、核心决策层的利益偏好、利益集团的构成结构与力量对比和博弈方式、公共决策形式、社会共有理念等因素是决定体制改革绩效的基本变量。

(4)社会主义体制改革要通过利益关系的调整,解决社会主义生产力与生产关系之间的矛盾,因此,它必然要涉及利益格局的调整,并且一般情况下的体制改革是一种相对利益得失同存的"非帕累托改善",所以体制改革必定会产生不同利益主体之间的矛盾与冲突;另一方面,由于社会主义体制改革的本质特征与要求是:通过利益关系的调整来激发劳动积极性,大力发展生产力,从而为实现、维护和发展最广大人民群众的根本利益提供动力与稳定机制,这又为利益兼容提供了体制改革基础。

(5)社会生产力的大力发展与效率和财富的增长是利益兼容的物质基础,社会主义基本制度的巩固与发展是利益兼容的根本制度保证。

(6)利益兼容微观基础的塑造,有赖于在合作正和利益博弈的框架下,并依据产权多元化与资本社会化的生产方式的变化趋势,实现按劳分配与按要素分配的市场均衡。为此,要积极实践和灵活运用多种形式的可以兼容按劳分配与按要素分配并具有利益制衡效应的新型企业利益分配制度。

(7)以系统性、均衡性、对称性和互补性为特征的深化体制改革是协调利益矛盾,实现利益兼容基础上的效率与财富增长的宏观体制保障。通过市场秩序建设与市场化改革的对称,有利于社会稳定的分配新体制和社会保障体系以及宏观调控体系的建设,政府机构的改革和政策决策程序和民主政治的完善,促使深化体制改革过程中的政治与经济、市场效率竞争与政府宏观公平调控的协调与配套,努力形成体制创新的对称与互补新机制和政治与市场权力均衡配置的新机制,从而为利益兼容基础上的经济发展提供有利的新体制。

(8)当前政府实施体制改革的当务之急是大胆实施收入分配政策,在确保企业与市场效率的基础上将注意力集中转向于社会保障与社会福利体系建设和财税体制改革上来。可以通过税制特别是个人所得税的改革与完善、社会保障与社会福利体系的建设与完善,统筹各项经济政策,让体制转轨中的相对利益受损者得到相应的利益补偿,以协调、兼容全体社会成员之间的利益关系。

在结构安排上,本书共分四大部分:

第一部分由第一章组成,从比较的角度,较为全面综述与考察了马克思主义经济学、西方主流经济学和制度经济学三大理论体系中有关体制改革与利益兼容的不同理论分析,并为本课题研究提供相应的理论支撑。

第二部分由第二章和第三章组成,主要从实证的角度测算了1995—2004年全国基尼系数、城镇内部基尼系数、农村内部基尼系数以及城乡差别基尼系数,以及反映地区差距的泰尔指数,说明了

20世纪中后期以来中国居民收入差别呈现加速扩大的趋势，同时，通过建立居民收入差距扩大与体制落差之关联模型，揭示收入差距扩大与体制改革之间的内在关联，并在分析非均衡体制改革中产生制度安排与制度结构缺陷的基础上，阐明非均衡体制改革中的制度缺陷是引起收入差距扩大和利益矛盾与冲突的基本成因。

第三部分由第四章和第五章组成。一方面，在引入利益集团与权力等新政治经济学的相关概念的基础上，运用博弈方式分析体制改革的绩效和利益集团权力配置的变迁，提出体制改革应该由正和与负和博弈交替存在向正和博弈转变；由宏观利益集团（即管理集团）与微观利益集团（包括资本、知识、劳动集团）的非合作博弈向合作博弈转变；由信息不对称下的博弈向信息对称下的博弈转变；同时，通过体制改革绩效和利益集团博弈方式内在逻辑关系的分析，认为现阶段体制改革绩效的评价标准应该由一直倡导的“效率优先，兼顾公平”转变为“效率与公平并重”，并指出建立利益协调机制、扶助弱势利益集团（现阶段主要是劳动集团），构建社会主义和谐社会的紧迫性。另一方面，从现实的角度阐明我们社会主义体制改革的本质特征是社会主义制度的自我完善和发展，它既要通过实现经济政治体制的创新以实现资源配置方式与经济运行机制的革命性变革，更要体现社会主义的本质要求，同时指出：深化体制改革的基本任务应是实现利益兼容基础上的效率与财富增长。

第四部分由第六章—第九章组成。首先阐明深化体制改革中利益兼容的物质基础是在进一步解放、发展社会生产力和提高劳动效率基础上，实现财富均衡增长，而其制度基础是巩固和发展公有制为主体、多种所有制制度共同发展的社会主义初级阶段的基本经济制度。其次，分析在体制改革中如何实现利益兼容的微观机制塑造。指出经济体制改革必然伴随着利益协调机制的转换；社会主义市场经济下的利益协调微观机制的主要特征是按劳分配方式与按要素分配方式的共存互补；并以国有企业的产权结构为例，说明以效率和权力为主导的国有企业改革方式存在严重缺陷。我们应在提高国有企业经济效率的同时，注意各种利益群体的利益兼容与协调，这样才能保证经济体制改革沿着和谐社会的轨迹前进。再次，在对深化体制改革的系统性、对称性、互补性、和谐性、整合性五个基本特征分析的基础上，侧重从宏观层面体制改革角度分析如何实现利益兼容基础上的效率与财富增长。为此，我们从市场制度自身内在要求角度提出市场秩序建设与市场化改革的对称与互补；从政府决策与政府职能现存缺陷对效率提高与利益分配的不良影响角度提出政府机构与政策决策程序的改革以及民主政治的完善；从政府与市场在社会资源配置效率与收入分配公平问题上的对称与互补角度提出市场效率竞争要与政府宏观调控协调与配套。最后，结合社会主义本质论、可持续发展观、福利经济学和公共财政理论等相关理论观点，提出深化体制改革中实现利益兼容，必须实施以公平为导向的收入分配政策大调整，并侧重从政策层面，探讨了税制结构的进一步优化方向，同时就完善我国的财政转移支付制度和完善预算内、外资金收支的管理提出了建设性的意见，希冀从财税制度的调整中降低目前不合理的收入差距，尤其是减少获得非正常收入的机会，使全体社会成员进一步分享改革发展和经济进步所带来的利益增进。与此同时,还提出了构建适应我国社会主义经济发展和深化体制改革中实现利益兼容要求的有关福利体系建设、“以工哺农”、区域协调发展等各项政策安排,以及促进收入增进机会均等的教育体系建设等各项政策建议。

第一章 体制改革与利益兼容的不同政治经济学视角分析

在某种意义上说，人们所从事的一切经济活动和由此而产生的经济社会关系的核心就是经济利益，因此，关于经济利益问题的研究无疑是经济理论尤其是以人与人之间的经济关系为研究对象或侧重点的政治经济学的核心。依此而论，政治经济学（当然包括制度经济学）研究的一个主要社会功能或目标应是如何通过制度或体制的设计与完善来协调人们之间的利益关系，以实现利益兼容基础上的效率和财富增长。康芒斯曾对政治经济学的功能与两大对立学派的分歧作了如此评价："政治经济学这门科学起源于利益的冲突，以及人们要把利益冲突改变为一种理想主义的利益协调的努力"，"政治经济学以往在极端个人主义和极端集体主义之间变动不定。……个人主义各派别期望达到在私有财产基础上的未来的利益协调，集体主义者期望达到在集体财产基础上的未来的利益协调。因此，我们可以把所有的经济学说看做未来协调的理想化。"① 事实上，迄今为止，马克思主义经济学、西方主流经济学、西方制度经济学等不同经济学流派，均从不同的立场和不同的

① 康芒斯：《制度经济学》，第133—134页，北京，商务印书馆，1997。

角度，并运用不同的方法对如何通过制度或体制的变革来协调人们之间的利益关系均有一定的分析。

第一节　马克思主义经济学关于制度变革与利益兼容的思想分析

马克思主义经济学是以生产关系为研究对象。利益关系是马克思主义经济学研究的核心。无论是马克思主义创始人还是社会主义建设的领袖，在利益关系问题上，都结合时代社会制度特征作出了相应的历史分析。

一、马克思主义创始人关于经济制度与经济利益关系的理论分析

马克思与恩格斯在对现实考察的基础上，指出人们所奋斗的一切都同他们的利益相关，并运用历史唯物主义的分析方法，强调指出一切经济关系(如产业集团关系、民族关系、阶级关系等)都是经济利益关系的表现。经济利益本质上是一个社会历史范畴，不同的经济制度追求不同的经济利益。马克思、恩格斯关于经济制度与经济利益关系的理论分析，既充分体现在他们研究资本主义社会经济运动规律的“狭义的政治经济学”之中，也全面地反映在他们研究各种社会经济运动规律的“广义的政治经济学”之中，最后，还体现在他们对未来社会主义、共产主义社会经济形态的一般特征的一些预见和设想之中。

(一) 马克思主义狭义政治经济学在继承与批判古典政治经

济学的基础上，科学地分析说明了资本主义私有制经济制度下各个利益集团或阶级之间在物质利益上的矛盾与对立关系

以斯密、李嘉图为主要代表的古典政治经济学体系，立足于抽象的人性分析，在混乱而有矛盾的劳动价值论基础上，运用社会阶级结构理论与方法，从宏观与功能收入分配角度，并从经济"剩余"和社会阶级如何分配剩余入手，讨论了劳动、土地和资本等生产要素的收入分配，说明了各种要素的价格形成、各个要素在国民收入中的所占比例关系及其这种比例关系在经济增长中的地位与作用等问题。古典政治经济学一方面极其重视各个阶级的收入来源与分配的原则决定，认为"确定支配这种分配的法则，乃是政治经济学的主要问题"[①]。斯密强调指出："一国土地和劳动的全部年产物，或者说，年产物的全部价格，自然分解为土地地租、劳动工资和资本利润三部分。这三部分，构成三个阶级人民的收入……""一国年产物的普通或平均价值是逐年增加，是逐年减少，还是不增不减，要取决于这一国家的年产物每年是按照什么比例分配给这三个阶级的人民"[②]。不仅如此，斯密还对资本主义社会中的工资、利润和地租三个基本阶级的三种基本收入的来源与决定原则进行了多角度、观点不一的研究和探讨。他在分析各个阶级的关系时，既认为各个阶级的利益都是一致的，又认为各个阶级的利益是不一致的。李嘉图在强化劳动价值论的基础上，着力研究了地租、工

---

① 大卫·李嘉图：《李嘉图著作和通信集》，第一卷，第3页，北京，商务印书馆，1981。

② 亚当·斯密：《国民财富的性质和原因的研究》，上卷，第240、49页，北京，商务印书馆，1979。

资和利润在量上是怎样规定的,以及这些经济范畴之间的对立关系两大问题,这为马克思的阶级斗争学说奠定了初步的基础。应该说,古典政治经济学的功能收入分配理论较为客观地刻画了西欧资本主义制度确立时期工人、资本家和地主这三大阶级之间在物质利益关系上的矛盾与对立关系。

但是,由于古典政治经济学的历史使命只是力图证明资本主义的生产、交换、分配中的“永恒”规律,而不是说明历史规定的经济活动形式的规律。因此,它不能依据资本主义生产方式的历史特征,并立足于生产力与生产关系的矛盾运动和生产资料所有制的基础上,唯物、历史地分析资本主义各个阶级之间的物质利益关系,事实上,古典政治经济学的功能收入分配理论只是想通过商品的价值构成及其源泉的决定问题的探讨,来为社会各阶级的收入分配确定一个“自然法则”。其次,他们的功能收入分配理论的基础是劳动价值论,但由工资、利润和地租三种收入决定价值的观点,不仅与劳动价值论产生相互矛盾,并混同了价值决定与价值实现、价值创造与价值分配,而且由于他们混淆了劳动与劳动力、价值与生产价格,从而其价值体系无法解决劳动与资本相交换和价值规律的矛盾,以及等量资本获取等量利润和价值规律的矛盾,并由此决定他们无法在劳动价值论的基础上,说明剩余价值及其具体的表现形式——利润、利息和地租的产生问题。这就决定了古典政治经济学不能从本质上科学地说明资本主义各个阶级之间的物质利益关系。

马克思主义创始人立足于唯物主义历史观,既继承了古典政治经济学劳动价值论及其以此为基础的功能收入分配论的科学成分，又批判了它的庸俗成分。马克思在《资本论》中，从商品二因素及其决定商品二因素的劳动二重性出发，唯物历史与对立统一地分析了价值实体、价值量的决定、价值形式的发展与价值本质，并区分了劳动与劳动力、价值与生产价格，从而科学地解答了李嘉图价值体系的两大矛盾，建立了科学而完整的劳动价值论。在此基础上，创立了以揭示资本主义社会经济运动规律为研究目的，以资本主义生产方式以及和它相适应的生产关系和交换关系为研究对象①，以剩余价值论为中心的狭义政治经济学体系。在此体系中，马克思以资本主义生产资料私有制及其产权制度为分析背景，从生产力与生产关系的矛盾运动中，运用阶级分析方法，科学地分析考察了资本主义私有制经济制度下的不同利益主体的矛盾和对立关系，即通过对剩余价值生产、实现和分配(特别是对剩余价值的生产与分配)的历史考察，深刻地揭示了资本主义各个阶级的物质利益关系的具体内容和表现形式，并科学地阐明了不同利益集团之间(重点是资本与劳动集团)在物质利益关系上的矛盾与对立。

从剩余价值生产的角度看，马克思在《资本论》第一卷中，通过对资本的直接生产过程分析，揭示了资本主义社会两大基本阶级——无产阶级与资产阶级之间在物质利益上的矛盾与对立。马克思认为：资本的生产过程，其实质是剩余价值的生产过程，是资产阶级剥削、榨取无产阶级创造的剩余价值的过程，是无产阶级与资产阶级之间阶级矛盾的生产过程。更具体地说，马克思认为：(1)资本的生产或剩余价值的生产必须以劳动力成为商品为前提，

① 参见马克思：《资本论》，第一卷，第8、11页，北京，人民出版社，1975。

只有劳动力成为商品,货币才能转化为资本;劳动力成为商品,既暴露了资本主义生产资料所有制及其具体的产权关系之特征——劳动者除了劳动力之外一无所有,从而暴露了资产阶级自由平等的虚伪性,也说明了流通过程的等价交换关系掩盖了生产过程的剥削关系。(2)资本的生产过程是劳动过程与价值增殖过程的统一,其重点是价值增殖过程即剩余价值的生产过程;资本主义劳动过程是资本家消费劳动力的过程,也是劳动异化的过程——工人在资本家的监督下劳动,劳动产品属于资本家的所有物;“价值增殖过程不外是超过一定点而延长了的价值形成过程”[①],即产品价值超过了为生产产品预付资本的价值(C+V)而形成的余额或剩余价值(M)的形成过程,其秘密在于劳动力的价值和劳动力在劳动过程中的价值增殖,是两个不同的量[②],即劳动力使用所创造的价值大于劳动力本身的价值,所以价值增殖过程本质上是资本家对劳动工人的剥削过程。(3)剩余价值率(M/V)是工人受资本家剥削程度的准确表现,剩余价值量与新创造的价值(V+M)和剩余价值率成正比例而与劳动力价值(工资)成反比例关系,为此,资本家一方面通过绝对剩余价值和相对剩余价值两种基本方法强制劳动者多创造新价值,尤其是强制劳动者超出必要劳动尽量多地提供剩余劳动;另一方面,设法降低劳动力价值即工资以提高剥削程度[③]。(4)工资是劳动力价格的转化形式,其基础是劳动力价值,

---

① 马克思:《资本论》,第一卷,第221页,北京,人民出版社,1975。

② 参见马克思:《资本论》,第一卷,第219页,北京,人民出版社,1975。

③ 参见马克思在《资本论》第二卷中,从资本的流通过程即从剩余价值实现的角度,进一步详细地分析了如何提高剩余价值量与剩余价值率,概括地说,就是在微观上

即生产和再生产劳动力所需要的生活资料的价值；劳动力作为商品出卖以流通领域形式上的等价交换原则掩盖了生产领域事实上的不平等——劳动者不能占有他们自己创造的劳动产品，其制度基础是资本主义所有制产生了所有权与劳动的分离。①(5)资本的积累过程是剩余价值转化为资本或资本主义扩大再生产的过程，资本主义扩大再生产本质上是资本的扩大再生产和资本主义生产关系扩大再生产过程的统一；追加资本进行资本积累或扩大再生产的实质是在扩大规模上占有无酬劳动，在此过程中，促使了商品生产所有权规律转变为资本主义占有规律，结果必然导致资本所有权与劳动的分离，不仅如此，在资本积累的过程中，提高了资本有机构成，导致可变资本日益相对减少，从而产生各种形式的相对过剩人口或产业后备军，由此而形成了财富与贫困积累相并存的资本主义积累的一般规律。这一客观规律的存在，表明无产阶级和资产阶级在物质利益的矛盾和对立必然随着资本的生产和再生产而日益加剧。

对剩余价值分配规律的探索，是马克思《资本论》第三卷的中心②。他通过对资本主义剩余价值分配规律的分析，既进一步从

必须加快个别资本的循环与周转，以确保个别资本运动的连续性，在宏观上社会总资本必须按比例发展以确保社会总资本的再生产和流通。

① 马克思认为资本主义所有权关系的特征是所有权与劳动的分离，他说“所有权对于资本家来说，表现为占有别人无酬劳动或产品的权利，而对于工人来说，则表现为不能占有自己的产品”(《资本论》，第一卷，第640页)。

② 恩格斯在介绍《资本论》第三卷时曾明确指出：“第三卷所阐述的就是剩余价值的分配规律”，“剩余价值的分配就像一根红线贯穿着整个第三卷”(《马克思恩格斯全集》，第22卷，第511—512页)。

社会整体上揭示了资本主义社会的主要阶级矛盾即无产阶级与资产阶级在物质利益关系上的矛盾与对立，也揭示了资本主义社会的次要阶级矛盾即工业资本家之间，工业资本家、商业资本家、生息资本家、农业资本家以及土地所有者之间等资产阶级内部之间在剩余价值分割方面上的竞争与对立关系（洪远朋，2002）。

马克思认为劳动成果的分割首先在资本家和劳动者之间进行，劳动者获得 V，资本家获得剩余价值，并强调指出：尽管资产阶级内部存在利益矛盾，但是从工人阶级身上榨取更多的剩余价值这一点上，是具有共同的一致性。马克思说：资本家在他们的竞争中表现出彼此都是虚伪的兄弟，但面对着整个工人阶级却结成真正的共济会团体。[①] 其次，马克思详细而全面地分析了资产阶级内部各个集团之间如何瓜分剩余价值：(1)通过利润率的平均化在产业资本家内部之间进行瓜分；(2)商业资本家以商业利润形式参与瓜分；(3)借贷资本家以利息形式参与瓜分；(4)土地所有者凭借土地所有权以地租形式参与瓜分；(5)资产阶级政府及其官僚凭借国家权力以税收的形式参与瓜分。

在对剩余价值的分割过程中，马克思认为等量资本获取等量利润是基本的分割原则，同时还必须实行资本有偿让渡原则，即产权关系与权力因素也具有决定性作用。马克思通过平均利润学说，阐明了产业资本内部以及产业资本与商业资本之间的关系，说明等量资本获取等量利润是职能资本利益分配的基本原则；通过平均利润转化或分解为企业主收入和利息，以及超额利润转化为

---

① 参见马克思：《资本论》，第一卷，第 221 页，北京，人民出版社，1975。

地租的分析,阐明资本所有权与使用权和职能部门资本家与借贷资本家的关系,以及资本权力与土地所有权和资本家与土地所有者之间的关系,说明剩余价值的瓜分还必须贯彻资本有偿让渡即所有权在经济上实现的分配原则,如职能资本家是凭借资本使用权而获取企业主收入,而借贷资本家是凭借资本所有权获取利息,土地所有者凭借土地所有权获取地租。因此,可以说剩余价值分割是各种财产所有权分割与斗争的结果。

在此基础上,马克思通过对萨伊"三位一体"公式与"斯密教条"的批判,辩证而历史地分析了分配关系与生产关系之间的内在关系,既强调了资本主义生产方式、生产关系与分配关系的历史性质,又指出分配关系是从属于生产关系,从而他将劳动成果的分配问题溯源到生产条件的分配或社会生产方式。由此,马克思科学地得出政治结论:资本主义社会各大阶级(主要是雇佣工人、资本家与土地所有者三大阶级)之间在物质利益上的矛盾与对立,其根源是资本主义生产条件的分配或生产方式上存在着不可克服的内在矛盾,或者说资本主义生产方式的矛盾必然要在各个阶级之间产生物质利益关系上的矛盾与斗争。

(二)通过对空想社会主义的继承与批判,并通过以揭示人类各种社会经济运动规律为分析对象的广义政治经济学的研究,以及对自由资本主义开始向垄断资本主义阶段过渡的新现象的分析与考察,对未来社会主义、共产主义社会经济形态的一般特征作出了一些预见和设想,从而原则性地揭示了协调不同利益集团矛盾与冲突的基本途径和方式

19世纪上半期,在资本主义制度内在矛盾明显暴露的历史背

景下，产生了以圣西门、傅立叶、欧文为主要代表的批判的空想社会主义。他们为了反映早期无产阶级对改造资本主义社会的迫切要求，一方面揭露和批判资本主义制度，认为资本主义制度下的利己主义、生产的分散性和劳动的不协调以及私有财产制度必然要产生贫富不均、个人利益与集体利益的尖锐对立、风气败坏、道德沦丧等“黑白颠倒”的社会问题；另一方面，他们否定阶级斗争，幻想用和平手段并通过阶级合作来改造旧社会与建设新社会。为此，他们对未来社会的新制度作出了种种设想，如圣西门设想出实业制度，在此社会制度下，人人劳动与平等，消除特权、阶级和国家，有计划地组织生产，个人收入应与他的才能与贡献成正比；傅立叶设想出和谐制度，在此社会制度下，要有组织地生产，要实行工农结合、城乡结合、教育与生产劳动相结合，收入要按劳动、资本和才能进行分配，要以股本形式保存生产资料私有制；欧文提出了劳动交换市场与合作公社的计划，认为劳动是价值的唯一源泉，要用“劳动券”来代替货币，用劳动公平交换市场来代替资本主义市场，并以为只要如此就可以实现等价交换和免除剥削；同时，他主张要建立财产公有制基础上的合作公社，认为合作公社是改造旧社会制度的一个重要途径和未来社会的基层组织形式，在未来社会中，要实行公有制，各尽所能、按需分配，消除工农、城乡、脑力劳动与体力劳动之间的三大差别等。

就空想社会主义揭露资本主义制度的弊端和罪恶，指出资本主义社会制度具有历史过渡性，并就未来理想社会提出了不少积极的主张和天才的猜测而言，马克思主义创始人认为这是他们的理论贡献。对此，马克思主义创始人加以了继承、吸收与改造，由此而成为马克思主义的理论来源之一。但是由于当时社会历史条件的限制,决定了空想社会主义只能用历史唯心主义来解释社会的发展,由此也决定了他们没有能够揭露资本主义制度的实质,也没有找到实现社会主义革命的正确途径和社会力量,从而只能用和平的宣传、实验方法来改造资本主义社会,这就致使他们的理论与实践,不可避免要带有不成熟、虚幻、空想的性质。

19世纪40年代,马克思、恩格斯在《神圣家族》、《德意志意识形态》等著作中,通过对唯心主义历史观的批判,系统地阐述了唯物主义历史观;又在《哲学的贫困》与《雇佣劳动与资本》中奠定了剩余价值理论的基础。在唯物史观与剩余价值两大理论基石上,马克思、恩格斯一方面批判继承了空想社会主义学说,并将社会主义置于现实与历史唯物主义之上;另一方面,他们还运用唯物史观创立了广义政治经济学,对前资本主义经济形态、自由竞争资本主义向垄断资本主义过渡以及向更高级的未来共产主义社会过渡等,进行了深入研究。马克思根据物质资料的生产决定社会经济形态的历史唯物主义基本观,将人类社会经济形态的发展划分为前资本主义社会经济形态、现代的资本主义社会经济形态和未来的共产主义社会经济形态三大阶段。马克思通过史前的原始社会、古代社会和中世纪社会几个大的时代考察,并通过在这几个大时代出现的原始公社所有制、东方亚细亚所有制、古代奴隶占有制以及中世纪封建所有制等几种主要所有制形式的历史剖析,认为前资本主义社会经济形态是以人的依赖关系为基础的,在社会经济形态下,物质生产力处于原始的和落后的状态,手工生产和原始技术是它的基本特征,由此决定社会经济的运行,剩余劳动的生产、剩余产品来源的扩大，以及剩余产品的占有，都必须借助于超经济的强制才能实现[①]，因此在前资本主义社会经济形态下不同阶级、阶层之间的利益关系是以赤裸裸的超经济强制形式而表现，即“每个个人以物（主要是土地——引者注）的形式占有社会权力。如果你从物那里夺去这种社会权力，那你就必须赋予人以支配人的这种权力”。[②] 此外，在广义政治经济学中，马克思、恩格斯将唯物辩证法和剩余价值论有机结合起来，分析研究了自由竞争资本主义向垄断资本主义过渡的新现象，如垄断资本的形成和垄断组织的形式，垄断资本主义的性质、特征与历史意义等。通过研究，他们指出：资本主义垄断的发展，使生产的社会化与资本主义私人占有性的矛盾已经达到了不能相容的地步，并认为，资本主义垄断的发展，无论是从生产资料的占有形式还是从它的使用上，都构成了向未来社会主义、共产主义社会过渡的基础。他们认为要解决垄断资本主义的矛盾冲突，必须“在事实上承认现代生产力的社会本性，因而也就是使生产、占有和交换的方式同生产资料的社会性相适应。而要实现这一点，只有由社会公开地和直接地占有已经发展到除了社会管理不适于任何其他管理的生产力”[③]。

马克思、恩格斯通过对空想社会主义的继承与批判和对广义政治经济学的研究，依据唯物史观与剩余价值论的基本原理，第

---

① 马克思指出：“古代世界的基础是直接的强制劳动”（《马克思恩格斯全集》，第46卷（上），第197页，北京，人民出版社，1979）。“要能够为名义上的地主从小农身上榨取剩余劳动，就只有通过超经济的强制”（《马克思恩格斯全集》，第25卷，第891页，北京，人民出版社，1974）。

② 《马克思恩格斯全集》，第46卷（上），第104页，北京，人民出版社，1979。

③ 恩格斯：《马克思恩格斯全集》，第19卷，第240页，北京，人民出版社，1963。

一次使社会主义从空想变成科学，并通过对资本主义经济运动规律和发展趋势的研究与辩证逻辑推进，对未来社会主义、共产主义社会经济形态的基本特征以及协调不同利益集团矛盾与冲突的基本途径和方式，作出了原则性的预见与设想。首先，他们认为，未来的共产主义社会经济形态是一个“自由人联合体”，是“一个更高级的、以每个人的全面而自由的发展为基本原则的社会形式”[①]。其基本特征，换个角度说，也可以说是协调不同利益集团矛盾与冲突的基本途径和方式是：提高每个人的生产能力，促使社会生产力得到空前迅速的发展与物质财富的极大丰富；消灭资本主义所有制和建立生产资料的社会所有制，从而消灭剥削的物质基础与条件；按照社会需要在社会范围内有计划地组织和调节社会生产，节约劳动时间，是未来共产主义社会经济形态的首要经济规律；一切社会产品将按照共同协议进行直接分配，消除阶级差别和旧的社会分工，包括工农、城乡以及脑力劳动和体力劳动的差别等。

其次，马克思、恩格斯根据生产力发展的不同水平，提出未来的共产主义社会将表现为经济成熟程度不同的历史阶段。在未来社会的不同发展阶段，其基本特征、政治经济任务、利益矛盾处理的原则与方式将有所不同。(1)“过渡时期”。也就是说，在从无产阶级夺取政权到“共产主义”第一阶段即社会主义经济制度确立的时期，政治上必须实行无产阶级专政，经济上必须废除私有制，建立以公有制为基础的社会主义经济制度。为了完成这一政治经济

① 《马克思恩格斯全集》，第23卷，第95、649页，北京，人民出版社，1979。

任务,他们还原则性地提出了剥夺地产、征收高额累进税、废除继承权、没收流亡与叛乱分子财产、将信贷与全部运输业集中于国家手里、增加国营工厂和生产工具数量、实行普遍劳动义务制成立产业军、把农业同工业结合起来逐步消灭城乡差别、对一切儿童实行公共的免费的教育并把教育同物质生产结合起来等[①]。(2)共产主义的"第一阶段"。这是不成熟的共产主义社会,它不是在它自身基础上起来的社会,而是从资本主义社会中产生的,因此它在各方面,在经济、道德和精神方面都还带着它脱胎出来的那个旧社会——资本主义社会的痕迹[②]。这种痕迹在经济上的突出表现就是在劳动者个人消费品的分配方面,还只能实行等量劳动领取等量报酬的原则,还存在事实上的"不平等"与富裕程度的差别,仍然存在资产阶级法权。(3)共产主义的高级阶段。它物质生产力极大增长,社会财富充分涌流,旧的分工以及脑力、体力劳动对立消失,劳动成为生活第一需要,消费资料实行各尽所能、按需分配原则[③]。

二、马克思主义实践者关于在社会主义制度下体制改革与利益兼容的理论与实践探索

以列宁、斯大林、毛泽东、邓小平、江泽民为代表的马克思主义实践者,在领导建设社会主义的实践过程中,将马克思主义基本原理与所处的时代特征和国情特征有机地结合起来,对在社会主义

① 参见《马克思恩格斯全集》,第4卷,第490页,北京,人民出版社,1958。
② 参见《马克思恩格斯全集》,第19卷,第21页,北京,人民出版社,1963。
③ 参见上书,第22页。

制度下如何通过制度创新或体制改革来统筹协调利益关系，作出了积极的理论与实践探索，从而丰富和发展了马克思主义的经济利益理论。

（一）苏联社会主义建设中领袖关于社会主义制度下体制改革与利益兼容的主要思想观点

列宁在十月革命胜利后，对当时俄国的政治经济情况进行了全面、系统的分析，着手寻找和探索向社会主义过渡的具体步骤和形式，在人类历史上第一次开辟了一条走向社会主义的正确道路，并领导原苏联人民从事建设社会主义的伟大实践。在实践过程中，列宁创造性地提出了一系列在社会主义制度下如何通过制度创新统筹协调利益关系，以实现利益兼容基础上的国富民强的思想观点。主要有：

(1)在社会主义制度与苏维埃政府建立之初，实践证明[①] 必须执行“剥夺剥夺者”的法令，通过国有化和国家垄断等制度变革，才能使经济命脉掌握在苏维埃国家手里，也只有如此，才能建立新生的社会主义制度与苏维埃政权，从而为确保劳苦大众的根本利益提供制度保障基础。

(2)发展生产力，提高劳动生产率是社会主义国家最根本的利益，也是巩固社会主义制度，提高人民生活水平的经济基础。列宁在《苏维埃政权的当前任务》等著作中，指出增加产品数量、大大提高社会生产力与劳动生产率，这是“创造高于资本主义的社会结构

---

① 起初，列宁想通过全民计算和监督的道路走向社会主义，但实践证明仅仅走工人监督的道路是不够的。

的根本任务”，也是无产阶级的“最主要最根本的需要”①。列宁还认为，要提高劳动生产率，首先需要保证大工业的物质基础；其次，要提高居民群众的文化教育水平，并通过“组织竞赛”和采用泰罗制等组织、制度创新来提高劳动者的纪律、工作技能、效率、劳动强度，改善劳动组织。

(3)“不劳动者不得食”与“按等量劳动领取等量产品”是社会主义社会在个人消费品分配上必须贯彻的两项基本原则。列宁在《国家与革命》中，不仅在概念上明确地将共产主义社会区分为社会主义社会与共产主义社会两个历史阶段，而且进一步系统地阐明了社会主义社会的基本特征和某些重要原则。他在马克思《资本论》与《哥达纲领批判》中提出的按劳分配原则的基础上，进一步提出了“不劳动者不得食”的原则，并认为只有贯彻“不劳动者不得食”与“按等量劳动领取等量产品”两大原则，才能建立社会主义新型的人与人之间的关系，即平等地参加劳动，获得平等的享受权力。

(4)商品货币关系既是巩固工农联盟、实现工农结合的经济纽带，又是社会主义大工业发展的经济基础。列宁经过反复的实践、认识，特别是通过1921年新经济政策实施情况的总结，突破了马克思主义关于生产资料公有制社会里不存在商品货币关系的论断。他认为在一个贫穷落后的社会主义国家里，小商品生产大量存在，非社会主义的经济成分还不可避免地发展，在这种情况下，就应该利用和发展商品货币关系与市场这一中心环节向社会主义

---

① 《列宁全集》，第34卷，第168页，第42卷，第369页，北京，人民出版社，1985。

过渡，并强调指出："商业竟是我国经济生活的试金石，是无产阶级的先头部队同农民唯一可能的结合，是促使经济开始全面高涨的唯一可能的纽带"。①

(5)合作社与合作制是社会主义经济建设同农民利益的结合点。1921年春天以前，列宁依据马克思主义的理论观点，主张用共耕制和组织集体农庄来恢复、发展农业经济，实现向社会主义过渡，但是，实践表明，共耕制不利于调动农民联系个人利益和关心农业生产，而在历史上具有实践基础的合作社，则与集体农庄不同，它可以在不否定农民生产资料私有权并保持相当程度经济自主权的基础上，在经济利益的驱动下自愿联合起来。为此，列宁在《论粮食税》与《论合作制》中，比较明确地提出了合作社形式，并对其作用给予了高度肯定。认为合作社与合作制可以将社会主义经济建设同农民利益有机地结合，是经济落后的俄国实行农业社会主义改造的正确道路选择，并认为在新经济政策时期，俄国居民充分广泛而深入地合作化，使"我们已经找到了私人利益、私人买卖的利益与国家对这种利益的检查监督相结合的尺度，找到了使私人利益服从共同利益的尺度，而这是过去许许多多社会主义者解决不了的难题"。②

(6)创立经济核算制，坚持物质利益原则。列宁在新经济政策的实践与有关社会主义商品、货币理论体系的基础上，创造了一条以经济核算制为核心的社会主义经济管理体制，强调向共产主义

① 《列宁全集》，第33卷，第143页，北京，人民出版社，1957。
② 《列宁选集》，第4卷，第682页，北京，人民出版社，1972。

过渡,不是直接依靠热情,而是借助于伟大革命所产生的热情,依靠个人兴趣、个人利益与经济核算①,列宁的经济核算,其内容主要包括利润原则、商业原则、物质利益原则、独立核算原则、货币监督原则和经济责任原则等。经济核算制明确了国家、企业、个人三者的责、权、利关系,可以把企业的经济效果和全体职工的物质利益直接联系起来,体现了企业和职工的责、权、利的统一。

斯大林在列宁上述观点的基础上,对社会主义制度下如何协调利益关系作了进一步的补充与发展:(1)主张要缩小"剪刀差"。为了实现社会主义工业化,斯大林虽然承认"剪刀差"是从农业中为社会主义工业化积累资金的一种方法,但在政策主张上,他主张要在稳定农产品价格的同时,逐步降低工业品,从而缩小"剪刀差"。(2)社会主义基本经济规律是用在高度技术基础上使社会主义生产不断增长和不断完善的办法,来最大限度地满足整个社会经常增长的物质和文化的需要②。这里,他将社会主义生产目的和达到目的的手段视为社会主义经济关系中最本质的内容,某种意义上说,也是社会主义制度下协调利益关系的根本要求与基本途径。(3)社会主义要有高级赢利形式,即在社会主义社会不仅要考察个别的微观利益,而且要考察整体的宏观利益,不仅要考虑短期利益,而且要考虑长期利益③。

(二)中国三代领导集体关于社会主义制度下体制改革与利益兼容的理论创新

---

① 参见《列宁全集》,第33卷,第39页,北京,人民出版社,1957。

② 参见《斯大林文选》,下卷,第602页,北京,人民出版社,1962。

③ 参见斯大林:《苏联社会主义经济问题》,第4页,北京,人民出版社,1979。

以毛泽东、邓小平、江泽民同志为核心的中国三代领导集体，在领导中国向社会主义经济过渡与社会主义建设和改革的实践过程中，将马克思主义利益关系理论与中国特殊的国情结合起来，提出了中国特色社会主义理论，就社会主义制度下如何通过体制改革实现利益兼容，提出了一系列的理论创新思想与观点。

毛泽东同志从中国半殖民地半封建社会的性质出发，在阐述新民主主义革命的对象、任务、动力和性质的基础上，运用生产关系一定要适合生产力性质的规律，提出了具有中国特色的新民主主义的三大经济纲领，在此基础上，结合新中国成立初期和向社会主义经济过渡时期面临的错综复杂的形势与斗争，提出了在建国初期恢复国民经济与关于农业、手工业和工商业三大社会主义改造的经济思想，并就向社会主义过渡中如何正确处理利益矛盾和冲突问题，提出了不少有创建意义的理论观点。如为了实现建国初期财政经济的根本好转，毛泽东提出全党和全国人民必须团结起来，认真、努力做好土地改革、合理调整工商业、失业人员的救济和就业工作，要团结各界民主人士，克服统一战线工作中的关门主义和迁就主义倾向等。在土地改革工作上，强调要有步骤有秩序地进行；在工商业调整工作上，强调要在统筹兼顾的方针下，切实而妥善地改善公私关系和劳资关系，使各种社会经济成分，在具有社会主义性质的国营经济领导之下，分工合作，各得其所，以促进整个社会经济的恢复与发展[①]。再如在七届三中全会上，毛泽东

① 参见《建国以来毛泽东文稿》，第1册，第393—396页，北京，中央文献出版社，1992。

发表《不要四面出击》讲话，提出要正确处理国内各阶级、各阶层和各方面的关系，以便孤立和打击当前的主要敌人；在农业和手工业的社会主义改造中，毛泽东要让农民真正自愿走上合作化道路，要采取正确的原则与方法；在资本主义工商业的社会主义改造中，毛泽东认为可以使用和平改造的方法与实行利用、限制、改造的方针，促使工人阶级和民族资产阶级之间的对抗性矛盾向非对抗性矛盾转化等。

在社会主义建设中，如何正确处理社会主义社会人民内部矛盾，毛泽东同志强调要切实关心群众实际利益，要统筹兼顾、适当安排各种利益关系。首先，毛泽东同志强调民富与国强是辩证统一的，在社会主义国家，劳动者的利益与国家的根本利益是一致的，因此，我们既要提倡艰苦奋斗，反对把个人物质利益看得高于一切，同时要反对不关心群众痛痒、漠视群众利益的形式多样的官僚主义①，并指出："我们的人民政府是真正代表人民利益的政府，是为人民服务的政府"。② 其次，在处理人民内部矛盾和利益关系上，毛泽东同志提出的工作方针就是统筹兼顾、适当安排。毛泽东同志在 1956 年论述的《十大关系》中，强调要"以苏为鉴"，把一切积极因素调动起来进行社会主义建设。从经济工作来说，主要是要处理好工业和农业，沿海和内地，中央和地方，国家、集体和个人，国防建设和经济建设这五条关系。在分配问题与利益关系上，毛泽东指出："我们必须兼顾国家利益、集体利益和个人利益"③，

---

① 参见《毛泽东选集》，第 5 卷，第 272 页，北京，人民出版社，1977。
② 同上书，第 365 页。
③ 同上书，第 380 页。

并强调:“国家和工厂,国家和工人,工厂和工人,国家和合作社,国家和农民,合作社和农民,都必须兼顾,不能只顾一头”。①

作为改革开放的总设计师邓小平同志,从领导我国进行社会主义体制改革与社会主义建设的伟大实践中,创建了有中国特色的社会主义理论。该理论立足于社会主义初级阶段的基本国情判断分析,科学地解答了什么是社会主义与如何建设社会主义这一马克思主义者必须解决的科学难题。在此基础上,对于如何处理体制改革与利益关系问题,提出了一系列的科学观点。主要体现在:

(1)正确处理利益关系,实现共同富裕是社会主义本质的基本内涵与客观要求。邓小平结合社会主义实践走过的曲折道路,对社会主义的本质作出了新概括,认为社会主义的本质是解放生产力,发展生产力,消灭剥削,消除两极分化,最终达到共同富裕。这里清楚地表明,社会主义的价值目标就是消灭剥削,实现共同富裕,绝不是两极分化,而实现社会主义目的的物质基础与基本途径就是通过体制改革来发展生产力与解放生产力。从此,也说明了正确处理利益关系,实现利益兼容是社会主义本质的基本内涵与客观要求。要正确处理社会主义现代化与体制改革过程中的利益关系,邓小平认为首先要大力发展与解放生产力,这是实现利益兼容的物质基础;其次,在体制改革过程中与社会主义市场经济条件下,将出现利益主体的多元化与错综复杂的利益关系,为此,必须按照正确原则妥善处理。邓小平认为,一方面,在社会主义制度

① 《毛泽东选集》,第5卷,第275页,北京,人民出版社,1977。

下,从根本上说,个人利益和集体利益、局部利益和整体利益、暂时利益和长远利益是统一的[①];但是必须看到社会主义制度下各种利益关系也有对立的一面,有时候可能产生冲突,为此,邓小平认为在社会主义制度下,既要承认尊重个人的经济利益,又要提倡和实行个人利益要服从集体利益、局部利益要服从整体利益、暂时利益要服从长远利益。

(2)坚持公有制为主体与共同富裕的改革取向与建立社会主义市场经济体制是正确处理利益关系,实现利益兼容的基本制度基础。邓小平认为要实现共同富裕,必须通过体制改革来大力发展并解放生产力,这是社会主义的根本任务,并强调"改革是社会主义制度的自我完善"[②],所以在"改革中坚持社会主义方向,这是一个很重要的问题"[③],因此,在体制改革中"一个公有制占主体,一个共同富裕,这是我们所必须坚持的社会主义的根本原则"[④]。与此同时,邓小平同志在总结国内外历史经验的基础上,突破传统观念,发展马克思列宁主义与毛泽东思想,认为社会主义计划与市场都是经济手段,社会主义和市场经济并不存在矛盾,"社会主义也可以搞市场经济"[⑤],为此,他认为建立社会主义市场体制是我国经济体制改革的根本任务与目标模式。邓小平在社会主义市场经济的理论创新中,一方面把市场经济与资本主义制度相分离,强

① 参见《邓小平文选》,第二卷,第 175 页,北京,人民出版社,1994。
② 《邓小平文选》,第三卷,第 142 页,北京,人民出版社,1993。
③ 同上书,第 138 页。
④ 同上书,第 111 页。
⑤ 《邓小平文选》,第二卷,第 236 页,北京,人民出版社,1994。

调市场经济是资源配置的手段与方式,为此,我们建立全国统一开放的市场体系,以促进资源的优化配置与经济效率的提高;另一方面,强调我们实行市场经济必须和社会主义基本制度相结合。为此,必须依据社会主义初级阶段的基本特征,建立公有制为主体,多种所有制共同发展的所有制结构和按劳分配为主体,多种分配方式并存的收入分配制度,以充分释放各个经济主体的劳动积极性与创造性;与此同时,必须转变政府管理经济的职能,建立以间接手段为主的完善的宏观调控体系和多层次的社会保障制度,从而确保把人民的当前利益与长远利益、局部利益和整体利益有机地结合起来。

(3)让一部分地区、一部分人先富起来和实行非均衡的体制改革与地区经济梯次推进的发展战略是处理体制改革中利益关系,实现利益兼容与逐步实现共同富裕的战略构思与策略。邓小平依据不平衡——平衡——新的不平衡的唯物辩证的事物发展规律,提出先富带后富的共同富裕策略构思。他说:“在经济政策上,我认为要允许一部分地区、一部分企业、一部分工人农民,由于辛勤努力成绩大而收入先多一些,生活先好起来。一部分人生活先好起来,就必然产生极大的示范力量,影响左邻右舍,带动其他地区、其他单位的人们向他们学习。这样,就会使整个国民经济不断地波浪式地向前发展,使全国各族人民都能比较快地富裕起来”①。为了实施这一战略构思,邓小平主张实行由点到面(即经济特区——沿海开放地区——内地)、层层推进的非均衡式市场化体制改

① 《邓小平文选》,第二卷,第152页,北京,人民出版社,1994。

革，并实施地区经济梯次推进的非均衡发展战略，但同时强调非均衡发展战略是有历史阶段性的，其目的是为了共同富裕，所以在体制改革与经济发展中必须实现利益兼容和共同富裕。为此，邓小平提出了“两个大局”问题，他说：“沿海地区要加快对外开放，使这个拥有两亿人口的广大地带较快地先发展起来，从而带动内地更好地发展，这是一个事关大局的问题。内地要顾全这个大局。反过来，发展到一定的时候，又要求沿海拿出更多力量来帮助内地发展，这也是个大局。那时沿海也要服从这个大局”。[①]

(4)正确处理改革、发展、稳定与速度、比例、效益关系，依据“三个有利于”判断改革开放中一切工作得失、是非、成败是正确处理利益关系，促使利益兼容的基本原则与方针。体制改革必然要产生社会经济转型与利益格局的调整，从而必然要产生不同利益主体之间的矛盾甚至冲突。为此，邓小平同志非常强调在我国经济体制改革与社会主义现代化过程中，必须正确处理好改革、发展、稳定之间相互依存关系，认为发展是硬道理，是目的、关键与根本；改革开放是推动发展的动力与手段，发展与改革是社会稳定与国家长治久安的基础；稳定是改革与发展的必不可少的条件，也是改革与发展的前提。根据改革、发展、稳定三者辩证关系的要求，在经济发展与经济运行中，则必须正确处理速度、比例与效益关系，强调经济工作要以效益为中心，协调各种经济比例关系，优化经济结构，从而促使国民经济持续、快速、健康发展。最后，邓小平同志依据历史唯物主义的基本观点和党的“解放思想、实事求是”

---

① 《邓小平文选》，第三卷，第277—278页，北京，人民出版社，1993。

的基本路线，创造性地提出了是否有利于发展生产力、增强综合国力和提高人民生活这“三个有利于”，作为判断改革开放中一切工作得失、是非、成败的三条根本标准，这三条标准体现了从实际出发和从人民利益出发与真理标准与价值标准的有机统一，因此，它也是正确处理利益关系，促使利益兼容的基本原则与方针。

以江泽民为核心的第三代领导集体，在世纪之交的关键时期，高举邓小平理论，通过“十二大关系论”[①] 与“三个代表”等重大理论创新，提出了中国特色社会主义跨世纪发展的第三大构思。第三大构思，首先，针对转向社会主义市场经济新型体制与现代化起飞过程中产生的新矛盾、新问题，通过哲学思维创新，提出了强调对立统一、对立面和谐结合、矛盾各方面综合协调等解决新矛盾、新问题的新思路、新原则、新方法；其次，依据全面、和谐、持续新发展观的客观要求，突出稳定、改革、发展这一事关全局问题，努力探索建立三者的协调机制，并把三者的协调一致作为把握大局的基本方针；最后，以“三个代表”作为政治基石，以体制改革作为系统动力，推动各种经济关系、利益关系的全面调整，并提出以经济体制和增长方式的两大根本转变为主要契机，来统摄各种经济关系与利益关系的全面转变与重构（王东，2001）。应该说第三大构思在深化体制改革中的利益协调问题上，是作出了重大的理论创新。

(1)应把实现和维护最广大人民群众的利益作为改革和建设的根本出发点。江泽民同志《在纪念党的十一届三中全会召开二十周年大会上的讲话》指出：“必须把实现和维护最广大人民群众

① 即江泽民的《正确处理社会主义现代化建设中的若干重大关系》。

的利益作为改革和建设的根本出发点”，并强调“改革越深化，越要正确认识和处理各种利益关系，把个人利益与集体利益、局部利益与整体利益、当前利益与长远利益正确地统一和结合起来，把最广大人民群众的切身利益实现好、维护好、发展好，把他们的积极性引导好、保护好、发挥好，只有这样，我们的改革和建设才能始终获得最广泛、最可靠的群众基础和力量源泉”[①]。实现和维护最广大人民群众利益，主要是实现和维护广大工人、农民和知识分子的切身利益。江泽民在参加八届人大四次会议代表团审议时明确提出：在整个现代化建设过程中，我们要始终贯彻一个重要原则，就是经济利益分配的着力点必须首先保证广大工人、农民和知识分子得到实际利益，保证他们充分享受改革开放和现代化建设的成果[②]。

(2)探寻对立面的和谐结合，构建改革、发展、稳定的协调机制，促进社会经济的全面、协调、可持续发展是正确处理社会经济转型中各种根本利益关系与矛盾的新思路、新原则与新方法。在体制转型与现代化起飞过程中，必然会在利益关系上产生各种新矛盾与新问题，为此，江泽民同志注重从哲学思维创新角度，具体分析矛盾诸方面的同一性，探索解决这些新型矛盾的新思路、新方法、新中介，提出把寻求对立面的和谐统一作为社会主义体制转型与建设过程中的新型矛盾论与辩证法。江泽民同志突出改革、发展、稳定的协调与统一，认为这是总揽全局的基本方针。根据这一

① 江泽民：《在纪念党的十一届三中全会召开二十周年大会上的讲话》，第19—20页，1998。

② 参见《人民日报》，1996年3月8日。

基本方针与中国特色社会主义现代化中的经济富强、政治民主、精神文明三大目标的客观要求，江泽民同志提出了效益优先、新型可持续并能够实现天人和谐、社会与经济、物质文明与精神文明协调发展的富于时代精神与中国特色的新发展观。要走新型可持续发展的道路，江泽民同志认为必须处理好发展中的四大关系，贯彻中国发展中的四大原则：其一是处理好速度和效益的关系问题，贯彻效益优先原则；其二是处理好经济建设和人口、资源、生态的关系问题，贯彻可持续发展原则；其三是处理好三大产业的关系问题，贯彻结构优化原则；其四是处理好东西部地区的关系问题，贯彻东西协调发展原则。可以说这是正确处理社会经济转型中各种根本利益关系与矛盾的新思路、新原则与新方法。

(3)系统地深化体制改革是正确处理经济利益关系，调动一切积极因素的根本要求。

江泽民同志认为体制改革是统摄改革、发展、稳定三大关系乃至十二大关系的首要因素，因此，在处理利益关系与调动一切积极因素方面，力求从治标转向治本，不再局限于从行政权力再分配角度单个孤立地调整、改善个别经济利益关系，而是根据可控市场、多元一体①、利益和谐、自主开放四大基本原则的要求，抓住体制改革这个根本，强调要通过系统的深化体制改革，来推动各种经济利益关系的全面转变与调整，力求以社会主义市场经济新型体制作为动力之源，通过以社会主义公有制为主导的多层次经济结构

① “多元”指多种经济成分并存的多元与多层次经济结构，“一体”指必须确立一个主体即公有制为主体。

的构造与公有制多种实现形式的积极探索以及国家、企业、个人三者利益协调发展机制的重新建构，来塑造经济活动多元主体，以确保企业的独立自主性与个人主体性和积极性的充分发挥。

(4)"三个代表"是实现体制改革中利益协调发展的政治基石。

"三个代表"重要思想是马克思主义与社会主义建设的历史经验的理论总结与升华。21世纪的中国共产党不仅应当是先进生产力和先进文化的忠实代表，而且应当是中国最广大人民根本利益的忠实代表。国内外历史经验表明：党只有正确处理好党群关系，代表广大人民群众的根本利益，推进人民民主，才能将党的伟大事业与社会主义现代化推向前进。正因为如此，江泽民多次强调"三个代表"重要思想是"立党之本，执政之基，力量之源"。在体制改革中，可以说"三个代表"重要思想是促进不同利益主体协调发展的政治基石。

三、几点简要总结与结论

1.关于制度变革或体制改革与利益关系的变革与调整的逻辑关系的理论探讨，是马克思主义经济学研究中的核心问题，它贯穿于马克思主义经济学的整个发展历史。无论是马克思主义创始人还是社会主义建设的领袖，在利益关系问题上，都结合时代社会制度特征作出了历史而深刻的分析。

2.马克思主义创始人一方面侧重于矛盾中的对立性角度，通过狭义政治经济学的研究，在继承与批判古典政治经济学的基础上，科学地分析了资本主义私有制经济制度下各个利益集团或阶级之间在物质利益上的矛盾与对立关系，揭示了体制变革过程中不同利益集团的矛盾与斗争;另一方面,通过对空想社会主义的继承与批判,并通过以揭示人类各种社会经济运动规律为分析对象的广义政治经济学的研究,以及对自由资本主义开始向垄断资本主义阶段过渡的新现象的分析与考察,对未来社会主义、共产主义社会经济形态的一般特征作出了一些预见和设想,从而原则性地揭示了协调不同利益集团矛盾与冲突的基本途径和方式。

3.以列宁、斯大林为代表的苏联早期社会主义建设者,依据马克思主义创始人关于未来社会主义和共产主义基本特征的设想要求,并结合制度革命或大变革的复杂形势和俄国当时的具体政治经济情况,创造性地提出了在建立社会主义基本制度的历史背景下如何通过社会生产力的大力发展和通过建立生产资料公有制为基础的系统的制度变革,来统筹兼顾各种利益关系,从而实现利益兼容基础上的国富民强的一系列思想观点。

4.以毛泽东、邓小平、江泽民同志为核心的中国三代领导集体,在领导中国向社会主义经济过渡与社会主义建设和改革的实践过程中,将马克思主义利益关系理论与中国特殊的国情结合起来,提出了中国特色社会主义理论,就社会主义制度下如何通过体制改革实现利益兼容,提出了一系列的理论创新。其中,毛泽东同志是侧重于从社会主义制度的建立、巩固与调动一切积极因素进行社会主义建设角度分析我们必须正确处理人民内部矛盾与利益关系,并提出了在社会主义制度下如何处理人民内部矛盾与利益关系的一般原则。邓小平同志和江泽民同志则结合社会主义体制改革的性质与要求,探索了社会主义体制改革与利益关系调整之间的内在关系,并对如何通过体制改革来调整利益关系,从而调动一切积极因素进行社会主义现代化建设作出了重大理论创新。

5.从侧重分析利益矛盾的对立性向侧重分析利益矛盾的同一性转变,与此同时,紧密结合时代特征与要求,从侧重分析如何通过社会制度的重大变革来协调不同阶级或利益集团之间的矛盾冲突转变到侧重分析如何通过体制改革来实现利益兼容与协调发展,这是马克思主义经济学发展史上的一个重大转换与特色。

6.马克思主义经济学通过逻辑推理:要实现人的全面自由发展,必须以生产资料公有制为基础,通过社会生产力的大力发展和系统的制度变革,统筹兼顾各种经济利益关系,以实现、维护和发展最广大人民群众的切身利益。因此,马克思主义经济学揭示了体制变革过程中不同利益集团的矛盾与斗争,并原则性地揭示了协调不同利益集团矛盾与冲突的根本途径和方式,但是囿于历史与时代背景的局限,马克思主义经济学对于体制变革过程中如何实现各利益主体的和谐与统一,从而使其成为社会经济发展的稳定机制,尚缺乏系统研究。

第二节　西方主流经济学关于市场经济体制下利益兼容机制的理论分析

西方主流经济学的基本任务与理论宗旨是论证说明资本主义市场体制的有效性、合理性与永恒性,这就从根本上决定了它的主要内容是分析市场配置资源的有效性,为此,它注重效率分析而忽视社会公平。在利益关系上,虽然在某个历史时期与某些理论流派,对不同利益主体之间的矛盾与冲突,作了一些中肯的理论分析,但从主流或主线角度看,西方主流经济学是侧重于资本主义市场经济下经济利益关系和谐与统一的说明。其着力分析论证的,是认为市场机制可以实现经济利益的协调与兼容。可以说,利益调和或和谐论是西方主流经济学的一个鲜明特征。

一、古典经济学发展时期的利益调和与和谐论

在斯密创立的古典政治经济学体系中,尽管对资本主义制度确立时期的三大基本阶级之间的物质利益关系作出了既有对立又有统一的理论分析,但对市场经济体制而言,斯密则强调市场交易能够促使所有个人的利益相互协调。在他看来,个人之间基于市场的利益交换具有一种天然协调的特点,只要实现充分的自由竞争,个人私利就能够自动地达到社会总体的和谐。他认为,市场交易由于受一只看不见的手的指引,将导致个人在追求他自己的利益时促进社会的利益,并且,常常比他实在想促进时还更有效果。为了说明三大基本阶级的利益协调关系,斯密还提出了三种收入构成价值论,即所谓的"斯密教条"。在他看来,在资本主义社会中,商品的价值应最终分配到工资、利润、地租三个方面,工资、利润、地租不仅要成为一切收入的源泉,而且是"一切可交换价值的三个根本源泉"。

法国的萨伊、巴斯夏以及美国的凯里等人,沿袭并弘扬了斯密经济理论中市场交易与自由竞争可以实现利益协调的思想观点,放弃了斯密经济理论中关于资本主义社会各阶级之间利益矛盾的分析,尤其是完全抛弃了古典政治经济学李嘉图理论体系中的有关资本主义社会各阶级之间利益相互对立的思想路径,否定

了李嘉图基于劳动价值论上的关于工资与利润、利润与地租相互对立的论证与分析。他们依据资本主义发展时期的客观形势要求，对斯密经济理论体系进行了完全相悖于李嘉图理论体系的分化解说，创立了力图证明资本主义的发展，将不是造成各阶级的利益对立，而是使各阶级的经济利益趋向协调的利益调和与和谐论。

萨伊首先否定劳动价值论，创立效用价值论，并在此基础上，提出生产三要素论。他认为财富（价值）来源于劳动、资本和自然力（尤其是土地）这三种要素的协力。他承认，只有通过劳动，人类才能获得产品，同时又强调劳动必须有资本的协助才能生产物品，不仅如此，劳动还必须利用各种自然力。其次，萨伊以生产三要素论构建其分配理论。在他看来，效用是三要素协力合作的结果。既然是三要素协同创造了价值（效用），即三种生产要素在生产过程中均提供了生产性服务，则它们都必须取得收入，以报酬它们的服务，这就是劳动取得工资，资本取得利息，土地取得地租。这也就是马克思所批判的萨伊三位一体公式。因此，他的分配理论是用三要素在创造效用的生产中的协力作用来论证三要素所有者各自收入的来源，用三要素在创造效用的生产中所提供的生产性服务来说明三要素所有者各自收入的来源。由于他无法对生产性服务作出定量分析，所以为了对三要素所有者的收入确定量的决定法则，他又用供求决定论来说明收入量的决定法则，即用要素的供求来说明要素的价值。在萨伊的理论分析中，虽然提到过劳资双方存在一定的利益冲突，并承认工人在订立工资合同时是处于不利地位，但其理论的实质，是为了说明资本主义制度下各阶级之间的利益是和谐一致的。可以说,萨伊的效用价值论与分配论是后来西方主流经济学各种利益调和论的理论基础。

巴斯夏是19世纪中叶自由贸易与经济自由主义的一个鼓吹旗手,也是“和谐经济论”的主要倡导者。他在同封建主义思想作激烈斗争与反对社会主义思想兴起的过程中,建立其经济自由主义理论体系,其代表作就是《和谐经济论》(1850)。他认为政治经济学是建立在社会是渐进的、自愿联合的假设之上的,经济学派应以利益的自然和谐为出发点,以自由为归宿,正因为如此,在《和谐经济论》中的“致法国青年”这篇代序言中,旗帜鲜明地宣告:引导人们“去认识一切正当的利益彼此和谐这个真理。这便是本书的主旨”[①]。他从“上帝的法则是和谐”与“人的本性是追求幸福和谐”这两个基本论据出发,通过理论分析得出有力的结论:“社会世界的普遍法则是和谐协调的,这些法则从各个方向趋于完善人类”。[②]

巴斯夏的和谐经济论是以他的劳务价值论为主要理论支柱。他认为,从经济学观点看,社会即为交换,因此,人类社会就是交换的社会。在自由交换的人类社会中,人们彼此帮助,相互提供劳务。这种相互劳务的交换,一方面可以将人们的力量联合起来和促使人们进行分工,从而使人们的努力获取更大的成果;另一方面,从经济观点来说,相互劳务的交换便产生了价值,交换的主要

---

① 弗雷德里克·巴斯夏:《和谐经济论》,第34页,北京,中国社会科学出版社,1995。

② 同上书,第377页。

因素是价值概念,“第一次产生交换时就有价值的概念”①,“价值就是两项交换的劳务之间的比例关系”②。

为了论证社会各阶级利益的和谐,巴斯夏在其劳务价值论基础上,建立和谐分配论。他认为,资本家提供生产资料和生活资料,工人替资本家进行生产,这是两种相互的服务,工资和利润就是这两种服务的报酬,即工人为社会提供劳务,得到的报酬就是工资;资本家为社会提供资本,得到的报酬就是利润。利润又可以分成企业家收入和利息,其中,企业家收入是对资本家经营企业所提供劳务的报酬,利息是对资本家推迟自己消费和享受——可以视为一种特别的劳务的报酬。至于地租可以视为是对土地所有者作为社会和自然的中介、在开发和改良土地所提供劳务应得的报酬。因此,从一个交换社会的经济观点来看,社会各阶级之间都是“劳务交换劳务”。“人们让与和接受的东西一样,都是劳动,是努力,是辛苦,是护理巴斯夏治疗,是先天或后天获得的技能;人们相互给予的,是巴斯夏彼此的满足;交换的决定因素,是共同利益,交换的衡量标准,是彼此提供的劳务的自由评估……利润、利息、工资等字所表示的意思虽有差别,但并没有改变事物的本质。这永远是一物换一物,或者说得更确切些,是一报回一报。”③ 不仅如此,他为了证明“劳动者及其雇主之间存在着利益的和谐”,还用想象的数字说明“随着资本的增长,资本从总产品中的绝对提取额增加

---

① 弗雷德里克·巴斯夏:《和谐经济论》,第133页,北京,中国社会科学出版社,1995。

② 同上书,第136页。

③ 同上书,第352页。

了,而它的相对份额降低了。相反,劳动从中提取的绝对量和相对量却都增加了”。[①] 并认为,这是一个伟大的、奇妙的、保险的、必要的和不变的资本规律,也是劳动和资本合作成果在分配领域的重要规律。

最后,巴斯夏指出:彼此必然和谐的利益,应由自由来解决;只有实行自由贸易和竞争,才能使社会各阶级的利益趋于和谐。

美国经济学家凯里结合美国独立战争后的经济社会情况,为了掩盖、防范美国国内经济矛盾与阶级矛盾的充分暴露与西欧各国空想社会主义思潮在美国的广泛传播,他从美国资本主义经济迅速发展的现实需要出发,提出了以经济利益和谐一致为核心的经济学说,以试图证明资本主义的发展,不是造成各阶级的对立,而是使各阶级的经济利益趋于调和。

为此,凯里以他的再生产费用价值论为理论基础来分析阶级利益是趋于和谐一致的。他认为价值是由再生产费用决定的,而再生产费用包括人类在控制自然过程中使用的工具(即他所谓的资本)等生产资料以及耗费的劳动,所以再生产费用也就是由劳动者的工资和资本家的利润组成。从再生产费用价值出发,凯里在《论工资率》(1835)等著作中阐述了劳动者与资本家之间利益和谐的“分配法则”。他认为,整个社会产品都是在工人和资本家之间进行分配的。在社会发展的最初阶段,分给资本家的部分数量最大,但在社会发展的生产过程中,由于科技发展、生产工具与方法

① 弗雷德里克·巴斯夏:《和谐经济论》,第212页,北京,中国社会科学出版社,1995。

完善以及劳动生产率提高,资本的价值在再生产费用中所占份额日益缩小,而劳动的价值则日益增大,这样,就会出现工资随着工人劳动能力的提高而增加,利润随着资本价值的减少而下降的趋势。由此凯里得出了一条与巴斯夏相类似的"分配的一般规律":随着社会生产力的发展,工资在相对量和绝对量上都得到增加,而利润在绝对量上有增加,在相对量上则在减少。并强调指出:这是"支配劳动产品分配的伟大规律",是使人类各个不同阶级之间利益达到充分和谐的现实基础。此外,凯里还在批判李嘉图的地租论与马尔萨斯的人口论的同时,提出他的独特的地租论来完善其分配论,以力图证明资本家、地主以及农业工人之间的经济利益不是对立的,而是调和一致的。他基于美国的经验认为,土地耕种是从最劣等地向较好的土地扩展而不是相反,并且土地收益递增而非递减。当新的更肥沃的土地被地主占有之后,农业资本家租用土地就必须支付地租,作为对地主及其祖先对土地投资的报酬。因此,地租本质上是资本投到土地上取得的利息,是利润的一种形式,所以凯里是把地主和资本家同等看待,认为他们之间的经济利益是一致的。

需要指出的是,凯里的利益调和论与巴斯夏和谐经济论有所不同的是,他力图将经济利益调和论与国家保护主义相结合,就他看来,实行国家保护关税政策是经济和谐的"最后避难所",是实现人类高度联合的手段。

二、新古典分配理论关于自由竞争市场制度下可以有效协调利益关系的理论分析

兴起于1870年“边际革命”后的新古典经济学，一方面，完全摒弃古典经济学的社会阶级分析范式，用个人主观效用理论替代古典经济学中社会阶级对他们的土地、劳动和资本的绝对个人所有权理论，即侧重从个人的角度来讨论收入分配问题；另一方面，又在继承、发展萨伊的效用价值论与“三位一体”式分配论的基础上，立足于边际效用递减规律，从市场交换角度出发，主要运用边际、均衡分析方法，进一步从形式上论证分析了斯密经济理论中关于市场交易与自由竞争可以实现利益协调的思想观点，从而促使其经济自由主义得以进一步发展。在理论表现上，主要体现于克拉克为代表的边际生产力分配论与马歇尔的生产要素市场供求定价论。

早在20世纪30—50年代，德国经济学家约翰·亨利希·杜能与爱尔兰经济学家芒梯夫德·朗菲尔德就出色地运用边际原理分析了包括地租、利润和工资理论的全部分配理论。他们提出了相当完整的边际生产力论，并建立了边际生产力分配论的理论雏形。菲力普·威克斯蒂德在《论分配法则的协调》(1894)一书中，从边际效用价值论的基础上，直接引出边际主义的分配原理。他非常明确地发挥了边际生产力分配论，并说明了边际生产力分配规律和价值规律之间的“协调”。他认为，统一的分配法则就是边际生产力论，即每种生产要素在总产品中所得到的份额等于该要素的边际产出与其数量的乘积，并认为在满足自由竞争、规模报酬不变的

假设前提下，按边际生产力进行分配的结果将正好是全部产品被各生产要素分配完毕。

对边际生产力分配论作出了系统而详尽阐述的应是美国边际主义代表克拉克。他在《财富的分配》(1899)中，在继承凯里的阶级利益调和理论基本思想的基础上，将当时流行的资本生产力理论与边际效用理论结合起来，侧重从生产的角度，分析了静态条件下的分配问题，从而建立了系统的边际生产力分配理论。

首先，他认为探讨收入在要素所有者之间的分配问题，从生产的角度，就是探讨各种要素在收入的生产中的贡献份额的确定问题，从“静态”的角度看，核心是要说明社会收入分配所依据的标准。他还强调，社会收入是受着“每个生产要素在参加生产过程中，都有其独特的贡献，也都有相应的报酬”①。这一个自然规律的支配，收入分配所依据的标准是要素的“特殊”或“最后”即边际生产力，劳动的特殊生产力决定工资的高低，资本的特殊生产力决定利息的高低。

其次，他认为，在任何经济中存在三条一般规律，即消费品的级差(即边际)效用规律、生产工具的级差效用规律与劳动的级差效用规律，这三条规律也是分配所依据的一般规律②。因此，边际效用规律是生产和消费的普遍规律，是一切商品自然价值或价格之基础，所以，边际效用规律也是克拉克边际生产力分配论的理论前提。与此同时，他认为劳动与资本(包括土地)都具有生产力，并

---

① 克拉克：《财富的分配》，第11页，北京，商务印书馆，1997。

② 参见上书，第52页。

且他将这种生产力和边际效用价值论结合起来，直接推导出劳动和资本的边际生产力决定劳动和资本产品价值的原理。在此基础上，他着力分析了其边际生产力分配论的三大要点：(1)在静态条件下，自由竞争制度将使工资与利息趋向于劳动与资本的边际生产力；(2)由于资本与劳动边际生产力递减是存在任何社会中的一般规律，所以当劳动(资本)在资本(劳动)不变时逐渐增加，将导致工资(利息)的下降；(3)静态条件下，利息等于资本边际生产力决定的产量，资本边际生产力决定的利息乘以资本量等于资本要素的总收入；工资等于劳动边际生产力决定的产量，劳动边际生产力决定的工资乘以劳动量等于劳动要素总收入。

最后，克拉克通过边际生产力分配论的分析，得出结论：在自由竞争条件下如果分配的自然规律充分发挥作用，各生产要素创造多少财富，各社会集团就会得到多少财富，劳动者与资本家相互合作，各得其所，任何剥削都不存在。正如他所说："如果自然规律能够充分发挥作用，那么，从事任何生产职能所应当分配到的收入量，都将以它实际所生产的成果来衡量。换句话说，自由竞争倾向于将劳动所生产的部分给予劳动者，将资本所生产的部分给予资本家，而将调和职能所生产的部分给予企业家。"①

威克斯蒂德与克拉克的边际生产力分配论的思想，在现代微观经济学中被概括为欧拉定理与产量分配净定理。从数学形式说，如果生产函数为 k 次齐次生产函数，即生产函数满足

$f(tx_i)=t^kf(x_i)$，$i=1,2,\cdots,n$(其中 t 为任何正实数，k 为一

① 克拉克：《财富的分配》，第10—11页，北京，商务印书馆，1997。

常数）　　(1·1)

在此生产函数对 t 求导，则有 $\sum_{i=1}^{n} x_i f_i(tx_i) = kt^{k-1} f(x_i)$，如令 $t = 1$，则有 $\sum_{i=1}^{n} x_i f_i(x_i) = kf(x_i)$，即

$$x_1 f_1 + x_2 f_2 + \cdots + x_n f_n = kf(x_1, x_2, \cdots, x_n) \qquad (1·2)$$

这就是瑞士数学家提出的欧拉定理。从经济意义上说，如果 x_i 表示第 i 种生产要素的投入量，f_i 即 $\partial f(x_i)/\partial x_i$ 表示第 i 种生产要素的边际生产力，则式(1·2)说明各要素投入量分别与其边际生产力相乘之和，正好等于 k 乘以产量。当 $k = 1$，即各生产要素的产出弹性之和等于1，也就是说，当如果生产函数为一次齐次生产函数或生产规模不变时，则式(1·2)转换为

$$x_1 f_1 + x_2 f_2 + \cdots + x_n f_n = f(x_1, x_2, \cdots, x_n) = Q \qquad (1·3)$$

这就是产量分配净定理。它说明在规模报酬不变时，如果按生产要素的边际物质产量去对各生产要素分别付报酬，其结果则正好将产量分配完毕。

特别地，当生产要素仅为劳动(L)与资本(K)两种时，即如 $x_1 = L, x_2 = K$ 时，则从式(1·3)中，可以导出 $L \cdot MP_L + MP_K = Q$，这就是克拉克的边际生产力分配论的数学形式表示。因此我们可以将产量分配净定理称之为克拉克—威克斯蒂德产量分配净(或产出耗尽)定理。

从产量分配净定理中，我们更可以一目了然地看出，边际生产力分配论完全消除或否定了古典经济学的“经济剩余”，尤其是马克思创立的“剩余价值”范畴，并完全割断了生产资料所有制或生产要素所有权与产品分配之间的内在联系，从而完全撇开了对资

本主义的阶级关系与经济利益关系之本质分析。其实质是想将经济利益关系转换成数量形式关系，并从生产领域证明资本主义自由竞争制度是实现了“按贡献分配”或“按效率分配”之原则，从而表明资本主义自由市场制度是不存在所谓的“剥削”关系，资本主义的分配原则是和谐完满的。

新古典学派的代表——马歇尔，在其划时代的代表作《经济学原理》第六篇中，以均衡价格论为基础建立其生产要素市场供求定价分配论。在他的分配理论中，他运用连续原理、边际分析与局部分析等基本方法，将分配理论和价值理论（也就是他的均衡价格论）有机地统一起来，从而从市场交换的角度，使商品价格的决定与生产要素价格的决定统一于消费者效用最大化和生产者利润最大化，以及实现这两个最大化行为目标的市场供求关系的理论分析框架之中。由此，他将供求均衡价格理论，从一般商品到生产要素，从价值论领域到分配论领域，贯穿始终，从而以生产要素定价的形式解决国民收入的分配问题。

马歇尔认为国民收入是土地、劳动、资本、组织四种生产要素[①] 共同创造的，因此，收入分配问题，就是如何将国民收入（即他所指的国内年纯收入）分解为各生产要素的贡献份额问题。他还认为，各生产要素的使用，是由需求和供给的一般情况来决定。

---

①　马歇尔认为，生产要素通常分为土地、劳动和资本三类。其中，资本大部分是由知识和组织这些无形的东西构成，并且他认为知识是最有力的生产动力，而组织有助于知识，同时，由于区分知识和组织的公有和私有具有很大和日益增长的重要性，为此，有必要把组织分开来算作是一个独立的生产要素。参见马歇尔：《经济学原理》，上卷，第157—158页。

由于(生产)替代原理与生产者利润最大化行为目标的作用,将使各生产要素在生产中被“运用到尽先有利之处”,从而“在各种使用上的价值得以均等”,也就是说,从需求的角度看,是由要素的边际生产力(边际纯产品)决定生产要素的边际需求与需求价格;从供给的角度看,在马歇尔看来,是要素提供服务所做出的牺牲或边际负效用决定了要素的供给,同样,(消费)替代原理与消费者效用最大化的行为目标将决定要素的供给价格即使用生产要素的成本。因此,综合地看,各种生产要素都可以通过各自要素市场的供求关系状况确定其均衡价格。于是,要素收入的贡献份额问题就可以归结为要素的供求问题与要素的均衡价格问题。虽然工资、利息、地租和利润(在他看来,利润是企业家使用资本的经营能力与组织管理的报酬)的具体决定形式各不相同,但它们从根本上讲都是要服从于供求规律,都是由要素市场的均衡价格所决定。

马歇尔的生产要素供求定价分配论,其基本政治态度在于掩盖资本主义生产关系的剥削与对抗性质,颂扬自由竞争原则,认为自由竞争会使社会各阶层得到最大的满足。在他看来,社会分配是其生产原理的自然延伸,各种要素协同生产了财富和价值,也就有权共同占有和分配这种财富和价值,而分配的法则就是市场运行的一般的供求法则,这对任何生产要素和任何社会阶级都是一样的,这种法则是一种客观的趋势,这就从根本上保证供应了分配制度的公平合理性,说明了阶级关系的和谐。他虽然承认一般资本和一般劳动之间存在着一定的竞争关系,资本会排斥劳动,但是它们“在创造国民收益上是相互合作的,并按照他们各自的(边际)效率从国民收益中收取报酬。它们的相互依存是极其密切的;没有劳动的资本，是僵死的资本；不借助于他自己或别人的资本，则劳动者势必不能久存。哪里的劳动奋发有力，则哪里资本的报酬就高，资本的增殖也很快”。[①]

另一方面，由于马歇尔处于产业革命深化与自由资本主义向垄断资本主义过渡时期，贫富分化、劳资关系等社会各种矛盾和冲突有所加剧。为此，为了适应形势的需要，他采取兼容并包的折中主义态度，对古典经济学与边际主义经济学中的分配论有所用又有所弃，并在“社会达尔文主义”进化论思想的基础上，主张要在保持私有制自由市场制度不变的前提下对财富分配不均问题进行谨慎的改良。他依据单位货币的边际效用对穷人比富人更大的思想观点，主张在财富分配上，给工资劳动者多些，给资本家少些，将会提高劳动者的劳动效率并会在这一时代中产生效率高得多的生产者，由此将会加速物质生产的增大，为此，他主张对物质财富的积累可以运用适当的税收制度等办法加以“轻微和暂时的遏制”[②]。但是，他又强调，分配不公与贫富分化问题的产生是自由竞争法则没有完全得到贯彻所致，补救之道在于继续发展和完善自由竞争制度，因此，对财富分配问题的调节与对社会的改良必须是“平静地进行”，不能进行社会主义性质的变革，否则将会引起骚乱。

---

① 马歇尔：《经济学原理》，下卷，第215页，北京，商务印书馆，1997。
② 马歇尔：《经济学原理》，上卷，第246页，北京，商务印书馆，1997。

三、新古典经济学之后西方主流经济学关于市场体制如何实现利益兼容的补充与修正分析

自从马歇尔创建了新古典经济学之后，西方主流经济学针对市场经济体制如何实现利益兼容与如何继续发展和完善自由竞争制度这一现实经济问题，便在新古典经济学关于自由市场体制可以实现利益协调的基本立论基础上，结合资本主义市场结构形态的变化与经济发展的客观需要，从理论上进行了进一步的补充与修正分析。这主要体现在庇古的福利经济学与凯恩斯和萨缪尔森的混合经济论中。

庇古在《福利经济学》(1920)中认为，福利经济学研究的目的就是如何促使社会的经济福利最大化。他认为，整个社会的经济福利取决于国民收入(国民净产品)的大小和国民收入的分配。当国民收入分配状况一定时，国民收入越多，从而人们消费的商品和劳务越多，从中获得的满足越大；当国民收入一定时，由于货币收入边际效用递减的作用，则国民收入的分配越是均等化，社会福利越大。因此，要提高整个社会的经济福利，首先必须促使国民收入最大化，而要使国民收入最大化，其关键因素是使既定资源在各种用途之间进行最优配置。为了说明资源最优配置的条件，他在接受马歇尔关于企业"内部经济"与"外部经济"的基础上，进一步提出了"边际社会净产值"与"边际私人净产值"两个概念，并以此作为他进一步分析资源最优配置条件的重要工具。在他看来，在要素价格不变并等于边际产值、产品价格等于边际成本、边际成本等于边际收益等充分自由竞争条件下，生产要素均可得到自身应得

的报酬,企业也可得到全部正常利润,资源将实现最优配置。但是,他认为在现实经济活动中,由于存在不确定性、信息不完全、生产资料所有权与使用权分离、某些资源不能充分流动与转移、各种形式的垄断,尤其是经济行为的外部影响等各种原因,会使边际私人产值偏离边际社会净产值,从而不能实现使国民收入最大化的资源最优配置条件,即任何一种资源在每一种用途中的边际社会净产值相等。为此,他指出古典经济学家关于私人追求自身利益最大化的行为将自然导致社会福利最大化的信条将被事实上存在的诸多障碍所打破,所以必须找出某些办法使政府控制某种经济力量以促进经济福利,从而实现社会总福利。他认为政府干预是实现资源最优配置、促进社会经济福利的必不可少的手段,为此,他主张要运用税收和津贴等方式来克服外部影响等因素所造成的边际私人产值对边际社会净产值的背离以增进社会经济福利。另一方面,为了提高整个社会的经济福利,他还主张政府要以收入分配均等化为目标对自由市场自发形成的收入分配进行干预。具体措施之一是征收累进的所得税和遗产税(但要注意不能损害资本形成);措施之二是政府向穷人转移收入(但要反对施舍性质的收入转移)。

除此之外,为了克服自由市场所产生的一些弊端,增进社会经济福利,他还认为政府要有不同的方式处理劳资关系中的一些问题,以协调利益关系,减少因劳资矛盾与冲突所引起的国民收入和经济福利的损失。为此,他分析了罢工、妨碍劳动资源产业与地区转移的原因、“公平工资”的决定标准等劳资关系问题,并主张政府对此类问题要有不同的干预方式。

最后，我们必须指出：庇古虽然坦然承认资本主义自由市场体制在收入分配、失业和资源配置等方面存在弊端，但他的根本立场是维护资本主义的总体结构，并认为完全有可能对资本主义的弊端进行改良主义的纠正，没有必要以社会主义加以取而代之。对此，他在《社会主义和资本主义的比较》中宣称："如果作者有权指导国家的命运，那么，暂时来说，他将接受资本主义的总结构；但是要逐步加以修改。他将采取遗产税和累进所得税的办法，不仅仅是以之增加国家收入，而且也是有意识地以之消除使我们目前的文明丢脸的财产和机会及其不平等的现象"。①

凯恩斯、萨缪尔森等现代主流经济学派，为了适合迅速发展的国家垄断资本主义的现实需要，在进一步深化和系统化庇古政府干预经济思想的基础上，提出混合经济理论，强调现代资本主义社会本质上不再是完全的自由市场经济，而是一种"私人组织和政府机构都实施控制的'混合经济'：私有制度通过市场机制的无形指令发生作用，政府机构的作用则通过调节性的命令和财政政策刺激得以实现"②。因此，他们主张必须建立有效的混合经济体制，将"看得见的手"即国家有形之手和"看不见的手"即市场无形之手的作用统一起来，协调垄断资本主义的利益矛盾与冲突，以实现充分就业、经济稳定发展之目标。

凯恩斯早在1925年和1926年发表的《我是不是一个自由党员？》与《放任主义的终结》中，明确指出私人利益与社会公益并非

---

① 庇古：《社会主义和资本主义的比较》，第80页，北京，商务印书馆，1963。

② 萨缪尔森：《经济学》，第12版，第68页，北京，中国发展出版社，1992。

一致,利己主义并不会必然导致社会公益,随着各种工会、行业协会等集团的形成,19世纪那种个人主义和自由放任的制度已经不复存在,因此,不可能单纯依靠自发势力解决各种经济问题,经济学家在目前应重新确定政府干预经济的范围,并寻找在民主政体下合适的干预方式。他同时强调进行国家干预并不改变依靠个人图利本能作为经济机器的主要动力这一资本主义最本质的特征,因此,国家干预并不是要削弱资本主义。

20世纪30年代爆发的经济大危机,引发了空前严重的经济大萧条与大失业,加剧了资本主义的基本矛盾和各种利益矛盾与冲突。大危机造成的大灾难,促使人们沉思资本主义如此严重的经济危机之根源。凯恩斯为了适合资产阶级的利益需要和统治阶级的现实愿望,从理论上说明自由市场经济体制为什么会产生不能实现充分就业和以无原则的和不公平的方式来对财富和收入加以分配这两大显著弊端,以及应在国家政策上作出如何调整来克服这两大弊端。为此,他在1936年出版了在西方经济学说史上具有里程碑意义的《就业、利息和货币通论》。在此著作中,他以消费倾向、流动性偏好和资本边际效率这三条心理规律为基础,采用宏观总量分析方法,建造有效需求不足理论,并以此为基础解释失业、市场非均衡之原因及其解决之对策。在他看来,由于人们心理状态的作用,将会引起消费倾向、利息率和资本边际效率这三个变量不能相互协调,从而不能保证决定储蓄量的消费倾向以及决定投资量的资本边际效率和利息率正好处于维持充分就业的数值,由此将导致危机和失业在资本主义社会中经常出现,而充分就业仅仅偶然存在。为此,国家必须干预经济,采取国家直接进行投资或投资社会化等宏观调控政策，来促使消费倾向、资本边际效率和利息率的数值处于能维持充分就业的状态，从而促使社会的投资量等于充分就业条件下的储蓄量，以此来消除危机与失业等问题。这表明，凯恩斯从总量角度论证了市场经济体制下的个人利益往往难以自动均衡为社会经济利益，必须借助政府力量，将市场和计划结合起来，通过政府的宏观经济政策来协调个人经济利益关系。

必须指出，凯恩斯虽然正视并从理论上论证了自由放任式资本主义市场经济的弊端，并主张要通过国家干预经济来促进收入均等化，提高消费倾向，确保足够的投资需求，从而实现充分就业、稳定经济增长之目标，但他强调这种干预并不是要消灭私有制与妨碍私有制下的经营自由，干预不过是企图利用私有制下的经营自由来达到政策所要达到的充分就业之目标。

凯恩斯《通论》发表以后，不少凯恩斯主义者对《通论》进行研究与解释，并对它加以理论拓展与深化。其中，希克斯与汉森通过建立 IS—LM 模型，将《通论》解释为一个包含商品市场与货币市场相互联动的宏观经济一般均衡理论。克莱因用联立方程的形式，将 IS—LM 模型扩充为包括劳动市场在内的宏观经济一般均衡模型即 AD—AS 模型，并因此而将《通论》视为是新古典体系在宏观经济领域内的延伸，与此同时，可以将国家宏观调控政策奠基于市场一般均衡之上。这就从理论上论证了混合经济体制存在的合理性与有效性。在此基础上，萨缪尔森等人将凯恩斯创立的宏观经济理论与以马歇尔为代表所建立的新古典微观经济理论加以综合，构建了新古典综合派并创建了混合经济理论。萨缪尔森在其经久不衰的《经济学》中，明确提出了“混合经济”的概念，并指出政府与私人企业、垄断与竞争的混合是资本主义国家发展的必然趋势,当今世界各国大部分都实行的是混合经济制度。因此,他力主要运用混合经济体制来解决经济组织中的三大基本经济问题,尤其是在解决利益分配与利益矛盾即“为谁生产”方面,更应实行混合经济体制。他一方面强调“市场经济是一部复杂而精良的机器,它通过价格和市场体系对个人和企业的各种经济活动进行协调……它解决了一个连当今最快的超级计算机也无能为力的涉及亿万个未知变量或相关关系的生产和分配问题”①;另一方面,他认为由于市场不能完全有效率配置资源(因为不完全竞争、外部性、公共品等问题的存在),不一定能产生公平的收入分配,以及由于通货膨胀和失业而产生的周期性经济波动,所以政府必须通过提高效率、增进公平以及促进宏观经济的稳定与增长等三项基本职能来介入市场以弥补市场缺陷。

在国民收入分配方面,萨缪尔森一方面继承了克拉克的边际生产力分配论与马歇尔的生产要素市场供求定价论,认为是市场供给和需求决定要素价格,在厂商利润最大化条件下,要素价格必须等于要素的边际收益产品,因此“收入分配理论是一般价格理论的一种特例”②。同时,他认为在市场经济下,收入和报酬的分配能够体现劳动者的工作努力、聪明才智和技术娴熟等因素,因此,在一个竞争市场经济中,收入分配是与生产效率相关联的。另一方面,他认为并不存在一只看不见的手来保证自由主义经济能够

① 保罗·萨缪尔森、威廉·诺德豪斯:《经济学》,第17版,第21页,北京,人民邮电出版社,2004。

② 同上书,第186页。

公平地分配收入和财产，事实上，在市场经济条件下，由于财富所有权分布的不公平、国家间的不公平以及劳动与财产收入中的不公平等因素的存在，决定了收入在各阶层之间的分配是不公平的，并且，随着市场竞争的日益加剧，收入的不平等也越来越严重，所以，他主张政府要通过税收与转移支付工具来减少不公平因素，并且他认为政府能减少不公平而又不损害效率。对此，他结论性地说："一国如果有精心设计的税制和转移支付项目，那么它就会拥有一块不断增长的劳动生产率的蛋糕，并能在它的国民中进行更为公平的分配"。①

第三节 制度经济学关于制度变迁与利益关系调整的理论分析

制度经济学的主要研究对象是"经济制度"的产生、发展及其作用，因此，有关制度变迁及其社会经济效应的分析自然成为制度经济学的中心内容。而制度变迁必然要涉及重新界定社会利益关系和权力关系，所以它必然要引起社会资源配置和收入分配机制的变革，从而引起社会权力结构和人们之间的利益分配关系的改变，因此，关于制度变迁与利益关系调整的理论分析是制度经济学中的主要议题。在此，凡勃伦传统的美国制度学派与以公共选择理论为基础的新政治经济学给予了更大的关注。

---

① 保罗·萨缪尔森、威廉·诺德豪斯：《经济学》，第 17 版，第 229 页，北京，人民邮电出版社，2004。

一、凡勃伦传统制度经济学关注于制度因素与利益协调的关系分析

19世纪末20世纪初,美国的生产集中和垄断化程度有了飞跃发展。垄断组织和垄断资本主义的产生和发展,一方面促进了社会生产力的大发展,提升了科技与科技人员在社会生产力系统中的地位与作用;另一方面,加剧、加深了资本主义的基本矛盾与社会贫富之鸿沟,从而致使美国社会的各种矛盾空前激化起来,并且,导致经济危机周期性的爆发,尤其是1929—1933年爆发了有史以来最严重的世界经济危机。在此社会经济背景下,以凡勃伦、康芒斯为代表的美国制度经济学运用历史起源、进化和集体行为主义的方法来分析制度的产生、发展与作用。他们一方面理论上批判正统经济学,否定古典学派关于资本主义经济制度是符合"自然秩序"的,因而是永恒的、稳定不变的观点,同时,他们以"制度趋势"研究为理论基础,主张要用"历史起源的方法"研究"经济制度"的产生、发展及其作用,并侧重从心理与法律的角度,以相对的和进化的观点解释社会经济的发展和制度的演变,否认社会发展过程中的革命性飞跃,反对科学社会主义;另一方面,他们承认资本主义经济制度的缺陷与弊端,并对它提出了改良主义的批判,同时,关注制度因素与利益协调的关系,认为可以借助制度因素来协调利益冲突,因此,他们否认自由放任,极力主张国家对经济进行干预,强调政府在调节和管理经济中的作用。

凡勃伦作为制度学派的创始人,他认为经济学研究的对象主要是人类经济生活借以实现的各种制度。为此,他首先提出了以

心理动机和生理本能为基础的“思想习惯”制度说，认为制度就是由人们的心理动机和生理本能所决定“思想习惯”或“精神态度”①。然后，他基于累积因果思想提出了制度演进论，认为社会习惯与各种制度是逐渐形成、发展和演变的，并认为，人类的进步和制度演变的过程，同生物的生存竞争具有一样的性质，为此，要将制度演化当作“累积的因果关系”的过程来进行分析。

在此基础上，凡勃伦基于制度二分法与技术决定论分析了资本主义社会的制度矛盾，并分析了如何通过制度改良来协调资本主义的利益关系与制度矛盾。他认为在人类经济生活中有两种制度，即满足人的物质生活的生产技术制度和私有财产制度。在资本主义社会，这两种制度表现为“机器利用”和“企业经营”。资本主义社会的弊端正在于这两种制度之间的矛盾。因为，“机器利用”的结果是无限制的商品生产，而企业经营的目的却是利润最大而非生产最大。两者之间的矛盾将导致商品过剩、利润下降、经济萧条与劳资矛盾。为此，他主张要建立由工程师、科学家和技术人员组成的“技术人员委员会”来代替企业经营的统治，并通过技术工程人员运用有秩序的原则来管理经济以消除“机器利用”与“企业经营”之间的矛盾；同时，由国家对私营经济进行干预，运用法律和经济政策来调节经济生活，调节和仲裁劳资争端，并提出各种社会改良方案，从制度方面来克服资本主义社会的“缺陷”。

对于凡勃伦的制度分析思想与资本主义社会制度矛盾的分析，康芒斯不仅从理论上而且从实践上作出进一步的发挥。康芒

---

①　凡勃伦：《有闲阶级论》，第139页，北京，商务印书馆，1963。

斯认为制度可以定义为“集体行动控制个体行动”[①]。集体行动之所以要控制个人行为，在他看来，其一是因为利益冲突，其二是因为资源稀缺性。正因为如此，他认为制度的基本功能便是利益协调。他认为经济稀缺事实将引起利益的冲突，如果没有制度化的约束，这种冲突将通过损害生产效率的私人暴力获得解决，因此，制度化的规则体系，可以创造一定程度的秩序和确定性。制度系统有助于“配给”经济利益和经济负担，如果配给成功的话，就能产生一种“切实可行的相互性”，即使达不到和谐，也没有了冲突。

基于制度基本功能的认识，康芒斯在《资本主义的法律基础》(1924)、《制度经济学》(1934)和《集体行动经济学》(1950)这三本著作之中，侧重从法律角度，以交易为基本单位，以集体行动为研究对象，对于交易关系中所包含的冲突、依存和秩序这三种最基本的社会关系作出了中心分析，期望对现代资本主义社会关系与制度本质作出一种新的解释，并期望从中引出阶级利益调和论，以达到调节、克服资本主义之矛盾与缺陷之目的。他认为，利益协调的基本成分就是交易，交易是一种所有权或是制度的研究单位。他认为交易双方存在三种关系：冲突即利益的不一致；依存即双方的相互依赖；秩序即双方通过协商达成旨在消除冲突的一系列行为规定。他说：“在每一件经济的交易里，总有一种利益的冲突，因为各个参加者总想尽可能地取多予少。然而，每一个人只有依赖别人在管理的、买卖的和限额的交易中的行动，才能生活或成功。因此，他们必须达成一种实际可行的协议。由于这种协议不是完全

① 康芒斯：《制度经济学》，第87页，北京，商务印书馆，1997。

可能自愿地做到，就总有某种形式的集体强制来判断纠纷。”[①] 这就是说，虽然社会上人与人之间利益相互冲突，但他们也相互依赖、相互维系。冲突、依赖相互制约，社会秩序赖以维持；“交易”中的冲突可以通过“公正”的仲裁人进行和平的调节，因此只有可以调和的交易冲突，没有什么对抗性的矛盾。所以，他说“交易不仅成为利益的冲突，而且成为相互依存以及从冲突中建立秩序的集体努力”[②]。

从现实上说，康芒斯认为现代资本主义的社会关系就是一种交易关系，并认为资本主义社会存在着众多的利益集团，在众多的社会集团之间广泛地存在着利益的冲突，然而，冲突的各方又都是相互依存的，这种相互冲突和相互依存要得到协调，就需要借助经济的、伦理的和法律的三种协调方式。其中他认为法律方式具有决定性作用。他认为资本主义制度的产生和发展都应归功于法制，资本主义的弊端也可以通过法律制度的调整而得以克服。他说美国的法律已经使资本的所有权分散与扩大，它使千百万的美国人对于保存大资本主义感兴趣，并由此使美国由个人主义变成公司主义，私人财产变成法人财产[③]。在此基础上，他认为在美国社会里所有的不是一个阶级或两个阶级，而是许多阶级或许多集团，并且将形成许多由“交易”构成的有机机构。他还认为，这种由各种“交易”构成的有机机构是每个企业的基础，它将企业的全体人员，特别是劳动者与资本家团结起来。因此，在他看来，即使劳

---

① 康芒斯：《制度经济学》，上册，第 144 页，北京，商务印书馆，1997。

② 同上书，第 133—134 页。

③ 参见上书，第 564、572 页。

动者与资本家之间存在利益冲突，但由于他们在法律上存在“交易”关系，并具有平等的缔约权利，因此，完全可以通过法律的方式来调节他们之间的利益关系，而不会形成对抗性的阶级矛盾。

针对20世纪30年代以后美国资本主义生产方式与实际生活的变化，艾尔斯、贝利、米恩斯等过渡时期的制度经济学家，在继承凡勃伦、康芒斯的制度经济思想的基础上，提出了社会价值理论、公司所有权结构理论、资本主义变形理论等。他们运用制度分析方法进一步分析资本主义的经济关系与利益关系的变化以及如何通过制度调整来协调其利益关系。如艾尔斯在《经济进步理论》(1944)、《走向一个合理的社会》(1961)等著作中从价值理论角度，分析了技术行为与制度行为的矛盾，并提出了社会价值理论。他认为价值可以分成与制度有关的价值和与技术有关的价值；前者是虚假的、不合理的，后者是真实的、合理的；社会价值实际上就是技术价值，它包括自由、平等、保障、富裕、美好和民主。因此，他主张要实现社会成员的富裕与社会结构的合理，一方面必须提高社会价值，促进技术进步与自由、平等、保障、富裕、美好和民主；另一方面必须消除压迫、不公平、不平等的制度现象与障碍，降低与制度相关的价值。

贝利、米恩斯在《现代股份公司与私有财产》(1932)中，依据美国大公司股权日益扩散的新情况，运用实证分析与制度分析的方法，分析了大公司高速成长下的股权分散、股东权力弱化、经营者内部控制等公司所有权结构特征，并提出了所有权与管理权或经营权相分离以及由此形成两个对立集团的观点。为了克服企业管理权扩大或经营者内部控制所导致的利益矛盾与冲突，他们提出了对未来社会改革的设想:社会应当朝着“新的公司活动”和“置公司于社会利益之下”的方向发展,即必须促使公司不像过去那样单纯地为股票持有人的利益服务,也不能被公司管理者用来为自己谋私利,而应为“社会的持久利益”服务。为此,他们提出了改革的理想方案就是:“大公司的(管理)应当发展为一种纯粹中性的技术统制,把各个社会集团的各种要求加以平衡,并且按照公共政策,而不是根据私人的贪欲,赋予每一个集团以一部分收入”。[①]

最后,贝利、米恩斯依据美国资本主义实际生活的变化,提出了资本主义变形理论。在他们看来,在资本主义革命的过程中,资本主义已经发生或正在发生一系列的变化。主要体现为生产集中取代自由竞争,经济计划取代生产的无政府状态,所有权的分散取代所有权的集中,所有权与管理权的分离,公司权力由资本家手中转移到经理手中,混合经济的产生等等。为此,他们将当时的美国资本主义叫做“新资本主义”、“人民资本主义”、“集体资本主义”等。实际上,他们是期望通过建立人民资本主义或集体资本主义制度来协调资本主义的利益矛盾与冲突。

20 世纪 40 年代后期到 60 年代,战后资本主义社会多种“病症”并发,而作为正统经济学的凯恩斯主义却无视“制度”问题的分析,不能对所存在的种种严重社会“病症”问题,作出令人信服的解释与解决。在此背景下,以加尔布雷斯为代表的新制度学派,一脉相承凡勃伦传统,运用包括权力分析、利益集团分析、规范分析以

---

① Berle, A. and Means, G., The modern corporation and private property, p. 356, Macmillom, New York (1932).

及社会政治和经济制度分析在内的制度—结构分析方法，分析资本主义社会的变化及其存在的问题，揭露当今资本主义社会的制度结构不协调之弊病，并批判“正统派”的经济理论与政策主张。

就加尔布雷斯来说，他通过对权力和权力分配、集团利益和不同集团之间的利益冲突以及对资本主义社会的二元体系经济结构等制度分析，从现实的角度，比较深刻地研究了垄断资本主义条件下制度结构调整与利益协调之间的关系。在此，首先是体现在对公共目标的探讨上。在他看来，在正统经济学所倡导以经济增长为目标的信念影响下，致使人们只注重经济增长的数量，忽视了对人们生活的关心，从而使现代资本主义遇到了失业、通货膨胀、贫富不均、经济畸形化、环境污染、城市腐败、道德败坏、生活质量下降等一系列麻烦问题。为此，他提倡“信念的解放”，即要把人们从正统经济学所倡导的以经济增长为公共目标的错误信念中解放出来，重新树立对“人生”的看法，选择“生活的道路”，确定应当值得争取的“目标”。于是，他在《经济学和公共目标》(1973)中提出“要最大限度地满足公共需要，考虑公众的利益”这样一个“公共目标”，要实现这个目标就应把注意力集中到“质的分析”上去。

其次，体现在对企业结构与企业权力结构的分析上。他认为，随着社会的进步与技术的发展，新的大公司不断出现，但大量的、分散的中小企业仍有存在的必然性，美国的企业结构是“成熟的”大公司企业和“原有的”中小企业的“并存”，并认为，在以往那些规模较小的公司里，企业权力是由股东掌握，而现在，随着经济发展和技术进步，专门知识成为最重要的生产要素，因而企业权力则从股东手中转移到新的“技术结构阶层”即“专家组合”手中(加尔布雷斯,1980)。

再次,体现在他从宏观上分析了整个社会的经济结构,并提出了有名的"二元体系"理论。他认为,就整个资本主义社会经济来看,它存在着二元体系即计划体系和市场体系,这两个体系存在着冲突和矛盾,它们之间的权力和交换以及利得是不平等和不均等的,并认为,二元体系的存在是现代资本主义的"丰欲社会"仍然存在贫穷、罪恶等各种矛盾和冲突的根源,当今资本主义社会经济畸形发展及比例失调都是由于经济中两大系统的权力不平衡所造成(加尔布雷斯,1980)。为此,他提出必须改革资本主义社会的二元体系,即一方面要加强市场体系的权力,另一方面要减少计划体系的权力。他认为,在资本主义范围内,通过提高市场系统的地位和增强它的权力,抑制计划体系的权力和消除它对市场系统的剥削,可以使两个系统的权力和收入均等化,从而可以化解不同利益集团之间的矛盾与冲突。他还认为改革资本主义有两个关键问题:其一就是"信念的解放";其二是使科技教育界成为一支"保持独立精神的"政治力量和社会革新力量,承担改革的社会责任。

最后,体现在他的"丰欲社会"与"新社会主义"理论中。他在认为实现收入均等化、消除贫富悬殊、健全"社会福利"服务与设施、实现"充分就业"、确保"经济安全"是"丰欲社会"的重要标志。他还认为随着经济和技术的发展,资本主义与社会主义不过是现代工业系统的不同组织形式,这两种制度存在"趋同"趋势。他承认资本主义社会存在收益不均等问题,但可以采取一些措施,使计划系统与市场系统、资本主义与社会主义趋于一致,最终成为"新社会主义"。在他看来,要实现"新社会主义",除了加强市场体系权力、减少计划体系权力外，还应采取实行累进收入税制、确保各部门协调发展，加强国家对总需求调节、增加“人力投资”、增强教育与培训职工等国家干预经济政策与措施。

二、以科斯为代表的新制度经济学聚焦于制度安排及其变迁对资源配置效率影响的理论分析，但忽视了制度变迁对利益调整关系与社会公平的影响分析

20世纪六七十年代以来，以科斯为代表的新制度经济学，依据时代发展特征与现实经济问题的需要，高举现实主义和新自由主义两面旗帜，沿用新古典主义经济学的理性人行为与偏好稳定等核心假设与均衡、边际等方法，放弃阿罗—德布鲁一般均衡论分析范式中的机械理性、完全信息及确定性等基本假设，提出相应的更为现实的有限理性、效用最大化、机会主义等假设，在此基础上，重新研究和估价市场配置资源所必须依赖的制度条件，并以产权、交易费用、经济组织等为关键性的解释变量，侧重从微观和个人主义角度分析研究制度的构成、运行以及制度在经济生活中的作用。因此，它在本质上是对新古典经济学研究对象与范围的进一步扩充。正因为如此，虽然在强调制度因素对于经济发展之重要方面，以科斯为代表的新制度经济学与凡勃伦传统的美国新、旧制度经济学之间是相通的，但是这二者之间在理论渊源与使用的研究方法是完全不同的，并且对于制度因素及其制度变化的社会经济效应的分析视角与侧重点也是不相同的。

以科斯为代表的新制度经济学，其基本特征就是运用交易费用这一基本范畴与工具，将制度经济学与新古典经济学的理论方

法有机地结合起来，探讨产权、企业和政府等制度的起源与“生产的制度结构”特征，从而把新古典经济学的研究领域从人与自然之间的生产活动拓展到人与人之间的交易活动。其基本观念就是认为制度结构以及制度变迁是影响经济效率以及经济发展的重要的甚至可以说是至为关键的因素。因此，他们研究的聚焦点就是着力于制度激励与经济行为和经济绩效的研究，告诉我们一个节省交易成本的制度安排、制度框架和制度创新的空间对于规范经济行为、提高经济绩效是至关重要的。对此，我们可以从他们的几个分支基础理论得以说明。

从产权理论来看，它是以科斯为代表的新制度经济学体系的基本主题与研究问题的基本出发点。它主要分析研究了产权的性质与结构、产权的起源与功能以及产权制度的效率比较和产权制度的演变，其中心旨意是说明如何通过明晰、调整产权安排，以降低交易费用，提高资源配置效率（科斯等，1996；巴泽尔 1997；平乔维奇，1999）。在科斯看来，产权界定与否以及如何界定，直接影响到人们经济活动的成本与收益，产权制度的出现可以将成本或收益的外部效应内部化，从而可以提高资源配置效率。科斯定理就是说明在权利能自由交换或完全竞争市场或交易费用为零的假设情境下，对产权的不同界定并不影响资源的有效配置，但一旦考虑到进行市场交易的成本，则不同的产权界定就会产生不同的资源配置效率，所以科斯定理的本质就是揭示制度选择与资源配制效率的内在关联。

其次，从交易成本理论来看，它是以科斯为代表的新制度经济学中用以分析制度运行效率的基本工具，也是整个新制度经济学的理论基石。其基本思想是认为交易是经济活动中的基本分析单位,它可以从契约角度进一步细化和一般化,不确定性、交易频率及投资的交易专用性程度是刻画交易特征的三个基本方面,经济活动的有效组织要求根据交易特性有区别地使用规制结构,任何经济组织的效率问题都可能在节约交易成本这个意义上进行研究(威廉姆森,1996)。其主要内容包括交易成本的内容,其决定性因素与如何测度,交易的契约安排,交易类型与相匹配的最经济的规制结构关系,交易费用与纵向一体化和经济组织形式(特别是公司)的内在关系等(迪屈奇,1999;克劳奈维根,2002)。因此,交易成本理论的核心就是运用交易费用标准和从契约角度,采用制度比较方法来研究不同经济组织制度的效率差异。

再次,从合同或契约理论来看,它是对科斯关于"生产的制度结构"理论探讨的深化与实践化,也是拓展新制度经济学分析领域的基本工具和方法。它可以分成委托—代理理论和不完全合同理论两个发展阶段。委托—代理理论一方面分析研究公司管理行为的各种代理问题以及由此而产生绩效报酬、所有权结构等问题(詹森、梅克林、法马等,1998);另一方面,揭示代理成本与各种"分离与控制"问题的关系,并通过隐藏行动和隐藏信息两类信息不对称下的委托—代理博弈模型分析,研究各种委托—代理关系的性质,由此得出一些如何进行最优机制设计的理论对策结论(科斯、哈特、斯蒂格利茨等,1999)。不完全合同理论主要是研究由于未来世界的不确定性、文字含义的差异以及知识分布的不对称等原因而产生的合同不完全性以及由此引发的权力和控制的有效配置问题。因此,合同或契约理论主要是从微观的角度,分析公司如何通过所有权结构的完善，来建立有效的激励机制，从而降低交易费用，提高公司资源配置效率与制度运行效率。

最后，制度变迁理论可以说是科斯传统新制度经济学体系的核心部分。它立足于个人主义与功利主义的经济哲学基础，采用需求—供给和成本—收益分析方法，分析研究了制度变迁的一般理论模型以及制度变迁对激励行为和资源配置效率的影响。其主要内容是探讨制度的起源、构成和功能，影响制度变迁的主要原因，制度变迁的主体、动力、方式、过程和类型以及制度变迁的路径依赖等，旨在说明制度因素在经济发展中的作用(科斯、阿尔钦、诺斯等，1996；诺斯，1994)。在戴维斯和诺斯等新制度经济学家提出的制度变迁的一般理论模型中，首先强调制度安排之所以创新，就是由于在现有的制度结构下，由外部性、规模经济、风险和交易费用等因素所引起的潜在利润或外部利润不能内部化时，一种新制度的创新可能允许获取这些潜在利润的增加，因此，制度变迁的内在动因就是制度变迁的主体期望获取最大的“潜在利润”[①]。然后，他们从制度创新必须增进效率的角度，指出潜在利润的形成只是导致制度创新的前提客观条件而不是充分条件，其充分条件是制度创新可能获取的潜在利润大于为获取利润而支付的成本[②]。在此基础上，他们还从制度变迁的需求与供给角度，分析了导致收

---

①　对此，他们说：“正视获利能力无法在现有的安排结构内实现，才导致了一种新的制度安排(或变更旧的制度安排的形成)”。(科斯、阿尔钦、诺斯等，1996)

②　“如果预期的净收益超过预期的成本，一项制度安排就会被创新。只有当这一条件得到满足时，我们才可能发现在一个社会内改变制度和产权结构的企图。”(科斯、阿尔钦、诺斯等，1996)

益与成本的变化以及潜在利润产生的因素:从制度变迁需求来看,主要有要素相对价格的长期变化、技术进步、市场规模变化、制度创新者的收入预期改变等;从供给来看,主要有某些涉及制度安排创新与操作成本的因素,如组织费用的外部负担、技术革新、社会科学知识积累、教育体制发展、政治权力的集中与社会影响等。最后,他们认为制度变迁是一个从制度均衡到制度非均衡再到均衡的一个反复制度替代、转换过程,并认为它是一个收益大于成本下的理性行为,因此,制度变迁一般会提高效率,促进经济增长。诺斯还以历史上的两次经济革命为例说明,与其说是技术创新导致了经济效率的革命,不如说是制度创新导致了经济效率的革命。

综上,我们可以看出,以科斯为代表的新制度经济学的基本内容就是分析研究在制度约束下如何提高资源配置效率,试图通过产权结构和交易成本对激励和经济行为的影响来拓展新古典理论的使用范围。正因为如此,他们的制度结构分析与制度变迁理论只关注于效率分析,至于制度结构中内含的收入分配、利益关系及社会公平问题,以及至于制度变迁必然会导致的收入分配、利益关系与社会公平的变化,只是被当作或明或暗的假定条件而加以排除。之所以他们撇开利益关系调整与社会公平来谈制度效率,其根本原因在于他们的理论研究目的与理论属性。其一,他们对制度结构与制度变迁的研究的目的,是为了维护完全自由的市场制度,并借助于产权制度去解决市场运行中的问题,提高经济效率,核心是探寻如何更好地实现交易,降低交易费用,提高资源配置效率。其二,以科斯为代表的新制度经济学属于流行的新自由主义经济学,其理论宗旨就是赞美与完善私有制市场经济。因此,他们从经济自由主义的基本立场出发，以“产权明晰”与“交易费用”为基本理论分析工具，颂扬市场供求的自动调节作用，反对政府干预，认为在私有产权明晰的前提下，自由市场能够引导经济当事人通过协商、谈判、达成契约来解决一切问题。这实质上是隐含了私有制市场经济可以自动协调利益关系的基本假定。

也正因为如此，决定了他们的制度分析具有如下明显的缺陷：(1)强调的是个体经济利益核算，忽视社会利益关系和权力关系变化对制度安排及其变迁的决定性作用；(2)只关注制度变迁的效率评价，忽视了制度变迁的利益分配合理性变化与社会公平评价；(3)依据交易费用单一标准，强调财产安排原子化将导致经济效率，制度变迁的原则和方向就是要实现完全私有的财产制度，从而它忽视了制度变迁评价标准的多元化和产权结构效率的多元化；(4)依据帕累托改进标准，认为制度的变迁必然要产生净收益，其累进结果将收敛于帕累托均衡，由此它忽视了制度变迁结局的发散性、逆向性、曲折性和多样性等。

三、当代新政治经济学及其以此为基础的中国过渡经济学从利益集团和政治与经济互动的角度，分析制度变迁与利益结构变动之关联

值得注意的是，当代以公共选择理论为主要基础的新政治经济学，在继承康芒斯和加尔布雷斯的相关思想与分析方法的基础上，更重视对公共决策、利益集团和经济与政治相互关系的研究，认为政府至少在某种程度上是内生的，它制定和实施的政策将反映社会上某些集团的既得利益。在制度变迁问题上，新政治经济

学主张要从利益集团和权力体系的状态、结构和特征去探寻制度变迁的本质、特征和方式,并主张要以整体结构分析和权力分析方法来取代新制度经济学的个体分析和交易费用分析方法。为此,新政治经济学非常强调经济与政治、利益结构与经济行为之间的内在联系,主张要以整体结构分析和权力分析方法,从利益集团和权力体系的状态、结构和特征去探寻制度变迁的本质、特征和方式。

从布坎南创立的公共选择理论的大部分文献看(如布坎南,1986;奥尔森,1980),主要是通过政治过程的利益集团模型分析,考察"寻求直接非生产性利润(DUP)"活动的影响,并试图说明寻租主要是通过政治过程出现的,从而限制寻租的最好办法是限制政府(柯兰德,2005,导论)。在公共选择理论的有关政治与经济、权力与利益分析基础上,(1)蒂特瑞奇(Ditrich,1994)、皮特里斯(Pitelis,1991)、普特曼(Putterman,1991)等人为代表的激进政治经济学,以"超越交易费用经济学"为旗号,利用集团冲突、权力结构、异化、阶级斗争等核心理论范畴,分析了市场、企业等制度的性质和变迁。他们认为制度的演进不是效率的演进,而是权力体系的演进,只有从"权力分析方法"出发,才能洞悉社会制度的本质。(2)布罗姆利(1996)、斯密斯(1999)等人从人与人之间的利益关系上、利益集团冲突、权力体系等角度分析了制度(特别是所有权结构)和利益的相互作用、制度结构对经济绩效(重点是利益分配关系)影响以及权力体系和制度变迁之间的逻辑关系等。(3)以科勒德克为代表在反思前苏联实施休克式体制转轨的历史基础上,用利益集团和权力因素的制约去说明制度变迁道路的选择和公共政策的制定与实行。他认为，体制转轨不同的社会阶层和利益集团都会设法为他们在新的经济秩序中谋取尽可能有利的位置，某些从经济的观点来看是必要的政策，从政治的角度来看却是行不通的，在政治方案的设计和制定过程中，仅有正确性是不够的，还必须得到拥有金钱和权力的特殊利益集团的支持(科勒德克，2000)。

在中国的过渡经济学中，以胡汝银和樊纲(盛洪，1994)等为代表，运用新政治经济学的相关理论与方法，来分析研究中国体制改革的本质特征。他们着重从利益集团冲突、权力体系对比和经济与政治之相互关系等角度分析我国社会经济制度的变迁，并且把改革看做是不同利益集团相互博弈后的公共选择的结果。在他们看来，改革的动因是利益或潜在利润，而改革的主导者是受利益驱使的利益集团，这些利益集团都是受自身的利益导向来从事社会活动的。改革的路径选择以及改革的结果如何，主要取决于不同利益集团在博弈中集团力量的大小和集团相对势力及其合力。

例如，胡汝银认为改革虽然是不同集团博弈的过程，但博弈的结果取决于在政治决策上占主导地位的核心决策层的效用和偏好。他指出：行为主体在制度变迁过程中追求的目标是自身利益最大化；制度变迁过程的核心问题是权利重新界定和相应的私人利益调整，这是一个包含具有不同利益和不同力量的行为主体之间相互作用的政治过程。制度变迁的方向、速度、形式、广度、深度和时间、路径完全取决于有特定偏好和利益的行为主体之间的力量对比关系；当政治市场不完善时，制度变迁高度依赖于掌握最高政策决策权的核心领导者的偏好及其利益取向，即改革过程中社会利益的增进是以核心领导者能够获得更多效用或满足为前提。

程虹也认为，“不存在所谓的社会总体利益和整体利益，而只存在不同集团的利益选择，一项新制度给谁带来成本与收益的比较，才是新制度能否实施的关键。因而，集团力量的大小，以及集团对利益的比较是制度创新得以实施的内生变量。”[①] 这里，程虹指出了一项制度得以创新，即制度变迁产生的原因和决定因素：不同利益集团在对制度创新的成本收益进行比较后，在利益导向下采取行动改进旧制度。由于不同利益集团的成本收益核算不同，因而制度创新是一个利益冲突的过程。在创新的过程中，某一利益集团的成本付出后能够得到更大的收益，而且有利于整个社会交易成本的下降，那么该利益集团的制度创新就会被广泛认可，最终成为一种社会制度。同时，该集团力量的大小和他所获收益的大小是制度创新中的决定因素。虽然胡汝银和程虹都明确指出制度变迁的本质是利益集团博弈的结果，但他们把创新的原因完全归结为“集团力量的大小”，其隐含意思就是：制度变革是以规模或能力最大的集团的利益和意志为转移，而事实上，有时候大集团也要根据小集团的利益偏好来进行选择，因为众多小集团的力量也是不可忽视的。一种新制度的确立往往是很多利益集团博弈后公共选择的结果。

樊纲在这一点上的看法就更为全面。樊纲把导致制度变迁路径选择差异化的原因归纳为以下两点：一是不同社会存在着不同的利益结构，其中存在着具有不同价值偏好的利益集团；二是权力结构的不同导致在社会中权力分配最大的利益集团可能按照自己

① 程虹：《制度变迁的周期》，第 154 页，北京，人民出版社，2000。

的价值取向来选择改革的道路。但同时樊纲又强调，任何一种制度选择或变革道路的选择，都可能不单单取决于当时的统治集团的偏好，而是社会各种利益集团“公共选择”的结果，取决于各利益集团的相对势力及其“合力”（樊纲，1993）。可见，樊纲不仅指出制度变迁的内生因素是统治集团的价值偏好和权力分配，而且也注意到非统治集团在制度变迁中所起的作用，他们往往起到牵制统治集团的作用，使得变革道路不能完全按照统治集团的利益偏好来选择，而是一种公共选择的结果。

虽说改革是公共选择的结果，但是由于各利益集团在面对一项制度创新时都有着各自不同的利益偏好，因而必然有一部分利益集团在改革中利益受到了损坏。当一项制度安排虽然可以降低交易成本，并能够增加社会总福利，而又得不到实施时，原因就在于这项制度安排减少了某一利益集团的收益，他们为了集团的利益而继续维持一项不合理的制度安排。虽然从制度的总体来说，新制度的收益高于旧制度的收益，但从局部的某些集团来说，新制度却损害了他们的既得利益，因而，这些集团在制度博弈中就处于反对变革的地位。但是，任何制度变迁都只是一个过程，即博弈是个动态的过程，最终制度创新会在各方的协调下走向均衡。在利益均衡上，中国有一个非常独特的方法是实行利益补偿。也就是在创新集团获得了新增的市场收益之后，对于仍在原有制度框架内的集团实行计划。

上述以公共选择理论为基础的新政治经济学及其以此框架为基础的中国过渡经济学，就其强调从利益、权力结构与经济行为之间的内在联系，并从利益集团冲突、权力体系对比角度分析制度变迁的本质和模式来说,具有一定的科学性和合理性。但主要问题是,没有从社会生产力与生产关系的相互作用及其由此形成的社会结构的制约中认识社会不同利益集团之间的冲突和权力体系之间的对比变化,从而只能停留于表象上来分析制度变迁本质、特征的原因,不能从深层的社会结构系统的角度来认识制度变迁的本质与特征的原因。此外,从政治、权力和利益集团等上层建筑领域分析制度变迁,动摇了生产方式、生产效率体系在制度分析中的决定性和主动性的地位与作用,因此,容易陷入主观唯心主义的制度变迁观。

第二章　体制改革与居民收入差距扩大的相关实证分析

本章主要研究中国居民收入差别状况与中国体制改革之间的相关关系。首先，我们测度中国居民收入差别程度，特别是20世纪90年代中后期以来我国收入差别状况和趋势，包括全国居民总的收入差别程度，城镇内部、农村内部的收入差别程度，城乡之间的收入差别程度以及各地区间、各行业间的收入差别程度，揭示中国居民的收入差别程度和变动轨迹；然后通过分析中国体制改革的各项措施，特别是收入分配政策对各利益主体产生的影响，建立经济学理论模型，从理论与实证两方面解说中国体制改革与利益矛盾、冲突的关联。

第一节　20世纪90年代中后期以来我国收入差距的基本状况

要解说体制改革与利益冲突之间的关系，首先必须清楚我国居民收入差别程度及变化趋势。本节主要通过全国居民总的收入差别基尼系数、农村居民人均纯收入的基尼系数、城镇居民人均可支配收入的基尼系数以及城乡差别基尼系数等指标来反映20世纪90年代以来中国居民收入差别状况，揭示20世纪90年代中后期以来我国收入差距的变动趋势。

相对于改革开放以前严重的平均主义收入分配格局，改革开放之后，中国的收入分配格局发生了很大的变化，伴随着改革和发展中国居民的收入差别程度也逐步扩大。那么，到底中国的收入分配格局发生了多大的变化，现在中国居民的收入差别程度到底有多大，这是本节要说明的问题。

在中国居民收入差别的测算方面，国内外学者从20世纪中后期开始关于中国居民收入差别的研究，对于90年代之前的研究成果大部分已经在陈宗胜和周云波的《再论改革与发展中的收入分配》一书中进行了归纳总结和比较，并对全国居民收入差别进行了有数据基础的、连续的统计测算。本书主要测算20世纪90年代中后期以来我国居民收入差别程度。

一、20世纪90年代中后期以来我国全国收入差距情况

对于全国总体收入分配差距的测算，本书采用R. M. Sundrum在《Distribution In Less Developed Countries》中采用的公式[①]（R. M. Sundrum, 1990；陈宗胜、周云波，2002）来测算全国居民收入分配差别的基尼系数。其具体计算公式如下：

---

① 在该书中，他将人口分为富人和穷人两个类别，在分别计算出这两类人的收入分配基尼系数的基础上，再计算人口总体的基尼系数。这里把城镇和农村分为两个类别，称之为“城乡加权”，权数为各组人口占总人口的比重。

$$G = P_u^2 * (\mu_u/\mu) G_u + P_r^2 * (\mu_r/\mu) G_r + P_u * P_r * |(\mu_u - \mu_r)/\mu| \quad (2\cdot1)$$

$$\mu = P_u \cdot \mu_u + P_r \cdot \mu_r \quad (2\cdot2)$$

式中，G 表示全国居民收入分配基尼系数，G_u 和 G_r 分别表示城镇居民和农村居民收入分配的基尼系数，P_u 和 P_r 分别表示城镇居民和农村居民占全国总人口的比重，μ_u 和 μ_r 分别表示城镇居民和农村居民的人均收入，μ 表示全国居民的人均收入。其中城镇和农村居民的人均收入、人口比重都易在不同年份的统计年鉴中得到，而全国居民的人均收入则通过城乡居民人均收入的加权平均计算得到(见公式 2·2)。

根据以上公式，将数据代入，具体计算结果见表 2－1。

表 2－1　1995—2004 年中国全国居民收入差别基尼系数

年份	P_u	μ_u	P_r	μ_r	μ	G_u	G_r	G
1995	0.29	4283	0.71	1577.7	2362.237	0.2007	0.3415	0.38138
1996	0.3048	4838.9	0.6952	1926.1	2813.921	0.2011	0.3229	0.35829
1997	0.3191	5160.3	0.6809	2090.1	3069.801	0.2129	0.3285	0.35744
1998	0.3335	5425.1	0.6809	2162	3281.377	0.2199	0.3369	0.36916
1999	0.3478	5854	0.6522	2210.3	3477.579	0.2302	0.3361	0.37541
2000	0.3622	6280	0.6378	2253.4	3711.835	0.2389	0.3536	0.39095
2001	0.3766	6859.6	0.6234	2366.4	4058.539	0.2494	0.3603	0.40134
2002	0.3909	7702.8	0.6091	2475.6	4518.912	0.2582	0.3646	0.41677
2003	0.4053	8472.2	0.5947	2622.2	4993.205	0.3109	0.3514	0.42518
2004	0.4176	9421.6	0.5824	2936.4	5644.62	0.2729	0.3710	0.42433

资料来源:根据《中国统计年鉴(1996—2005)》及表 2-2 的有关数据测算。

数据表明,从 1995—2004 年这几年中,我国居民收入差别基尼系数从 0.381 上升到 0.424,增加了 11.26%,年平均增长率约为 1.19%,这个增长速度与上世纪七八十年代相比是比较快的。而根据世界银行(2005)的估计,2001 年中国居民基尼系数已经达到 0.447。如果收入差距扩大的趋势得不到根本性扭转,按现在的年平均增长速度,到 2020 年基尼系数将上升至 0.5130。

根据表 2-1 中的全国居民收入差别的基尼系数测算数,画出图 2-1。从图中可以形象地看到:从 1995—2004 年,除 1996 年外,基尼系数呈逐渐上升的趋势,到 2001 年已经突破 0.4 这一警戒线,且上升曲线越来越陡峭,这表明我国全国居民收入差距整体上呈现加速扩大的趋势。

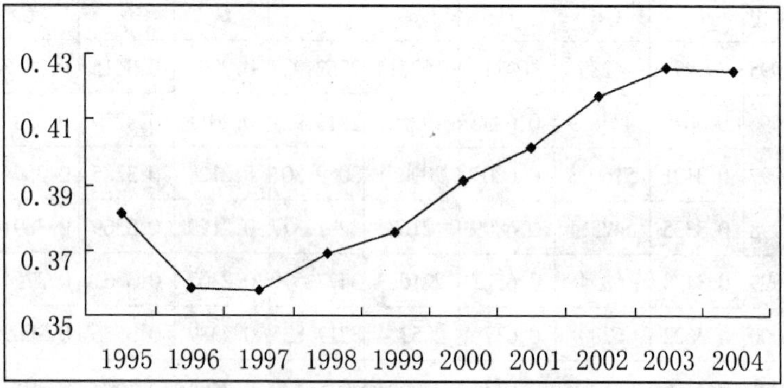

图 2-1 中国全国居民收入的基尼系数变动轨迹(1995—2004)

资料来源:图中数据引自表 2-1。

二、20世纪90年代中后期以来我国城镇、农村内部收入差距情况

在全国居民总体收入差距加速扩大的同时，城镇居民和农村居民内部收入差距呈现怎样的变化呢？本书从城镇居民人均可支配收入和农村居民人均纯收入的基尼系数以及城镇居民和农村居民内部最高收入组与最低收入组之间的对比两方面来分析我国城镇、农村内部收入差距情况。

1.基尼系数比较

这里采用城镇和农村居民按收入等级分的人均可支配收入和人均纯收入测算城镇和农村内部收入差距，计算公式（胡祖光，2004）为：

$$G = \frac{1}{n}\sum_{i=2}^{n}\sum_{j=1}^{i-1}(P_i - P_j) \qquad (2\cdot3)$$

公式中，n为所分组数，P_i、P_j分别表示第i、j组的收入占总收入的比重。

城镇居民人均可支配收入的基尼系数和农村居民人均纯收入的基尼系数表明，我国城镇居民内部与农村居民内部收入差距呈现逐步扩大的趋势（见表2－2）。

从表中可以清晰地看到：(1)城镇居民人均可支配收入的基尼系数趋势与全国基尼系数的趋势相似，呈现加速扩大的趋势，从1995年的0.2007上升到2004年的0.2729，增加了35.97%，年平均增长率约为3.47%。(2)农村居民人均纯收入的基尼系数从1995年的0.3415，先下降到最低点1996年的0.3229后逐步上升

至2004年的0.3710。(3)从直观上看,与全国的基尼系数趋势线相比,城市基尼系数增长趋势与国家一致,而农村基尼系数增长较为平缓,表明城市贫富差距扩大是全国收入差距扩大的一个相对比较重要的原因。

表2-2　我国城镇与农村居民收入的基尼系数(1995—2004)

年份	1995	1996	1997	1998	1999	2000	2001	2002	2003	2004
城镇居民人均可支配收入的基尼系数	0.2007	0.2011	0.2129	0.2199	0.2302	0.2389	0.2494	0.2582	0.2569	0.2729
农村居民人均纯收入的基尼系数	0.3415	0.3229	0.3285	0.3369	0.3361	0.3536	0.3603	0.3646	0.3833	0.3710

资料来源:(1)城镇居民人均可支配收入的基尼系数由课题组根据《中国统计年鉴(1996—2005)》城镇居民家庭基本情况测算。(2)农村居民人均纯收入的基尼系数1995—2002年数据来自《中国农业年鉴(2003)》;2003年和2004年数据由课题组根据《中国统计摘要(2005)》农村五等份分组资料测算。

2.高低收入差距比较

从城镇居民和农村居民内部最高收入组与最低收入组之间的对比来看,我国城镇居民内部与农村居民内部收入差距同样呈现出逐步扩大的趋势。

首先从城镇内部收入差距分析:

从表2-3的数据可以看出,城镇居民最低收入户和最高收入户之间的收入差距近年来明显扩大。从绝对数上看，两者差距从1995年的6053元增加到2004年的24421元，增长了303.46%；从相对数上看，两者比率从1995年的3.78上升到2004年的8.92，增长了135.94%。

表2-3　全国城镇居民最高收入户和最低收入户的人均全部年收入比较

（单位：元）

年份	最低收入户	最高收入户	两者差	两者比率
1995	2178	8231	6053	3.78
1996	2454	9250	6796	3.77
1997	2456	10297	7821	4.19
1998	2505	11022	8517	4.40
1999	2647	12148	9501	4.59
2000	2678	13391	10713	5.00
2001	2835	15220	12385	5.37
2002	3186	18288	15102	5.74
2003	2762	23484	20722	8.50
2004	3085	27506	24421	8.92

资料来源：由课题组根据《中国统计年鉴(1996—2005)》和《中国统计摘要(2004)》测算。

注：列“两者差”是最高与最低收入户人均全部年收入的差额，列“两者比率”是最高与最低收入户人均全部年收入的比值。

然后从农村内部收入差距分析：根据收入高低五等份分组的农民家庭基本情况绘制表2-4。

表 2-4　五等份分组农民人均纯收入情况比较

项目	2000	2001	2002	2003	2004
低收入户	802	818	857	866	1007
中等偏下收入户	1440	1491	1548	1607	1842
中等收入户	2004	2081	2164	2273	2578
中等偏上收入户	2767	2891	3031	3207	3608
高收入户	5190	5534	5903	6347	6931
最高与最低收入户比值	6.47	6.77	6.89	7.33	6.88

资料来源：由课题组根据《中国统计摘要(2004)》及《中国统计年鉴(2005)》测算。

从表 2-4 中可以看出，2000 年最高收入户和最低收入户的收入比值为 6.47，2002 年扩大为 6.89，2003 年进一步扩大到 7.33，2004 年有所缓和。

从城市与农村的对比来看，可以得到与基尼系数比较同样的答案：城市内部收入差距扩大幅度明显大于农村内部，农村内部有所扩大，但相对于城市来说，可谓是相当平缓。

三、20 世纪 90 年代中后期以来我国城乡收入差距情况

通过前面的测算，全国居民收入的总体差别以及城镇、农村内部收入差别程度已经基本呈现出来，可以发现，全国居民的收入差别均高于城镇和农村内部居民的收入差别，这表明我国城乡居民之间的收入水平存在着一定程度上的差别。如果按照统一的收入差别的分组标准，我国城镇居民都处于中上收入阶层，而农村居民则处于中下阶层，因此全国居民的总体收入差别既包括了城镇和

农村内部的收入差别，也包括了城乡居民之间的收入差别。所以下面进一步测算1995—2004年我国城乡收入差别程度。

本书采用的城乡划分标准与我国目前的城乡划分标准完全一致，即采用包括城镇和乡村大区域在内的“两分法”，其中采用“三分法”中的“集镇”属于“两分法”中的“城”的概念。在城乡划分的基础上，根据居民长期定居的区域把居民划分为城镇居民和农村居民两种类型，不考虑其从事的职业。

本书采用“差值法”(陈宗胜、周云波，2002)来计算城乡差别基尼系数。具体计算公式如下：

$$G_D = I_u - P_u = P_r - I_r \qquad (2\cdot4)$$

式中，G_D表示城乡居民之间收入差别的基尼系数。I_u和P_u分别表示城镇居民收入在全国总收入的比重和城镇居民人口在全国总人口中的比重。I_r和P_r分别表示农村居民收入在全国总收入的比重和农村居民人口在全国总人口中的比重。这种方法是从宏观角度比较城乡居民的收入。当G_D等于1时，表明城乡居民收入绝对不平等；当G_D等于0时，表明城乡居民收入完全相等。

根据上述公式，测算出城乡差距基尼系数的结果如表2－5所示：(1)我国城乡收入差距除1996、1997、2004年略有下降外，基本上处于逐年扩大的态势，从1995年的0.2358扩大到2003年的0.2824，增长了19.8%，年平均增长率达到2.28%。(2)从直观上说，与全国相比，城乡之间收入差距趋势与全国一致；与城市内部差距相比，趋势增长较为平缓，但比农村内部增长快。因此，城乡差距是导致全国居民收入差距加速扩大的又一重要因素，之后本书将就三者对全国居民总体收入差别的影响作对比分析。

表 2-5　城乡差距基尼系数(1995—2004)

年份	1995	1996	1997	1998	1999	2000	2001	2002	2003	2004
城乡差别基尼系数	0.2358	0.2193	0.2173	0.2232	0.2377	0.2506	0.2599	0.2754	0.2824	0.2794

资料来源:由课题组根据《中国统计摘要(2004)》及《中国统计年鉴(2005)》测算。

表 2-6　全国城乡居民收入差距变化情况

年份	城镇居民人均可支配收入(元)	农村居民人均纯收入(元)	城乡收入差距(元)	城乡收入比率
1995	4283.0	1577.7	2705.3	2.71
1996	4838.9	1926.1	2912.8	2.51
1997	5160.3	2090.1	3070.2	2.47
1998	5425.1	2162.0	3263.1	2.51
1999	5854.0	2210.3	3643.7	2.65
2000	6280.0	2253.4	4026.6	2.79
2001	6859.6	2366.4	4493.2	2.90
2002	7702.8	2475.6	5227.2	3.11
2003	8472.2	2622.2	5850.0	3.23
2004	9427.6	2936.4	6491.2	3.21

资料来源:1995—2004 年数据由课题组根据《中国统计年鉴(1996—2005)》和《中国统计摘要(2004)》测算。

注:城乡收入差距指城镇居民人均可支配收入与农村居民人均纯收入的差额,城乡收入比率是两者的比值。

另外,从城乡居民收入变化及其差距变化的角度也能得到相同的结论。从表 2－6 可以看出：在绝对数方面，1995 年以来我国城乡居民收入分配差距整体上呈扩大趋势，城乡居民收入差距由 1995 年的 2705.3 元一直上升到 2004 年的 6491.2 元，增加了 139.94%，年平均增长率约为 10.21%。在相对数方面，1995 年以来我国城乡居民收入比率经历了一个先下降后上升的过程，其中 1996—1999 年城乡比率稳定在 2.45—2.65 这个区间；而 2000 年以来，城乡收入比率出现加速扩大的趋势，到 2004 年，城镇居民人均可支配收入是农村居民人均纯收入的 3.21 倍。

四、城镇内部差别、农村内部差别及城乡差别对居民总体收入差别的影响分析

全国居民总体收入差别包括城镇内部收入差别、农村内部收入差别以及城乡差别三个方面，那么这三方面分别对全国居民总体收入差别产生多大的影响，下面我们将三者进行对比研究。从前面的测算中，我们已经了解城镇内部收入差别程度、农村内部收入差别程度以及城乡差别程度，根据表 2－2 和表 2－5 中的数据，画出图 2－2。

从图 2－2 中可以形象地看到：(1)农村内部基尼系数一直居于比较大的位置上，说明农村内部的收入差距占据全国差距的主体地位；但是从趋势上来看，农村内部收入差距增长平缓，处于相对平稳的状况。因此，对于全国收入差距加速扩大的趋势，农村内部的贡献应该是相对较小的。(2)城镇内部基尼系数则呈现加速扩大的趋势，从相对平均到差距较大，其扩大速度远远快于农村内部。从绝对量上看，城镇内部对全国收入差距的贡献不如农村，但

从变化趋势上看,城镇内部的差距扩大是全国收入差距扩大的重要因素,并且影响逐年扩大。(3)城乡差别呈现出稳步上升的态势,这说明城乡差别在全国居民总体收入差别中的地位逐步提高;并且从趋势上看,城乡差别是全国收入差距扩大的又一重要原因,其影响应该较城镇内部差别的影响略小。

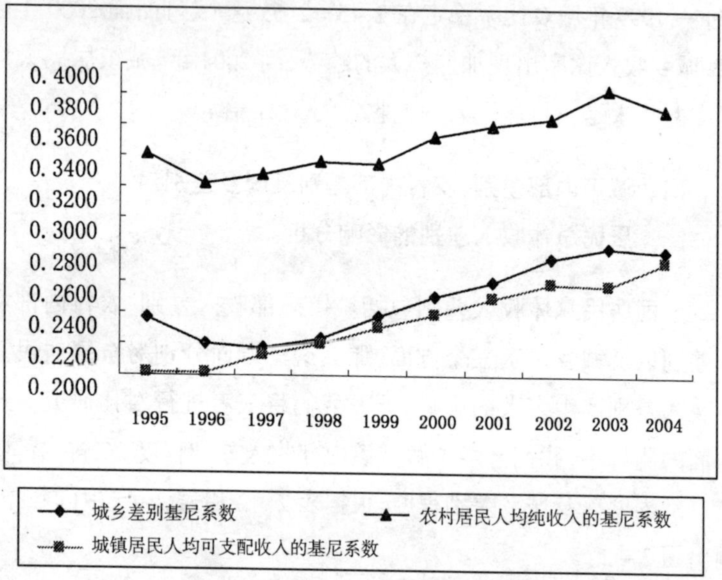

图 2-2　我国城乡差别基尼系数变动轨迹(1995—2004)

下面我们通过"城乡加权法"(具体公式见本节公式 2·1 及公式 2·2)测算城镇内部差别、农村内部差别及城乡差别对居民总体收入差别的影响,即将全国居民收入差别基尼系数分解成三部分:城镇内部差别贡献、农村内部差别贡献及城乡差别贡献,分别测算三部分对其的贡献,从而衡量三者对全国居民收入差别的影响。计算结果如表 2-7 所示。

表 2－7　以城乡加权法对全国居民收入差别的分解结果

项目 年份	绝对数			相对贡献率(%)		
	城镇内部	农村内部	城乡之间	城镇内部	农村内部	城乡之间
1995	0.030603	0.114976	0.235802	8.024311	30.14728	61.82841
1996	0.032127	0.10682	0.219343	8.966874	29.8139	61.21922
1997	0.036441	0.103695	0.217303	10.19508	29.01053	60.79438
1998	0.040436	0.102912	0.225815	10.95342	27.87715	61.16944
1999	0.046875	0.090867	0.237671	12.48624	24.20448	63.30928
2000	0.053025	0.087323	0.250601	13.56322	22.33623	64.10055
2001	0.059784	0.081642	0.259916	14.89604	20.34234	64.76162
2002	0.067252	0.074104	0.275416	16.13631	17.78043	66.08325
2003	0.071603	0.07119	0.282391	16.84055	16.74338	66.41607
2004	0.079435	0.065463	0.279428	18.72034	15.42753	65.85213

资料来源：课题组根据《中国统计年鉴(1996—2005)》及表 2－1 的有关数据测算。

由于考虑权数，计算结果与从图 2－2 中直观感受的结果有些出入，但是变化趋势是一致的。表 2－7 计算结果表明，从绝对数上看，城镇居民收入差距的加权值逐渐增加，从 1995 年到 2004 年增长了 159.57%，年平均增长 11.18%；农村居民收入差距的加权值逐渐减小，从 1995 年到 2004 年降低了 43.06%；城乡差距的加权值除个别年份(1996 年、1997 年)有所下降外，总体上呈现上升趋势，从 1995 年到 2004 年增长了 18.5%，年平均增长 1.9%。

从相对贡献率看，城镇居民收入差距的贡献率不断增大，从 1995 年的 8.02%上升到 2004 年的 18.72%，提高了 10 个百分点以上;农村居民收入差距的贡献率逐步下降,从1995年的30.15%降低到2004年的15.43%,减少了近15个百分点;相对而言,城乡差距的贡献率比较稳定,1995—1998年都在60%—62%区间做窄幅波动,1999年后略有上升,至2004年基本上在65%左右波动。

进一步,我们再利用"城乡加权法"测算城镇内部差别变动、农村内部差别变动及城乡差别的变动对居民收入差别变动的影响。对于增量的分解,分解公式为:

$$dG = dG_u + dG_r + dG_m \qquad (2·5)$$

式中,dG表示总收入差别的增量,dG_u、dG_r、dG_m分别表示城镇收入差别、农村收入差别、城乡差别的变动对总收入差别增量的贡献额。计算结果如表2－8所示。

计算结果表明:城镇内部收入差别的贡献额逐年增加,并且增长速度很快,从1996年到2004年增长了5.13倍,到2004年,城镇内部收入差距的扩大成为影响全国居民收入差距扩大的第一因素(由于2004年全国基尼系数比2003年略有下降,因此城市内部收入差距扩大对全国基尼系数的影响为负);而农村内部收入差别的贡献额与全国居民收入差别变动的方向完全相反,这说明农村内部收入差距变化是缓解全国收入差距的因素,特别到2004年农村内部收入差距的减小是全国基尼系数略有下降的主要因素;城乡差别的变动,除1996、1997、2004年外,其他年份与全国居民收入差别变动的方向一致,而其贡献率处于波动状态,但总体来说对全国收入差距扩大起到的是促进的作用,可以说城乡收入差距的扩大是影响全国居民收入差距扩大的第二因素。因此,我们可以得到这样的结论:近年来,城镇居民收入差别和城乡差别是全国居民收入差别变动的主要原因，而农村居民收入差别的变动是缓解全国居民收入差距扩大的因素。

表 2－8　以城乡加权法对全国居民收入差别变动的分解

年份	绝对贡献额				相对贡献率(%)		
	全国	城镇内部	农村内部	城乡之间	城镇内部	农村内部	城乡之间
1995	—	—	—	—	—	—	—
1996	－0.02309	0.001524	－0.00816	－0.016460	－6.60076	35.3201	71.2807
1997	－0.00085	0.004314	－0.00313	－0.002040	－507.068	367.3499	239.718
1998	0.011724	0.003995	－0.00078	0.008512	34.07398	－6.67846	72.6045
1999	0.006249	0.006439	－0.01205	0.011856	103.0431	－192.771	189.728
2000	0.015538	0.006151	－0.00354	0.012930	39.58503	－22.8038	83.2180
2001	0.010393	0.006759	－0.00568	0.009315	65.03285	－54.6625	89.6296
2002	0.015429	0.007467	－0.00754	0.015500	48.39902	－48.8613	100.462
2003	0.008413	0.004352	－0.00291	0.006975	51.72612	－34.6285	82.9024
2004	－0.00086	0.007832	－0.00573	－0.002960	－912.979	667.6162	345.362

资料来源：课题组根据《中国统计年鉴(1996—2005)》及表 2－1 的有关数据测算。

五、20 世纪 90 年代中后期以来我国地区收入差别情况

地区收入差别也一样是影响全国居民总收入差别的重要因素。作为衡量地区间的收入差距，泰尔指数(Theil,H,1967)被经常使用。这里主要通过泰尔指数的测算反映我国地区收入差别情况。

这里采用施沃兹(1996)提出的分解公式：

$$I(0)=\sum_{g=1}^{G}P_gI(0)_g+\sum_{g=1}^{G}P_g\log(\frac{P_g}{V_g}) \qquad (2\cdot6)$$

公式中，总体被分成G组，P_g、V_g分别表示各组的人口比重和收入比重，$I(0)_g$表示第G组的内部差别的泰尔指数。由公式可以看出，人口比重与收入比重相差越多，对数返回值的绝对值就越大，反映出的收入差距也就越大。

这里将我国按东、中、西部三大地区划分，地区划分标准参考国家统计局2004年的划分标准，将我国分为三大地区（见表2-9）。我国地区差距的泰尔指数分解公式为：

$$I=p_eI_e+p_cI_c+p_wI_w+I_B \qquad (2\cdot7)$$

其中，I_e、I_c、I_w分别表示东、中、西内部的差距，p_e、p_c、p_w为三大地区各自的权重，I_B为三大地区之间的差距。由于城乡居民收入数据口径不同，因此只能分别测算地区差别对全国城镇和全国农村居民收入差别的影响，组内差距为省际间的差距。

表2-9 我国三大地区划分

东部	北京、天津、河北、辽宁、上海、江苏、浙江、福建、山东、广东、海南
中部	山西、吉林、黑龙江、安徽、江西、河南、湖北、湖南
西部	重庆、四川、贵州、云南、西藏、甘肃、青海、宁夏、新疆、陕西、广西、内蒙古

首先测算地区差别对全国城镇居民收入差别的影响，即贡献程度，计算结果见表2-10和表2-11。

表 2-10　地区差别对全国城镇居民收入差别的贡献

年份	总体 I	组内 $p_eI_e + p_cI_c + p_wI_w$	组间 I_B	东部内部 I_e	中部内部 I_c	西部内部 I_w
1995	-0.0010	0.0058	-0.0068	0.0135	0.0033	-0.0025
1996	-0.0041	0.0056	-0.0097	0.0130	0.0024	-0.0010
1997	-0.0062	0.0048	-0.0109	0.0118	0.0016	-0.0018
1998	-0.0086	0.0052	-0.0138	0.0125	0.0017	-0.0008
1999	-0.0089	0.0060	-0.0149	0.0145	0.0017	-0.0004
2000	0.0221	0.0068	0.0153	0.0130	0.0018	-0.0006
2001	0.0069	0.0068	0.0001	0.0136	0.0014	0.0018
2002	0.0053	0.0057	-0.0004	0.0116	0.0005	0.0022
2003	0.0069	0.0065	0.0004	0.0122	0.0004	0.0039
2004	0.0138	0.0071	0.0067	0.0121	0.0005	0.0058

资料来源：各省的城市居民收入及人口数见《中国统计年鉴(1996—2005)》，居民收入采用可支配收入指标；各省1995—2003年农村人口数见《中国人口统计年鉴(1996—2004)》及《中国农村统计年鉴(1999)》，2004年各省农村人口数采用《2004年人口变动情况抽样调查》的数据，各省城镇人口数通过总人口数减去农村人口数获得；全国按省共分成31个组，课题组根据泰尔指数的分解公式计算出组内差别、组间差别以及三大地区内部的贡献。

从表2-10及表2-11中可以看到：(1)从组内和组间来看，组间差别与组内差别对城镇居民收入差距的影响都比较大，波动很大。(2)从三大地区内部差别来看，在泰尔指数的公式中，如果较小比重的人口占有较大比重的收入，于是指数值将为负数，并且其绝对值越大，差距越大；或者较大比重的人口占有较小比重的收入，指数值将为正数，数值越大，差距越大。因此，数据显示东部地区内部差别（省际差别）非常大，十年来一直如此；而中部城镇省际差距有缩小的趋势，西部地区城镇省际差距呈现出扩大的趋势。

(3)从表2-11的第五列和第六列的数据显示：东部地区城镇省际差距远远大于中西部，而西部城镇省际差距从2000年之后逐渐大于中部，并且差距逐渐拉大。

表2-11　地区差别对全国城镇居民收入差别的贡献率

年份	总体 I(%)	组内(%)	组间 I_B(%)	I_e/I_w	I_c/I_w
1995	100	-588.45	688.45	-5.32	-1.31
1996	100	-136.76	236.76	-13.32	-2.47
1997	100	-77.78	177.78	-6.74	-0.90
1998	100	-60.54	160.54	-16.31	-2.22
1999	100	-67.26	167.26	-39.91	-4.63
2000	100	30.96	69.04	-20.08	-2.81
2001	100	99.21	0.79	7.64	0.80
2002	100	107.30	-7.30	5.31	0.25
2003	100	94.39	5.61	3.15	0.11
2004	100	51.19	48.81	2.09	0.08

资料来源：使用的数据来源同表2-10，贡献率由课题组计算。

然后测算地区差别对全国农村居民收入差别的影响，即贡献程度，计算结果见表2-12和表2-13。

表 2－12　地区差别对全国农村居民收入差别的贡献

年份	总体 I	组内 $p_eI_e + p_cI_c + p_wI_w$	组间 I_B	东部内部 I_e	中部内部 I_c	西部内部 I_w
1995	0.0289	0.0115	0.0174	0.0124	0.0027	0.0204
1996	0.0266	0.0106	0.0160	0.0108	0.0023	0.0197
1997	0.0252	0.0104	0.0148	0.0099	0.0020	0.0203
1998	0.0241	0.0096	0.0145	0.0083	0.0013	0.0204
1999	0.0249	0.0100	0.0149	0.0087	0.0011	0.0215
2000	0.0165	0.0079	0.0086	0.0096	0.0008	0.0142
2001	0.0233	0.0078	0.0156	0.0096	0.0008	0.0137
2002	0.0226	0.0076	0.0149	0.0104	0.0006	0.0126
2003	0.0233	0.0076	0.0156	0.0106	0.0011	0.0117
2004	0.0238	0.0080	0.0158	0.0112	0.0009	0.0123

资料来源：各省的农村居民收入及人口数见《中国统计年鉴（1996—2005）》，居民收入采用纯收入指标；各省 1995—2003 年农村人口数见《中国人口统计年鉴（1996—2004）》及《中国农村统计年鉴（1999）》，2004 年各省农村人口数采用《2004 年人口变动情况抽样调查》的数据；全国按省共分成 31 个组，课题组根据泰尔指数的分解公式计算出组内差别、组间差别以及三大地区内部的贡献。

从表 2－12 及表 2－13 中可以看到：（1）从组内和组间来看，组间差别是影响农村居民收入差距的主要因素，组间影响占 6—7 成，而组内影响占 3—4 成，同时地区差别对全国农村居民收入差别相对稳定。（2）从三大地区内部差别来看，西部地区内部差别（省际差别）最大，并有扩大的趋势，中部地区内部差别比较稳定，从 1998 年以来有减小的趋势，而东部地区内部差别逐渐增大，到 2004 年比西部略小。(3)从表 2－13 的第五列和第六列的数据显示：东部与西部地区农村省际差距远远大于中部，而东部与西部农村省际差距都有扩大的趋势，并且东部农村省际差距扩大速度大于西部。综合看来，我国东部与西部地区内部差距和三大地区的组间差距对全国农村居民收入差距的影响比较大，但从泰尔指数的绝对数上看，农村居民收入的总体差别大于城镇居民收入的总体差别，并有扩大的趋势。

表 2－13　地区差别对全国农村居民收入差别的贡献率

年份	总体 I(%)	组内(%)	组间 I_B(%)	I_e/I_w	I_c/I_w
1995	100	39.93	60.07	0.61	0.13
1996	100	39.93	60.07	0.55	0.12
1997	100	41.31	58.69	0.49	0.10
1998	100	39.90	60.10	0.41	0.06
1999	100	40.21	59.79	0.40	0.05
2000	100	47.74	52.26	0.67	0.05
2001	100	33.35	66.65	0.70	0.06
2002	100	33.85	66.15	0.83	0.05
2003	100	32.83	67.17	0.91	0.09
2004	100	33.55	66.45	0.91	0.08

资料来源：使用的数据来源同表 2－12，贡献率由课题组计算。

另外也测算了三大地区城乡收入平均水平，由此反映地区差别，计算结果如表 2－14 和表 2－15 所示。

表 2-14 三大地区城镇居民人均可支配收入情况(单位:元)

年份	东部	中部	西部	东部与西部地区收入比	中部与西部地区收入比
1995	5124.41	3637.31	3774.43	1.36	0.96
1996	5786.01	4090.20	4281.01	1.35	0.96
1997	6331.23	4369.90	4582.50	1.38	0.95
1998	6542.77	4515.63	4879.00	1.34	0.93
1999	7114.74	4854.95	5260.39	1.35	0.92
2000	7940.33	5216.80	5642.27	1.41	0.92
2001	8478.24	5690.94	6157.13	1.38	0.92
2002	9282.88	6393.42	6653.30	1.40	0.96
2003	10243.26	7056.27	7211.38	1.42	0.98
2004	11282.08	7855.16	8046.10	1.40	0.98

资料来源:各省的城市居民收入及人口数见《中国统计年鉴(1996—2005)》,居民收入采用可支配收入指标;各省1995—2003年农村人口数见《中国人口统计年鉴(1996—2004)》及《中国农村统计年鉴(1999)》,2004年各省农村人口数采用《2004年人口变动情况抽样调查》的数据,各省城镇人口数通过总人口数减去农村人口数获得。

从表2-14中可以观察:从相对数看,1995—1996年东部城镇居民人均可支配收入与中、西部差距较大,1997—1998年差距小幅缩小,而后逐年拉大,到2004年东部人均收入是中、西部的1.40倍;而中、西部之间的差距比较平稳,但是从2002年开始中部居民收入增长较快,且有继续增长的趋势。

从表2-15中的相对数看:与城镇情况类似的是1995—1996

年，东部农村居民人均纯收入与中、西部差距较大，差别程度较城镇差距更大，1996 年之后差距有所缓和，但保持在一个较高的数值上；而中部与西部的收入差距相对较小，但中部仍然是西部的 1.25 倍左右。这说明东部与中、西部农村居民收入差距问题在将近十年来都没有得到改善，虽然从数值上看没有继续扩大的趋势，但也不容乐观，三大地区的差距呈明显的阶梯式由东部向西部递减，同时农村居民收入的绝对水平大大低于城镇居民。

表 2－15　三大地区农村居民人均纯收入情况(单位:元)

年份	东部	中部	西部	东部与西部地区收入比	中部与西部地区收入比
1995	2205.93	1393.05	1132.64	1.95	1.23
1996	2655.64	1747.68	1385.92	1.92	1.26
1997	2882.25	1940.89	1539.11	1.87	1.26
1998	3020.37	2004.51	1637.73	1.84	1.22
1999	3106.62	2039.37	1673.12	1.86	1.22
2000	3137.48	2070.88	1685.47	1.86	1.23
2001	3320.05	2167.58	1743.67	1.90	1.24
2002	3464.58	2280.70	1843.76	1.88	1.24
2003	3705.48	2366.37	1958.79	1.89	1.21
2004	4167.71	2712.26	2177.50	1.91	1.25

资料来源：各省的农村居民收入及人口数见《中国统计年鉴(1996—2005)》，居民收入采用纯收入指标；各省 1995—2003 年农村人口数见《中国人口统计年鉴(1996—2004)》及《中国农村统计年鉴(1999)》，2004 年各省农村人口数采用《2004 年人口变动情况抽样调查》的数据。

六、20世纪90年代中后期以来我国行业收入差距情况分析

行业收入差距情况也能从一个侧面来反映我国收入差距情况。由于离散系数[1]能够用于对不同组别数据的离散程度进行比较，因此，通过计算不同年份各行业平均工资的离散系数就可以很好地反映出全国行业间收入分配差距的整体变化。在计算离散系数中，除2003和2004年采用的是GB/T 4754－2002行业分类标准外，其他年份均采用GB/T 4754－1994行业分类标准。计算结果如表2－16所示。

表2－16　各行业收入的离散程度

年份	1995	1996	1997	1998	1999	2000	2001	2002	2003	2004
离散系数	0.1555	0.1637	0.1908	0.1747	0.1864	0.1905	0.2061	0.2123	0.2447	0.2498

资料来源：由课题组根据《中国统计年鉴(1996—2005)》测算，各行业收入采用行业职工工资水平。

从上表可以看出，我国各行业平均工资的离散系数从1995年的15.55%上升到2004年的24.98%，总体上呈逐渐增长趋势，说明各行业间的收入差距逐年扩大。

从最高收入行业与最低行业收入差距情况(表2－17)可以看出：1995—2004年最高和最低行业工资水平的比值除1996年有所下降外，总体呈上升趋势；两者的绝对差距逐年扩大，从1995年的

① 离散系数：这里取标准差系数，即标准差与算术平均数的比值。

4321元增加到2003年的27377元，增长了6.34倍，年平均增长22.76%，这说明行业收入差距在加速扩大。

表2－17 我国最高收入行业与最低收入行业收入差距的比较

年份	最高行业	最高行业人均收入(元)	最低行业	最低行业人均收入(元)	收入之比
1995	电力、煤气和水的生产供应业	7843	农、林、牧、渔业	3522	2.23
1996	电力、煤气和水的生产供应业	8816	农、林、牧、渔业	4050	2.18
1997	金融保险业	9734	农、林、牧、渔业	4311	2.26
1998	金融保险业	10633	农、林、牧、渔业	4528	2.35
1999	金融保险业	12046	农、林、牧、渔业	4832	2.49
2000	科学研究和综合技术服务业	13620	农、林、牧、渔业	5184	2.63
2001	科学研究和综合技术服务业	16437	农、林、牧、渔业	5741	2.86
2002	金融保险业	19135	农、林、牧、渔业	6398	2.99
2003	信息传输、计算机服务和软件业	32244	农、林、牧、渔业	6969	4.63
2004	信息传输、计算机服务和软件业	34988	农、林、牧、渔业	7611	4.60

资料来源：由课题组根据《中国统计年鉴(1996—2005)》和《中国统计摘要(2004)》测算。

注：1995年以来我国不同行业的职工收入分配差距不断扩大。由于资料限制，本书采用行业职工工资水平指标来反映行业职工收入水平。

另外，从收入最高的行业的变化也可以看出，金融、保险、IT

等行业逐渐代替电力供应等行业成为收入最高的行业，2002 年金融保险业人均收入是电力、煤气和水的生产供应业的 1.16 倍，而 2003 年和 2004 年的信息传输、计算机服务和软件业则以绝对优势位居收入榜首，且是最低收入行业的 4.6 倍左右；然而从事农、林、牧、渔业的人始终位于收入的最低层，虽然在绝对数上有所增长，但幅度不大，年平均增长仅为 8.9%。

七、世界部分国家居民收入差距情况分析

关于收入差距问题除了作纵向比较之外，还应该与其他国家的情况作横向比较。这里首先以美国为例，通过比较中美居民收入基尼系数，从国际角度分析中国现阶段收入差距状况。从表2－18 中可以清楚地看到中国和美国的居民收入的基尼系数的变化。在 90 年代中后期，中国的基尼系数是呈加速上升的状态，而美国则相对稳定，略有上浮。就绝对数而言，美国的基尼系数始终大于中国，说明美国居民的收入差距一直比中国大；但是从变化趋势上来看，中国基尼系数正逐渐逼近美国，到 2003 年已接近美国。

表 2－18　中美居民收入的基尼系数比较

年份	1995	1996	1997	1998	1999	2000	2001	2002	2003	2004
中国	0.381	0.358	0.357	0.369	0.375	0.391	0.401	0.417	0.425	0.424
美国	0.450	0.455	0.459	0.456	0.458	0.462	0.466	0.462	0.464	0.466

资料来源：中国基尼系数采用表 2－1；美国基尼系数取自：Income, Poverty and Health Insurance in the United States: 2004, p.40. U.S. Census Bureau, Current Population Survey, 1968 to 2005 Annual Social and Economic Supplements。

然后将中国的收入差距与世界部分国家作比较。这里选取世界主要发达国家、人均GDP与中国相近的国家以及收入差距较大的部分国家，这些国家的人均国内生产总值和基尼系数见表2-19。为了保持数据口径的一致，这里中国的数据也采用“Human Development Report 2005”。

表2-19 世界部分国家收入差距比较

Rank	区域	GDP per capital US$ 2003	Gini index	Survey year
		人均国内生产总值 美国美元2003	基尼系数%	基尼系数 调查年份
China	中国	1100	44.7	2001
Norway	挪威	48412	25.8	2000
United States	美国	37648	40.8	2000
Japan	日本	33713	24.9	1993
United Kingdom	英国	30253	36.0	1999
Germany	德国	29115	28.3	2000
Canada	加拿大	27079	33.1	1998
Italy	意大利	25471	36.0	2000
Russian Federation	俄罗斯	3018	31.0	2002
Egypt	埃及	1220	34.4	1999
Ukraine	乌克兰	1024	29.0	1999
Indonesia	印尼	970	34.3	2002

India	印度	564	32.5	1999
Mexico	墨西哥	6121	54.6	2000
Chile	智利	4591	57.1	2000
Argentina	阿根廷	3524	52.2	2001
Brazil	巴西	2788	59.3	2001

资料来源：人均国内生产总值来自"Human Development Report 2005", table14, Economic performance, Launched September7, 2005；基尼系数来自"Human Development Report 2005", table 15, Inequality in income or consumption, Launched September 7, 2005。

从表中可以看出：中国的收入差距不仅大于发达国家，同时也大于人均 GDP 与我国相近的国家；对于同样人口众多的印度，虽然中国的人均 GDP 几乎是印度的 2 倍，但是基尼系数比印度高 10 个百分点以上；而基尼系数超过 0.5 的国家几乎都来自拉丁美洲，而由此反映的社会两极分化和分配不均与从 1998 年开始的拉美经济衰退、局部地区政治动荡关系密切。综合看来，中国收入差距已经很大，除拉丁美洲和其他洲的个别国家之外，中国的收入差距已居世界前列。

第二节　居民收入差距扩大与非均衡体制之关联的理论模型解说

影响我国居民收入差距扩大的原因是多方面的，但综合起来主要在于两个大的方面：其一是非均衡要素禀赋和经济发展；其二是非均衡体制或体制落差的影响。

一、非均衡要素禀赋和经济发展与收入差距

在经济增长和发展的过程中，要素的丰裕程度决定了经济活动和发展的进程。在生产技术条件相同时，不同地区，不同阶层生产要素禀赋的差异，将导致生产可能性边界的差异，从而决定了经济发展的非均衡。例如我国三大经济区域自然资源和社会资源分布严重不均，东部地区河流密布，矿产少，但地理位置优越，交通便利，同时工业设施和基础设施完备，科技水平较发达，同时高校多，人口素质较好；中部地区能源矿产资源丰富，交通条件比较好；西部地区虽有丰富的资源，但地处边远，交通、信息闭塞，中西部地区人才相对不足，劳动者素质较低。这些要素禀赋上的差异是地区经济发展不平衡的重要原因，从而影响居民收入水平。另外在市场化的进程中，市场对生产资源的配置作用逐步增强，同时在收入分配领域，市场机制已逐渐取代计划分配方式，在要素参与分配之后，资金、技术等要素的短缺使这些要素的边际产出大于一般劳动的边际产出，因此其收益大大高于一般劳动的收益，从而导致收入分配差距的扩大。同时市场化带来的“马太效应”也使居民收入分配的地区差距呈逐步扩大的趋势。库兹涅茨提出的收入差别“倒U型假说”试图证明：在经济发展中，收入差距长期变动的轨迹呈先恶化，继而短暂的稳定，然后在增长后期阶段逐渐缩小为“倒U型曲线”，并认为发展中国家在经济增长早期阶段的收入分配，比发达国家具有更高的不均等程度。这一假说提供了分析收入分配差距变化规律的思路，值得借鉴。但是并不是所有国家和地区都遵循这一假说，例如美国的收入差距不仅没有显著减小反而拉大

了。而就中国的实际情况来说，在体制改革过程中，经济制度与国家政策对市场机制的影响很大，同时一些非正常因素，如由灰色收入或黑色收入形成的巨大的非正常收入，也影响着收入分配，这样，中国收入分配差距的变化规律不能简单地归结为经济发展。

二、非均衡体制或体制落差与收入差距

我国居民收入差距呈现加速扩大的趋势更主要在于体制改革中的体制落差。在进行改革开放之前，高度集中的计划体制形成了相对平均的收入分配状况，当然这是以牺牲效率为代价的。改革开放之后，我国的经济体制改革是一个新体制不断代替旧体制的过程，在改革过程中使用的“双轨制”等过渡性体制安排，加上政策偏好、制度缺陷等体制上的非均衡及缺陷，不可避免地造成不同地区、不同人群、不同企业之间权利和义务的巨大差别，同时使各种新的利益关系格局的扭曲，产生大量“权力寻租”行为，致使经济活动在多层次权利结构的等级结构中不平等地运行，人为地从体制、政策上扩大了收入差距。

目前，我国改革中的体制落差主要表现在这样几个方面：

第一，双重体制，即“双轨制”。例如改革开放后，我国价格政策有很大变化，一是产品的价格结构进行了调整；二是国家对一些产品不再进行价格上的管理，这部分产品的价格按市场规律自行规定；三是对一些重要的生产资料实行双轨制，所以有部分人利用关系等手段套出计划内的产品，转而在市场上按计划外高价销售，从而获得很大的收入。

第二，体制差异。这主要表现在体制改革中各种制度与政策

的偏好。国有部门与非国有部门的政策差别使国有企业在不平等的外部条件下经济效益下降,影响收入分配;城镇与农村的医疗保障制度的差异拉大了城乡收入差距;地区、行业的优惠政策使地区收入差距、行业收入差距扩大。

第三,体制摩擦。这里包括三个方面:一是体制缺位,即旧体制已被破除但新体制又没有建立起来,如在国有企业改制的过程中增加低收入人群的同时,社会保障体系建设相对滞后,使城市内部贫困加剧,扩大了收入差距;二是体制错位,即新体制的各个部分不配套等,如资金管理与项目审批制度不衔接造成漏洞等;三是体制虚设,即名存实无,比如对党政官员的同级监察形同虚设。体制摩擦会使国企改革中利益分配的失控、政府职能转变中的非法"寻租"等不利于正常收入分配的结果。

第四,法制缺陷。法律政策措施的缺陷使市场制度的执行力度减弱,无法实现制度与政策的实施目的。例如在一些领域至今仍是无法可依,如某些娱乐行业;对打假制假的惩罚过轻;某些税收返还措施,以及一些法律法规贯彻落实不力或受到干扰等,都影响了正常的市场机制,阻碍了机会均等的竞争环境的营造,造成收入分配的不平等。

因此,我国在渐进式改革过程中的体制落差是造成现阶段我国居民收入差距加速扩大的主要原因。

三、居民收入差距扩大与体制落差之关联理论模型

对于中国体制改革中的体制落差影响居民收入差距的内在机制,可以用简单的经济理论模型来描述。为了便于解释,这里简单

地将社会分为穷人和富人，社会收入的总量在穷人与富人之间分配。于是有

$$I = I_p + I_r, I_p, I_r \geqslant 0 \quad (2\cdot8)$$

其中 I 表示社会总收入，I_p 表示穷人的收入，I_r 表示富人的收入。进一步，用 α 表示穷人收入占社会总收入的比重，β 表示富人收入占社会总收入的比重，上式变形为：

$$I = (\alpha + \beta)\cdot I \quad 显然\ \alpha + \beta = 1 \quad (2\cdot9)$$

可见，社会收入分配状况取决于 α 和 β 的值，由于两者之和等于1，于是研究其中一个值的变化情况就足以反映收入分配的状况。这里取 I_p(穷人的收入)作为研究对象，因此有：

$$I_p = \alpha\cdot I \quad \alpha \in [0,1] \quad (2\cdot10)$$

式中 α 实际上就是社会收入对穷人的分配率①（以下简称分配率），公式(2·10)表明 $\partial I_p/\partial\alpha > 0, \partial I_p/\partial I > 0$。那么，穷人的收入 I_p 随时间 t 的变动公式为：

$$\partial I_p/\partial t = \partial\alpha/\partial t\cdot I + \partial I/\partial t\cdot\alpha \quad (2\cdot11)$$

从公式中可以看出，穷人收入 I_p 的变动量取决于分配率 α 的变动和社会总收入 I 的变动。社会总收入(I)的增长在经济发展的过程中是使穷人收入 I_p 自然增加的因素。因为当社会经济活

---

① 这里有必要对(α)的定义域作进一步说明。文中的 α 表示为一般抽象状态，定义域是很宽的。但是在实际情况中(α)的范围要相对窄得多，因为穷人的收入不可能为0，而至少有一个大于0的最小值，于是(α)一定有一个大于0的最小值，可记为(α_1)。同时(α)也不会达到1这个最大值，更进一步，从要素禀赋、生产到分配都不可能达到绝对的平均，即穷人与富人各占50%，也就是说穷人的收入永远占的是少数，因此(α)应该是小于1/2的，于是(α)的最大值是小于1/2的某个值，可记为(α_2)。所以，(α)的更为严格的定义域为：$\alpha \in (\alpha_1, \alpha_2) \in (0, 1/2)$。

动规模增加时，也就意味着参与人员、投入的资源量、交易的频率和额度等的增加，这将促进社会总收入的增长，穷人与富人的收入都将随之增长(当然增长的幅度一般不相等)。当制度安排达到帕累托最优[①] (肖红叶，2003)时，有可能为增加富人利益而减少穷人的利益。不过对于现实的经济制度或配置还没有达到有效地利用全部社会资源和充分发挥技术的能力，在一般情况下，社会总收入的增长会带动穷人收入的增长。但是由于富人在要素禀赋上的优势，富人收入的增加往往快于且多于穷人，这自然拉大收入差距，而这不是研究的重点。这里集中讨论的是社会总收入一定时体制变动对穷人收入的影响，或者更现实一点地讨论在体制改革与经济发展同时变动的过渡时期，收入差距为何呈加速扩大的趋势，即讨论导致分配率(α)变动的因素。

分配率(α)的变动实际上就是收入的流动，在社会总收入一定的情况下，分配率的变化由收入流动性来反映。收入流动(周振华，2005)指某个特定的收入组人员的收入在经过了一段时间的变化后，其所拥有的收入份额或者所在的收入组别(以五等份分组来计)所发生的位置变化。这里即为穷人收入与富人收入在经过一段时间的变化后，其所拥有的份额变化。这样的变化包含两个方面，一个向上流动即穷人收入份额减少、富人收入份额增加，另一个则是向下流动即穷人收入份额增加、富人收入份额减少。通过比较向上流动和向下流动可以判断整体收入不平等状况是否得到

---

① 所谓帕累托最优是指不减少其他人效用的前提下，生产和分配的重新组织，不可能增加某个人或更多人的效用。我们称这种在不减少任何人利益条件下就无法提高某个人或某些人利益的制度安排是帕累托最优的，或称是帕累托有效的。

改善。如果在一定时期向上流动大于同期向下流动，则表明整个社会收入不平等状况在改善，相反则表明恶化。

收入流动性[①]的大小与方向依赖于市场经济制度以及公平、公正的制度和政策环境。一个市场化程度高，竞争机会相对平等的社会，其基本分配规律是按要素分配，即要素所有者依据对要素的所有权以及各种要素在生产经营中投入的比例大小和贡献大小，取得相应的报酬。于是收入在市场机制的作用下在不同利益阶层中流动，形成必然的收入差距，而同时公平的制度和政策发挥对收入不平等的调节作用，促进收入从富人转移到穷人，从而调节收入分配，缩小收入差距(从福利经济学的角度，这些调节收入差距的政策会损失市场调节下的效率，但这是效率与公平之间必然的调整)。反之，在制度安排与结构存在缺陷的情况下，市场化程度不高，制度与政策影响市场机制的正常运转，并且制度缺陷会赋予一部分人特殊的权力，这将会扭曲要素分配和收入分配，产生非生产性寻租，使收入流动性发生扭曲，体制变化不仅没有促进市场机制下应有的效率，也没有实现公平。

这里规定 M 为穷人与富人的市场化程度差异率[②]，即穷人的市场化程度 M_p 与富人的市场化程度 M_r 之比，即：

$$M = M_p / M_r, \partial M / \partial M_p > 0, \partial M / \partial M_r < 0 \qquad (2 \cdot 12)$$

① 有必要对收入流动性作进一步说明。实际上收入流动性有三个方面，一是速度，二是大小，三是方向。在一定时期内，反映期末、期初收入差距状况的是收入流动性的大小和方向，而与速度关系不密切，因此这里不考虑收入流动性的速度。

② 由于将社会简单的分成穷人和富人，这里也抽象地将市场化程度作相同区分。在现实社会中往往是比较不同地区、不同行业或不同部门的市场化程度。

这一关系式表明 M 同穷人的市场化程度成正比，而同富人的市场化程度成反比。一般情况下，穷人的市场化程度会小于富人的市场化程度，即 $M_p < M_r$，因此 $M \in (0,1)$。当两者的差距扩大时，其比值将减小。而市场化程度的差异是由非均衡体制造成的，由于体制的非均衡性，制度存在缺陷，体制存在落差。体制落差越大，政策越优惠，经济发展水平就越高，于是市场化程度越高，那么市场化程度差异就越大，M 就越小。因此，市场化程度的差异取决于体制落差(D)，但是两者变动方向相反，为便于之后的说明，这里在数学上做适当的调整。于是有：

$$M = M(1/D), \partial M/\partial(1/D) > 0 \qquad (2\cdot13)$$

从另一个方面说，M 实际上可以反映出一个经济制度的完善程度。在各方面制度相对完善的经济中，体制落差较小，市场化程度差异较小，分子分母比较接近，因此二者比率 M 较大，接近于1；反之亦然。而根据前面的分析，市场化程度的差异决定收入流动，进而反映收入分配，也就是说，M 是决定 α 的直接因素，即 α 是市场化程度差异率 M 的函数：

$$\alpha = f(M) = f(M(1/D)), \partial\alpha/\partial M > 0, \partial\alpha/\partial(1/D) > 0 \qquad (2\cdot14)$$

上式表明：穷人收入的分配率直接取决于穷人与富人市场化程度的差异率，并最终取决于经济中体制落差的大小及其变动。据此可将公式(2·11)进一步展开为下式：

$$\partial I_p/\partial t = \partial\alpha/\partial M \cdot \partial M/\partial(1/D) \cdot \partial(1/D)/\partial t \cdot I + \partial I/\partial t \cdot \alpha \qquad (2\cdot15)$$

上式表明了在中国近年体制转轨与经济发展过程中，影响穷人收入份额变动的主要因素。首先，体制落差（D）的增加使得市场化程度的差异拉大，从而市场化程度差异率 M 降低，在渐进式体制改革中，体制落差使得政策偏好富人，导致收入更多地流向富人，穷人收入份额减少，收入差距扩大。这一经济学解释的几何表达形式如图2－3所示。

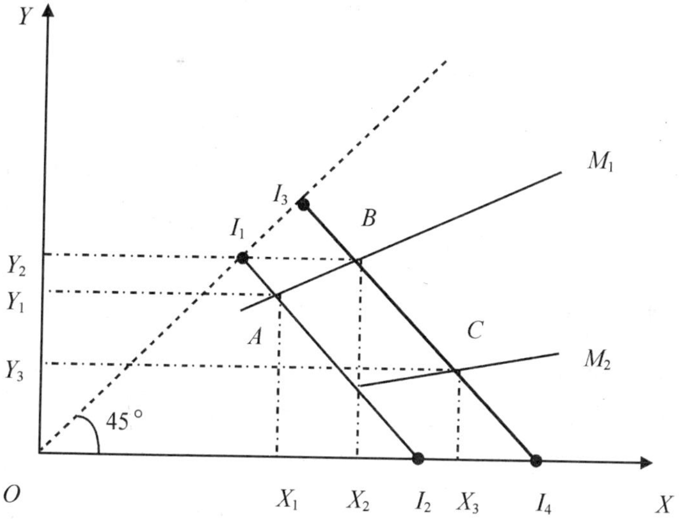

图2－3　居民收入差距扩大与体制落差之关联模型

在图2－3中，横轴 OX 表示富人收入，纵轴 OY 表示穷人收入，线段 II 是收入可能性曲线[①]（张伟和，2001），表示当社会上的收入一定时，穷人与富人之间的所有分配状况。I_1、I_3 表示收入绝对平均分配，I_2、I_4 表示收入绝对不平均分配，由于穷人的分配

---

① 这里仅简单地用帕累托效率的收入可能性曲线代表。而现实社会的收入分配不都处在帕累托效率状态，并且根据福利经济学理论，在调节收入分配时由于存在效率损失，收入再分配也没有达到帕累托最优状态。

率是小于1/2的，因此，线段在45°线的下方。而收入可能性曲线位置的高低代表经济发展水平，靠近原点表示社会总收入水平比较低，而远离原点表示社会总收入水平比较高。线段 M 的斜率等于两者市场化程度差异率，即穷人与富人市场化程度的比值，M 反映体制落差。其斜率越小，表明两者市场化程度差别越大，体制落差越大。并且 M 在一定的斜率上表示一定的市场化程度，也就对应着一定的资源与要素的配置，当 M 的斜率变化的时候，M 在坐标系的位置也相应地发生变化。比如当 M 的斜率下降的时候，表明市场化程度差异增大，即资源与要素配置向富人转移，因此 M 会更靠近 X 轴，即向右下方移动。在社会总收入一定的条件下，M 线与 II 线的交点决定穷人与富人的收入分配比例。

利用这个经济模型，可以分析中国改革前后的收入差距状况。在经济体制改革初期，经济发展水平较低，技术水平及经济效率相对比较落后，社会总收入水平较低，如线段 I_1I_2 所示。同时，这时期的经济关系为高度集中的计划经济，计划控制手段比较严密，体制落差较小，加之市场在经济中的作用非常小，也就是说无论是不同阶层、不同行业，还是不同地区市场化程度差异都非常小，如 M_1 所示，M_1 的斜率较大，接近于1。在这样的条件下社会总收入中穷人与富人的收入分配比例为 I_1I_2 与 M_1 的交点 A，表明穷人的收入额为 OY_1，富人的收入额为 OX_1。可见，此时贫富差距不大。

体制改革开始以后，随着体制改革的推动和深化，经济效率提高，技术进步加快，多种因素推动经济发展水平逐渐提高，从而社会收入总量增加，线段 I_1I_2 向右上方移至 I_3I_4。与此同时，在渐进与非均衡的体制改革过程中，改革过程中使用的“双轨制”等过渡性体制安排与实施的差别化政策，经济活动中的各种规范制度的建立健全成为一个不断试错的过程，体制落差较大。这种体制落差造成了市场化进程的非均衡，市场化程度差异较大，此时代表体制落差的 M_1 向右下方旋转为 M_2。此时，在新的社会总收入水平下，穷人与富人的收入分配比例为 I_3I_4 与 M_2 的交点 C，表明穷人的收入额为 OY_3，富人的收入额为 OX_3。可见，此时穷人收入减少了 Y_3Y_1，而富人收入的增量为 $X_1\ X_3$，收入差距迅速扩大，并且在社会总收入扩大的情况下，穷人的收入反而减少了。

上述过程可分解为两个部分，首先是将 M_1 延长使之与 I_3I_4 相交于点 B。B 点对应的穷人收入额为 OY_2，富人收入额为 OX_2。这样，穷人的收入变化量分解为 Y_1Y_2 和 Y_2Y_3 两部分，其中 Y_1Y_2 是由于经济发展等因素带来的穷人收入的增长量，Y_2Y_3 则为体制转型中的体制落差的扩大所导致的穷人收入的变化量。可见，体制落差不但没有使穷人收入增加，反而减少了，收入大量地向富人流动。从图中还可以看出，在体制落差不变的条件下，富人收入量应为 OX_3，但体制变动中体制落差的扩大，却使得富人收入增加为 OX_2，增加了 X_2X_3。富人收入的增加部分恰好等于同期穷人收入的减少部分 Y_2Y_3。由此，可见体制落差正是收入差距加速扩大的根本原因。

我们还可以通过重新定义坐标轴，利用图 2－3 分析在现实社会不同范围内收入差距与某种体制落差表现的关联机理。假定开始横轴代表东部地区，纵轴代表中西部地区，而 I_1I_2 和 I_3I_4 代表一定时期的国民总收入。在 M_1 代表的初始体制下国民总收入的分配由 A 点决定：东部地区收入额 OX_1 与中西部地区收入额 OY_1

相差不大,分配相对平均。假定后来由于非均衡体制,政策向东部地区倾斜,东部地区利用政策优惠及转型期的政策漏洞致使收入向东部地区转移,当然在此期间由于市场化程度的提高,社会总收入会随之增加,但是东部地区在政策的优惠上赚取了大部分的收入,并将在原分配制度下中西部地区的收入转移到东部,此时国民总收入的分配由 C 点决定:东部地区收入额为 OX_3,中西部地区收入额为 OY_3,差距相当大,这与第一节里面的测算一致。

第三节　不同历史阶段收入分配政策选择调整对居民收入差距扩大的影响分析

这一节主要结合前面的理论分析,从实证的角度分析我国体制改革中不同历史阶段收入分配政策选择调整与居民收入差距加速扩大之关联。

1995 年之后中国居民收入差别的基尼系数已在第一节中测算出来,采用的是陈宗胜(2002)的"城乡加权法",由于原始数据存在偏差,1995—1999 年全国居民收入差别基尼系数与陈宗胜(2002)的计算结果有些偏差,但是偏差很小,且呈现的趋势相同。因此对于 1995 年之前的数据直接引用陈宗胜(2002)书中的数据,画出图 2-4。

从图 2-4 中可以清楚地看到:(1)从 1981—2003 年,除若干年份有些波动外,基尼系数基本上呈逐年上升的趋势。这说明目前我国居民收入差别正以一定的规律持续扩大。(2)进一步,我们看到基尼系数持续上升是跳跃式的加速趋势。纵观中国体制改革,我们发现每一次基尼系数发生较大幅度的跳跃都伴随着较大的体制改革措施或政策变动的出台。根据图 2－4,可以粗略地分为三个水平:1981—1987 年基尼系数在 0.3 以下,但随时间略有上升;1988—1994 年基尼系数在 0.3—0.4 之间持续上升,速度较 1981—1987 年加快;1995—2003 年基尼系数已越过 0.4 的警戒线,并有继续扩大的趋势。这三个水平在时间上基本与我国渐进式体制改革四个阶段(李铁映,2004)的前三阶段一致,即 1978—1984 年市场化改革的起步阶段、1984—1991 年经济改革进入全面展开阶段、1992—2002 年初步建立社会主义市场经济体制阶段。这说明中国渐进式经济体制改革与居民收入差距逐年加速扩大之间存在很强的相关性。

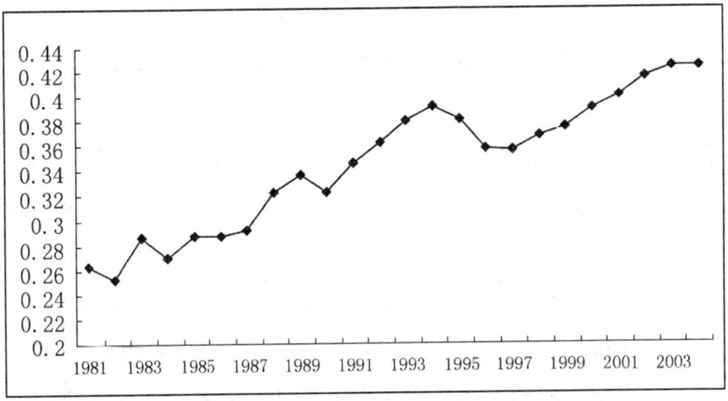

图 2－4　中国全国居民收入的基尼系数变动轨迹(1981—2004)

资料来源:1981—1994 年的数据引自陈宗胜、周云波:《再论改革与发展中的收入分配》中的图 2.1.1;1995—2003 年的数据引自表 2－1。

下面我们沿着中国市场化经济改革的四个发展阶段分析不同

历史阶段收入分配政策选择调整对居民收入差距的影响。

一、市场化改革的起步阶段(1978.12—1984.9)

邓小平在党的十一届三中全会前召开的中央工作会议闭幕会上作的《解放思想,实事求是,团结一致向前看》的总结讲话中提出:如果现在再不实行改革,我们的现代化事业和社会主义事业就会被葬送;要允许一部分地区、一部分企业、一部分工人农民,由于辛勤努力成绩大而收入先多一些,生活先好起来。这是一个大政策。邓小平这个讲话实际上是十一届三中全会的主题报告。在而后的1978年12月召开的党的十一届三中全会上,第一次提出了要克服平均主义,针对平均主义分配方式,首先以农村为突破口,"不允许无偿调用和占有生产队的劳力、资金、产品和物资;公社各级经济组织必须认真执行按劳分配的社会主义原则,按照劳动的数量和质量计算报酬,克服平均主义"。

在1978—1984年这段期间影响我国居民收入的政策措施主要是实施农村家庭联产承包责任制。农村家庭联产承包责任制的实施主要作用于农村居民,在短期内调动农民生产的积极性,农业生产因此而蓬勃发展起来,同时政府放松对农副产品价格的管制,使农民人均收入迅速增加。而城市经济改革仅限于引入计件工资制和奖金,在传统的工资决定机制和收入分配机制的作用下,城市经济缺乏活力。因此,在这期间,农村居民家庭人均收入年均增长速度为28.2%,同期城市居民家庭人均收入平均增长速度只有16.7%(周振华,2005),城乡居民收入差别缩小了。而在这一时期,影响全国居民收入基尼系数的因素主要是城乡差距,城镇内部与农村内部在原有的平均主义的影响下还处于相对平均的状况，因此体制改革起到的是缩小收入差距的作用。

而在此阶段，随着市场化改革的开始，刺激微观经济主体的劳动积极性，带动国民经济的增长，同时由于地区优惠政策，创建经济特区，开放14个沿海港口城市，扩大地区收入差距。因此全国居民收入基尼系数相对稳定，有小幅上升，体现于图2－4中1984年之前的曲线。

二、经济改革进入全面展开阶段（1984.10—1991.12）

1984年10月，经济体制改革的中心转到了城市。1984年10月召开的党的十二届三中全会通过的《中共中央关于经济体制改革的决定》中，阐明了以城市为重点的整个经济体制改革的必要性、紧迫性，规定了改革的任务、性质和各项基本方针政策，提出了社会主义经济是以公有制为基础的有计划的商品经济，同时第一次提出了要让一部分地区和一部分人通过诚实劳动和合法经营先富起来，然后带动更多的人走向共同富裕。由此中国经济改革进入全面展开的阶段。

在这个阶段，对收入分配影响最大的主要是实行“双轨制”以及对国有企业的“放权让利”。在渐进式改革中的双重体制并存，使不同规范对象具有不公平性。例如，国有企业有权得到计划配置的资金、外汇、低价的紧缺物资和技术等生产要素，而这些要素是非国有经济不能轻易得到的，非国有经济只能在市场上高价（相对于计划配置）购买原材料和能源，靠自有资金和高息借贷维持生产经营。因此，“体制内”的企业只要争取到计划配置的生产要素，不生产也能盈利,即在市场上卖掉这些生产要素,而要素价差与要素数量的乘积就是盈利额。这种额外的盈利即为"制度租金"(贺卫,1999),而租金的存在必然诱发寻租行为。因此在市场尚未形成,政府尚未退出的转型阶段,"双轨制"产生的"制度租金"引致政府部门经商、行政干部"下海",由此使收入更多地流向握有行政资源和要素资源的人,扩大收入差距。同时,在城市改革中,在产权不明确的情况下对国有企业实行"放权让利"不能协调所有者和经营者之间的利益动机,经营者可以通过各种渠道将国有资产转移,甚至作为管理者的政府部门也能够以各种名义(如奖金、实物津贴)吞食国有资产。"放权让利"的不到位致使国有资产大量流失,虽然企业承包责任制在一定程度上提高了劳动生产率,但国有资产的流失富裕的只是极少数人,促进了收入差距的扩大。

下面我们就体制改革的具体措施对我国城镇内部居民收入差距、农村内部居民收入差距、城乡差距以及三大地带差距所带来的影响分别阐述。

其一,影响城镇内部居民收入差距的改革措施主要有三项:

一是推行企业承包责任制。这种责任制的基本原则是:责、权、利相结合,国家、集体、个人利益相统一,职工劳动所得同劳动成果相联系。确立国家和企业、企业和职工这两方面的正确关系,即确立国家和全民所有制企业之间的正确关系,扩大企业自主权;确立职工和企业之间的正确关系,保证劳动者在企业中的主人翁地位;同时进行计划体制、价格体系、国家机构管理经济的职能和劳动工资制度等方面的配套改革。承包制所具有的激励效应大大提高了职工的劳动生产率,配合其他改革措施使企业职工收入有了明显增加。但是企业承包责任制回避企业产权制度，没有明确对企业剩余索取权的合同分割，使大量国有资产流入了个人腰包。

二是实行以按劳分配为主体、其他分配方式为补充的分配制度。随着利改税的普遍推行和企业多种形式经济责任制的普遍建立，按劳分配的社会主义原则得到贯彻落实。在这期间，企业职工资金已由企业根据经营状况自行决定，国家只对企业适当征收超限额奖金税，使企业职工的工资和奖金同企业经济效益的提高更好地挂起钩来。在企业内部，扩大工资差距，拉开档次，充分体现了奖勤罚懒、奖优罚劣，体现多劳多得，少劳少得，脑力劳动和体力劳动、复杂劳动和简单劳动、熟练劳动和非熟练劳动、繁重劳动和非繁重劳动之间都存在较大的收入差别。这样使原来没有差别的工资水平拉大了差距，因此按劳分配制度的落实拉大了城镇内部居民收入差距。

三是允许和鼓励个体和私营经济等非国有部门的发展，在创造就业的同时，也拓展了城镇居民除工资以外的收入来源。这一时期城镇居民人均收入增长幅度为5.67%。

其二，反观农村地区，由于联产承包责任制对农业生产的激励效应逐年递减，国家对农产品的收购价格也保持相对稳定，同期农民收入增长幅度非常有限，年均增长率仅为3.30%。1984—1988年期间城乡收入差别出现了扩大的趋势。

其三，从1984年到1988年，中共中央陆续开放了14个沿海港口城市，开辟长江三角洲、珠江三角洲和厦漳泉三角地区沿海经济开放区及扩大沿海经济开放区，这样促使沿海特区城市迅速发展，该区城镇居民收入显著增加，使东西部地区居民收入差距开始加大,这也是影响全国居民收入差距扩大的一个重要组成部分。

至1988年,全国基尼系数上升到0.3228,见图2-4中1985—1988年曲线,特别是1987年和1988年基尼系数上升较快。

而从1989—1991年的3年是一个经济调整时期。由于政治性波动的影响,处于稳定的考虑,经济改革的进度放慢,基本上没有新的改革措施出台。1989年中国共产党第十三届中央委员会第五次全体会议审议并通过了《中共中央关于进一步治理整顿和深化改革的决定》,全会决定用三年或者更长一点的时间,基本完成治理整顿任务。

因经济增长处于低迷状态,3年的GDP增长率分别为4.1%、3.8%、9.2%(国家统计局,2004),直接导致了居民实际收入的下降。这一时期,居民收入差别处于平稳波动,1991年全国基尼系数略高于1989年,见图2-4中1989—1991年曲线。

三、初步建立社会主义市场经济体制阶段(1992年初—2002.10)

1992年江泽民在中国共产党第十四次全国代表大会上的《加快改革开放和现代化建设步伐夺取有中国特色社会主义事业的更大胜利》中指出:我国经济体制改革的目标是建立社会主义市场经济体制,要使市场在社会主义国家宏观调控下对资源配置起基础性作用,使经济活动遵循价值规律的要求,适应供求关系的变化;通过价格杠杆和竞争机制的功能,把资源配置到效益较好的环节中去,并给企业以压力和动力,实现优胜劣汰;运用市场对各种经济信号反应比较灵敏的优点,促进生产和需求的及时协调。以邓小平同志1992年年初重要谈话和党的十四大为标志，我国改革开放和现代化建设事业进入了一个新的发展阶段。从1992年到2002年提出完善社会主义市场经济体制，为初步建立社会主义市场经济体制阶段。

从改革的整体上来说，我国的经济体制改革由产品市场化逐渐向要素市场化转变。在要素市场化的进程中，体制落差造成技术、劳动力、资金和信息等要素配置权利和要素选择权利的机会不均等，例如垄断行业与非垄断行业在人、财、物的配置上所得到的政府行政支持程度不同、劳动力的市场配置受劳动者所在地户口限制等等，这些权力、权利的不均等将使权力和权利较大的地区、行业或个体具有较高要素收益，因此直接加剧地区、行业以及个人的收入差距。在要素市场化不断推进的过程中，收入分配的结构发生了巨大的变化，从而表现出在中国居民收入总体提高的同时收入差距呈现扩大的趋势。

1.开始建立社会主义市场经济体制

从1992—1994年，我国开始建立社会主义市场经济体制，进行了一系列的改革措施，逐渐形成社会主义市场经济体制的基本框架。

在此阶段影响城镇内部居民收入差距的改革措施主要有四项：

其一，国有企业改制，即建立产权清晰、权责明确、政企分开、管理科学的现代企业制度。要求国有企业转换企业经营机制，落实企业经营自主权。这是国有企业转型的开始，但还在如何转型思索阶段，特别是对于工资体系并没有实质上的变动，因此大部分居民收入还处于稳定状态,但受宏观经济的影响,在整体上略有增长。

其二,效率优先、兼顾公平分配体制。1993 年 11 月召开的党的十四届三中全会上通过的《中共中央关于建立社会主义市场经济体制若干问题的决定》,提出了社会主义市场经济体制下分配体制的框架。主要包括以下几个方面:一是个人收入分配坚持以按劳分配为主体、多种分配方式并存的制度;二是在公平和效率的关系上,首次提出了"效率优先、兼顾公平"的原则;三是在市场经济条件下,劳动者的个人劳动报酬要引入竞争机制,打破平均主义,实行多劳多得,合理拉开差距;四是在继续执行鼓励一部分地区一部分人通过诚实劳动和合法经营先富起来的政策的前提下,提倡先富带动和帮助后富,逐步实现共同富裕;五是建立企业职工工资正常的增长机制,自主决定工资水平和内部分配方式;六是行政机关实行公务员制度,公务员的工资由国家根据经济发展状况并参照企业平均工资水平确定和调整,形成正常的晋级和工资增长机制;七是事业单位实行不同的工资制度和分配方式,有条件的可以实行企业工资制度;八是提出要实行最低工资标准,推进个人收入的货币化和规范化;九是建立多层次的社会保障体系,重点完善企业养老和失业保险制度,建立统一的社会保障管理机构。

其中最为突出的就是在效率和公平的关系上提出了"效率优先、兼顾公平"的原则和把建立完善社会保障制度提到了相当的高度。在这种分配体制的影响下,无论对于国有企业内部职工及公务员,还是对于私营企业或个体户来说,都拉大了其内部及相互间的收入差距。

其三,非国有部门迅速发展。城市私营企业和三资企业蓬勃发展,扩大了城镇就业,增加了城镇居民的收入来源。同时随着以股票市场和房地产市场为代表的资本市场在这一时期逐步形成,城镇居民在参与资本市场的经济活动时还可以获得股息、租金、投资收益等其他形式的收入。这部分的收入就是来自于要素自身的合理收益,主要体现于资本要素。这样使城镇居民中收入比较高的一部分人可以利用其在资本要素上的优势再获得收入,这无疑拉大城镇内部居民的收入差距。

其四,城镇住房制度改革。城镇住房制度改革是影响城镇居民收入的一项重大改革措施。住房制度的改革从根本上是将计划经济中居民的隐性收入显性化过程,将城镇居民的福利待遇转化为个人收入或财产。于是城镇居民的收入有较大幅度的增长,年平均增长率为7.93%。但是在这项政策中获益较多的仍然是收入高的居民,并将拉大城乡之间的收入差距。

而与此同时,农村体制改革依然是稳定完善以家庭联产承包为主的责任制和统分结合的双层经营体制。但是,农村乡镇企业的发展在一定程度上缩小了与城镇在发展机会上的不平等性,起到了缩小城乡差距的作用(但在另一方面增大了农村内部居民收入差距)。然而,随着市场机制在我国经济中的作用日益增强,市场竞争的加剧导致企业向资本和技术密集型方向发展,对高素质劳动者产生较大的需求。这样由于农村劳动力受教育程度低,工作经验少,仅能提供简单的非专业劳动力,其工资水平较城镇居民低很多,城乡差距进一步扩大了。同时地方行政性垄断使权利和要素配置不均衡,同样拉大了城乡以及区域间的收入差距。

综合看来,在这期间,全国居民收入差距在城镇内部差距扩大和城乡差距扩大的作用下迅速扩大,这从图2-4中1992—1994年的曲线可以形象地看出。

2.减员增效与最低生活保障

从1994年之后到1997年,中国经济改革的体制框架基本上建立,改革进入攻坚阶段。在城镇内部,自1996年以后,国有企业实施战略性改组:以资本为纽带,通过市场形式具有较强竞争力的跨地区、跨行业、跨所有制和跨国经营的大企业集团,采取改组、联合、兼并、租赁、承包经营和股份合作制、出售等形式,加快放开搞活国有小型企业的步伐;同时国家实行鼓励兼并、规范破产、下岗分流、减员增效和再就业工程,形成企业优胜劣汰的竞争机制。由于国有企业的"减员增效"和政府机构改革等造成了大量的下岗人员和失业人员。一部分城镇居民收入急剧减少,城镇贫困人数迅速上升。在各项配套改革措施(养老保险、失业保险和社会救济制度等)的配合下,其中尤其是最低生活保障制度在一定程度上解决了一些下岗职工的温饱问题,因而城镇内部居民收入略有提高。

而农村因受宏观经济的影响,经济有所滑坡。但是连续几年农业生产的丰收使农村居民收入有小幅增加,城乡差距有所缓解。因此,这段期间居民收入基尼系数有所回落,见图2-4中1994—1997年曲线。

3.按要素分配

1998—2002年,在中国共产党第十五次全国代表大会之后,中国经济体制改革进一步推进。将按要素分配写入分配政策,深化企业内部改革、建立新机制、加强科学管理结合起来。在此阶段各项改革都有大的调整。

首先,在收入分配政策方面,在十五大报告中提出了详细和完善的分配政策:

(1)继续坚持按劳分配为主体,多种分配方式并存的制度;

(2)把按劳分配和按生产要素分配结合起来;

(3)坚持效率优先,兼顾公平;

(4)依法保护合法收入,允许和鼓励一部分人通过诚实劳动和合法经营先富起来,允许和鼓励资本、技术等生产要素参与收益分配;

(5)取缔非法收入,对侵吞公有财产和用偷税逃税、权钱交易等非法手段牟取利益的,坚决依法惩处;

(6)整顿不合理收入,对凭借行业垄断和某些特殊条件获得个人额外收入的行为,必须纠正;

(7)调节过高收入,完善个人所得税制,开征遗产税等新税种;

(8)要正确处理国家、企业、个人之间和中央与地方之间的分配关系,逐步提高财政收入占国民生产总值的比重,并适应所有制结构变化和政策职能转变,调整财政收支结构,建立稳固、平衡的国家财政;

(9)建立社会保障体系,实行社会统筹和个人账户相结合的养老、医疗保险制度,完善企业保险和社会救济制度,提供最基本的社会保障。

在这些政策中,最重要的是按要素分配政策。根据前文的分析,在要素市场化的进程中,由于体制落差引致要素禀赋丰裕以及要素配置和选择权利较大的高收入阶层,分配所得越来越多,而要素禀赋贫乏以及要素配置和选择权利较小的低收入阶层，所得相对减少，这将进一步扩大城镇内部居民收入差距。

另外加上调节收入差距的措施并没有起到应有的效果，如个人所得税制，在多种“合理避税”的对策下并没有很好地起到调节过高收入的作用。

第二，在城镇内部，对国有大中型企业实行规范的公司制改革，建立健全法人治理结构，面向市场着力转换经营机制；培育和发展多元化投资主体，推动政企分开和企业转换经营机制；实行鼓励兼并、规范破产、下岗分流、减员增效和再就业工程，形成企业优胜劣汰的竞争机制等等。

随着企业改革深化、技术进步和经济结构调整，人员流动和职工下岗，使一部分职工的收入急剧减少，给生活带来了困难。虽然各项配套改革措施积极推进，如国有资产管理、监督和营运机制，社会保障体系，社会统筹和个人账户相结合的养老、医疗保险制度，失业保险和社会救济制度，以及最基本的社会保障等，但这些措施本身在实施方面还不够完善，难以发挥其应有的效应，同时很难在短期内从根本上解决下岗职工及失业人口的低收入状况。

与此同时，由于国家政策倾斜，机关事业单位政策性收入增加。机关事业单位在职、离退休职工 2002 年初的滚动级发放、年底的增资、双工资内容的扩大以及年末的岗位责任奖励等，一部分城镇居民收入增加较快，拉大了城镇内部居民收入差距。

第三，三大地带差距进一步扩大。国家先前实行的向东部沿海地区、高新技术产业区倾斜的税收等优惠政策的效果明显显现，东、中、西部城镇居民收入差距加大。20 世纪 90 年代后期，上海、浙江、广东、天津等省(市)资本、人才积聚度大,不同素质的城镇居民收入的差距也随之加大。同时一些高收入行业日益发展壮大,如金融、IT等,城镇居民收入差距加速扩大。

第四,农村体制于长期稳定以家庭联产承包为主的责任制,完善统分结合的双层经营体制。"三农"问题日益突出,农民收入增长困难,城乡收入进一步扩大。

因此,全国居民收入差距以每年3%左右的速率扩大,到2002年,全国基尼系数已达0.4168,已超过0.4的警戒线,见图2-4中1998—2002年曲线。

四、逐步完善社会主义市场经济体制阶段(2002.11至今)

2002年中国共产党第十六次全国代表大会的召开标志着中国进入完善社会主义市场经济体制阶段。

十六大报告《全面建设小康社会,开创中国特色社会主义事业新局面》中指出:完善社会主义市场经济体制,深化分配制度改革,健全社会保障体系。调整和规范国家、企业和个人的分配关系。确立劳动、资本、技术和管理等生产要素按贡献参与分配的原则,完善按劳分配为主体、多种分配方式并存的分配制度。坚持效率优先、兼顾公平,既要提倡奉献精神,又要落实分配政策;既要反对平均主义,又要防止收入悬殊。初次分配注重效率,发挥市场的作用,鼓励一部分人通过诚实劳动、合法经营先富起来。再分配注重公平,加强政府对收入分配的调节职能,调节差距过大的收入。规范分配秩序,合理调节少数垄断性行业的过高收入,取缔非法收入。以共同富裕为目标,扩大中等收入者比重,提高低收入者收入水平。建立健全同经济发展水平相适应的社会保障体系，坚持社会统筹和个人账户相结合，完善城镇职工基本养老保险制度和基本医疗保险制度。

从报告中可以体现出中央已经开始重视收入差距问题，但是现行的体制及措施是否有利于缓解正在加速扩大的收入差距问题。到2002年，全国基尼系数已达到0.4168，已经上了一个新的台阶，并依然朝着继续扩大的方向发展，2004年全国基尼系数为0.4243。十六大报告提出要调节差距过大的收入，合理调节少数垄断性行业的过高收入，取缔非法收入。扩大中等收入者比重，提高低收入者收入水平。不过中国政府在协调平等与效率的关系的过程中，初次分配与再分配政策的健全与实施都存在不可忽视的问题，成为扩大收入差距的最直接的原因。这个阶段体制改革的几个特点与原则是坚持社会主义市场经济的改革方向，注重制度建设和体制创新；坚持统筹兼顾，协调好改革进程中的各种利益关系；坚持以人为本，树立全面、协调、可持续的发展观，促进经济社会和人的全面发展。

根据以上分析，无论从理论上还是从实证上，中国体制改革与利益冲突（居民收入差距逐年加速扩大）之间存在很强的因果关系。当然造成我国居民收入扩大的原因不仅仅是体制改革，但我国居民收入呈现跳跃式加速扩大的趋势主要原因在于体制改革。

第三章　体制转型中制度结构的缺陷与利益矛盾和冲突的原因研究

第一节　中国经济改革的基本历程与体制转型中的基本特征和问题

一、中国经济改革的基本历程

从1978年开始的中国市场化经济改革，大体上经历了四个发展阶段(李铁映，2004)：

(1)1978年12月—1984年9月，这是市场化改革的起步阶段。1978年12月召开的中共十一届三中全会拉开了中国经济体制改革的序幕。主要重大改革是在农村推行以变革土地经营制度、强化农民个人产权为中心的家庭联产承包责任制，同时发展乡镇企业；在城市对部分工业企业进行以"放权让利"为特征的扩大企业经营权改革，同时，创建经济特区，开放14个沿海港口城市，作为对外开放窗口。其目的与任务是在坚持计划经济的前提下，通过放权让利与市场调节的引入以及商品经济关系的发展，从经济利益上刺激微观经济主体的劳动积极性。

(2)1984年10月—1991年12月,1984年10月中共十二届三中全会通过《中共中央关于经济体制改革的决定》标志中国经济改革进入全面展开阶段。改革的重点从农村转向城市,推行以城市为中心的全面经济体制改革。主要重大改革是一方面通过价格改革,缩小指令性,培育、扩大、加强市场调节的范围与作用;另一方面,把国有企业作为改革的中心环节,通过承包经营、租赁经营、股份制等多种形式的改革试点,设法促使国有企业成为真正的市场主体,同时鼓励非国有经济的成长与发展,进一步扩大对外开放,增强市场力量在资源配置中的作用与功能。其目的与任务是在有计划商品经济新思想的指导下,逐步形成国家调节市场,市场引导企业的新的经济运行机制。

(3)1992年初—2002年10月,这是初步建立社会主义市场经济体制阶段。在1992年初邓小平南巡重要讲话的指导下,1992年10月中共十四大明确提出中国经济体制改革的目标是建立社会主义市场经济体制。依据建立社会主义市场经济体制这一改革目标模式的要求,1993年11月,中共十四届三中全会根据《关于建立社会主义市场经济体制改革若干问题的决定》要求,决定实施"整体推进、重点突破"的新的改革战略,以促进改革纵深发展与制度创新。这一阶段主要重大改革是一方面大幅度地改革了财政体制、金融体制、外汇管理体制、社会保障体制等宏观调控管理体制;另一方面在国有企业实行公司制改造,以建立现代企业制度;最后,中共十五大提出,公有制为主体、多种所有制经济共同发展,是我国社会主义初级阶段的一项基本经济制度,为此,必须依据"三个有利于"标准，调整和完善所有制结构，积极探索公有制的多种实现形式，继续鼓励、引导非公有制健康发展，使之成为社会主义市场经济的重要组成部分。概之，这一阶段改革的目的与基本任务是在社会主义市场经济理论的指导下，初步建立社会主义市场经济体制。

(4)2002 年 11 月至今，这是逐步完善社会主义市场经济体制阶段。这个阶段体制改革的几个特点与原则是坚持社会主义市场经济的改革方向，注重制度建设和体制创新；坚持统筹兼顾，协调好改革进程中的各种利益关系；坚持以人为本，树立全面、协调、可持续的发展观，促进经济社会和人的全面发展。其目标是按照"五个统筹"的要求，更大程度地发挥市场在资源配置中的基础性作用，增强企业活力和竞争力，健全国家宏观调控，完善政府社会管理和公共服务职能，为全面建设小康社会提供强有力的体制保障。主要任务是：完善公有制为主体、多种所有制经济共同发展的基本经济制度；建立有利于逐步改变城乡二元经济结构的体制；形成促进区域经济协调发展的机制；建设统一开放、竞争有序的现代市场体系；完善宏观调控体系、行政管理体制和经济法律制度；健全就业、收入分配和社会保障制度；建立促进经济社会可持续发展的机制。为此，完善社会主义市场的改革重点将是：第一，要解决计划经济时期遗留下来、至今仍未得到根本性解决的深层体制矛盾；第二，要解决社会主义市场经济发育过程中的突出问题，加强产权保护，健全收入再分配体制，减少由于收入分配差距过大而导致的社会不稳定，逐步建立与社会经济发展水平相适应的社会保障体系，加强反垄断、促进竞争，发育健全社会信用体系，加快建设与市场经济的发展和完善相适应的法制体系；第三，要适应经济发展、科技革命和对外开放的变化而积极推进体制创新。

综上所述，我们可以看出：中国经济改革是以“试错”的方式，由点到面，层层推广，逐步由社会主义计划经济体制转向社会主义市场经济体制，其基本轨迹是：在计划体制下引入市场调节——构建国家引导市场、市场引导企业的“双轨制”经济运行机制——建立社会主义市场经济体制——完善社会主义市场经济体制。

二、中国体制转型中的基本特征与问题

上述中国经济改革的基本历史轨迹，其方向与主线就是市场化。二十多年经济改革的历史进程，实质上就是中国经济运行机制不断向市场化深入推进的过程。由于中国经济改革是在保持社会主义基本经济制度和政治制度的前提下实行逐步推进的市场化改革，并且在中国经济转型过程中，既要解决因改革而引发的各种利益矛盾与冲突，又要完成改革与发展双重历史任务，因此，中国经济改革，必然要遵循稳定、改革与发展的基本方针，采取渐进式的改革方式。这是中国体制转型中呈现的一个基本特征。受渐进改革方式的影响与制约，在中国经济改革的实践上，则决定了一方面每项改革措施都是在小范围内进行实验基础上，由点到面，层层推广；另一方面我们是在不同部门、不同地区、不同类型的企业进行有差别化的改革，这样一来，必然使我国体制改革程度、改革层面与改革范围呈现出非均衡性特征。可以说“非均衡性”是中国体制转型中呈现的第二个基本特征。这两个基本特征在中国市场化改革的前两个阶段表现得尤为明显。

就渐进式改革特征来说,其主要表现为:(1)增量性。即中国经济改革不从资产存量的再配置入手,而着眼于在资产增量的配置上引入市场机制(林毅夫等,1993),因此,中国改革具有增量性特征,即具有从边际改革向存量改革推进的特征。(2)外围性。即在继续维持传统国有经济按照原有的方式运转的同时,在它的周围通过发展非国有经济或新体制来寻找新的生长点,以此来支持整个经济的发展和逐步改革整个经济体制(吴敬琏,1994)。(3)渐进性。即每项改革(如早期的承包责任制、价格改革、贸易自由化等)都是在"试点"的基础上逐步推广并进而纵深推进,在改革的速度上采取了渐进的方式,具有"序贯改革"和"分而治之"的特征。(4)时序性。即改革在时序上采取先易后难的方法,先在意识形态约束小、行政管理阻力小和技术上较为简单的地区、行业、部门实施,而将阻力大、困难多和复杂性强的改革往后推迟。回顾改革历程,我们是采取了先农村后城市,先农业后工业,先特区、沿海后内地,先体制外后体制内,先经济体制改革后政治体制改革这一有序而非均衡推进方式。(5)双轨或多轨性。即改革在较长的时间内采取计划与市场并存的双轨制或多轨制。如所有制结构与产权结构改革中,政府保护、支持国有经济与鼓励非国有经济双重战略,价格体制改革采取了计划内改革和计划外改革并行的方式,外汇体制改革实行官方汇率与调剂汇率并行和上缴外汇与自流外行并行的过度措施。(6)"帕累托改进性"。即为了顺利地推行改革政策,在我国改革过程中(尤其是改革初期),实行了一种在保证某些人不受损的同时,让多数人受益的"帕累托改进"式体制改革,或者当一种改革方案会给一部分人带来损失时,政府将对他们进行相应的补偿，即进行所谓的"补贴改革"(樊纲，1991)。

就非均衡改革特征，其主要表现为：(1)区域阶梯性。即在区域改革与开放次序上，中国体制改革采用了先特区、后沿海地区、再内地这一多层次有次序的体制改革与对外开放战略部署，由此引起了全国市场化程度的差异与不均衡。(2)富裕阶梯性。体制改革的最终目标是实现共同富裕，但在策略上我们是从中国各地区社会生产力发展不平衡的基本国情出发，让一部分地区率先实现发展的突破，实现优势致富，政策致富，技术致富，由此产生示范力量，激励和带动其他地区、其他人也富裕起来，从而促进整个国民经济波浪式向前发展，最终实现邓小平的共同富裕的基本构想。(3)待遇政策差别性。即政府出于各种改革与发展战略考虑，在体制改革过程中，从不同地区、不同行业到不同类型的企业，主观性地实施过差别待遇政策，如在内资与外资企业之间、不同所有制企业之间、不同经济行业之间，实行有区别的投资政策、融资政策、产业政策与财税政策，给予经济特区的若干优惠政策也是有次序地逐步赋予沿海开放城市、沿海开放地区、沿江开放城市、沿边开放城市和少数内陆城市，使得它们之间保持着复杂而细微的政策差别。

历史而客观地看，我国改革领导者在组织渐进与非均衡的体制改革过程中，由于采取了正确的利益冲突相对平衡的改革战略和改革策略，这样既使改革取得了社会共识与支持，又维持了社会政治的稳定，从而可以有利于降低改革中的摩擦成本与实施成本；同时，在市场化的渐进改革过程中，能够将利益激励政策、利益调整和再分配政策、利益冲突协调与整合政策灵活而有效地结合使用，由此形成了有效的利益激励机制、市场竞争机制和公共选择机制，进而为我国社会经济发展重塑了动力装置。可以说，渐进式体制改革使我国经济效率提高、改革深化和社会凝聚力增强三者得以相互支撑。正因为如此，中国的渐进与非均衡改革是取得了相对的成功，并使中国经济发展出现了历史性的奇迹。

但是，回过头来看，我国过去进行的由易到难、分步迂回实施、缺乏制度互补、制度供给政府主导的渐进与非均衡的体制改革，存在着并为深化改革遗留着不少问题与难题：

1.改革过程中使用的“双轨制”等过渡性体制安排与实施的差别化政策，其一，造成了各种新的利益关系格局的扭曲，并形成了不少“体制性租金”，由此为官员腐败和经济生活中的权钱交易活动提供了“沃土”，从而致使计划经济体制下形成的大量公共利益资源通过“价差”、“息差”、“汇差”、“税差”、“利差”等合法与非法渠道，并利用市场机制不公平地转化成私人财产。其二，在此基础上，形成了市场化改革中各种新的权力与暴富利益集团——寻租利益集团。这些利益集团不仅扰乱市场秩序，扭曲资源配置，而且滋生出大量的机会主义和非生产性活动，从而扩大了社会交易成本与体制改革的摩擦成本与实施成本。其三，不可避免地造成了不同地区、不同人群、不同企业之间权利和义务的巨大差别，致使经济活动在多层次权利结构的等级结构中不平等地运行，这样不仅从体制、政策上人为地扩大了收入差距，而且牺牲了建立市场经济体制所必需的机会平等与自由权利公正之原则，并不可避免要造成国民经济各部门之间、国有经济与非国有经济之间、商品市场与要素市场之间、沿海地区与内陆地区之间、城市与农村之间、经济与政治之间的矛盾与摩擦,由此降低了整个社会的创新与生产性活动之积极性。

2.政府在改革中扮演的既是改革的组织者又是改革对象的双重身份以及政治体制与上层建筑改革的滞后性,将不仅会造成改革主体动力递减甚至动力缺失,而且会容易造成“体制复归”。改革中形成的既得利益集团,原先是体制改革的积极倡导者与组织者,但当预期在下一步增量改革中,可能或者要由他们承担改革成本,或者要触动他们自身利益,或者要他们成为改革对象时,将不可避免地要造成动力递减或动力缺失,由此将会拖延改革或延误改革时机,致使改革呈现胶着状态。不仅如此,从整个社会制度结构调整来看,任何改革的迟滞、抵制与不配套,都将会或者使市场化进程受阻,或者使整个体制转轨变型,或者使已改革的部分被未改革部分所吞噬,造成“体制复归”(陈荣荣、刘英骥,2004)。

3.政府主导型的渐进、非均衡的体制改革方案会造成政治权力与经济权力的不平等,并会推进不同利益集团出现政治经济地位与利益分配上的分化与不平等。从改革的主导者——国家政府的角度看,在改革目标与主观动机上必须权衡社会不同利益集团的不同利益要求并力求进行利益协调与平衡。但是在实践上,我们实施的是偏重效率而有所忽视公平的经济改革方案,并且由于政治体制改革的滞后与相关职能主管部门自我改革的有限性、艰难性和不彻底性,结果前者由于我国经济增长主要是依赖于资本推进,由此偏重于经济效率的改革趋向,必将在市场化的经济改革实践中产生资本强势利益集团,而后者将会形成主导方向权力强势利益集团,相应地必然致使工人与农民的地位相对下降,并形成改革中的弱势利益集团。由于利益集团的分化，致使在改革过程中资本与权力两大强势利益集团，常常会在民主化决策机制尚不完善的条件下相互结盟，由此将会造成体制改革中政治权力与经济权力的不平等分配，并在改革方案的形成与实施过程中形成大小不同的决策权与“话语权”，其结果必然会由于政治经济权力分配的不平等导致体制性收益分配上的不平等，从而在体制上造成了大量的利益分配上的不公平现象。

4.渐进、非均衡的体制改革所引起的利益分配格局的迅速的不合理变化，改革不完全、不彻底所累积的利益矛盾与冲突，致使深化体制改革的成本大幅度上升。体制改革本质上是一个社会共同体在既定的社会环境中，不同利益集团为实现自身利益最大化而在强势利益集团主导下的有意识、有目的的重新界定社会利益关系和权力关系的博弈乃至斗争的过程，所以体制改革必然要引起社会资源配置和收入分配机制的变革。从改革的结果上看，改革可以是“帕累托改进”，也可能是“非帕累托改变”，但体制改革的一般情况在理论上都是“非帕累托改变”，任何一种体制改革都将产生相对利益的变化，没有人受损，就没有人受益，或现在不受损，将来就不会受益。从我国经济改革的历程看，前两个阶段更多地表现为一种“帕累托改进”，因此改革成本较低，改革进程也相对顺利。但至此以后的改革更多地表现为一种自费改革与“非帕累托改变”，并由此引起了利益格局的迅速不合理变化。这集中表现为居民收入差距迅速扩大，收入分配过于悬殊。其结果，一方面致使在改革初期有所受益的农民与工人等劳动集团，在随后的利益格局分化与重组的过程中，日益成为体制改革成本的负担者，并由此而转化为弱势群体，甚至成为边缘群体，由此他们对体制改革必然采取消极甚至抵制的态度；另一方面改革中产生的富裕阶层尤其是暴富阶层则为既得利益集团，唯恐成为深化改革的对象，并且其经济行为主要表现为最大限度地占有、控制经济权力甚至政治权力，从而最大限度地侵吞和掠夺资源，所以他们的发展要求，是希望经济体制维持双规制、多规制甚至无轨制，由此可以最大限度地获取"体制租金"，因此，富裕阶层也不能成为新体制成长的促进者，反而可能阻止深化改革。这两方面的综合，兼之体制改革中社会阶层的分化与收入差距迅速扩大所引起的利益矛盾与冲突，必然要引起深化改革的成本大幅度上升。

5.渐进、非均衡改革不仅导致深化改革的难度不断增强，而且体制内改革的滞后与不配套构成了社会主义和谐社会发展的障碍与制约。先易后难的渐进、非均衡改革，其一，必然会产生体制改革的不彻底与不完全，从而为深化改革遗留一些难题。其二，以往体制改革的重点不仅多局限于经济领域，而且侧重点是在体制外的竞争性领域进行市场化改革，并且主要是通过大力发展非公有制经济来培育、发展市场经济，结果导致体制内的非竞争性领域及涉及公共产品领域发展的体制改革滞后或不到位，从而阻碍了社会主义统一市场的形成，市场竞争规律的有效发挥及社会资本自由流动和平均利润率的产生；重点局限于经济领域的体制改革，必然引起政治体制与上层建筑领域体制改革的滞后与不配套，从而使政府职能转变、政府社会管理和公共服务职能没有纳入到经济体制改革的目标范围，由此导致在政府职能、干部人事、事业中介单位、权力监督、法律制度、意识形态等传统体制"内核"方面制度创新的滞后，这将产生体制落差与经济体制不协调问题，从而为深化改革造成了“内核”体制自我革命与社会全面体制改革整合上的新难题。其三，上面两方面渐进、非均衡体制改革过程中的不协调、不配套，容易在市场化过程中形成权力资本集团与体制上的寻租利益集团，这些利益集团的形成与自我强化，不仅不利于社会公共产品的有效生产和公平配置，而且形成了深化改革的重大阻力，强化了深化改革与进一步权力、利益重组的难度和艰巨性。其四，政治体制与上层建筑改革的滞后，致使庞大的行政管理体制难以打破与整个社会制度结构产生不协调，从而出现制度结构畸形化，结果，限制、制约了市场经济产权制度的有效确立与有序市场竞争制度环境的塑造，扩大了不同利益集团的矛盾、冲突和收入差距，造成了市场经济下的人治问题与利益关系新的不协调问题，从而阻碍和制约了社会主义和谐社会的发展。

6.渐进、非均衡体制改革强化了经济结构的非均衡发展。我国特有的渐进、非均衡改革模式不可避免地要在制度变迁上产生时间性与空间性的时滞，这不可避免地会强化我国经济结构的非均衡性特征。对经济结构的考察角度很多，通行的主要是地区结构、产业结构和绩效评价结构——收入结构。据此分析，我国经济结构的非均衡发展则主要表现为：

首先是出现了地区差距扩大的趋势。改革开放以来，虽然各地区都有不同程度的加速经济增长，但就总体来说，东部沿海地区的经济增长率显著高于中西部地区。特别是 20 世纪 90 年代，差距扩大非常明显。20 世纪 80 年代中西部比东部平均增长率低约一个百分点，20 世纪 90 年代则低 2—3 个百分点（见表 3－1）。

表 3-1 三大地区生产总值平均增长率比较

地区	1981—1990	与东部差距	1991—2001	与东部差距
东部	9.98		12.94	
中部	8.75	-1.23	10.70	-2.24
西部	9.12	-0.86	9.63	-3.31

注:依据国家统计局按可比价格计算的分省 GDP 年度增长率。

东中西部经济增长率的差别也导致了人均 GDP 和人均可支配收入差距的明显扩大。1980 年,中西部人均 GDP 按各省区加权平均计算相当于东部的 65%和 53%,到 2002 年,它们占东部的比例分别降到了 49%和 39%。

其次,表现为产业结构的变化出现非均衡性。随着我国经济发展水平的提高,东西部地区的产业结构也进一步地合理化:第一产业的比重下降,第二产业的比重上升;从总体上,东西部的产业结构差距在缩小,并且西部的产业结构升级速度快于东部;但西部与东部的产业结构非均衡性表现仍十分明显。这种非均衡性主要表现在西部第一产业所占比重过高,工业化水平低,如 2000 年,东部第一产业的产值占 GDP 的比重为 12%,第二产业中的工业产值占 GDP 的比重为 42.83%,工业总产值占全国比重的 70.88%;相应地,西部第一产业的产值占 GDP 的比重为 22%,第二产业中的工业产值占 GDP 的比重为 33.36%,工业总产值占全国比重的 10.28%(韩国珍,2002)。

最后,表现为收入分配呈现明显扩大趋势。从标准差看,无论农村还是城镇的居民家庭平均每人全年纯收入(可支配收入)标准差都呈扩大变动趋势。农村居民家庭平均每人全年纯收入标准差在20世纪80年代初为0.5,1990年上升到1,到2000年上升到2.5。城镇收入的标准差扩大的更快:20世纪80年代为0.5,1990年上升到1,2000年以后上升到4。

第二节　非均衡体制改革中产生的制度安排与制度结构缺陷分析

中国经济体制的市场化改革,实质上是有关资源配置方式和人们利益关系的制度大修正和大变革。在这制度大调整的历史变革过程中,一方面必须通过竞争性市场体制的构建和培育,使市场机制瓦解旧的计划经济体制,从而促使资源配置方式从计划调节为主转向市场调节为主;另一方面,必须通过建立一套符合社会主义本质和市场经济要求的新型制度体系,以对各种正常条件下与非正常条件下产生的市场失灵问题及时进行顺向制度修正,从而促使我国有秩序地走向市场经济新体制①。可以说,中国市场化改革的历史转轨过程,是一个逆向制度修正伴随着顺向制度修正的过程。在这一双重制度修正过程中,既需要对旧制度的革除、扬弃,还需要构建各种新型的市场制度,同时,必须对各种制度安排进行整合与耦合,以形成有机而互补的制度结构。但是,在渐进、非均衡的体制改革过程中,我们更多地是采取一种"经验主义"式的"摸着石头过河"的改革策略,缺乏对体制改革中制度系统结构

① 以市场修正正统计划经济体制,笔者称之为逆向制度修正。与此相反,以制度治理、修正市场失灵,笔者称之为顺向制度修正。

如何转化有序的战略思考，由此不可避免地会产生一些制度安排与制度结构上的问题与缺陷。

一、从市场制度上说，我们在市场化改革中培育出来的是一种不完全的市场，由此产生不仅是一般意义上的市场失灵，而且存在着因市场制度缺陷所产生的各种市场无序、失序等特殊制度意义上的市场失灵问题

中国经济体制是以市场化为基本导向，在市场化改革过程中，一方面，市场体系逐渐拓展与完整，市场机制与市场功能逐渐渗透与完善，由此使我国市场化指数逐年提升；另一方面，在某种意义上说，我国在市场化改革中培育、发展的市场不是一种自然演进的市场，而是一种体制变迁中由行政政策催发的“人造市场”。这种“人造市场”不仅发育程度相对于发达国家乃至一些发展中国家存在不成熟的缺陷，而且它还不能完全满足市场交易主体的独立性、市场体系的完整性、市场机制与市场制度的完善性、市场信息的通畅性等正常意义上的市场条件。相比之下，我国在市场化改革中培育出来的市场还是很不完全与完善的。主要表现为：

第一，某些市场交易主体还黏附着一些非经济因素，在市场交易中存在产权界定不清、维护不严等问题，这样一来，既致使交易主体经济独立性的不完整，也损伤了市场等价交换原则。体制改革中培育出来的市场，在某种意义上是权力培育出来的市场，公权力或政治权力与市场机制和市场制度常常相互渗透，并与市场交易主体相互结合。如从消费者来说，各级政府和一些产权不清、管

理不严的企业,存在不同程度的“第三方付款”即公款报销式消费。从生产者来说,国有企业和政府招商引资中所产生的外资企业、民营企业与政府权力部门之间存在错综复杂的关系,尤其在资本市场与土地市场等要素市场上,甚至存在利益上的相互勾结,这样一来,作为商品生产和市场交易主体的企业,将难以成为独立的纯经济意义的市场交易主体,进而市场等价交换原则也难以完全执行。

第二,市场价格参数扭曲与市场信号失真,限制了市场机制的运动与市场功能的充分发挥。由于市场交易主体的不完全独立性,加上在制度层面上公权力的越位、错位、缺位等问题的大量存在,致使在我国权力渗透下的“人造市场”上,存在着较为严重的市场价格参数扭曲与市场信号失真现象。如尚未完全放开的煤、电、油等原材料价格,部分公用产品价格等仍处于政府管制之中,其价格参数与市场信号处于较为严重的扭曲与失真状态。再如在利率市场化改革滞后与资本市场制度缺失下产生的资本要素价格,以及土地产权不清与政府主导下产生的土地价格,黏附着浓厚的权力因素,致使我国的要素市场价格与市场信号严重扭曲与失真。市场价格参数扭曲与市场信号失真的存在,制约了市场价格机制、供求机制与竞争机制等市场机制之间的互动性与自动性等运动,并限制、制约了市场联系功能、产品选择功能、收入分配功能、信息传导功能、刺激功能、结构调整等市场功能的充分发挥[①]。

第三,市场制度不健全与权力对市场的渗透,导致市场运行紊

① 关于市场功能的基本内容,可参阅卫兴华主编:《市场功能与政府功能组合论》,经济科学出版社,1999,第159—167页。

乱,并滋生出较高制度租金与交易成本。市场不仅是一种商品交换的场所与价格、供求、竞争相互作用的运行机制,而且是一套制度的集合。健康的现代市场应是一种有制度约束的有序的市场,是竞争和合作的统一。由于我国市场建设特别是要素市场建设起步晚、时间短、经验少,并且是在权力不对称逐步放松的条件下培育、发展起来的。因此,一方面我们在市场培育过程中,没有从作为制度意义上的市场去思考市场建设,没有依据市场交易制度中的产权规则、等价交换规则和自愿让渡规则的内在要求去建立、健全市场运行所必需的市场主体规则、市场进出规则、市场交易规则、市场竞争规则和市场仲裁规则,等等;另一方面,我们对不同市场尤其是对不同的要素市场的权力控制的力度和选项也是不同的,例如权力因素对资本市场控制的力度与选项就强于、多于劳动力市场和普通的商品市场。这样,在不同的市场运行中,有些缺少应有的制度约束,从而导致市场运行紊乱,有些却因权力的过度渗透与控制,从而滋生出较高的制度租金与交易成本。

第四,市场体系不健全与市场地区封锁和行业分割的制约,导致难以塑造平等竞争的市场环境。目前我国虽然建立了社会主义市场经济的基本框架,并从建立了产品市场与要素市场相统一的市场体系,但要素市场的建设不仅滞后于产品市场的建设,而且两大市场体系之间还存在不同程度的摩擦与冲突,因此,整个市场体系尚未健全,需要一个整合与完善的过程。不仅如此,我国作为一个市场大国,各地区的市场关系与市场建设程度是不平衡的,而且,各个地区之间既相互竞争又相互合作,特别是对各地区放权让利程度的不同与“分灶吃饭”财政体制的利益驱动,必然产生市场地区封锁与行业分割等问题，由此，平等竞争的市场竞争环境必然要受到相应的制约与限制，从而使我国的市场表现出一种人为制造的不完全市场。

在体制改革中培育的不完全市场，其运行的结果，既会出现垄断、外部性、公共产品生产不足、信息不对称、经济结构失衡、经济波动、失业与收入分配结果差距过大等一般意义的市场失灵问题，而且还会产生体制改革中因制度摩擦或制度不健全而诱发的特殊意义上的“制度市场失灵”问题。如：(1)从市场交易主体来看，国有企业特别是国有垄断企业可以借助政府主管部门的行政权力，在投资领域、产业保护、财政信贷、进出口贸易等方面享有一定的政策优势，形成一种非经济性垄断，从而对非国有企业造成负外部经济。而外资与民营等各种类型的非国有企业，在企业短期利益的驱动下，或借助地方政府招商引资等政策的保护，或与当地有关经济规章制度的制定者和执行者形成某种“铁三角”勾结，对自然环境、社会弱势群体制造损害与外部不经济问题。(2)从市场价格与市场信号角度看，由于某些商品与生产要素的价格的确定，受制于权力控制，因此，某些权力部门可以偏离价值关系与供求关系，人为地操纵其权力控制的特殊商品与生产要素的市场交易价格，并不对称地释放市场交易信号，从而制造价格剧烈波动与虚假市场信息，牟取市场暴利。这在资本市场与房地产市场上表现得尤其明显。(3)从市场制度不健全来看，将会产生权力与市场的交融并产生权力资本集团。它们扰乱市场秩序，制造与榨取制度租金，进行各种方式的寻租活动。在权力资本的干扰下，不仅会强化人为市场垄断与市场交易信息的不对称，而且会从市场制度上扩大收入差距与不同利益主体之间的矛盾与冲突,还会增强社会分配性努力而抑制社会生产性努力,从而降低整个社会的经济效益。(4)从市场体系不完善与市场地区分割来看,前者将会阻碍产品与生产要素的自由市场流通与交换,增加市场信息的不完全与不对称,降低社会生产资源的配置效率;同时,会制约与影响企业的规模经济与范围经济,并制约与影响产业集群效应的提高。后者将会从体制上扩大市场不均衡,并人为地扭曲经济结构,激化经济膨胀与经济萎缩,从而扩大经济波动的幅度。

此外,市场不完全下的制度缺陷会产生各种市场无序、失序现象。这些市场无序与失序从性质上说,可分为结构失序与行为失序。结构失序是指市场不同构成部分之间发生的矛盾冲突、导致市场结构中均衡状态的丧失,这是市场关系严重失调的结构性表现。行为失序是指个人和组织的市场行为对市场主体行为规则的背离所造成的行为混乱。从市场结构角度看,市场的失序、无序主要表现为市场失调、市场震荡、市场危机、市场崩溃等,从市场主体行为的角度看,市场的失序和无序主要表现为普遍的心理危机、越轨和犯罪率的增长等①。

---

① 参见郭冬乐、宋则主编:《通向公平竞争之路——中国转轨期间市场秩序研究》,社会科学文献出版社,2001,第27—31页。

二、非均衡渐进性的经济体制改革模式必然引起经济制度创新的不对称与经济制度之间的不互补，由此导致在制度结构上出现不和谐与不平衡问题

依据新制度经济学的分析，制度是约束人们行为、界定人们选择空间和相互关系的一系列规则（舒尔茨，1991；诺斯，1991，1994），它具有高度的复杂性和整体不稳定性。在现代社会中，由于技术和社会变化的加速和技术创新和管理创新引起了相互冲突的各种新观念和新惯例，由此促使制度的整体不稳定性更为突出。为此，我们必须依据制度的不稳定性状况而自觉地调整与创新现有的制度。在制度创新中，由于制度结构的复杂性和各层次制度创新难度不同，更由于制度创新要涉及人们经济利益关系的调整，包含着各种官僚主义行为和集体行动中的“搭便车”行为，所以在制度创新过程中必然会出现各种不协调和不平衡问题，即我们所说的制度创新不对称问题。

非均衡制度创新产生的不对称无疑要引起制度之间的不互补。社会经济制度是由一系列既存在替代关系又存在互补关系的制度集合所组成的动态系统。对于制度之间的互补关系，青木昌彦与奥野正宽（1999）作的解释是：当一个制度的存在成为另一个制度存在的理由时，我们称双方为制度上的互补关系。与此相对应，当一个制度的存在不能成为另一个制度存在的理由或双方彼此之间存在相互排斥时，我们则可以称之为制度之间的不互补。在制度创新过程中，一般来说，制度之间的相互替代容易为创新主体所重视，而制度之间的互补却常为创新主体所忽视。特别是在

非均衡制度创新过程中，由于制度创新主体（尤其是强制供给性制度创新主体）对某项制度创新的偏好与非理性行为以及社会上下层利益主体的不协调等原因所造成的人为制度创新的不对称，更容易引起打破制度之间的互补关系，从而产生制度之间的不互补。

从理论上说，对于制度创新的不对称与由此而引起的制度不互补，我们可以从两大方面进行分析：

其一是制度结构创新的不对称与制度结构内部之间的不互补。任何社会的制度都是由多层面的规则组合而成的规则系统，具有明显的层次结构特征。就社会制度的构成要素看，制度是由社会的非正式约束规则、正式约束规则和实施机制组成的（诺斯，1994）。就制度的层次看，依据马克思的社会经济结构观标准①，社会制度可以分成生产力运行层次的制度、经济基础层次的制度和上层建筑层次的制度，其核心是生产资料所有制；依据制度的社会影响程度与广度标准，社会制度可以分成"基础性制度安排"与"第二级制度安排"（诺斯，1971）；依据在逻辑上、制度上或政治上的优先权标准，一个社会制度规则可以分成宏观政治领域的基本规则、组织过程与形式的具体规则和解决生产技术问题的操作与技术规则三个层次（伯恩斯，2000）。由于制度各构成要素与各层次制度的属性、地位不同，决定了不同地位与属性的制度创新难度也不同，一般来说，较高层次的更为根本的制度相对于较低层次的非根本的制度更难变迁与创新，因此，制度结构创新内含着一种"自然

① 马克思：《〈政治经济学批判〉序言》，载《马克思恩格斯选集》，第1卷，第82页，北京，人民出版社，1976。

意义”上的不对称与由此而产生的制度结构内部之间的不互补。当然，在社会变迁过程中，由于制度创新主体所选择的制度创新模式与创新侧重点的不同，以及在制度创新过程中不同层次制度创新主体拥有的表达自身偏好的资源与权力的不对称，还会引起制度结构创新中“人为意义”上的不对称与由此而产生的制度结构内部之间的不互补。本书中我们主要是指后一种人为意义上的不对称与不互补。

其二是制度体系创新的不对称与不同类制度之间的不互补。由制度的构成要素与层次所组成的制度结构，事实上也是一个制度体系。这里所强调的制度体系，主要是就作用于人们不同社会经济活动领域的不同种类的制度所构成的制度系统而言。不同的社会经济活动领域与空间，会产生不同种类的人类行为规则，同时不同的人类社会经济活动也客观上需要不同制度规则来规范、约束，因此，一个社会是由庞大的不同种类制度所构成的制度系统。如舒尔茨依据制度为经济所提供的服务，将制度分为用于降低交易费用的制度；用于影响要素所有者之间配置风险的制度；用于提供职能组织与个人收入流联系的制度；用于确立公共品和服务的生产与分配的制度（舒尔茨，1994）。依据分析的需要，我们可以将社会制度体系分成不同产业之间的制度、不同地区之间的制度、不同市场之间的制度以及城乡之间和经济基础与上层建筑之间的制度。辩证地看，一个社会的变革是与该社会的制度体系的变革相互制约、相互推动的。由于社会经济发展战略与变革模式以及制度创新者的偏好、动机不同，必然会引起该社会在制度体系创新过程中的时序与力度不同，由此必然会产生制度体系创新的不对称，进而产生不同类制度之间的不互补。

现实地看,我国实行的非均衡渐进性改革模式所产生的制度创新不对称与制度不互补,主要表现为:

第一,社会制度构成要素之间创新的不对称与制度内部的不互补。回顾20世纪后20余年的中国改革,我们主要重视各种经济、政治、法律正式规则制度的创新,而有所忽视各种价值观念、伦理道德等非正式规则的创新与完善,特别是在各种制度的实施机制上的创新与健全显得明显的滞后,结果产生了许多正式规则制度供给过剩,而相应的非正式规则和实施机制制度供给短缺这一不对称的制度非均衡矛盾,并由此引起制度内部不同构成要素之间的相互排斥与不互补,其结果在实践上滋生许多"制度缝隙"和"有规不循"、"有法不依"的人治取代法制问题。

第二,不同层次之间制度创新的不对称与不同层次制度间的不互补。我们在市场化制度创新过程中,一般是先选择那些改革阻力较小、支付的改革成本较低、能够通过改革给社会带来帕累托改进和社会净福利增加的浅层次制度进行创新。具体地说,我们是在先保持政治制度稳定和社会主义基本经济制度不变的前提下进行经济体制改革,而且重点是在社会主义公有制经济之外进行非公有制经济制度的创新和商品市场经济的"外围"培育,然后将在非公有制经济中创新的一些有绩效的制度和商品市场经济规则逐渐移植到社会主义公有制经济内部,而后由经济体制改革的逐渐深入,才促发政治体制改革。在具体的改革方案和措施上,我们也是先对那些较为容易变革的技术、生产操作层次的制度规则或诺斯所指的"第二级制度安排"进行制度创新,然后对一些具体组织形式或组织制度如企业组织制度进行创新，当这些“制度安排”创新积累到一定程度后，我们才进行所有制形式特别是公有制实现形式乃至人事组织、事业行政等上层建筑领域的“基础性制度安排”或“制度环境”的创新。这种非均衡渐进性改革的一般特点和规律，兼之制度创新主体偏好和各种经济利益关系等人为因素的介入，致使我国不同层次的制度创新表现出明显的不对称。不同层次制度创新的不对称，促生了不同层次制度间的不互补。除此之外，政府与基层制度创新主体对不同层次制度偏好的差异与表达自身偏好能力的不对称，以及制度创新中的信息不对称而产生的“逆向选择”与“道德风险”等原因，也会造成政府供给的制度与基层经济主体需求的制度之间，以及政府创新的基础性制度安排与基层创新的二级制度安排之间产生不互补。

第三，不同产业之间制度创新的不对称与不同产业制度之间的不互补。在我国，由于历史和政治经济体制等多方面的原因，三次产业的所有制结构和国家垄断、市场进入壁垒的程度具有明显的差别。一般地说，就国有制经济的比重看，第三产业高于第二产业，而第二产业又高于第一产业；与此相联，第三产业国家垄断和市场进入壁垒的程度要高于第二产业，而第二产业又高于第一产业。依据先易后难，先“体制外”后“体制内”的非均衡渐进性改革模式，我国在三次产业市场化改革先后次序是第一产业早于第二产业，而第二产业又早于第三产业，由于三次产业市场化制度创新时序与力度的不同，引起了不同产业之间制度创新的不对称。不同产业之间制度创新的不对称，必然要在不同产业之间产生不同的制度规则。一般来说，市场化程度高的产业，其制度规则的功能主要在于促进市场竞争；反之，市场化程度弱而垄断性强的产业，其制度规则的功能主要在于维护、强化市场进入壁垒，提高该产业的垄断收益。因此，不同产业之间的制度必然会因之而出现不互补和相互排斥的现象。

第四，不同地区之间制度创新的不对称与不同地区制度之间的不互补。由于我国改革选择的是先农村后城市，先东部沿海后中西部内陆的改革不同地区制时序，而且在城乡之间与东中西部之间实施的制度创新力度也有所差别，由此引起城乡之间和东中西地区之间的市场化程度也明显不同，所以使我国城乡之间、东中西地区之间呈现出显著的制度创新的不对称。由于我国不同地区实施市场化改革的次序、程度与力度的不同，造成不同地区传统体制的遗留程度与市场化程度不同，兼之“财政包干”驱动下的地方保护主义和诸侯经济行为，必然会产生不同地区在制度设计上的不互补。东西部体制创新的不对称产生了东西部地区体制上的明显差异：在所有制结构上，国有企业产值、就业人员与固定资产所占比重在东西部地区出现明显的差距（见表 3－2）；在市场化进程上，各地差别也是非常明显的，据中国改革基金会国民经济研究所“市场化指数”的研究报告的计算，2000 年市场化进程排在前 10 位的省市自治区按总指数排序分别是：广东、浙江、福建、江苏、山东、上海、天津、海南、安徽、辽宁。东部省区占了绝大多数；而市场化排序在最后 10 位的省市自治区是：黑龙江、云南、甘肃、内蒙古、贵州、山西、陕西、宁夏、青海、新疆。这 10 个省区中的 8 个为西部省区。从东、中、西不市场化指数的平均得分看（记分区间 0—10），东、中、西部产品市场的发育程度的平均得分分别为 8.80、7.25、

6.21,东西差距为2.59;东、中、西部要素市场的发育程度的平均得分分别为5.64、2.75、2.19,东西差距为3.45;东、中、西部市场中介组织和法律制度环境的平均得分为6.44、4.94、4.31,东西差距为2.13(樊纲、王小鲁、朱恒鹏,2003)。这表明我国在市场制度发育方面存在着非均衡特征与市场化程度存在着较大的差异。

表3-2 我国东西部地区三种经济成分所占比重(%)

年份	1978	1990	2000	2004
工业总产值中国有及国有控股企业所占比重				
全国平均水平	77.63	54.60	47.34	35.24
东部地区	77.27	46.91	37.97	—
西部地区	85.06	71.85	74.21	—
国有单位就业人员占城镇从业人员总数的比重				
全国平均水平	78.32	62.27	35.00	25.34
东部地区	74.44	66.95	48.77	33.37
西部地区	81.83	76.48	60.86	49.02
固定资产投资中,国有企业固定资产投资额所占比重				
全国平均水平	66.08	66.11	50.14	35.51
东部地区	62.30	63.30	44.03	29.35
西部地区	72.05	75.60	57.45	46.08

注:①本表统计的企业是指全部国有及规模以上非国有工业企业。

②根据国家统计标准,西部地区指重庆、四川、贵州、云南、西藏、陕西、甘肃、青海、宁夏、新疆、内蒙古、广西十二省。根据本书研究意义,将吉林、辽宁、北京、天津、河北、山东、上海、江苏、浙江、福建、广东、海南十二省市作为东部地区。

第五,不同市场之间制度创新的不对称与不同市场制度之间的不互补。回顾改革开放后我国市场发育、发展的历史,可以看出:中国市场的发育与发展经历了一个由农村农副产品市场到城市普通商品市场——由普通商品市场到一般生产资料市场——由一般生产资料到劳动力、资本、科技信息等生产要素市场的发育与发展的逐步推进的制度创新过程。这一市场制度创新过程是一个不对称的制度创新过程。其结果是导致我国不同类商品市场的市场化程度不同。以1995年为例,普通商品市场价格形成的市场化程度已高达84.5%,而要素市场中的劳动力市场、地产市场、技术市场和金融市场的市场化程度分别只有60.0%、52.8%、53.0%、9.6%(陈宗胜等,1999)。不同市场制度创新的不对称,一方面产生了不同市场之间的制度的不互补,主要体现在不同市场之间在进入、退出及政府规制等方面的不互补,由此产生不同市场的竞争与垄断程度不一。另一方面,如果我们从制度角度看,市场是一系列制度的集合,从内到外包含了交易制度、政治法律权威制度以及伦理道德规范制度三个层次(周小亮,1999)。市场功能的发挥与市场的有序运行,需要市场三层制度之间的相互适应与互补支持。由于我们在非均衡渐进地进行市场培育、发展过程中,没有从制度意义上去思考市场建设,没有依据市场产权规则、等价交换规则、自愿让渡规则等交易制度的内在要求,从政治法律角度上去硬化市场有序运行所需要的市场主体规则、市场进出规则、市场竞争规则和市场仲裁规则,以及从伦理道德角度向市场制度的核心——交易制度输入"诚信"等市场有序运行所需要的文化观念制度,由此引起市场三层制度之间的不互补和市场运行的无序。

上述非均衡体制改革中产生的制度创新中的不对称与不互补,兼之传统计划经济体制的遗留与渗透,致使目前我国市场经济运行中的制度结构出现诸多不和谐与不平衡问题,甚至出现制度结构上既不像市场经济也不像计划经济等各种畸形问题。由此滋生出制度结构中的摩擦与冲突问题,这为各种制度与政策的执行提供了诸多的人为想象空间,也为政府行为的越位、缺位与错位提供了条件与便利;与此同时,也为各类经济主体的制度寻租提供了土壤与机会。可以说,目前我国制度结构上的不和谐与不平衡,是引发各类利益矛盾与冲突的主要原因之一。因此,如何消除、调整非均衡市场化改革中出现的制度创新中的不对称与不互补问题,并对现有的各类制度安排进行系统的清理与整合,从而为经济运行创立一个和谐的制度结构与制度体系,这是完善社会主义市场经济的一个主要议题,也是深化改革中实现利益兼容的主要任务。

三、政府主导下的体制改革与政治体制改革的滞后性所带来的政经交融以及政府与市场边界模糊等复杂关系,兼之我国几千年封建专制与计划经济体制下形成的权力高度集中的政治体制模式的残留影响,致使在我国体制转轨中不仅存在一般市场经济体制下的政府失灵,而且存在诸多制度安排不当意义上的政府失灵

诺斯认为,完整的制度变迁理论应是产权理论、国家(或政治)理论和社会意识形态的统一整体。中国体制转轨的过程,实质上也是一个产权关系、制度与权力关系以及社会意识形态的系统调

整与变迁过程。所以中国的体制改革是一个经济体制改革与政治经济体制相互配合与相互推进的历史过程。正如邓小平在1986年所说,“我们提出改革时,就包括政治体制改革。现在经济体制改革每前进一步,都深深感到政治体制改革的必要性。不改革政治体制,就不能保障经济体制改革的成果,不能使经济体制改革继续前进”,他还强调说:“改革,应该包括政治体制的改革,而且应该把它作为改革向前推进的一个标志。”①

从中国改革的历程来看,其逻辑与实践起点就是针对计划经济体制下我国经济管理的权力过于集中而进行行政性分权,并对微观经济主体进行放权让利,并且不论是对计划经济体制的解构,还是对市场经济体制的建构,无不是在政府主导与推进下进行。从积极的意义上说,政府主导与推进下的体制改革,有利于消除体制改革中的阻力、增进微观经济主体的活力与效率,并可以加快市场经济体制基础设施与制度结构的塑造。

但是,另一方面政府主导下的体制改革,以及相对于市场化的经济体制来说,原有政治体制中的政府机构、政府职能、政府行为模式等领域改革的滞后性和不配套性,决定了我国经济体制改革中的产权关系与制度和权力关系的调整,是在原有的干预权力过分巨大而与市场经济不相适应的政府机构和执政力量的领导下进行的,或者说是在原有的缺乏法治约束的无限责任和无限权力的“全能政府”与政治体制框架下进行的。在这种缺乏法治约束的“全能政府”与政治体制主导下进行经济体制改革,加上以“经济建

① 《邓小平选集》,第三卷,第176、160页,北京,人民出版社,1993。

设为中心"的政府绩效考核制度，将不可避免地会产生政治与经济、政府与市场之间的相互交融与边界模糊，从而滋生出"权力搅买卖"之腐败问题。不仅如此，我国几千年封建专制下产生出的与血缘关系和宗法关系密切结合的官僚制度，以及在儒家思想基础上所形成以官本位和官至上为核心的官文化，迄今为止，仍在我国的政府机构与政治体制中有所折射和渗透。此外，建国以后几十年计划经济体制下形成的权力高度集中的政治体制模式也仍然在现有的政治体制运行中有所残留和渗透。这几种因素与条件的相互渗透与结合，完全有可能导致原有的执政力量可以在传统的权力集中型政治体制框架下运作，从而致使旧体制下行政权力对于资源的支配在有些方面还保存着，有些方面还有所增强。由此致使在我国体制改革过程中，经济体制与政治体制之间呈现出明显的体制落差与不对称。这种体制之间的落差与不对称致使在我国体制转轨中不仅存在一般市场经济体制下的政府失灵，而且存在体制意义上的政府失灵。具体地说：

第一，表现为政府职能定位不清和政府职能转换不到位。现代市场经济本质上是一种混合经济，不可能是一种"斯密"式的完全自由竞争的市场经济。所以市场经济体制下的任何一个政府，均会针对市场失灵问题以及围绕着提高效率、增进公平和促进宏观经济的稳定与增长等方面行使相应的政府经济功能（萨缪尔森，2004）。但是必须强调由于政府行为目标与社会公共利益之间的差异、政府决策中的信息不完全、政府干预产生的外部性等原因也常常会产生"政府失灵"。为此，必须正确划分市场与政府的功能边界与二者作用的相应范围，并在市场机制和行政手段之间进行适当的搭配与协调以防范政府失灵。

但是由于中国的市场化体制改革是在政府主导下进行的，并且改革与发展（实践上是把发展等同于增长）是政府的双重主要任务，所以政府将推进市场化进程以作为改革的主要任务，以促进经济增长作为发展的硬指标，由此决定在中国的体制改革过程中，必然要产生政治与经济、政府与市场互动与相互交融的局势，从而引起政府与市场之间的功能模糊。另一方面，由于传统体制的思维惯性与政治体制改革的滞后性的影响与制约，尤其是在体制改革中产生的利益格局与权力关系的调整，如行政性分权改革客观上为政府及其部门之间形成相对独立利益奠定了基础；同时，在政府推动市场发育和市场发育中出现的逐利机会，不仅孕育了权力与市场的冲突，也提供了权力与市场交换的可能。政府各部门在市场化体制改革中所形成的独立利益和权力与利益相互交换的空间与条件，也必然会对政府职能转换构成新的制约。这两方面因素的综合作用，必然会导致我国在市场化体制改革中政府职能定位不清和政府职能转换不到位。

其具体表现是：(1)政府越位。在体制改革中，政府不仅有办经营性实体和公司的现象，而且政府不同的管制机构会深入到企业经营的各个环节，甚至在某些垄断行业，政府集“裁判员”与“运动员”于一体。(2)政府错位。体制交叉繁杂，政府职能切割过于细小，权力设置不均衡，事权划分不明确，行政权力运行缺乏透明度且缺乏制度规范，导致政府经济职能相互错位，由此不仅引起政府机构之间相互扯皮从而降低行政效率，而且扩大了市场无序，并降低了经济运行效率。(3)政府缺位。市场信用缺失问题、侵权问题与不正当竞争问题，政府规则供给和实施明显滞后和不力；社会保障、防止收入差距过分悬殊、基础教育与基础研究、环境保护、维护市场体制运行的法律法规等社会管理与公共产品的提供以及弥补市场失灵等方面存在明显的滞后现象，并显得措施不力或缺乏力度。

第二，政府行为的内在性与缺乏法治约束的不规范政府行为，导致政府不仅没有履行好形成和维护市场公平交易和公平竞争的经济秩序所应该担负的职责，反而转成市场交易与竞争不公平及秩序混乱的一种助推力量。

由于现实市场交易主体所拥有的交易力量的不均等，以及垄断、信息不对称等因素的制约与影响，决定了市场本身缺乏应有的能力促使市场交易主体自觉地形成并遵循公平交易和竞争规则，而道德等第三种力量在约束交易主体形成和维持公平交易与竞争规则上具有非强制性特征，因此，从逻辑上说，政府理应成为形成和维护市场公平交易和公平竞争的经济秩序的一种依靠力量。但是，由于政府行为的“内在性”，即政府行为目标以及规制和评价政府机构和人员的标准具有“私人的”内在目标性质，表明政府及其官员行为存在着为自身特殊利益而不是公共利益而努力工作的可能性；不仅如此，由于政治体制改革的滞后与民主政治和法制建设的不完善，导致政府干预、管制市场的行为主要依靠主观部门相应的“红头文件”行事，而缺乏相应的法治约束，由此不可避免地要导致政府行为的官僚主义与秘密主义。兼之分权化体制改革中所产生的各种政府主观部门的独立利益与地方保护主义，必然为政府调控市场的行为与其自身利益的直接或间接的结合提供了相应的条件与动力，这样一来，政府就有可能不仅没有履行好形成和维护市场经济秩序所应该担负的职责，反而会转成市场秩序混乱的一种助推力量。

第三，具有政经交融特征的政治体制导致政府权力介入市场交易，并成为一种能够直接参与价值分配的现实资源，由此致使市场经济主体产权缺失，进而弱化了市场经济体制下有效的产权激励与利润激励。

诺斯(North)、罗森伯格(Rosenberg)等经济史家认为，西方的兴起就在于国家在对经济人的关系上从政经不分型到政经保持距离型(arm's length type)这一根本转变。然而，由于我国体制改革是在政府主导下进行的，并且政府绩效的主要考核指标是经济增长，兼之政治与经济相互交融的政治体制的制约与影响，致使我国在体制改革中不仅没有实现真正的政经分离，甚至在某些方面还强化了政经交融。与此同时，由于经济人的所有权缺乏立宪保证，其结果必然是政治权力与财富的结合[①]。

在我国市场化改革过程中，政治权力与财富的结合，其典型的体现就是政府权力与市场交易的结合，并使政治权力直接参与价值的分配。这在1992年以后大规模的要素市场化中体现得更为充分。要素市场化中政府权力与市场交易的结合与政府权力参与市场价值的分配过程，必然会限制、削弱市场交易经济主体的产权及其实现要求，相应地限制或扭曲了经济人的自由市场选择集合

---

① 平乔维奇认为，所有权的缺失的重要后果是政治权力与财富的结合，而所有权存在的重要后果则是其分离，参见《产权经济学》。

与经济资源的有效市场配置，从而导致扭曲不同经济主体的财务利润并扩大了市场交易成本。这样一来，必然会削弱市场经济体制中有效的产权与利润激励。

第四，市场化改革以来，从“让一部分人先富起来”到“效率优先，兼顾公平”的舆论与政策导向，使政府在利益关系调整与收入分配政策领域，忽视了社会公平与全社会利益的整合和协调。

政治的任务和目的在于调控好利益关系和利益秩序。我国春秋战国时期的墨子就强调，政治思想的核心就是“兼相爱，交相利”。荀子也认为政治就是“立君上之势以临之，明礼仪以化之，起法正以治之，重刑罚以禁之，使天下皆出于治，合于善”[①]。这就是说，在君主的统治下，必须采取礼治与“明分”的政治制度和社会制度来调控人们之间的利益关系，并规范其谋利行为，从而保证社会利益秩序的稳定。作为现代西方主流经济学的典型代表萨缪尔森，通过对市场经济运行机制的理论分析，坦承“市场并不必然能够带来公平的收入分配。市场经济可能会产生令人难以接受的收入差距和消费水平的巨大差异”。[②] 为此，他主张政府应通过财税和预算等手段，向某些团体进行有倾斜的收入再分配，从而增进公平。

中国共产党向来主张社会公正与公平。然而，在市场化体制改革过程中，由于在分配领域改革的主要对象是针对绝对平均主义下的大锅饭的分配体制，同时政府经济政策的主导是强调经济

① 北京大学《荀子》注释组：《荀子新注》，第395页，中华书局，1979。

② 保罗·萨缪尔森、威廉·诺德豪斯：《经济学》，第17版，第40页，北京，人民邮电出版社，2004。

增长与效率，于是，对市场经济体制下必然产生收入差距与利益矛盾缺乏应有的理论研究与政策应对。实际上，在市场化改革的实践过程中，一方面，政府在体制改革的政策取向上，将公平问题置于“兼顾”的次要地位，由此必然忽视了政府在增进公平上本应承担的职责与任务；另一方面，政府是在社会保障制度、社会财富自发性转移（社会互助）制度、收入差距财税调节制度、弱势群体生存保护制度等市场经济的安全稳定网络制度尚未建立健全的条件下快速推进市场化进程。这样，政府在市场化进程中对于调控好利益关系和利益秩序，从而在增进社会公平问题上，实际上是处于一种无为状态，其结果必然出现整个社会的利益整合与协调滞后与社会利益的分化，于是出现了收入差距在市场化体制改革中呈现跳跃式扩大的趋势。

第三节　制度结构缺陷的累积是引起目前利益矛盾与冲突的基本成因

市场化体制改革不仅表现为资源配置方式与机制的转化，即是一种市场转型，而且在本质上是一种经济产权及其安排的转化，是一元国家产权为主导向多元微观主体产权为主导的转换，即是一种产权转型。不仅如此，在这双重转型过程中，伴随着经济过程和政治过程的相互影响和相互渗透。因此，在市场化改革的背后，必然隐藏着物质和精神上巨大而深刻的利益格局大调整。

然而，如前所述，我国的市场化改革是一种非均衡的不彻底的不完全市场化改革，结果从市场制度到政治体制再到整体制度结构均出现了会诱发利益矛盾乃至利益冲突的一系列缺陷。不仅如此，市场化体制改革，我们在理论上承认在社会主义市场经济体制下存在不同的利益集团；同时，在实践上已经培育出不同的多元利益主体与不同的利益集团，而且，在我们的市场化改革过程中，由于制度条件上的差异，导致中国利益集团的形成与发展出现了发育不平衡性这一突出特点：国家与社会管理者阶层即权力集团非常强势，控制着整个社会中最重要的最大的组织资源；新兴资本集团与知识集团地位持续上升；劳动集团地位持续下降。由于一方面市场化改革中产生的制度安排与制度结构中的缺陷，客观上为不同经济主体产权与利益的获取设置了不同的制度空间与条件，并为不同利益集团提供了大小不等的制度租金；另一方面在市场化改革过程中由于出现了各利益集团发展的极度不平衡，这又必然会造成不同利益集团获取产权与制度租金上的势力悬殊。由此致使在我国体制改革的过程中，必然要出现不同利益集团和利益群体之间的利益矛盾和利益冲突，例如社会成员之间出现收入差距、贫富分化和社会财富不合理分配等。特别是随着我国改革由"体制外改革"向"体制内改革"的推进，出现了由收入差距过大、贫富悬殊、分配不公等导致的利益矛盾和利益冲突越来越明朗化，甚至使我国的改革处于"卡壳"和"胶着状态"。这与我国改革过程中的制度选择和制度结构有关，也就是说，改革过程中制度安排和制度结构缺陷的累积是引起目前利益矛盾和利益冲突的基本原因。

一、体制改革中形成的市场制度缺陷引发了利益矛盾和利益冲突

市场经济是一种自由竞争的经济,它所遵循的是价值规律和按效益分配的原则。在市场价格、供求与竞争等市场机制的自由作用下,一方面,市场可以保证经济主体的自由效率选择,从而能够确保经济系统的效率。但是另一方面,市场具有收入分配功能,并且,依据市场要素定价原则,市场分配要素收入,它只承认效率原则,不同情弱者,不顾及个人天赋、家庭背景和文化素质的差异。依据市场要素定价分配居民收入的原则,必然要造成竞争优胜者与失败者之间的贫富分化。因此,在市场经济条件下,如果仅从效率原则说,只要收入分配是生产要素供给者在机会均等的前提下参与市场经济活动的结果,并且每个生产要素供给者都按照效益分配的原则取得了报酬,那么,无论收入差距如何,都属于收入的合理分配。从价值判断上说,我们必须承认在自由竞争条件下形成的收入差距及由此而引发社会利益矛盾和利益冲突的。对此,政府必须通过收入再分配制度、社会保障制度、医疗卫生和教育制度的不断健全与完善来缓和自由市场引发的利益矛盾与冲突,并通过社会公共产品与社会转移支付制度的健全与完善来为社会弱势群体提供安全生活网络。

就我国体制改革中培育出的市场运行机制与制度来看,它是樊纲所刻画的"灰色市场",不具有自由竞争型的市场运行机制与制度。因为,我国的市场经济体制不是自然演进而成的,它是通过"非均衡体制改革"并伴随着非均衡的梯次发展战略而人为渐进推

进而成的,并且我国的市场化体制改革是“政府主导下的体制改革”,在此过程中,资源配置方式的转化与利益关系和制度、权力结构的变革相互交织与相互渗透。由此而看,既会限制、制约我国统一规范的自由市场的形成,也会致使我国体制改革中培育、发展出来的市场运行机制黏附着利益关系与权力结构的制约,从而限制市场机制本能的自由发挥。我国体制改革中形成的市场制度缺陷,不仅会限制市场机制与制度的效率功能,而且会人为地扩大市场机制与制度在收入分配上的“市场失灵”效应,并由此人为地放大由市场而引发的利益矛盾与利益冲突。

从 20 世纪 80 年代的体制改革看,我们主要是通过向地方政府与企业放权让利来削弱计划经济体制,并通过利用价值规律调整和放开产品价格来培育市场机制,由此我们逐步形成了有计划的商品经济体制,并由此而产生了市场与计划双轨运行的特殊经济运行机制。在此体制改革过程中,我们一方面逐渐扩大市场调节的范围,并逐步培育市场主体和形成市场环境;另一方面,为了配合市场化改革,我们通过一系列的放权让利与分配体制改革来调整利益关系。在一系列的利益导向的分权化改革政策的作用下,致使中央政府与地方政府、政府和企业之间的权力结构产生变革,并由此形成了不同的多元权力与利益主体。在市场与计划双轨运行的特殊运行体制下,将驱使不同的权力与利益主体的机会主义者交叉运用计划和市场两种不同的渠道来实现自身利益最大化。不仅如此,由于放权让利的不同步与不均等,必然会产生权力不等的不同利益主体,由此既会导致权力、制度与市场机制的相互结合,也会导致强势权力与利益主体运用权力和政策制度来扭曲市场价格与竞争机制。这样一来，我们所培育的市场机制与制度必然要受到权力与政策制度的严重束缚与制约。其结果，不仅产品的交换价格难以通过市场竞争而形成，并进而形成不合理的比价而导致居民收入分配不合理，而且，会导致不公平与不规范市场竞争的现象普遍存在。比如利用"双轨制"套取价格差利与权力租金，地方政府为了地方利益对资源和产品的自由流动进行区域限制（如不允许销售或者购买外地品牌的商品和原材料，对别的市场主体利用非法手段打压等等），实行地方保护主义；某些行业或部门由于规模效益和规模经营而形成行业垄断，自己制定垄断价格，谋取超额收入，如此等等。

在20世纪80年代产品市场化改革的基础上，90年代以后我国着重推进要素市场化改革，大力培育与发展土地、资本、技术、劳动力、产权等要素市场。在要素市场化改革与培育要素市场化中，我们不仅缺乏严格、规范化的市场运作机制，从而致使要素配置缺乏公平、公开的竞争环境，而且政府主导与推动的特征更为显著，权力与政策制度对要素市场价格、供求与竞争等市场机制的渗透与制约更为深刻，从而导致经济主体在市场中的选择权利与机会出现严重的不均等问题，由此不仅要扭曲要素市场的机制与制度功能，致使产生严重的市场制度缺陷，而且由于要素市场制度缺陷的存在，为人为扩大市场主体选择权利的不均等及由此而产生的居民要素收益的不均等创设的巨大的制度空间。

其突出表现为：(1)要素价格不仅仅是要素禀赋与价值的反映，而且是要素所有者权力的反映，其结果必然要致使要素价格不能准确而全面地反映要素价值、市场供求及竞争状况，从而扭曲要素价值规律的运行与效率定价的原则。如在我国劳动力与资本市场的培育与发展中,不仅提高了对文化教育、技术专长、企业家才能等人力资本的经济回报,而且提高了对中共党员身份和干部身份为代表的政治资本(权力资本)的经济回报(边燕杰、张展新,2002)。再如近年来股票市场价格严重脱离股票价值、公司业绩与国家 GDP 增长率,就是权力渗透市场致使要素价格背离要素价值与市场供求及市场竞争状况的典型表现。(2)权力与政策制度深刻地影响、制约要素市场机制,导致不同要素市场主体获取要素配置权利和要素选择权利的机会不均等,从而导致不同要素市场主体获取要素产权及产权收益的不公平与不均等,如对资金、土地、技术等要素的产权获取权及要素配置权利和选择机会上,国有企业与非国有企业之间、内资与外资企业之间、沿海地区与内地之间、不同行业与部门之间是处于明显的不均等状态,从而使要素市场缺乏公平竞争的环境。(3)要素市场化与培育要素的过程中,各项政策透明度较低,法制环境不健全,从而人为地扩大了要素市场运行的信息不对称与不完全,并人为地扩大了市场主体获取市场信息的机会与权利的不均等。(4)不规范的要素市场化与要素市场运行机制,必然要产生各种形式的“地下经济”与“隐形经济”问题,从而导致权力与“关系”与要素市场运行机制相互渗透与交织,由此而滋生出暗箱操作与腐败现象。

在要素市场化过程中与要素市场机制运行中权力与政策制度的渗透与扭曲,(1)导致了居民收入差距的进一步扩大。20 世纪 90 年代中期以后,我国的基尼系数不仅逐年明显地提高,而且接近或超过 0.4 这一警戒线。(2)扩大了居民收入中的非公开、非正常收入的比重，并扩大了收入分配结构的不合理与分配秩序的混乱程度。(3)提高了社会强势权力与资本集团的权利与产权收益，相应地削弱了社会弱势劳动集团的权利与产权收益。以农村土地征地为例，据测算，如果征地成本价是100%，被征土地收益地方政府占20%—30%，开发商占40%—50%，村级组织占25%—30%，失地农民只占5%—10%。即使这样，很多开发商还空手套白狼，对补偿费能拖就拖，一些管理部门还雁过拔毛，造成补偿费不能全额发放到农民手中。由此可以看出，要素市场化过程中与要素市场的制度缺陷，必然要扩大社会不同利益主体的矛盾与冲突。

二、非均衡体制改革中实施的差异化政策选择所形成的制度安排与制度结构的不均衡与不互补，为收入差距与利益矛盾的扩大提高了人为的制度空间

计划经济体制下，我们注重制度环境、制度安排与制度结构的统一与均衡，并力图通过对社会剩余与居民收入分配实施严格的计划控制与管理，来削除制度的利益激励功能与制度收益分配的差异化。其结果，一方面导致国民经济体制约束下的低效运行，阻碍了社会生产力的发展与国民财富的增长；另一方面可以从制度上确保社会财富得以进行低水平与均等化的平均主义分配，从而可以消除收入差距扩大与引起社会不同主体之间利益矛盾的制度条件与空间。为此，我们进行体制改革，则不仅要培育、发展市场机制与市场环境，而且必须通过制度安排的多样化与制度环境及制度结构适度的不均衡，来培育多元的利益差异化的市场竞争主

体;同时,必须通过分配制度及其利益关系的调整,打破平均主义,以便从制度安排的调整上为经济主体重新塑造利益激励机制,从而解放、发展社会生产力,促进经济高效运行与国民财富快速增长。

基于体制改革的逻辑起点与改革的动机与目的,并基于稳定、改革与发展相互统一的战略方针,我将效率提高与财富增长作为体制改革的主要绩效评价标准,以解放、发展社会生产力作为体制改革的主要目的,以非均衡市场化取向改革与差异化政策选择为基本手段,则必然要成为我国体制改革的路径与方略选择。这种体制改革模式的客观结果自然要形成不同层次、不同地区、不同产业、不同市场之间等制度安排与制度结构上的不均衡与不互补。这种不均衡的制度环境,既为经济人提供了谋取利益的激励机制,又实质上在为不同经济活动主体提供谋取经济利益的不同制度条件与空间。其结果必然会由不均衡的制度安排与制度结构而促发扩大居民收入差距,并由此而引发社会利益矛盾乃至冲突。

从改革目的的取向与制度创新的重心看,前二十多年非均衡体制改革中,由于我们受体制改革目的、绩效评价及手段之理念的制约与束缚,必然促使我们重于效率提高、财富增长和市场化程度提升的制度创新,而忽视社会公正、公平、共同富裕及社会主义基本制度与市场经济有机结合的制度创新。这两方面制度创新的不均衡与不互补,一方面,为效率、财富增长提供了制度激励,从而为经济增长启动了动力机制;但另一方面,由于我们将公平问题置于“兼顾”位置,并在市场化体制改革的实践过程中,淡化既能适应市场经济要求又能确保共同富裕的社会主义基本制度的建设与完善。由于在我们市场化体制改革产生利益分化与收入差距扩大的过程中,没有及时地对社会不公平问题及利益矛盾与冲突问题进行制度矫正,并忽视了社会利益整合、协调制度的供给,以及涉及社会广大劳动群众,尤其是社会弱势群体的就业制度、转移支付制度、社会保障制度、医疗卫生及教育等民生制度的创新与建设。例如,在拓展、深化分工基础上增加社会就业与劳动投入量,是实现效率与公平相互兼容的有效途径,然而在我国国有企业改革中,实行的却是牺牲弱势工人群体的"减员增效"与"买断身份"改革,这不仅扩大了城镇居民的基尼系数,而且在改革中产生强烈的利益矛盾与冲突。再如,医疗卫生教育制度的市场化改革,不仅没有为社会特别是为社会弱势群体提供公共安全网络,反而给社会弱势群体增加了巨大的甚至是难以支付的生活包袱。转移支付制度本来是用于缩小贫富差距、促进社会公平的制度保障,然而,我国的转移支付水平不仅较低(OECD 国家 2000 年的转移支付水平已达到了 GDP 的 12.8%,而 2001 中国转移支付的决算数仅占 GDP 的 7.38%),而且我国的转移支付在 1994 年建立"分税制"财政体制后是以税收收入为基准,地区间财力的不平衡决定了各地的转移支付水平也不同,因此,我国的转移支付制度不利于贫富差距的缩小。由此看来,效率与公平制度创新的不平衡与不互补,其客观结果就是导致效率与公平的异向变化,并扩大利益矛盾与冲突,同时也增大了目前我们深化改革与建设和谐社会的成本。

不仅如此,为了实现体制改革的效率目标,在实践上,我们实行了不平衡发展战略与非均衡创新模式,并采取了非均衡的制度安排与政策选择,这些,从制度与政策层面人为地扩大了收入差距,并引发出多元利益主体之间的矛盾与冲突。

改革开放之初至20世纪90年代初,我国实施了以地区经济梯次推进为主要特征的非均衡发展战略。为配合非均衡发展战略的实施,我们实行了非均衡与差异化的体制改革,并实施了允许一部分地区、一部分人先富起来的差异化政策。这种非均衡、差异化的体制改革与政策差别不仅体现在不同地区之间、不同所有制经济之间、不同行业之间、不同市场之间以及城乡之间,而且体现在放权让利的程度之间。如在"放权让利"的企业改革中,不仅出现了不同规模之间、不同区域之间与不同行业之间的"放权让利"的不平衡性,而且出现了内部人控制权利的不均等。再如在"分灶吃饭"与"财政大包干"的财税改革中,也造成了各地区税赋和各类企业税率的不均等与不统一。

非均衡体制改革与差异化的政策选择,其一,形成了各地区经济体制方面的差异,导致了我国各地区间经济发展水平与居民收入差距的扩大。在市场化体制改革中,东中西部制度安排存在很大的区际差别,并在具体的体制改革中,各地区制度创新的方式与速度、密度及层次各不相同,由此形成了不同地区市场化指数及所有制结构、企业制度、市场制度、分配制度、政府宏观调控制度、法律制度等方面的制度差异。总的来说,东部地区初步形成了适应市场经济发展的经济制度体系,而中西部地区的市场化进程还远未完成(孙海鸣、赵晓雷,2003)。东、中、西部非均衡体制改革所形成的经济制度体系上差异,从制度因素上扩大了我国东中西部间经济发展水平的扩大。见表3-3。

表 3－3　东、中、西部地区主要经济指标比较

		地区生产总值(亿元)	人均生产总值(元)	工业增加值(亿元)	固定资产投资(亿元)	财政收入(亿元)	进出口商品总值(万美元)
东部	1995	32009	7104	9215	12189	1698	24902698
	2004	95306	19351	36951	40411	7458	106932240
	增长率(%)	197.74	172.38	300.98	231.53	339.30	329.40
中部	1995	15035	3693	3743	3958	717	1739931
	2004	40350	9376	10752	15129	2252	4853031
	增长率(%)	168.37	153.86	187.22	282.20	214.03	178.92
西部	1995	10471	3035	2488	3046	571	1442161
	2004	27585	7430	7105	13754	1983	3670162
	增长率(%)	163.45	144.79	185.61	351.49	247.51	154.49
三大地区比较(西部=1)	1995	3.06:1.44:1	2.34:1.22:1	3.70:1.50:1	4.00:1.30:1	2.98:1.26:1	17.27:1.21:1
	2004	3.45:1.46:1	2.60:1.26:1	5.20:1.51:1	1.94:1.10:1	3.76:1.14:1	29.14:1.32:1

资料来源：地区各项指标见《中国统计年鉴 1996》和《中国统计年鉴 2005》，人均生产总值的数据由地区生产总值除以当年年底各地区人口数得到。三大地区的划分见第二章表 2－9。

其二，形成了城乡经济体制与制度环境的差异，带来了城乡居民收入差距与利益矛盾的扩大。市场化体制改革原始于农村，但从 1984 年 10 月将改革重心转向城市以后，城乡体制改革出现了不平衡。这可以从农业与工业市场化指数变动的趋势得以反应。在1979—1984年以农村改革为重心的市场化起步阶段，农业市场化指数从7.67快速增到38.3，其指数扩大了41.03，年均约扩大12.8；而同期工业市场化指数从0扩大到7.96，年均约扩大2.65（市场化指数数据来源于陈宗胜，1999）。在1985—1995年经济体制改革转向以城市为重心以后，农业市场化指数出现了明显的增长放缓趋势，而工业市场化指数则出现了增长加快趋势。其10年间，农业市场化指数从49.7扩大到65，年均增加仅1.53，而同期工业市场化指数则从23.5扩大到49.9，年均扩大2.64。1985年以后，我国为了配合工业化与城市化的发展，在诸多如此制度安排上采取了"城市倾向政策"的制度。如通过在农业生产和流通过程中实行"剪刀差"政策，扭曲工业品和农产品相对价格，创造一种不利于农业、农村、农民的政策环境，获取农业剩余以补贴工业的发展。据有关专家测算表明，1990年至1992年，农业通过"剪刀差"转移出的剩余价值分别为969亿元、1350亿元和1647亿元。与此同时，政府在投资政策、劳动力转移与就业、福利体系、教育卫生及公共设施等公共产品的供给制度等方面，也存在程度不同的城市倾向。所有这些由非均衡体制改革所产生的体制上的落差与非均衡制度安排上的缺陷，都是加剧城乡居民收入不平衡，引起城乡贫富分化与利益矛盾的重要原因所在。加之农村劳动力在流向城市过程中受到的不公平对待，更加剧了城乡之间利益冲突的程度。

其三，造成了不同经济主体选择权利和机会的不均等，导致转轨过程中经济秩序的混乱与不同经济主体之间的利益摩擦与冲突。在体制改革过程中，国有与非国有、外资与内资企业之间以及同一国有制中不同行业和部门之间的企业，存在着不同的制度安排与政策环境，由此必然会造成它们选择权利和选择机会的不均等。如国有企业在获取国家贷款与土地置换上比非国有企业有更多更好的政策支持，但在产权资本投资与人事管理上则要受到较多的行政制约。再如外资与合资企业可以享受一定的政策优惠与超国民待遇，使它们在土地批租和开发及各类税收安排与征收中，具有明显的机会选择优势。上述经济主体选择权利和机会的不均等的存在，不仅直接制约了自由竞争与全国统一市场的形成，而且必然要引起经济主体的不平等竞争，并迫使它们与权力部门相互勾结，进而致使经济运行秩序混乱。经济运行的无序与混乱，其结果一方面将导致非市场因素参与收入分配，使得收入分配领域矛盾加深，并拉大收入差距。因为，如果在要素选择权利的制度安排中处于劣势地位，有些经济主体可以借助于经济运行的无序与混乱，采取偷税漏税、假冒伪劣行为来获取非法收入，以弥补在要素选择权利的制度安排中处于劣势地位所带来的不公平；而如果在要素选择权利的制度安排中处于优势地位，则可以运用畸形供给的制度安排与政策优惠，或与权力部门相互勾结来套取更多更好的制度安排与政策优惠，以获取大量的不合理权力收入与要素收入。另一方面，由于选择权力与机会的不对等与不均等，必然要引发不同经济主体之间的利益摩擦与冲突。如国有企业与非国有企业之间，因为在决策机制、收入分配机制和融资机制的不同而产生了诸多的利益摩擦（朱光华、陈国富，2003）。

三、政府主导型市场化改革与政治体制改革滞后的不对称，既引起了“权力搅买卖”，又致使市场化改革中法治与民主制度建设的缺失与不完善，这种制度缺陷必然要滋生出各类非法非正常收入，并由此导致我国居民收入差别与利益矛盾非正常扩大与加剧

我国的市场化体制改革，一方面是政府（或国家）主导型的制度变迁，在此过程中，由于权力与利益调整和再分配的“非帕累托改进”性、环境与信息的不确定和不完全性，以及带有“经济人”特征的政府官员进行制度变迁中的设租与寻租行为等因素的存在，决定了政府主导型制度变迁具有深奥的利益冲突性质和非帕累托改变性质。特别是在政府主导型制度变迁中处于优势地位的政府及其官员，很容易为自身特殊利益考虑而延迟有效制度供给或使制度变迁沿着错误的路径进行。由此，在政府主导型制度变迁中，就必须考虑：(1)如何保证政府主导型制度供给体现“公众利益”的要求并赢得广泛的支持；(2)如何克服政府行为的内在性（追求自身利益最大化而不是公众利益最大化），从而保证有效制度的持续供给（柳新元，2002）。这两个问题的有效解决，客观上要求通过政治体制改革来实现政务公开，扩大人民知情权与监督权，加强、完善与市场化体制改革相配套的法治与民主制度建设。事实上，如果系统地看待体制改革，我国的经济体制改革应是一项巨大的系统工程，经济体制改革的顺利进行离不开政治体制改革为其保驾护航，而政治体制改革一旦滞后于经济体制改革，经济体制改革就会失去社会主义的方向，也就不能保障社会主义市场经济体制下

“效率与公平”原则的贯彻执行。

然而，在实践上，我国的市场化体制改革，为了维持社会基本稳定的改革与发展的条件与环境，是以社会主义基本宪法制度与政治制度基本不变为改革的政治前提。这就必然致使政治体制改革滞后于经济改革进程，不仅导致我国的改革长期处于“跛腿走路”或者说“一条腿走路”的状态，而且导致市场化体制改革法治制度与民主制度建设的滞后、缺失与不完善。

如果我们将政府主导型市场化改革与政治体制改革滞后的不对称结合起来看，就会发现将引发中国政府运行中如下突出问题（周天勇等，2004）：(1)受政府自身利益目标的驱使，兼之缺乏法治与民主制度的约束与监督，将会产生政府体制和职能上的无限责任和无限权力，由此将强化行政审批型管理，并引发出审批范围失控、交叉多头审批以及程序不完善，主观任意性大等现象。(2)政府的无限权力与权力向市场的渗透与扩大，兼之政府监管机构的膨胀，滋生出名目繁多、数额巨大的税外收费与罚款。(3)行政机制与市场机制同时发挥资源配置作用，并在经济体制的市场化中产生了“政治市场”，这种体制交叉，必然将诱发出市场化改革中不同利益集团之间的合作和交易，而且随着市场化程度加深这种交易行为将呈现蔓延之趋势，其结果将导致政治市场中的权力、地位、层级等都成了个人获得利益的手段。这种政府运行中体制与制度上的缺陷的存在，兼之法治与民主制度建设的缺失与不完善，致使旧体制下行政权力对于资源的支配不仅依然保存，有些方面甚至还有所强化，不仅如此，这种制度缺陷还会在市场化体制改革中诱发出各种“权力搅买卖”现象。其突出表现为：

(1)政府利用政策形成经营性垄断行为。如铁路交通、电信、航空、城市基础设施与公用事业等领域的政府经营性垄断,产生了不公平的市场交易与竞争,并形成垄断租金。(2)在要素市场化过程中,政府运用公共权力与市场管制等工具,制造“新双轨制”①,即以公共权力为背景,自下而上地寻找和套取已经市场化了的商品和服务价格体系,和远未市场化的资金、土地、劳动力等要素价格体系之间的巨额租金。其第一层含义,是资金管理和资金配置失衡;第二层含义是用地制度扭曲的市场化和征地制度明显的权力寻租化,表现为左手通过权力低价征地,右手仍然是通过权力在以“市场化”的方法出让土地;第三层含义是劳动力价格的恶性竞争和资方利益的难以撼动。(3)政府利用具有地区、行业差别性与歧视性的信贷、税费等工具,制造不公平交易与竞争。如商业银行贷款,政府对不同性质的贷款对象实行不同的贷款额度、限度与利率,地方政府运用地方保护主义政策,对本地与外地产品征收不同的税费等等,人为地制造市场公平的交易与竞争环境与条件。(4)权限不清、范围失控、手续繁杂、程序不完善、随意性大的具有官僚主义特征的行政审批制度与管理,导致政府职能的无限责任与无限权力,从而导致政府直接干预市场交易。其结果不仅抑制了个人择业、创业与投资的积极性,而且从制度上形成了权力部门化、个人化与利益化,从而不可避免会制造市场的不公平交易与竞争。

上述各种“权力搅买卖”问题的存在,则为偷税漏税、权力寻租、黑幕交易等各条获取非法非正常收入之路提供了制度条件与

---

① 参见《中国经济时报》2004年12月24日。

空间,并由此导致我国居民收入差别与利益矛盾非正常地扩大与加剧。陈宗胜、周云波(2001)等人认为非法非正常收入是导致我国居民收入差别非正常扩大的根本因素,并对此进行相应的测算(见表 3-4)。

表 3-4 各种非法非正常收入对居民收入差别的影响

年代	正常收入的差别		偷税漏税的影响			官员腐败的影响		
	基尼系数	构成比重(%)	基尼系数增加值	扩大比率(%)	构成比重(%)	基尼系数增加值	扩大比率(%)	构成比重(%)
1988	0.34976	83.9	0.04457	12.74	10.69	0.00459	1.31	1.1
1989	0.36965	87.08	0.03728	10.09	8.78	0.00325	0.88	0.77
1990	0.34688	86.4	0.03276	9.44	8.16	0.00563	1.62	1.4
1991	0.36904	88.5	0.02852	7.73	6.83	0.00346	0.94	0.83
1992	0.37719	88.5	0.02727	7.23	6.4	0.00413	1.09	0.97
1993	0.40176	87.42	0.03099	7.71	6.74	0.01003	2.5	2.18
1994	0.43561	85.22	0.0529	12.14	10.35	0.0078	1.79	1.53
1995	0.4194	81.02	0.07461	17.8	14.42	0.008	1.91	1.55
1996	0.40582	81.31	0.06712	16.54	13.45	0.01028	2.53	2.06
1997	0.40269	81.64	0.06282	15.6	12.74	0.00899	2.23	1.82
平均		85.1		11.7	9.86		1.68	1.42

续表 3－4

年代	集团消费转化的影响			其他类非法收入的影响			总收入差别基尼系数		
	基尼系数增加值	扩大比率（%）	构成比重（%）	基尼系数增加值	扩大比率（%）	构成比重（%）	总体基尼系数	扩大比率（%）	构成比重（%）
1988	0.00245	0.7	0.59	0.01549	4.43	3.72	0.41686	19.18	100
1989	0.00243	0.66	0.57	0.01189	3.22	2.8	0.4245	14.84	100
1990	0.00331	0.95	0.82	0.01292	3.72	3.22	0.4015	15.75	100
1991	0.00248	0.67	0.59	0.0135	3.66	3.24	0.417	13	100
1992	0.00252	0.67	0.59	0.01509	4	3.54	0.4262	12.99	100
1993	0.00247	0.61	0.54	0.0143	3.56	3.11	0.45952	14.39	100
1994	0.00242	0.56	0.47	0.01242	2.85	2.43	0.51115	17.34	100
1995	0.0024	0.57	0.46	0.01318	3.14	2.55	0.51733	23.43	100
1996	0.00237	0.58	0.47	0.0135	3.33	2.7	0.49909	22.98	100
1997	0.00228	0.57	0.46	0.01646	4.09	3.34	0.49324	22.49	100
平均		0.65	0.56		3.6	3.07		17.64	

注：此表引用于陈宗胜、周云波：《非法非正常收入对居民收入差距的影响及其经济学解释》，载高培勇主编：《收入分配：经济学界如是说》，第 58 页，经济科学出版社，2001。

第四章　体制改革绩效与利益集团博弈方式和权力配置的内在逻辑分析

第一节　非均衡体制改革正负面绩效之实证分析

一般来说,任何一种制度的变迁都必然会涉及利益关系的调整,总会有一些人的利益要受到损害。如果没有人利益受损,就不可能有人受益;或者如果现在没有受损,将来就不会受益。也就是说,制度变迁的一般情况在理论上都属于"非帕累托改善"。

我国的体制改革同样属于一种制度变迁。在体制改革初期,由于我们选择的改革策略是在保持"体制内"利益关系不变的前提下,着重进行"体制外"的改革,这段时间的改革属于"帕累托改善"型改革,其利益矛盾和冲突没有充分暴露,也并不激烈,尚未触及旧体制的核心和实质部分。但随着体制改革的逐步深入,我们必须遵循改革的一般规律,进行全方位的改革。由于涉及一系列深层次矛盾和关键问题的解决,因此,必然引起各个利益集团相对利益得失并存的"非帕累托改善"型改革,并且由于多年来我们所进行的非均衡渐进性改革而产生的社会各利益集团利益矛盾的累积,致使我们目前深化体制改革中遇到了较为严重的利益矛盾障碍。我国当前的体制改革在某种程度上来说,处于一种胶着状态。

由于所谓的“帕累托改善”只是理论上的抽象,而实际上并非如此。也由于一旦改革的“非帕累托改善”程度扩大到社会改革的总收益小于总成本,或者受损者(反对者)多于受益者(支持者),体制改革就将无法进行,所以人们引进了一个“卡尔多改善”的概念来说明推进体制改革的最佳状态。即如果体制改革过程中社会各个利益集团受益总量大于其中某些利益集团受损总量,并且可以设计出一种机制来对受到损失的利益集团进行必要的和适当的补偿,使得所有人得到不同程度的改善,这个过程在经济学中被称为“卡尔多改善”。体制改革的方案不可能使所有人皆大欢喜,但是要尽可能照顾某些无碍大局的既得利益,争取这些利益集团对体制改革的支持是十分必要的。从收入分配的角度来看这个问题,有人在流向较高的收入阶层(向上流动)的同时,也就会有人流向较低的收入阶层(向下流动)。如果一定时期向上流动的人数大于同期向下流动的人数,则表明整个社会的收入不平等状况是在改善;相反则表明恶化。在体制改革过程中,对向下流动的人给予必要和适当的补偿,才能最终达到“卡尔多改善”,实现社会的和谐、稳定与持续发展。

究竟我国现阶段体制改革的绩效如何,需要采用某种标准来进行衡量。体制改革初期,我国政府制定了“效率优先,兼顾公平”,“鼓励一部分地区、一部分人通过诚实劳动、合法经营先富起来,最终带动全国人民共同富裕”的改革路线。邓小平同志也曾经创造性地提出了以“是否有利于发展社会主义的生产力,有利于增强社会主义国家的综合国力,有利于提高人民的生活水平"这"三个有利于"作为判断改革开放中一切工作得失、是非、成败的标准,这也可以认为是评价体制改革绩效的一个重要标准。上述这些标准都是着重从效率的角度来衡量体制改革绩效的好坏,这与当时我国经济发展侧重于物质财富的增长有着密切的关系。

从1978年开始,我国在28年的体制改革过程中,确实取得了很大的成就。例如所有制结构日趋多元化,初步形成了以公有制为主体,多种经济形式共同发展的新格局;国有企业改革初见成效;政府逐步转变职能,新的宏观调控体系的框架初步建立;市场体系日趋完善,并逐步走向成熟;与市场经济相适应的劳动就业、收入分配、住房、失业、养老、医疗和公伤等社会保障制度正在形成;初步实现了我国经济增长方式由粗放型向集约型的转变……暂时撇开公平,单从效率的角度来看,可以说,我国现阶段体制改革的绩效是十分可喜的。关于这方面的统计数据,例如GDP、可支配收入的增长等等,在前面章节中已经进行了详细的分析,本章就不再进行重复分析了。

但是,随着体制改革的进一步深入,这种"效率先行"的改革模式在取得效率的同时,在公平方面出现了比较严重的问题:社会成员之间的收入差距不断扩大,并且还有进一步扩大的趋势;不同利益集团之间的利益冲突加剧,弱势利益集团形成,并且其处境还有进一步恶化的趋势……社会出现了种种不公平、不和谐的现象。而所有的这些都背离了社会主义制度的本质要求和建设社会主义和谐社会的目标。下面的三张表格,提供了我国社会中不同利益集团对体制改革绩效评价的样本。从中,我们可以比较清楚地感受到体制改革在某些方面，特别是在公平、和谐角度上存在的问题。

表4-1　不同利益集团感受体制改革给自己带来的好处

感受＼利益集团	体力劳动者（劳动集团）	脑力劳动者（知识集团）	领导者（管理集团）
得到很大好处	3.8%	9.1%	19.0%
得到不少好处	9.4%	15.6%	14.3%
得到一些好处	46.3%	55.0%	52.4%
没得到什么好处	32.4%	13.4%	9.5%
说不清楚	8.1%	6.9%	4.8%
合计	100%	100%	100%

表4-2　不同利益集团对社会现状的满意程度

满意度＼利益集团	体力劳动者（劳动集团）	脑力劳动者（知识集团）	领导者（管理集团）
非常满意	2.1%	3.9%	9.5%
比较满意	23.0%	37.2%	47.6%
一般	35.2%	39.4%	33.3%
不太满意	22%	12.6%	4.8%
不满意	16.7%	6.5%	4.8%
说不清	1.0%	0.4%	0
合计	100%	100%	100%

表 4－3 不同利益集团对自身收入状况的评价

评价 \ 利益集团	体力劳动者（劳动集团）	脑力劳动者（知识集团）	领导者（管理集团）
很高	0	0.4%	0
较高	3.8%	16.9%	33.3%
适当	43.6%	50.7%	57.2%
偏低	35.9%	27.7%	9.5%
太低	14.6%	3.9%	0
说不清	2.1%	0.4%	0
合计	100%	100%	100%

数据来源：以上数据节选自《市场经济与当代中国结构》，周罗庚等著，上海三联书店，2002。

上述数据来自抽样调查的结果，尽管由于样本相对较少、抽样范围局限于几个大城市等原因，可能得出的数据精确度不太高。但通过以上的数据，我们仍然可以得出一些具有倾向性的结论：从表 4－1 中我们可以看出，三个利益集团中都有超过半数的人认为体制改革给自己带来了或大或小的好处，比例最低的体力劳动者（劳动集团）也达到了 59.5%。因而，我们不能否认，体制改革的绩效确实还是得到了社会上大多数人的肯定，这是可喜的一面；但同时我们更应该看到，认为只得到"一些"好处的人的比例非常高，占了所调查者的 50% 左右，可见，有相当大一部分的人因为对改革报有较高的期望值，而认为现阶段改革给自己带来的好处还不太多，希望能够在今后的改革进程中获得更多的好处。从表 4－2 中我们可以看出，对于社会现状的满意程度，三个利益集团中认为

“一般”及以上的都超过了60%，因而，我们不能否认，对体制改革所形成的社会现状，绝大多数人还是可以接受的；但我们更应该看到，体力劳动者（劳动集团）的60.3%要远远低于脑力劳动者（知识集团）的80.5%和领导者（管理集团）的90.4%。从表4-3中我们可以看出，对于自身的收入状况，领导者（管理集团）和脑力劳动者（知识集团）比较满意，认为收入“适当”及以上的分别占了90.5%和68.0%；而体力劳动者（劳动集团）显然对当前的收入状况并不满意，此比例仅为47.4%，有超过半数的认为自己收入低。

综合上述三表，我们可以得出的基本判断是：一方面，对体制改革的绩效，我们不能也不应否认，大多数人还是持肯定态度的；但另一方面，无论是对改革给自己带来好处的感受、对自身收入状况的评价还是对社会现状的满意程度等，领导者（管理集团）和脑力劳动者（知识集团）对体制改革的满意程度都要大大高于体力劳动者（劳动集团）；而其中，领导者（管理集团）又要明显高于脑力劳动者（知识集团）。从上述判断中，我们可以初步得出如下的结论：在我国体制改革过程中，领导者（管理集团）和脑力劳动者（知识集团）是既得利益集团，是体制改革的受益者，因而，对于体制改革所带来的好处显然比较满意；而与此相反，在国家中占人口绝大部分比例的体力劳动者（劳动集团）却在体制改革的过程中处于利益相对受损的地位，逐步沦为弱势利益集团，因而，对体制改革的满意度相对较低。尽管领导者（管理集团）和脑力劳动者（知识集团）同属于体制改革的受益者，但在目前的情况下，相对于脑力劳动者（知识集团），领导者（管理集团）显然属于强势利益集团，拥有更多的权力，因而在体制改革过程中也得到了更多的实惠。

针对以上不公平、不和谐现象的出现，我们应该认识到：在体制改革过程中，衡量改革绩效的评价标准应该要随着社会发展具体需要的变化而不断发生变化。

在这种前提条件下，江泽民同志在十六大报告中提出了新的收入分配原则，即“初次分配注重效率，发挥市场的作用，鼓励一部分人通过诚实劳动、合法经营先富起来；再分配注重公平，加强政府对收入分配的调节职能，调节差距过大的收入”。刚刚出台的“十一五”规划更是提出了“更加注重社会公平，使全体人民共享改革发展成果”以及“促使发展由偏重于增加物质财富向更加注重促进人的全面发展和经济社会的协调发展转变”的主张。

从“十六大”提出“使社会更加和谐”的要求，到十六届四中全会进一步提出构建社会主义和谐社会的任务；从2005年2月，胡锦涛总书记在中央党校深刻阐述构建社会主义和谐社会的基本特征、重要原则和主要工作，到十六届五中全会提出的一系列的思路和举措……回顾这一发展轨迹，人们可以清晰地感受到，党中央关于构建社会主义和谐社会的思考在不断深化，和谐社会建设这个宏大命题，已逐步从初步破题进入操作、实践的新阶段。以上这一切都充分体现了我国政府现阶段对社会公平、和谐的关注。在下一阶段的体制改革过程中，我们仍然不应否认效率的重要性，但不应该继续追求这种“单纯的GDP增长发展观”，而更应该着重从公平、和谐和稳定等角度来衡量体制改革的绩效。这主要表现在如何实现我国各个利益集团之间的机会平等，使利益分配更加合理，以及如何促进我国经济社会的持续稳定发展和实现利益兼容、构建社会主义和谐社会等问题上。公平、和谐问题无论是对于一般意义上的市场经济，还是社会主义的市场经济都是提倡的，只有公平和效率协调发展、有机统一，体制改革才能实现最大的绩效。

首先，从市场经济的一般意义来看，市场经济是一种自由竞争的经济，它遵循价值规律和按效率分配的原则，看上去似乎只讲效率，不讲公平。但我们应该看到，市场经济讲求产权明晰，产权是效率的动力。这也就是讲求充分尊重私有产权，保证每个社会个体的机会平等（即起点平等）和规则平等（即过程平等）。在此基础上，通过充分的市场竞争，实现资源的优化配置，从而实现效率。因而，我们可以这么说：机会平等和规则平等正是一般意义上市场经济的公平评价。

其次，从社会主义市场经济的特殊角度来看，社会主义的本质，是解放生产力，发展生产力，消灭剥削，消除两极分化，最终达到共同富裕。这个本质决定了社会主义市场经济比起一般意义上的市场经济更应该讲求公平。市场经济体制与社会主义制度的结合，决定了首先要保证各个利益集团的机会平等和规则平等，这主要是表现在初始社会制度安排上的平等，例如在接受教育上的机会平等。另一方面，国家在收入再分配上的工具、政策上要完善，例如要在税收制度、社会保障、宏观调控等方面采取相应的措施，从而通过收入的再分配，尽最大可能地满足社会弱势利益集团的利益要求，实现社会财富和收入分配上的结果相对平等，从而保证社会的稳定，为社会经济的持续快速发展（即效率），为最终实现共同富裕的目标提供保证。

因此，社会主义市场经济的公平原则可以说是机会平等、规则平等基础上的结果相对平等。但需要强调的是，这里所说的

“结果相对平等”绝不是要使社会回到劫富济贫、平均主义的老路上去。正常市场竞争所产生的收入差距不是收入分配不公，而恰恰是公平的体现，但收入差距过大而导致严重的两极分化是我们所不允许的。作为一个社会主义国家，要把握好机会平等、规则平等与结果平等之间的度，既不能盲目追求结果平等，也不能只顾机会平等和规则平等，要做到机会平等、规则平等基础上的结果相对平等。

第二节　体制改革绩效是一定社会生产方式下诸多相互依赖权力累积的函数

一、几个假设条件

在传统的计划经济体制下，我国过于强调国家整体利益，讲求国家利益高于一切，社会主义国家的人民在利益上是高度一致的，不承认存在各种不同的利益集团。随着体制改革的逐步推进，我们不仅在理论上承认了在社会主义市场经济体制下存在不同的利益集团，并且在实践上已经培育出了不同的利益集团。体制改革的过程是我国各个利益集团利益要求复苏的过程。被国家利益长期压抑的地方政府、企业、工人、农民、知识分子等对各自利益的要求及其表达日益公开化，出现了与传统体制利益高度一致相反的变动趋势。这种趋势不仅将原先强制整合到整体利益中去的各个利益集团的特殊利益分解出来，而且还形成了不少新兴的具有自身独立利益的利益集团。

为了统一口径，达到方便分析问题，顺利解决问题的目的，本书首先设定以下几个假设条件。

假设条件之一：将我国经济社会各个阶层分为四大利益集团，分别是以各级政府（包括中央政府和地方政府）及领导者为代表的管理集团（用 G 表示）、以企业所有者为代表的资本集团（用 C 表示）、以体力劳动者为代表的劳动集团（用 L 表示）和以脑力劳动者为代表的知识集团（用 K 表示）。这些利益集团是参加我国体制改革的行动主体，在体制改革的过程中他们相互依赖，共同促进体制改革的发展。

假设条件之二：所有利益集团都是追求自身利益最大化的有限理性的经济人，各个利益集团有着不同的利益追求。管理集团追求社会总产出最大化和政治支持最大化；资本集团追求利润最大化；劳动集团追求工资收入最大化；知识集团追求人力资本的市场价值最大化，这里的“有限理性”并不是指行为人放弃了追求自身利益的最大化，而是指在追求自身利益最大化过程中，行为人在分析推理能力、识别判断能力、记忆能力和准确行为能力等多方面存在其中某个或者某几个方面的不完美。

假设条件之三：社会经济资源是稀缺的，社会财富是有限的。只有这样，才存在不同利益集团的利益冲突，才需要通过体制改革不断进行利益关系的调整，从而实现各个利益集团的利益兼容。

二、影响制度变迁绩效的一般因素分析

依据对外在制度创新本质属性的合理定位与马克思主义经济学中制度变迁理论框架的基本观点和方法的科学指导，以及对其

他制度变迁差异性与多样性不同理论解说中合理观点、思想的综合吸收、利用，我们认为，影响制度变迁绩效的一般因素主要有以下几个(周小亮，2002)：

1.初始条件，即以生产方式为基础的社会系统制度结构。这是外在制度创新的逻辑基础。任何一个国家、地区或社会共同体在进行外在制度设计或创新时，都必须以该国家、地区或社会共同体所特有的建立在生产方式基础上的社会制度结构为逻辑基础，离开了初始条件或社会系统制度结构的约束，外在制度设计、创新就失去了客观基础。根据马克思主义的历史唯物主义思想，社会系统制度结构是由生产方式决定的社会经济关系或经济基础(主要是社会利益关系)、政治上层建筑(主要是确定权力体系或结构)以及以观念、文化、社会心理和社会知识等形式表现的社会意识形态或思想上层建筑所构成。一个社会的外在制度创新，完整而科学地说，是社会经济利益结构、政治权力结构和文化意识形态结构三大系统制度结构相互推动的客观结果，其中社会生产方式是外在制度创新的物质前提与根基，社会经济关系是外在制度创新的动力源泉和目的归宿，社会权力体系或结构是外在制度创新的直接动力，文化和意识形态是外在制度创新的社会基础和保障。所以，促使制度变迁(当然包括外在制度创新)的是由社会系统制度结构而产生的一个动力系统，正如恩格斯所说："根据唯物史观，历史过程中的决定性因素归根到底是现实生活的生产和再生产，……如果有人在这里加以歪曲，说经济因素是唯一决定性的因素，那么他就是把这个命题变成毫无内容的、抽象的、荒诞无稽的空话。经济状况是基础，但是对历史斗争的过程发生影响并且在许多情况下主要是决定着这一斗争的形式的，还有上层建筑的各种因素……”①因此，外在制度创新的初始条件或逻辑基础既不是单纯的社会利益关系逻辑基础，也不是单纯的政治权力结构，更不是单纯的社会文化与意识形态，而是社会经济、政治、文化等各种因素状况及其制度结构有机统一体。

2.核心决策层的偏好与利益。由于外在制度创新直接关系到社会利益与权力格局的重新调整，在此过程中，要涉及社会利益和权力在不同利益主体之间的重新分配。从外在制度创新的决策结构看，可以将利益主体分为核心强势决策层、中间影响层和基层弱势接受层。一般地说，核心强势决策层既有动机提供或审定外在制度创新的初次方案，又能够以自己的偏好与利益左右外在制度创新初次方案的基本框架与模式，所以，从某种意义上说，在一个给定的规则或制度系统中，事情结局在很大程度上由一群“政治明星”决定，而劝导政治家或影响特定问题的结局的努力常常是徒劳的(布坎南，1989)。尤其是在政治市场不完全的情况下，由于核心决策者享有一定的外在制度创新垄断权力，决定了外在制度创新的性质和基本价值取向要与核心决策者的偏好与利益保持一致。如果是在集权政治秩序下，外在制度创新则高度依赖于核心决策者的偏好与利益。可以说，只要存在一定的集权政治制度结构与秩序，则核心决策者的偏好与利益均会不同程度地左右外在制度创新的方向、速度、形式、深度和广度，那些完全偏离了核心决策者的偏好与利益的外在制度创新是难以推行的。

① 《马克思恩格斯选集》，第四卷，第477—478页，北京，人民出版社，1995。

3.利益集团构成结构与力量对比。利益集团的构成结构是指由不同利益集团的比例关系与相互制衡关系而形成的社会经济关系基本状态与特征。它是社会不同利益集团力量对比和博弈过程、方式与结果的基本依据。如果从规模上讲,利益集团的构成结构可以分成多数利益集团和少数利益集团;如果从外在制度创新中的地位、作用与其控制的资源(包括经济资源、政治资源、文化资源、组织资源等)上讲,可以分成主导或强势利益集团与从属或弱势利益集团;如果从利益关联度或密切度上讲,可以分成“紧密勾结型利益集团”与“松散漠视型集团”。社会利益集团在外在制度创新过程中的力量对比与主导或强势集团的产生,是由一个社会特定生产方式下而形成的利益集团构成结构而定。不同社会的利益集团结构,会形成不同的利益集团力量对比关系和不同的主导或强势集团。由于外在制度创新过程实质上是社会不同利益集团讨价还价、相互博弈乃至相互斗争的结果,所以,外在制度创新的方向和路径从根本上说,是取决于不同利益集团的力量对比与主导利益集团或强势利益集团的支配与操作。不过,必须强调,在某项外在制度创新过程中,利益集团的力量对比和主导或强势集团的产生,是由利益集团构成结构中的多因素和多因素的复杂组合关系而确定的。这里,既有利益集团的数量规模因素,也有利益集团的地位、作用或它们所能控制的资源因素,还有利益集团内部的利益关联或密切度因素。如果单方面来说,一个利益集团在外在制度创新过程中的力量大小与强弱关系,是与其数量规模、地位作用和所能控制的资源以及利益关联度成正相关关系,但如果结合起来考虑,则最为关键的是利益集团的地位、作用与其控制的资源因素。其次是集团内部的利益关联度,最后才是集团的数量规模。因为,在外在制度创新过程中,地位与作用凸显并能控制创新资源的集团,可以与高层决策者相互达成勾结或某种默契,支配或操纵外在制度创新的方向与路径以及创新的深度和广度;利益关联度强而数量规模较小的利益集团,由于在某项外在制度创新结果中的利益息息相关并获取的边际收益较大,所以能够有效地结合起来,向外在制度创新的设计者与组织者强烈地表现其偏好与利益倾向。最后,至于规模数量大的利益集团,从人数多、影响面广的角度看,任何外在制度的创新必须考虑得到该集团的支持,否则将因失去“群众支持”而致使外在制度创新夭折,但从地位、作用和表达其偏好的动机与能力看,则该利益集团是处于从属、被动的地位,并且既缺乏向核心决策者表达其偏好、利益取向的强烈动机,也缺乏聚集起来表达偏好、利益取向的能力。可见,如果侧重于权力角度,则正如斯密德所说的那样,如果一个人有考虑其偏好的权力和参与市场决策的权力,则其在政治过程中获得新权利的分配和界定的权力就有可能增大;反之则相反。概之,如果我们将利益集团的构成结构与利益集团力量对比综合起来分析,则可以推论一个社会的利益集团结构、组合与状态不同,则决定了外在制度创新过程的利益集团力量对比与主导利益集团的不同,从而致使外在制度创新的性质、方向与路径也不同,从而制度变迁的绩效也不同。

4.利益集团博弈方式。外在制度既然是一种利益集团的正式博弈规则,那么其创新的方向、方式与路径和绩效则必然要受制于利益集团的博弈方式。下文将着重对这个因素进行分析,在这里就不再展开。

5.公共决策形式。外在制度创新是一个为解决利益矛盾而进行的达成新协议的过程,也是一个公共决策的过程。显然,不同的公共决策形式与规则将形成不同的外在制度创新,也将会产生不同的绩效。如集权制下的公共决策形式与民主制下的公共决策形式,将产生利益集团之间的不同博弈规则,并形成不同的利益集团偏好显示机制,从而将产生不同的外在制度创新模式。进一步说,同样是在民主制下的公共决策,直接民主制的公共决策形式不同于代议民主制的公共决策形式;再进一步说,同样是直接民主制下的公共决策,还会因投票规则(是全体一致规则还是过半数规则)、投票交易形式、公共物品偏好强度的显示形式与渠道等方面的差别而产生不同的直接民主制下的公共决策形式。类似地,同样是代议民主制下的公共决策,也会因投票规则、政党数目与竞选纲领、民选代表的行为方式、政治秩序等方面的差别而产生不同的代议民主制下的公共决策形式(Dennis Mueller, 1979;文建东,1996)。由此可见,正因为有形式各异的公共选择形式,则作为本质上属于公共选择过程的外在制度创新,其形式与模式也就必然千差万别,绩效也会有所差异。

6.形成公共社会决策力的共识与共有理念。外在制度,作为一种公共政策变量,权力变量在短期内是最理想的变量选择。但是,任何一项外在制度的创新都需要有一种改变权力变量的意愿作支撑,而这种意愿要明显地受制于一个社会共同体形成公共决策力的共识和共有理念状态。社会共同体成员的偏好、价值观、终极目标、知识、信息处理和决策的策略选择以及社会团体文化氛围与决策规则的差异与多样性，决定了不同的社会共同体具有不同的社会共识与共有理念，从而产生不同的公共社会决策力与制度创新的支撑系统，由此形成了不同的外在制度创新的模式、路径与绩效。

概之而论，由于各个社会共同体致使外在制度创新的上述六大主要因素各具特色与千差万别，由此必然要产生社会共同体外在制度创新呈现差异性与多样性之特征以及不同的绩效。

三、体制改革绩效是一定社会生产方式下诸多相互依赖权力累积的函数

体制改革要取得成功，需要管理、资本、劳动、知识等各个利益集团的相互协调，共同努力。管理集团需要制定一系列的法律制度等规则，来规范各个微观利益集团的行为，使他们为社会总产出最大化而努力，保证社会的稳定运行。通过不断的改革，使各个利益集团之间的利益分配更加合理，减少社会利益冲突，降低社会交易成本，从而保证自己政治权力的实施和领导地位的稳固。资本集团通过为社会各部门提供资金，一方面使自己赚取利润，也为实现社会的发展，为实现管理集团社会总产出最大化的目标提供物质保障；同时他们也会积极地同管理集团进行交涉，使管理集团通过更有利于他们的法律法规，以寻求更好的投资环境。劳动集团通过向社会提供自己的劳动，生产出社会所需要的各种产品，为资本集团实现利润，同时也为管理集团实现其社会经济目标提供体力保证。知识集团则利用他们所拥有的知识、智慧，向社会提供其人力资本，进行发明创造、技术创新，为应付社会未来的不确定性

出谋划策,寻求社会对其价值的承认。在我国的体制改革中,这四个利益集团相互依赖,共同为体制改革的顺利进行和我国社会经济的发展发挥着自己的作用。

体制改革是社会共同体在既定的社会生产方式下,不同利益集团为实现自身利益最大化而在强势利益集团主导下的有意识、有目的地重新界定社会利益关系和权力关系的博弈乃至斗争的过程。中国的体制改革,是全面的制度变迁,是利益和权力转移和再分配的过程。可以说,体制改革的过程不仅仅是利益关系调整、财富分配合理的渐进式改革,还应该是权力分配领域的渐进式改革。

对于正处在转型期的中国来说,管理集团拥有强大的权力,处于强势的地位;而其他利益集团由于无权或者少权,则处在弱势的地位。在民间存在着这样一种说法:“用钱财来施舍一个穷人,不如教给他自己营生的手段。”因为钱财的施舍只能是暂时的,不能解决穷人长久的生活需要。一旦钱财用完,穷人将继续做他的穷人,而学会营生的手段,获得持续的收入才是穷人脱贫的根本途径。将这种说法应用到我国体制改革过程中,可以变为:“为了实现整个社会的‘卡尔多改善’,管理集团对其他微观利益集团,特别是弱势群体进行经济上的补偿,不如逐步赋予他们更多的权力。”此处的权力包括参与市场的经济权力和参与民主的社会权力等等。只有获得了权力,才能真正保障他们应有的利益不受侵害。

在历史上,中国最不缺少的是权力现象,最缺少的是权利意识。这种说法现在依然成立。在市场经济的条件下,有权则有利,无权、少权则无利或少利。因而可以说,当前中国之所以存在收入分配不公平问题以及利益冲突加剧等不合理现象,最根本的因素是权力因素。一个强大的政府公权，既有利于保护私权，也容易侵犯私权。

在这里，我们暂且先撇开公权保护私权的情况，着重来分析其对私权的侵犯。权力的稀缺性以及由稀缺所导致的垄断性决定了政府公权极有可能进入市场过度干预个人的要求权利，从而出现公权侵犯私权的现象。在我国这一现象主要表现在：本应该只在再分配领域发挥作用的政府公权，错误地进入到了初次分配领域，使初次分配领域出现了权力分配的趋势。在强权和特权的作用下，甚至可以通过权钱交易实现权力的收入分配。同时，不仅仅表现在收入分配领域，在要素分配领域，权力的分配也出现了异化。权力作为一种生产要素进入市场，不仅直接决定着要素的贡献分配和收入的高低，甚至出现了用权力替代市场，决定生产要素配置和流动，直接参与收入分配等不合理现象。可以说，收入分配中的不公平，进而出现利益冲突的加剧，在很大程度上是政府公权膨胀和私权抑制所造成的极不合理的结果。

我国体制改革的过程应该是中央政府向地方政府和微观利益集团逐步下放权力的过程。随着改革的逐步深入，市场化程度的不断提高，市场在资源配置中发挥越来越大作用的情况下，地方政府和微观利益集团在体制改革中的权力将逐渐增大，并将逐渐成为制度创新的主体，私权将发挥越来越重要的作用。在这里，我们强调保护私权的重要性，并不是说不需要公权。在市场经济运行的过程中，公权的作用同样重要。一方面，政府公权要为市场经济的发展提供一种平等竞争、公开公正运行的制度和环境，起到保护公民、保护市场经济各类主体的平等权利，即保护私权的作用。另一方面,政府公权只能被界定在收入分配的再分配调节领域,不应再干预初次分配领域,从而抑制其侵犯私权的负面作用。只有这样,才能保证各个利益集团之间收入分配的公平、合理,真正实现利益兼容。

综上所述,在我国体制改革的进程中,要想提高改革的绩效,实现兼顾效率与公平的目标(现阶段着重解决公平问题),对当前我国社会中存在的不同利益集团的利益关系,首先特别是社会中存在的各种相互依赖的权力关系进行适当的调整是十分必要的。可以说,体制改革的绩效是诸多相互依赖权力累积的函数,即体制改革的绩效 $U=f(G、C、L、K)$。体制改革要想取得成功,要想实现真正意义上的"卡尔多改善",必须调整好各个利益集团之间的权力关系,赋予每一个利益集团所应该拥有的那份权力,并给予充分的尊重和保护。只有这样,才能充分调动各个利益集团参与体制改革的积极性和创造性,更加拥护体制改革,减少体制改革的阻力和摩擦成本。

第三节 体制改革中利益集团博弈方式和权力配置的内在逻辑分析

一、相关概念解释及理论回顾

18世纪美国的一些政治学家就注意到美国社会中出现了利益集团,并开始研究这些利益集团在政治和社会中的作用。詹姆斯·麦迪逊被公认为研究利益集团问题的"第一个重要的美国理论家”。他为利益集团下了这样的定义:“为某种共同的利益的冲动所驱使而联合起来的一些公民,不管他们占全部公民的多数或少数,而他们的利益是损害公民的权利或社会的永久的和总的利益的。”后来,随着学科的发展,越来越多的学者对利益集团进行研究,并对它做出不同的定义。但是总的来说,利益集团是指那些为追求共同利益而采取一致行动的个人集合体,其行动绝大多数是通过各种方式影响政策的制定过程,以保护或扩大自己的利益。

在利益集团多元化的社会中,政策的制定过程,以及制度的变迁过程必然是一个公共选择的过程,在这个过程中,社会经济系统中的行动者在他们对资源的控制和提取、结构位置和行动的可能性等方面是不等同的。也就是说,权力在各社会阶层和集团之间是不平等分配,他们对政策选择施加的社会影响也是不相同的。有些利益集团处于明显的优势,他们的行动对政策选择产生重大影响,而其他的利益集团可能在政治机器这个庞然大物面前表现得束手无策或无足轻重。这样的权力差序,即不同利益集团行动能力与权力相关性位置的差异,必然会导致利益结构上不平等的交换和不平衡的政策取向。

经济学研究利益集团问题相对较晚。直至 20 世纪 60 年代,经济学家奥尔森才在其专著《集体行动的逻辑》中,较系统地分析了利益集团的形成及其内部运作情况,也涉及了利益集团影响决策的问题,但没有将利益集团的分析与宏观上的制度变迁联系起来;进入 20 世纪 70 年代,布坎南等人研究公共选择时,首次成功地将经济学用于政府决策研究,但重点研究的是政府官员行为决定,并且将官员也作为古典经济学中原子式个人,而没有将其作为一个利益集团对待。进入20世纪80年代中后期,新制度学派在西方经济学界崛起,才将利益集团作为制度演进过程中研究的一个基本单元。其中,诺斯、戴维斯等人在经济史研究中专门研究了利益集团之间的博弈对经济制度变迁的影响过程,他们认为,制度演进的方向与一个社会中利益集团之间的博弈过程和结果有关。因此,诺斯说,如果说制度是游戏规则,那么利益集团就是玩家。更具体地,新制度学派还认为,从静态来看,制度演进的方向是由社会中处于强势地位的利益集团决定的。而强势集团之所以能够决定制度演进的方向,又主要是通过一定的方式获取国家政权的支持,或者通过赎买,或者通过强制。

在中国制度变迁方式问题的分析上,林毅夫通过人的有限理性和动力学机制的分析,得出了"强制性制度变迁"和"诱致性制度变迁"的一般性定义(林毅夫,1994)。杨瑞龙在分析了强制性和诱致性制度变迁的基础上,结合我国体制改革的实际情况,认为我国制度变迁方式与制度选择目标之间存在着冲突(杨瑞龙,1994),在此基础上,他提出了"中间扩散制度变迁方式假说"(杨瑞龙,1997)和"我国制度变迁方式转换的三阶段论"(杨瑞龙,1998)。他认为,一个中央集权型计划经济的国家有可能成功地向市场经济体制渐进过渡的路径是,由改革之初的供给主导型制度变迁方式逐步向中间扩散型制度变迁方式转变,并随着排他性产权的逐步确立,最终过渡到需求诱致型制度变迁方式,从而完成向市场经济体制的过渡。在其前理论的基础上,杨瑞龙和杨其静又提出了"阶梯式的渐进制度变迁模型"(杨瑞龙、杨其静,2000),他们采用个体主义的成本——收益分析法,并利用博弈论的思想,通过对中央治国者、地方政府官员和微观利益集团之间的三方博弈过程及其经济后果的分析，证明了正是由于地方政府的介入才使渐进式改革得以相对平稳地推进，并且能以较低的摩擦成本加快我国的市场化进程，从而使我国的制度变迁路径呈现出阶梯状。黄少安则在对杨瑞龙"中间扩散论假说"和"三阶段论"的评析中，提出了"制度变迁主体角色转换假说"(黄少安，1999)，并利用这个假说对中国制度变革进行了解释。他认为，在制度变迁过程中存在利益主体的多元性特征，制度变迁是由不同主体联合行动才能完成，并且不同主体在制度创新中的角色是不断变化的。周业安在哈耶克的社会秩序二元观的基础上，提出了一个分析中国制度变迁的初步演进论框架(周业安，2000)。他认为，中国的改革过程交织着政府选择外部规则和社会成员选择内部规则的双重秩序演化路径。认为改革经历了政府逐步退出直接的制度创新领域及外部规则逐步缩减作用范围的过程，也就是内部规则的逐步发育和强大的过程，这是中国市场化的本质。靳涛在总结了上述理论的基础上提出了一个"双层次互动进化博弈制度变迁理论"(靳涛，2003)，把中央政府、地方政府和微观利益集团的博弈细分为宏观层次和微观层次的博弈，并通过地方政府把两个层次的博弈连接起来，然后，又引入进化博弈分析方法，认为制度变迁的演化过程就是通过微观层次的"突变"和宏观层次的"选择"，以进化安定均衡的产生和打破来体现这一互动的制度演化过程。

在上述理论背景下，下面将采用利益集团作为分析的主体，运用公共选择理论，采用博弈分析方法，通过制度变迁方式的逐步演化，对我国体制改革过程中利益集团博弈方式和权力配置的内在逻辑关系以及体制改革绩效与利益集团博弈方式和权力配置之间的关系进行一系列的分析。

二、体制改革中利益集团博弈方式和权力配置的内在逻辑分析

1.体制改革过程中,利益集团权力配置变迁的公共选择理论模型分析

在这一部分中,先利用公共选择理论的分析方法,通过一个社会选择排序的不可能定理和投票悖论作为分析工具,对我国体制改革过程中利益集团权力配置的变迁做一个初步的分析。

为了分析方便,在这一部分中,暂时先将假定的利益集团再做一次新的分类,将管理集团(G)细分为中央政府(M)和地方政府(N),将其他三个利益集团(C、L、K)合并,称为微观利益集团(O)。假定它们面临着三种制度变迁方式的可选方案:X、Y和Z。

首先,对方案X、Y和Z进行假定:

假定"方案X"是自上而下的供给主导型制度变迁,即中央政府主导型制度变迁,它是一种在一定的宪法秩序、意识形态和伦理道德的约束下,政府通过制定政策、法规等手段提供制度安排的意愿以及起主导作用的制度变迁。在这种制度变迁方式中,政府直接扮演"第一行动集团"的角色。中央政府推动的制度变迁既要满足自身的偏好与利益,又要尽可能考虑到各利益集团的制度需求;既要有助于向市场经济过渡,又要把它控制在政治、财政、社会可承受的限度内。中央政府主导型的制度变迁通过强制性的实施,有利于树立中央政府的权威,强化中央政府的力量,推动全国统一

市场的形成，兼顾各个地区的利益，以便更好地实现中央政府的宏观经济目标，同时，也有利于降低制度创新的实施成本，提高制度创新的效率。但由于我国幅员辽阔，各地的实际情况千差万别，而且中央政府主导型制度变迁又带有一种强制的性质，难以有效保证制度创新的质量和效果。因此一旦失败，造成的影响面太广，而且损失极大。

假定"方案 Y"是中间扩散型制度变迁，即地方政府主导型制度变迁。体制改革的历程就是中央政府向市场经济主体放权让利的过程。在这个过程中，地方政府逐步成为地方或区域内经济资源的支配者，获得了较大的权力。在这种情况下，地方政府成为了制度变迁的"第一行动集团"，它介于中央政府和微观利益集团之间，兼有双重身份，既是中央政府制度创新的实施者，又是制度的供给者，而且还要尽可能地反映本地区微观利益集团的利益。因而它们一方面要积极贯彻执行中央政府的方针政策，通过各种公关手段处理好上下左右的人际关系，还要采取种种办法去推动本地经济的发展，以取得良好的政绩。地方政府主导型的制度变迁，由于是从局部地区进行的，即使失败了，影响和损失也小；而且由于地方政府更了解地方的实际制度需求，所进行的制度创新的质量和效果也比较好，可以弥补中央政府制度供给的不足。因而比前者具有更灵活、更及时的优势。但地方政府主导型的制度创新很可能忽视国家整体利益，过多地从地方的局部利益出发，实行地方保护主义，不利于全国统一市场的形成；而且由于不同地区实行制度创新的方向和力度等的不同，会导致在制度创新水平上出现地方性差异。

假定“方案 Z”是自下而上的需求诱致型制度变迁，即微观利益集团主导型制度变迁。随着体制改革的进一步深入，民主化、市场化水平不断提高，市场在资源配置中发挥的作用越来越重要的情况下，以资本、劳动、知识等利益集团为主体的微观利益集团在制度创新中扮演着越来越重要的角色，逐渐成为制度创新的“第一行动集团”。在这种情况下，由于制度需求的主体和制度供给的主体是相同的人，由他们所主导的制度创新充分代表了制度需求的真实要求，时滞最短，而且能够由自己承担制度变迁失败的风险和成本；同时，一旦成功，进行推广，又可以使收益社会化。但由于在中国的现实社会中，相对于前两者来讲，微观利益集团处于弱势地位，权力很小，受到的约束也较多，因此，他们进行制度创新的空间比较小，而且结果很难得到认可和推广。在我国，微观利益集团要真正成为制度创新的主体，至少在目前来看，还不是一件容易的事情。这需要进一步完善社会主义市场经济体制，国家进一步下放制度创新的权力，为他们构建更加宽松的创新氛围。只有这样，才能充分调动微观利益集团制度创新的积极性和创造性，发挥他们的聪明才智。

其次，对行动主体 M、N 和 O 进行假定：

假定中央政府（M）为了实现社会总产出最大化和政治支持最大化的目标，首先肯定支持以自己为主导进行制度创新，因为这样最有利于他们目标的实现。其次，相比较地方政府和微观利益集团，或许他们更希望地方政府来进行制度创新，因为地方政府作为中央政府的“下级”，比起微观利益集团来说，与中央政府的联系更加密切，而且为了得到中央政府的支持，地方政府会更多地考虑国家发展的需要。因此在制度变迁方式的选择上，中央政府的选择排序是：X 优于 Y，而 Y 又优于 Z。假定地方政府（N）追求地方社会总产出最大化，从而实现中央政府满意程度最大化、本地区微观利益集团支持最大化的目标。在不与中央政府政策相冲突的前提下，地方政府通过自身的制度创新，使本地区经济发展越快，社会福利越好，越能使中央政府满意，也越能获得本地区微观利益集团的支持。因而地方政府首选以自己为主导进行制度变迁。其次，本地的微观利益集团比起中央政府更熟悉本地区的情况，他们从自身利益最大化角度考虑所进行的制度变迁也更加符合本地区的实际情况，更有利于促进本地区经济的发展，从而实现地方政府的目标。因此在制度变迁方式的选择上，地方政府的选择排序是：Y 优于 Z，而 Z 又优于 X。

假定微观利益集团（O）（包括 C、L 和 K）的目标函数如前所述，分别追求利润最大化、人力资本的市场价值最大化和工资收入最大化。虽然有着不同的目标函数，但都可以统归为追求市场自由和社会机会最大化（杨瑞龙，2000）。为了实现他们的目标，首选以自己为主导进行制度创新。其次，尽管地方政府所进行的制度变迁似乎更合乎微观利益集团的口味，但在目前的情况下，由于不论是地方政府还是由微观利益集团进行的制度创新，最终都必须通过中央政府的认可才有可能实现。因而为了保险起见，在中央政府和地方政府之间，微观利益集团或许更倾向于支持由中央政府为主导进行制度变迁。因此，微观利益集团的选择排序是：Z 优于 X，而 X 又优于 Y。

这样，将 M、N 和 O 这三者的选择秩序组合在一起，我们可以得到一个类似于“投票悖论”的“选择矩阵”：

	最优选择	次优选择	最次选择
中央政府（M）	中央政府主导型（X）	地方政府主导型（Y）	微观利益集团主导型（Z）
地方政府（N）	地方政府主导型（Y）	微观利益集团主导型（Z）	中央政府主导型（X）
微观利益集团（O）	微观利益集团主导型（Z）	中央政府主导型（X）	地方政府主导型（Y）

从上面的这个表中，我们可以看出，什么“最优”、什么“次优”、什么“最次”，对于不同的利益集团来说是不同的，也就是说，不存在绝对的“最优”和“最次”。假定 M、N 和 O 三个利益集团拥有相等的决定权。可以这样理解：集团 M 和 N 虽然人数较少，但每个个体在公共选择中拥有较大的决策权，集团 O 虽然人数众多，但每个个体拥有较小的决策权。在这种假定前提下，对制度变迁方式进行投票，每个利益集团都将平等地拥有一票。这样，就出现了上表中所出现的“投票悖论”：即 X、Y 和 Z 在最优选择、次优选择和最次选择各是 1 票的现象。上面这个假设是一个随意的假设，是一个特例，在一个经济社会中，各个利益集团总是通过不断的相互博弈，使权力配置处在不断的调整过程中，权力完全相等的情况不太可能出现，在我国体制改革过程中，情况也是如此。

我国体制改革的过程是由管理（G）、资本（C）、劳动（L）、知识（K）四大利益集团共同参与的一个动态重复博弈过程。在这个过程中，围绕着对经济管理“责、权、利”的重新定位和分解，中央政府与地方政府以及微观利益集团各博弈主体始终进行着权力“集中”

与“分散”的博弈。

在体制改革初期,高度集中的计划经济,决定了我国社会市场化程度很低,中央政府基本上垄断了社会资源,通过所谓的“计划”直接组织全社会的生产、分配和消费。地方政府缺乏利益基础和相对独立的权力,在国民经济中的地位和作用,仅仅是制定和传达计划的中介,是一个安排企事业单位执行和完成国家计划的行政单位。这时候,更不用说微观利益集团了,他们完全只是制度供给的被动接受者。在这个阶段的博弈中,中央政府处于绝对的强势地位,地方政府和微观利益集团处于绝对的弱势地位,可以说,他们基本上只能听命于中央政府的政策,几乎没有能力与中央政府进行博弈。

在体制改革中期,中央政府的指令性计划和市场共同配置资源。并且,在这一过程中,指令性计划在资源配置中的作用逐渐减弱,而市场在资源配置中的作用则逐渐增强,这个时期也就是我们平时所说的转轨时期,我国目前的体制改革正处在这个阶段。这时,一方面,中央政府的制度创新对经济发展所起到的作用逐步减弱;另一方面,微观利益集团的实力较弱,权力较小,还不成熟,在与政府的博弈中处于弱势地位,不具备充当制度变迁主体的能力;而随着中央政府权力的逐步下放,地方政府获得了较大的资源配置权力。因而,在这个阶段,地方政府理应成为制度创新主体最合适的人选。通过地方政府的制度创新,促进地方经济的快速发展,进而促进全国经济的发展。在这个阶段的博弈中,管理集团(中央政府和地方政府)仍然处于强势地位,微观利益集团(资本、劳动和知识集团)已经具备了一定的与管理集团进行博弈的能力,但仍然处于弱势地位。

在体制改革后期,随着市场化程度的不断提高,市场在资源配置中将发挥主导作用,微观利益集团将逐渐上升为我国制度创新的主体。经过前两个阶段的发展,微观利益集团在政府政策的扶持和激烈的市场竞争中逐步壮大,获得了足够的权力。这时,不管是中央政府还是地方政府,在我国体制改革中都应该逐步淡出,微观利益集团将在推动我国经济发展中扮演主要的角色。在完善的市场经济下,微观利益集团完全是遵照市场经济的规则进行制度创新,劳动力、资本、技术等各种要素的流动完全是追求配置效率最大化而进行自由的流动。在这个阶段的博弈中,微观利益集团(资本、劳动和知识集团)至少可以与管理集团(中央政府和地方政府)平起平坐,在平等的基础上进行博弈。管理集团的职责由直接进行制度供给转向对微观利益集团的制度创新进行宏观调控。

综上所述,我国体制改革的过程是中央政府向地方政府和微观利益集团逐步下放权力的过程。随着改革的不断深入,市场化程度的不断提高,市场在资源配置中发挥的作用越来越大的情况下,地方政府和微观利益集团在体制改革中的权力将逐渐增大,将逐渐取代中央政府,成为制度创新的主体。但需要注意的是,各种制度创新主体不存在绝对的优劣之分。只是在体制改革的不同发展阶段、在不同的资源配置方式下,各种制度创新主体所具有的比较优势不同。制度创新主体要随着实际情况及时地转换;否则,可能就会出现制度创新主体缺位、越位甚至错位的现象,导致制度供给短缺或者制度供给过剩的现象,影响我国体制改革的顺利进行。我国体制改革过程中,各个利益集团权力配置的变迁趋势可以用

图 4－1 来表示。

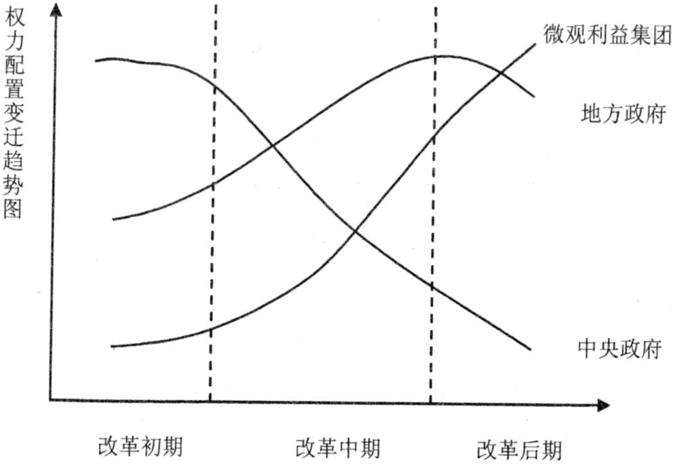

图 4－1　各个利益集团权力配置的变迁趋势图

2.我国体制改革过程中利益集团博弈方式和权力配置的内在逻辑分析

周小亮(2002)对利益集团博弈方式和外在制度创新方式的关系进行了分析,认为外在制度既然是一种利益集团的正式博弈规则,那么其创新的方向、方式与路径则必然要受制于利益集团的博弈方式。从博弈的支付结构看,如果是常和或零和博弈则表示利益集团之间的利益是“冲突”的,即一方所得为他方所失,由此博弈方式下的外在制度创新更有可能倾向于强势利益集团利用“权力”而进行“激进式”制度创新;反之,如果是非常和博弈或变和博弈,则表示利益集团之间的利益具有“一致性”,即集体博弈活动结果可以使双方或多方利益均能增加或至少一方可以增加,由此博弈方式下的外在制度创新更有可能倾向于利益集团之间采用“协商民主”的方式而进行“渐进式”制度创新。从博弈利益集团对待他方利益集团的偏好与利益的态度看，如果是非合作博弈方式，即外在制度创新决策者在采取制度创新决策时，不考虑其他利益集团特别是弱势利益集团的偏好与利益，则外在制度创新将以“强制式”方式进行。反之，如果是合作博弈方式，则将以“自愿式”方式进行。从博弈局中人对其对手特征、战略及支付等方面的了解情况或信息掌握情况看，如果是信息完全或信息对称下的博弈方式，则不同利益集团在外在制度创新过程中能充分地表达自己的偏好与利益倾向，在此博弈方式下的外在制度创新将以透明民主形式而进行。反之，将以“灰色乃至黑色”操纵下的专制形式而进行。可见，不同的利益集团博弈方式将产生不同的外在制度创新方式。

运用上述的分类标准，对我国体制改革过程中，利益集团博弈方式和权力配置的内在逻辑关系做一番简单的分析：

在博弈过程中，在体制改革的第一阶段，由于采取的是增量性、外围性的改革，即在不损害各个利益集团利益的基础上实行的“帕累托改善”，因而可以使各个利益集团都得到好处，或者至少某些利益集团得到好处，而某些利益集团虽然没有得到什么好处，但利益也没有受损。这种“正和博弈”看似很理想，但并不是我们最终想要的，因为它是在没有触及我国体制深层次问题的前提下实现的，暂且用一个新名词“伪正和博弈”来表示。随着体制改革的逐步深入，到了第二阶段，我们必须遵循改革的一般规律，进行全方位的改革。由于涉及一系列深层次矛盾和关键问题的解决，必然出现某些利益集团（特别是弱势利益集团）受损和某些利益集团（特别是强势利益集团）受益并存的现象。当受益大于受损时，对于整个社会来说，属于正和博弈；反之，则属于负和博弈。在这个阶段中，正和博弈和负和博弈交替出现。到了第三阶段，体制改革虽然仍然可能会使极少数利益集团利益相对受损，但从社会整体的角度上看，管理集团和微观利益集团在利益上还是具有一致性的。通过体制改革，可以使其中大多数利益集团的利益得到增加，或者说，至少可以使全社会的利益总额得到增加，因而在此阶段的体制改革中，利益集团之间的博弈方式属于正和博弈。

其次，在体制改革的第一阶段（初期）到第二阶段（中期）的前半阶段，管理集团处于绝对的强势地位，微观利益集团处于绝对的弱势地位。管理集团在制定政策的过程中，常常可以不考虑其他利益集团，特别是弱势利益集团的偏好与利益，体制改革以“强制式”方式进行，对于管理集团做出的改革方案，微观利益集团只能被迫接受。因而，在这一时期，利益集团博弈方式属于非合作博弈方式。改革的阻力和摩擦成本比较大，不利于改革的顺利推进。体制改革进入第二阶段（中期）的后半阶段，特别是第三阶段（后期）时，随着微观利益集团力量的逐渐增强，并获得了足够的权力，制度创新的主体将逐渐由管理集团向微观利益集团转变，这时的体制改革将逐步由“强制式”向“自愿式”转变，利益集团博弈方式也将由非合作博弈方式向合作博弈方式转变。比起前者，这种博弈方式更符合微观利益集团的利益要求，因而有利于调动他们参与体制改革的积极性和创造性，减少改革的阻力和摩擦成本，提高体制改革的绩效。

再次，在体制改革的第一阶段（初期）到第二阶段（中期）的前半阶段，管理集团和微观利益集团关系的最大特点就在于两者所拥有的社会权力是不对称的，即两者所拥有的社会资源是不对称的，在社会事务中拥有的决策权的大小也不对称。拥有较大权力、较多信息的管理集团，在与微观利益集团博弈的过程中，拥有更强的谈判能力，他们可以优先选择策略、优先行动；而微观利益集团则不能充分表达自己的偏好与利益倾向。在这个时期，利益集团博弈方式属于信息不对称下的博弈方式。随着微观利益集团的逐渐增强，在体制改革的第二阶段（中期）的后半阶段，特别是在第三阶段（后期），他们逐渐获得了与管理集团平起平坐进行博弈的能力，各个利益集团在体制改革过程中都能充分地表达自己的偏好与利益倾向，体制改革得以按透明民主的形式进行，利益集团博弈方式由信息不对称转变为信息对称下的博弈方式。

通过以上的分析，利益集团博弈方式与权力配置的内在逻辑关系可以通过表4-4来表示。

第四节　体制改革绩效与利益集团博弈方式和权力配置的关联分析

在一个国家中，由中央政府掌控的初始交易资源总是有限的。体制改革的过程正是对这些初始交易资源进行再分配的过程，每一个利益集团都希望能够多得到一份，因此，各个利益集团之间的利益冲突将无法避免。而且，随着渐进式改革的逐步深入，他们之间的利益冲突将会越来越激烈。主要原因在于：一方面，“由外围到中心”的渐进式改革的思路决定了最有价值的交易资源的重新配置将放在后期，即所有制改革阶段，而各利益集团争夺的焦点也

表 4-4　利益集团博弈方式与权力配置的内在逻辑关系

体制改革阶段	利益集团权力配置方式	利益集团博弈方式		
第一阶段（体制改革前期）	中央政府主导型	伪正和博弈①	非合作博弈	信息不对称下的博弈
第二阶段（体制改革中期）	地方政府主导型	正和博弈与负和博弈交替	非合作博弈向合作博弈转变	信息不对称向信息对称下的博弈转变
第三阶段（体制改革后期）	微观利益集团主导型	正和博弈	合作博弈	信息对称下的博弈

在于这些最有价值的交易资源；另一方面，随着体制改革的逐步深入，可用来重新分配的交易资源也将越来越少。在这种情况下，各利益集团势必会动用各种手段，来抢夺最后这些所剩不多，但却是最有价值的那部分资源。因而，建立一种利益协调机制，来缓和各个利益集团之间存在的利益冲突就显得尤为重要。

体制改革的绩效主要体现在整个社会的“卡尔多改善”以及公平、平等、和谐与稳定发展，即公平和效率的有机结合，实现社会各个利益集团正和博弈；而利益集团博弈方式和权力配置内在逻辑分析所要解决的问题主要是要使体制改革由原来管理集团和微观

---

① 在体制改革的第一阶段，由于采取的是增量性、外围性的改革，即在不损害各个利益集团利益的基础上实行的“帕累托改进”，因而可以使各个利益集团都得到好处，或者至少某些利益集团得到好处，而某些利益集团虽然没有得到什么好处，但利益也没有受损。这种“正和博弈”看似很理想，但并不是我们最终想要的，因为它是在没有触及我国体制深层次问题的前提下实现的，暂且用一个新名词“伪正和博弈”来表示。

利益集团的强势与弱势不平等博弈方式，向平等博弈方式转变。这个过程需要通过管理集团逐步向各个微观利益集团逐步下放权力来实现。利益协调机制的建立，可以将上述两者有机地结合起来，实现正和博弈和平等博弈。从而，对体制改革绩效与利益集团博弈方式和权力配置之间的关系，我们可以通过构建利益协调机制来实现。利益协调机制的建立，不但要协调好管理集团和各个微观利益集团的利益关系，还要调整好各个微观利益集团内部的利益关系。对于协调管理集团和微观利益集团的利益关系问题，前面已经做了详细的阐述，诸如要做到政府逐步下放权力，并充分尊重和保护私权，不再随意干预、侵犯私权，逐步实现管理集团和微观利益集团的平等博弈等，在这一部分中就不进行展开分析了。下面主要就管理集团如何协调好各个微观利益集团之间的利益关系做一番分析。

如前所述，我国体制改革进行二十多年来，确实取得了很大的成就。但是，由于我国现阶段实行的政府主导型的渐进式、非均衡的体制改革方案会造成政治权力与经济权力的不平等，进而导致不同利益集团之间出现政治经济地位与利益分配上的分化与不平等现象。我国的管理(G)、资本(C)、劳动(L)和知识(K)集团呈现出了不同的发展态势。其中，国家与社会管理者阶层，即管理集团非常强势，因为"组织资源是最具有决定意义的资源，而执政党和政府控制着整个社会中最重要的和最大量的资源"(陆学艺)。又由于我国经济增长主要依赖于资本推进以及知识和科技进步，这必将在市场化的改革实践过程中产生资本和知识两个强势微观利益集团；相应地，必然出现工人和农民等地位相对下降的现象，形成改革中的劳动微观弱势利益集团，这主要表现在城市国有企业出现了大批的下岗人员和农村大量农民失去土地，农民增收缓慢等方面。需要注意的是，上述资本和知识利益集团所谓的“强势”和劳动集团所谓的“弱势”只是针对微观利益集团内部相对而言；相对于管理集团，至少从现阶段来看，它们仍然都还处于弱势地位。

表4-5　历届全国人民代表大会代表构成统计表(节选)

<table>
<tr><th>届次（年份）</th><th>第五届（1978年）</th><th>第六届（1983年）</th><th>第七届（1988年）</th><th>第八届（1993年）</th><th>第九届（1998年）</th><th>第十届（2003年）</th></tr>
<tr><td>代表总数（人）</td><td>3497</td><td>2978</td><td>2970</td><td>2978</td><td>2979</td><td>2985</td></tr>
<tr><td>工人(占总数百分比)</td><td>935（26.71%）</td><td>443（14.9%）</td><td rowspan="2">684（23.0%）</td><td>332（11.2%）</td><td>323（10.8%）</td><td rowspan="2">551（18.46%）</td></tr>
<tr><td>农民(占总数百分比)</td><td>720（20.59%）</td><td>348（11.7%）</td><td>280（9.4%）</td><td>240（8.0%）</td></tr>
<tr><td>工人农民合计(占总数百分比)</td><td>1655（47.30%）</td><td>791（26.6%）</td><td>684（23.0%）</td><td>612（20.6%）</td><td>563（18.8%）</td><td>551（18.46%）</td></tr>
<tr><td>干部(占总数百分比)</td><td>468（11.2%）</td><td>636（21.4%）</td><td>733（24.7%）</td><td>842（28.3%）</td><td>988（33.2%）</td><td>968（32.44%）</td></tr>
<tr><td>知识分子(占总数百分比)</td><td>523（14.96%）</td><td>701（23.5%）</td><td>697（23.4%）</td><td>649（21.8%）</td><td>628（21.1%）</td><td>631（21.14%）</td></tr>
</table>

根据《人民日报》1999年9月15日第10版以及新华社2003年3月1日电节选，并经过计算整理。

通过表4-5中历届全国人民代表大会代表构成的变化，我们可以从某个侧面看出体制改革二十多年来，各个利益集团之间力量对比的变化情况。以干部为主组成的管理集团体现出强势的特点，代表比例由第五届的11.2%猛增至第十届的32.44%；而与之形成鲜明对比的是以工人和农民为主组成的劳动集团则逐渐成为弱势集团，代表比例由第五届的47.30%逐届下降，到第十届仅占18.46%；以知识分子为主组成的知识集团尽管从数据上看，并不成逐届上升的趋势，但从第五届的14.96%上升到了后几届的20%以上，并且最近几届都保持着相对稳定的比例。从历届全国人民代表大会代表构成中，由于统计口径等方面的原因，我们无法了解资本集团的力量对比的变化情况，但我们可以从其他角度来了解，例如通过近年来，私营企业主参政情况来反映资本集团力量的发展壮大。

从表4－6中我们可以看出，近年来，由于管理集团的重视等方面的原因，资本集团在我国政坛中的力量变得越来越强大，越来越成为我国社会的一个主导和强势利益集团。在我国社会生活中，无论是经济领域还是政治领域，都发挥着举足轻重的作用。

表4－6　近年来私营企业主参政情况

入党	县以上人民代表	县以上政协委员	全国工商联执行委员	全国工商联副主席
占私营企业主总数的29.9%（2001年底数据）	9000多人	30000多人	233人（占其总数的56%）	8人

摘自张厚义：《进入新时代的中国私营企业主》，载《2004年：中国社会形势分析与预测》，第318页，社会科学文献出版社，2004。

对于西方经济理论来说，各个利益集团之间的竞争关系，对管理集团政策的制定过程有着特别重要的影响。可以说,制度变迁和政策制定过程就是不同利益集团之间不断斗争,并对政府及其政策施加压力,从而使政府不断做出反应的过程。这种反应就是通过协调、妥协、讨价还价而制定的一系列的有关政策。因此,制度的变迁和政策的选择主要受制于一个社会各个利益集团之间的权力结构和力量对比。政策目标的选择也因此而可能随着时间的改变而改变,因为影响政策的利益集团的相对力量和重要性发生了变化。某个利益集团的力量越强,与政府进行讨价还价的能力越强,对政府施加的压力越大,越能使政府通过更有利于它们发展的政策、法规,从而使本利益集团获得更快的发展;同理可知,弱者的处境势必会越来越悲惨。优胜劣汰是一个社会发展的必然现象。

这种情况在我国同样也存在,但是现阶段,我国社会收入差距的不断扩大以及利益冲突和矛盾的不断加剧,充分说明不能容忍这种情况在社会主义国家的中国进一步发展。我们应该承认,在我国,制度的变迁与政策的制定与利益集团之间的讨价还价和相互博弈是分不开的。如果某个或某几个微观利益集团的力量越强大,在与管理集团的讨价还价过程中确实会更有优势,也确实有可能使管理集团通过有利于它们发展的法律法规,使该利益集团获得更快的发展。我们不否认优胜劣汰的社会发展规律,但应该引起注意的是,我国是一个社会主义的国家。社会主义的本质是解放生产力,发展生产力,消灭剥削,消除两极分化,最终达到共同富裕。这个本质决定了社会主义市场经济比起一般意义上的市场经济更应该讲求公平,更应该注意保持各个微观利益集团的利益协调和整个社会的和谐发展。因而,我们不应该只让强势利益集团更强,我们更要让弱势利益集团不弱。我们所要做的是建立一种新型的利益协调机制,在允许强势微观利益集团继续发展的前提下,也要采取各种有效的措施来尽可能地关注、扶持弱势微观利益集团,赋予他们更多的权力,从而缓和强势和弱势微观利益集团之间的利益冲突和矛盾,促进社会的和谐稳定发展,使整个社会朝着共同富裕的最终目标前进。

在这里,运用简单的力学平衡原理可以更加直观地说明我国当前微观利益集团力量对比变化情况以及利益协调机制作用的发挥。图 4-2 中,C、L 和 K 分别代表资本、劳动和知识集团,两两之间的夹角均为 120 度。这样,当它们三方的拉力相等时,在三方拉力的共同作用下,它们将会均衡在下图中正方形的中心点 E。当三方的拉力都以相同比例增大或减小时,均衡依然会实现;但当三方的拉力发生不同比例变化时,这种均衡必然被打破。假定当 C 和 K 的拉力都增大,并且增大相同的比例,分别增大到 C' 和 K',而 L 的拉力尽管增大为 L',但远没有 C 和 K 增大得快,则原有的均衡将无法实现。这时,需要通过其他途径来重新实现均衡。例如,我们可以采取加大 L' 拉力的方法,使其达到 L'',与 C' 和 K' 的拉力保持相同比例的增大,这样,就可以重新达到拉力之间的均衡(如图 4-2 所示)。(按照上述假定,当 C 和 K 的拉力增大相同的比例,L' 相对于 L 本应只会右移,不会出现上移的情况,但为了视觉和分析问题的方便,笔者有意在下图中将 L' 稍微进行了上移处理。)

将上述的力学原理用经济学原理来解释,就是假定在我国社

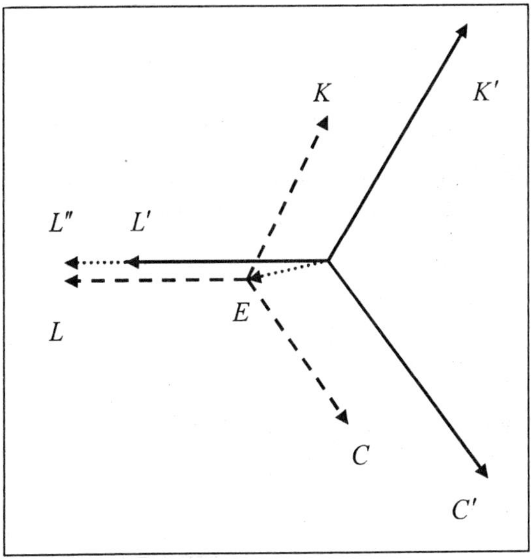

图 4-2　当前我国微观利益集团力量对比变化及调整情况

会中只存在资本(C)、劳动(L)和知识(K)三个微观利益集团。我国社会制度的变迁和政策的制定与这三个微观利益集团同管理集团所进行的讨价还价、相互博弈是分不开的。假定在体制改革初期,三个微观利益集团处于地位、力量相当的地位,谁也无力在与管理集团的博弈中享受到特殊的待遇,于是大家相安无事,利益冲突也比较小,但各个利益集团的社会福利普遍都比较低。随着体制改革的逐步深入,不可否认,我国各个微观利益集团的生活水平(社会福利)都获得了不同程度的提高。但是由于我国经济增长主要是依赖于资本推进以及知识和科技进步,这必将在市场化的改革实践中产生资本和知识这两个强势微观利益集团;相应地,也必然出现工人和农民等体力劳动者地位相对下降的现象,形成改革中的劳动弱势微观利益集团。随着资本和知识集团社会地位持续上升，劳动集团地位持续下降，社会中利益矛盾和冲突就出现了，并且不断加剧。由于资本和知识集团获得了较之劳动集团更大的权力，它们的社会地位大大提高，在与管理集团博弈中讨价还价的能力也大大增强了，从而制度变迁以及政策制定朝着更有利于他们的方向发展。这样势必将出现"强者更强，弱者更弱"的恶性循环现象——资本和知识集团的社会地位将进一步上升，而劳动集团的社会地位将进一步下降，社会矛盾和冲突还将会不断加剧。这些与社会主义制度的本质以及我国所要极力构建的社会主义和谐社会的目标是相违背的。而且，迅速扩大的贫富差距有可能危及中国未来的经济增长和社会和谐。据统计测算，"十五"期间中国各类社会案件数量急速上升，诉讼金额占 GDP 的 7% 左右。1986 年以来，中国治安案件的年均增长速度超过了 10%。

因而，在下一阶段的体制改革过程中，作为社会主义国家的政府不应该放任这种恶性循环，应该及时构建一个有效的利益协调机制，采取一系列措施来协调各个微观利益集团，特别是强势和弱势微观利益集团之间的利益矛盾和冲突。其中最重要的一点是在不损害资本和知识集团利益，让它们充分自由发展的前提下，更加关注、扶持劳动这个弱势微观利益集团。通过政府的各种政策优惠等有效措施，赋予劳动集团更多的权力，使它们在社会中的地位能够有所上升，增强他们与资本和知识集团讨价还价的能力，从而提高所有社会成员的社会福利水平，使整个社会显得更加公平、合理，实现构建社会主义和谐社会的目的，最终实现共同富裕的目标。在"十五"期间，我国在这一方面已经做了不少的努力，取得了一些成绩，主要包括：第一，税收改革保护多数人的利益：2005 年 9

月 27 日，全国人大法律委员会、财经委员会和全国人大常委会法工委就个人所得税工薪所得减除费用标准举行听证会。国家正抑制收入分配差距过大的趋势，促进社会公平。第二，农民告别“皇粮国税”：目前，全国已经有 28 个省份全部免征农业税，还有 3 省也将农业税税率降到 2%以下，2005 年全国农民将减负 220 亿元。在“十一五”规划的开局之年，我国将全部取消农业税。全国已经有 11 个省市出台了以建立城乡统一的户口登记制度为主要内容的改革措施，各地进一步清理取消对进城就业农民的限制性规定和不合理收费。第三，社保改革照顾困难群体：全国已经有 14 个省份基本完成国有企业下岗职工基本生活保障制度向失业保险制度并轨。至 2005 年 6 月底，建立农村低保制度的省份已经由 2004 年底的 8 个增加到 11 个(节选自《中国青年报》2005 年 10 月 7 日)。

在过去的体制改革中，具有市场经济特征的激励机制造成了国民的收入不均，然而，政府的政策偏向以及政府缺乏政策则加剧了收入的不均程度。在中国改革开放发展思路中占据了二十多年的一个重要命题——“先富论”，在“十一五”规划中转变为“共同富裕”的主调，以缩小日益扩大的贫富差距、扭转社会两极分化的趋势。这是中国进入经济社会发展新阶段后，五年规划制定理念所做的一个重大调整和历史跨越，表明中国执政党将重点建立市场经济条件下更趋公平的利益均衡机制。中国人民大学教授许光建说，显然，以前一直倡导的“效率优先，兼顾公平”的理念，也将让位于“效率与公平并重”，或“更加注重公平”。在“十一五”规划中，经济增长的目的被强调为注重人文本质，为提高以生活质量为核心的人的全面发展不断积累物质条件。在追求经济持续快速增长的同时,中国的政策取向将关注增长的均衡、机会的均等和社会的公平,避免出现穷人依旧贫穷,甚至更穷,富人则更富的不利局面,实现构建社会主义和谐社会的目标。

第五章 社会主义体制改革的本质特征与深化体制改革的基本任务

第一节 关于制度变迁的不同理论分析与体制改革性质及绩效评价的现实思考

体制改革在经济理论上被称为制度变迁。因此,要分析社会主义体制改革的本质特征与深化体制改革的基本任务,我们必须在研判现有的有关制度变迁理论基础上,对体制改革的性质与绩效评价,作出相应的科学理论分析与现实思考。

一、马克思主义关于制度变迁本质特征理论分析的基本要点

1.社会基本矛盾运动是制度变迁的客观依据

马克思主义基于历史唯物主义的世界观,认为任何社会经济制度都有一个产生、发展到消亡的历史过程,并且运用唯物辩证法,特别是运用社会矛盾学说对制度变革进行了系统的理论依据分析。例如马克思运用矛盾分析法分析了资本主义社会经济制度是一个有历史局限性的动态非平衡系统。他的分析从商品内在矛

盾开始,然后层层展开:商品内在矛盾即价值与使用价值的矛盾——生产商品的劳动二重性的矛盾即抽象劳动与具体劳动的矛盾——私有制基础上商品生产的基本矛盾即社会劳动与私人劳动的矛盾——资本主义社会经济制度的基本矛盾即生产社会化的不断扩大与资本主义的私人占有的矛盾。在此基础上,马克思将抽象的矛盾分析与历史分析有机地结合,并从逻辑上推论:上述矛盾的充分展开,必然要导致资本主义的经济波动与周期性的经济危机,并致使资本主义剥削率的不断上升与异化劳动的不断加剧,这决定了资本主义向社会主义转变的历史必然性。

在马克思看来,任何社会的生产都是在一定的生产关系及其制度条件下进行的,生产力的发展,决定了人类历史上相继存在的各种社会形态和社会模式,这种社会制度演进的不同模式实际上就是同生产力的发展阶段相适应的生产关系或经济结构,以及与一定经济结构相适应的政治、文化和法律的上层建筑。制度变迁可以理解为经济制度、政治、法律等上层建筑制度的互动变迁。在生产力和生产关系、经济基础和上层建筑的矛盾运动中,人类社会制度由低级向高级顺序演进。对于社会经济结构及其人类社会经济结构的变化与发展规律,马克思在《政治经济学批判》序言中,作出了经典性的表述:“人们在自己生活的社会生产中发生一定的、必然的、不以他们的意志为转移的关系,即同他们的物质生产力的一定发展阶段相适合的生产关系。这些生产关系的总和构成社会的经济结构,即有法律的和政治的上层建筑竖立其上并有一定的社会意识形式与之相适应的现实基础。……社会的物质生产力发展到一定阶段,便同它们一直在其中活动的现存生产关系或财产关系(这只是生产关系的法律用语)发生矛盾。于是这些关系便由生产力的发展形式变成生产力的桎梏。那时社会革命的时代就到来了。随着经济基础的变更,全部庞大的上层建筑也或慢或快地发生变革。"① 这段经典性的论述,现已提炼、概括为马克思主义的基本原理:即社会的基本矛盾表现为生产力和生产关系、经济基础与上层建筑的矛盾;社会基本矛盾的运动是人类社会变化与发展的基本动力;作为社会发展原动力的是生产力的进步,生产力和生产关系的矛盾运动是推动人类社会向前发展的根本动力。从这些马克思主义的基本原理,我们可以得出:社会基本矛盾的运动是制度变迁的客观依据。可以说,这是马克思主义制度变迁理论的一个基本特征。

2.量变与质变、渐进与革命的统一是制度变迁的基本方式或途径

依据马克思主义关于社会经济制度一般规律的论述,我们可以推论:在某个社会发展阶段上,当物质生产力同与之相联系的社会生产关系发生矛盾,通常表现为后者严重束缚住前者的发展时,就预示着社会变革时代的到来。而这种变革既可以表现为激进的暴力革命,也可以表现为由统治阶级或在社会生活中占主导地位的利益集团自上而下发起的渐进式制度变革。渐进式制度变革方式通常是在社会矛盾还没有完全激化的情况下产生的,它可以体现为原有体制框架内的帕累托改进。正如马克思所说:"无论哪一个社会形态,在它们所能容纳的全部生产力发挥出来以前,是决不

① 《马克思恩格斯选集》,第二卷,第82—83页,北京,人民出版社,1976。

会灭亡的，而新的更高的生产关系，在它存在的物质条件在旧社会的胎胞里成熟以前，是决不会出现的。所以人类始终只能提出自己能够解决的任务。”① 但是，当渐进式制度变革方式不能体现为原有体制框架内的帕累托改进，反而是一种引起社会基本矛盾不断扩大与冲突时，则必然导致阶级矛盾的不断激化，当社会基本矛盾与阶级矛盾激化到一定程度，则会产生以革命为手段的阶级斗争与暴力革命，其结果将会引起社会根本性经济制度发生革命性的变革，即用一种制度取代了另一种制度。

因此，对于制度变迁的方式或途径，马克思主义经济学认为是量变与质变、渐进与革命的统一。一般是先有微观非根本制度的变化，等渐进变迁在量上积累到一定程度以后，才会发生社会革命，进行所有制与国家制度的质的革命性变迁。如马克思对资本主义制度变迁的分析，先是具体地分析资本主义微观企业制度的三个阶段的渐进性变迁，然后对股份制的过渡性进行分析，把渐进性变迁引入根本性制度的变迁，认为股份制是扬弃私有制，实现公有制的过渡形式。当微观制度变迁的量变与部分质变到了一定阶段，马克思主张通过社会主义革命（主要是通过暴力）来促进资本主义根本制度的变迁（周小亮，1998）。

3.社会生产力的变化与发展既是制度变迁中的首要决定因素，也是制度变迁的动力与目的

马克思主义认为，一切制度只有在它们与生产力发展相适应时才会存在下去，否则注定要被改变，这是不以人的意志为转移的

① 《马克思恩格斯选集》，第二卷，第82—83页，北京，人民出版社，1976。

客观规律。关于制度变迁的决定因素，马克思在《费尔巴哈》中，下联生产力，上联政治与意识形态上层建筑，系统地分析了社会生产关系即经济制度的变迁。其分析用数学函数关系可表示为：$I = F(Q, P, T)$，式中，I 为经济制度，Q 为社会生产力，P 为政治上层建筑，T 为意识形态上层建筑。从中可以看出，马克思是把社会生产力的变化发展视为制度变迁的第一推动力。不仅如此，马克思还认为，社会生产力、分工与所有制三者之间必须相互适应与相互变动，而决定、引起一个社会分工与社会制度性质与变动的首要因素则是社会生产力。马克思说："一个民族的生产力发展水平，是明显地表现在该民族的分工的发展程度上"，"分工发展的各个不同阶段，同时也就是所有制的不同形式"。[①] 此外，马克思在致巴·瓦·安年可夫的信中，也说明了这一论点。他写道："在人们的生产力发展的一定状况下，就会有一定的交换与消费形式，在生产、交换和消费的一定阶段上，……就会有一定的市民社会。"[②]

社会生产力的变化与发展不仅是制度变迁的第一推动力与首要决定因素，而且也是制度变迁的动力与目的所在。这是马克思主义关于社会发展一般规律与社会基本矛盾学说的基本逻辑推论。我国改革开放的总设计师——邓小平同志，结合中国体制改革的具体实践，明确指出：改革是社会主义发展的动力，改革是为了解放生产力、发展生产力。他说："我们所有的改革都是为了一个目的，就是扫除发展社会生产力的障碍。"[③] 不仅如此，邓小平

---

① 《马克思恩格斯选集》，第一卷，第 25—26 页，北京：人民出版社，1976。
② 同上书，第四卷，第 320—321 页。
③ 《邓小平文选》，第三卷，第 134 页，北京，人民出版社，1993。

同志还强调:体制改革是发展生产力的必由之路,判断改革是非的首要标准就是看是否有利于发展社会主义社会的生产力。

4.利益关系的调整、变革是制度变迁的基本动因,制度变迁是内含伦理价值判断的实现、发展、维护和变革社会经济利益关系的基本工具与保障

马克思主义认为,社会基本矛盾的运动,在现实经济生活中,表现为不同利益集团或不同阶级之间的矛盾与斗争。生产关系限制、阻碍生产力发展的矛盾,从利益主体关系看,实质上是由于代表落后的生产关系或经济制度的既得利益集团,对代表先进生产力发展方向的利益集团与阶级所形成的剥削与压迫而限制了社会生产力主体发展的矛盾,当这种矛盾激化到一定程度时,则必然要产生调整、变革现存生产关系或经济制度的强烈需求。这也就是制度变迁的基本动因。而生产关系或经济制度的调整与变革,实质上就是利益关系的调整与变革,因为生产关系中的所有制关系,实质上反映的是人与人之间对生产资料中的一种"占有"与"被占有"的利益关系,人们在生产活动中相互协作关系也是一种利益关系,分配关系则是一种更直接、更具体的人与人之间的利益关系。不仅如此,社会经济制度的调整与变革,从社会表现形式上看,是一种不同利益集团或阶级之间的权利博弈与斗争。因此,可以说利益关系的调整、变革是制度变迁的基本动因。马克思通过对"资本主义生产方式以及和它相适应的生产关系和交换关系"[①] 的研究,认为在资本雇佣劳动的资本主义生产关系下,造成了资本对劳

---

① 马克思:《资本论》,第一卷,第8页,北京,人民出版社,1975。

动的缺乏人道主义的剥削与压迫，并由此引发了资本主义制度下无产阶级与资产阶级之间的不可调和的利益矛盾与冲突，为此，作为工人阶级或无产阶级的先锋队——共产党必须从理论到实践武装人民群众，对资本主义经济制度进行革命性的变革，以变革资本主义经济制度下不合理的利益关系。事实上，正是存在工人阶级对变革资本主义制度下利益关系的渴望，才导致了无产阶级革命的产生和资本主义经济制度的调整与变革。

由于制度变迁实质上是利益关系的调整与变革，而利益关系在马克思主义看来是具有鲜明的阶级性与价值取向性，因此制度变迁必然是在一定利益集团或阶级主导下的内含伦理价值判断的权利博弈与斗争，不仅如此，制度变迁还是实现、发展、维护和变革社会经济利益关系的基本工具与保障。在马克思主义看来，生产资料所有制是实现、发展、维护一定集团与阶级利益关系的物质基础，而国家、政治法律制度及社会意识形态等上层建筑则是实现、发展、维护一定集团与阶级利益关系的基本工具与保障。资本主义制度下所进行的利益关系调整与制度变迁，是以维护、巩固资本主义私有制及其在此基础上的上层建筑为前提条件。因此，在马克思主义创始人看来，工人阶级要消除劳动本身与劳动者相异化，获取彻底的解放，则必须对资本主义私有制及其上层建筑进行彻底革命的变革，并取而代之以生产资料公有制和工人阶级的政党、国家及意识形态等上层建筑。不仅如此，他们认为，以生产公有制为基础的社会主义与共产主义取代以生产资料私有制为基础的资本主义的重大社会制度变革，不仅会带来社会生产力的解放与发展，而且会实现社会产品的公平分配与人类社会的自由发展。马克思所创建的劳动价值论与剩余价值论,其根本目的就是为解放劳动与解放生产力的主体——劳动者,并为工人阶级对资本主义制度进行革命性的变迁提供相应的理论依据与指导。

二、当代西方制度变迁理论之评析

关于制度变迁的经济理论分析,是当代西方制度经济学的中心内容。综观当代制度经济学体系,我们可以将它分离出三条发展线索或三大理论分支:其一是新古典经济学静态均衡分析框架下的科斯传统新制度经济学;其二是演化经济学动态进化分析框架下的凡勃伦和哈耶克传统制度经济学;其三是从利益—权力关系角度分析的新政治经济学框架下的康芒斯传统的制度经济学。其中,前两条发展线索可以说是当代制度经济学发展中的主线,第三条发展线索则是一条辅线。

科斯传统新制度经济学体系的制度变迁理论,属于一种建构主义的制度变迁理论。它立足于个人主义与功利主义的经济哲学基础,以产权、交易费用、经济组织等为关键性的解释变量,侧重从微观和个人主义角度分析研究制度变迁的一般理论模型以及制度变迁对激励行为和资源配置效率的影响。其主要内容(由于其基本内容已为我国经济理论所熟悉,因此我们在此不作重述)是探讨制度的起源、构成和功能,影响制度变迁的主要原因,制度变迁的主体、动力、方式、过程和类型以及制度变迁的路径依赖等,旨在说明制度因素在经济发展中的作用(科斯、阿尔钦、诺斯等,1996;诺斯,1994)。新制度经济学制度变迁理论,从其立场和目的角度看,是为了维护完全自由的市场制度,并借助于产权去解决市场运行中的问题,提高经济效率,核心是探寻如何更好地实现交易,降低交易费用,提高资源配置效率。正因为如此,科斯传统的制度变迁理论必然要呈现出以下几个特点与相应的缺陷是:(1)强调个体经济利益核算,忽视社会利益关系和权力关系变化对制度变迁的决定性作用;(2)只关注制度变迁的效率评价,忽视了制度变迁的利益分配合理性变化与社会评价;(3)依据交易费用单一标准,强调财产安排原子化将导致经济效率,制度变迁的原则和方向就是要实现完全私有的财产制度,从而它忽视了制度变迁评价标准的多元化和产权结构效率的多元化;(4)依据帕累托改进标准,认为制度变迁必然要产生净收益,其累进结果将收敛于帕累托均衡,由此它忽视了制度变迁结局的发散性、逆向性、曲折性和多样性;(5)强调合理的产权制度是国家设计的结果而忽视了自然演进的功能与作用。正因为如此,在深化改革中,我们必须理性地对此理论进行反思。我们要有扬弃地借鉴其制度变迁的效率改进思想,但必须补充相应的制度影响特别是对利益关系变革影响的理论分析。

凡勃伦和哈耶克的传统制度经济学本质上是一种演进主义经济学。其主要特点是立足于"社会达尔文主义"哲学基础,运用生物学模拟方法,结合有关的心理分析和知识认识论等思想,分析经济系统的演进与进化,以论证市场经济的"可改良性"。从演化角度分析经济制度的变迁可以说是演进主义经济学的中心内容。其中心论点是:制度体系是不能人为设计的,它本质上是一个自发的动态进化与演进体系;制度变迁模式的差异主要是由惯例、文化传统、选择环境、历史初期条件等自发性因素所决定的(周小亮,2002)。其具体的制度变迁理论分析主要包括:(1)凡勃伦的"累积因果"制度演进说。它认为人类的进步和制度演变的过程,同生物的生存竞争具有一样的性质,因此,要把制度演化当做"累积的因果关系"① 的过程来进行分析,并认为,累积过程的基础主要不是理性主义的计算,而是对物质环境和约束的逐渐适应。(2)哈耶克的基于主观主义知识认识论基础上的自然演进制度变迁说。它认为人类适应或采纳一种行为模式的知识积淀形成了一系列的为人们自觉遵守的规则;文明的发展与"社会秩序"和"扩展秩序"的形成,是人类适应或采纳一种行为模式的能力和进化选择的产物;一个社会的知识结构或文化传统是制度变迁和制度均衡的基础,因此,制度变迁本质上是一种自发的文化演化。在哈耶克看来,"社会秩序"的自发的文化演化,是互动的、独立的、学习的和遵循规则的个体无意识的结果;在文化演化中运行的选择机制,是某种类型的试错学习过程;行为规则从群体中一个成员传递到另一成员的复制机制就是模仿;在文化演化的过程中,成功的规则将取代不成功的规则;在一个综合性的社会有机体中,社会规则的福利效应是相互依赖的,特定的行为方式的成功依赖于其他人表现出来的行为(弗罗门,第 8 章,2003)。(3)以纳尔逊、温特等人为代表的演进经济学中所提出的动态演化制度分析。他们认为制度和组织本质上是一种动态的演化体系;在经济变迁演化过程中,惯例起着基因在生物进化中的作用并具有有机体的持久不变的特点,它们控制、复制和模仿着经济演化的路径和范围;经济演化过程是一种随机

① 凡勃伦所谓的"累积性的因果关系"就是说因果过程造成了结果,从而为后续的因果过程提供了一个起点,而后者又顺次产生某种结果,这又为接下来的因果过程提供了原料,如此等等。

"搜寻"过程;一个组织的"选择环境"是影响它优裕情况从而影响它扩张或收缩程度的全部考虑。(4)以青木昌彦为代表的比较制度分析。他们认为经济体制并不是由谁设计出来的,它是由一定的历史造就的,并且它是一个复杂的进化系统,多样性的经济体制在相互作用的同时完成自身的形成和进化;并认为社会体制是由历史的初始条件以及过去的环境变化过程、社会中进行的实验、政府的介入以及同异文化的接触等因素决定的[①](青木昌彦、奥野正宽,1999)。(5)刘易斯、肖特尔、斯密斯等人利用重复协调博弈、演化稳定策略等现代演进博弈论模型对制度演化的内在机制进行了"形式化"的分析与说明,并侧重探讨了习俗、文化和惯例的自发生成机制。

演进制度变迁分析的共同特点主要有:(1)强调人的知识、理性的有限性,认为由于社会的复杂性、未来的不确定性和人的计算能力的有限性,人们的行动和行为更多地表现为遵从习惯、服从规则,而不是通过不断的理性计算以求均衡结果,因此,制度变迁过程中,非理性不仅存在而且很重要;(2)侧重从动态演化角度,特别是从"自然选择"和"适应性学习"两种演化机制角度分析制度的形成与演变,并强调经济系统与制度系统的演化是非线性的、复杂的,其方向是盲目的、不确定的,所以制度演化不一定朝着最优的

① 在青木昌彦等人看来,在决定经济体制的各种因素中,历史的初期条件致使人们因有限理性的存在而产生最佳反应动力,并致使人们在多种战略状况中采用某战略成为习惯、规范性的行动,由此而产生某社会体制进化的路径依赖性;社会中的创意和实验、政府政策性的介入、与具有不同习惯社会的交流和不同文化的接触可以转换某社会的习惯性战略行动,从而促使某社会可以向更优制度进化。

方向移动;(3)主要分析的是为群体内随经验而演化的“无形”的习俗、惯例等非正式规则或内在制度[①] 的形成与演变,并认为“有形”的制度的型构是一个从习惯到习俗,从习俗到惯例,从惯例到法律制度化的自然演进过程;(4)强调制度中的价值体系为制度中的所有行为模式提供相互联系的纽带,所以制度变迁必然包含制度的价值结构的变迁。在我们看来,演进制度变迁分析就对科斯传统的制度变迁理论的个体、静态、理性均衡、最大化分析框架所进行的动态、非最优线性超越分析而言,是有一定的理论进步意义的。但另一方面,该理论框架仍有不少明显的缺陷,主要是:(1)片面强调知识、文化、习俗、传统等作为意识形态在制度变迁中的基础性作用,忽视了社会生产方式对于制度变迁所起到的物质基础与决定性的作用,同时,也忽视了制度变迁中的人为意识性和目的性与人类行为在制度变迁中的主动性、创造性和有为性;(2)没有触及到制度变迁中不同利益团体的利益冲突和权力结构等核心问题,从而没有从利益结构和权力结构上去寻找制度变迁的根本决定因素;(3)对于民间的自然的非正式规则或内在制度具有一定的理论解释能力,但对于政府主导的人为推进的正式规则或外在制度的变革,难以做出合理的理论解释。

与上述两条当代制度经济学的主线不同,作为辅线的新政治经济学框架下的康芒斯传统制度经济学,则侧重从利益集团冲突、权力体系对比和政治与经济之间的相互关系等角度分析制度变迁

---

① 内在制度是与外在制度相对应的一个范畴,是一种表现为风俗、习惯、文化、传统等为群体内随经验而演化的规则,它类似于诺斯意义上的非正式规则。

的原因、特征与差异。概括性地讲，康芒斯传统制度经济学的中心内容与特点是侧重从法律角度，以交易为基本单位，以集体行动为研究对象，中心分析交易关系中所包含的冲突、依存和秩序这三种最基本的社会关系，以期望对现代资本主义社会关系与制度本质做出一种新的解释，并期望从中引出阶级利益调和论，以达到调节、克服资本主义之矛盾与缺陷之目的（Commons，1924，1934）。他认为经济稀缺事实将引起利益的冲突，如果没有制度化的约束，这种冲突将通过损害生产效率的私人暴力获得解决，因此，制度化的规则体系，可以创造一定程度的秩序和确定性；交易是经济学研究的基本单位，它包含着冲突、依存和秩序三种最基本的社会关系，并涉及法律或经济权力的行使，它是一种合法控制权的转移单位，因此，所有权构成了制度经济学的基础（1997）；从现实上说，现代资本主义的社会关系就是一种交易关系，并认为资本主义社会存在着众多的利益集团，在众多的社会集团之间广泛地存在着利益的冲突，然而，冲突的各方又都是相互依存的，这种相互冲突和相互依存要得到协调，就需要借助经济的、伦理的尤其是法律的协调方式，也就是说，要通过集体行动为冲突各方建立一个"行动规则"，使交易各方处于协调之中。

在康芒斯制度经济思想的基础上，当代以公共选择理论为主要基础的新政治经济学，在制度变迁问题上，主张要从利益集团和权力体系的状态、结构和特征去探寻制度变迁的本质、特征和方式，并主张要以整体结构分析和权力分析方法来取代新制度经济学的个体分析和交易费用分析方法。例如，蒂特瑞奇（Ditrich，1994）等人为代表的激进政治经济学，利用集团冲突、权力结构、异化、阶级斗争等核心理论范畴,分析了市场、企业等制度的性质和变迁。他们认为制度的演进是权力体系的演进,只有从“权力分析方法”出发,才能洞悉社会制度的本质;斯密斯(1999)等人从利益集团冲突、权力体系等角度分析了制度和利益的相互作用、制度结构对经济绩效(重点是利益分配关系)影响以及权力体系和制度变迁之间的逻辑关系等。新政治经济学框架下的制度变迁理论,就强调从利益、权力结构与经济行为之间的内在联系,并从利益集团冲突、权力体系对比角度分析制度变迁的本质和模式来说,具有一定的科学性和合理性。但是,(1)没有从社会生产力与生产关系的相互作用及其由此形成的社会结构的制约中认识社会不同利益集团之间的冲突和权力体系之间的对比变化,从而只能停留于表象上来分析制度变迁本质、特征的原因,不能从深层的社会结构系统的角度来认识制度变迁的本质与特征的原因。(2)以“权力”范畴取代“交易费用”范畴来分析制度变迁,更偏离了制度变迁的物质动因,并且,相对于交易费用分析框架来说,显得分析思路更为模糊。(3)从政治、权力和利益集团等上层建筑领域分析制度变迁,动摇了生产方式、生产效率体系在制度分析中的主动性理论地位,最终将会陷入主观唯心主义的制度变迁观。

三、体制改革性质与绩效评价的现实思考

综合马克思主义关于制度变迁本质特征理论分析的基本要点与之评析,我们可以得出如下三点有关体制改革性质与绩效评价的推论与启示:

第一,必须从作为社会关系总和的现实生活中的人性以及由

此决定的现实经济关系或现实利益关系角度去理解、分析和评价制度、制度变迁的本质，而不应立足于不变的抽象的人性与自由契约之理论基础，从维护现存社会的“自发秩序”出发，或者从“思想习惯”，或者从“行为规则”，或者从“博弈规则”或“博弈均衡策略”角度去定义制度和分析相应的制度变迁之本质。制度变迁本质上是由于社会基本矛盾运动而引起的一个不同利益集团相互博弈从而调整变革利益关系的动态发展过程。制度变迁的基本动因是源于行为主体对利益增进、改善的追求，制度变迁的发生是利益主体以获取经济利益为目的的社会实践活动的产物。

第二，社会基本矛盾之状态是制度变迁是否产生的客观依据，物质生产力水平是制度变迁的最终决定因素，制度变迁的历史进步功能在于化解、缓和社会基本矛盾，进而促进社会生产力的解放与发展。制度变迁或体制改革的逻辑起点与动力是发展生产力。因此，我们必须结合物质生产力水平、社会分工体系以及由此决定了的不同社会阶层和利益集团或阶级在社会总生产中的不同地位等根本性因素或深层次问题去分析制度与制度变迁的本质，只有这样，才能将有关体制改革性质与绩效评价分析置于现实的生产方式与历史唯物主义之基础上。

第三，体制改革是由某一利益集团或阶级主导的并内含伦理与价值取向的实现、发展、维护和变革社会利益的基本工具与保障，因此，从推进人类社会进步与全面发展的角度而论，评价体制改革绩效的标准不能偏重于效率而忽视公平。马克思主义虽然强调发展生产力是制度变迁的动力与逻辑起点，但是马克思主义也非常强调体制改革的公平导向。马克思主义一个鲜明特征就是她的阶级性，即为广大人民群众利益的维护与发展指明方向。马克思主义主张进行以公有制为基础的社会主义、共产主义社会取代以私有制为基础的资本主义社会这一人类社会的重大制度革命，其理论宗旨与价值取向就是要建立一个公平的人类社会。西方制度变迁理论，由于受分析问题的基本立场与目的的束缚与制约，致使他们评价制度变迁绩效的标准只偏重于效率而忽视了公平。如科斯传统的制度变迁理论是以净收益即能否为生产创造具有激励的制度结构，从而降低交易费用，提高资源配置和利用价值为标准；凡勃伦和哈耶克传统的制度变迁理论则以能否增进市场"自发社会秩序"为标准。这两大当代主流制度经济学的制度变迁评价标准的核心是通过制度演化或变革以提高市场运行效率与维护自由市场秩序，他们只问"如何生产"，不管"为谁生产"，这是其新自由主义本质之所在。至于作为辅线的康芒斯传统的制度经济学，虽然关心社会不同集团之间的如何实现利益协调问题，但他们对于制度变迁绩效的评价仍然是停留在效率与秩序标准上，认为制度变迁就是要通过法律、权力体系的变革为利益冲突各方创造一种集体行动的"行动规则"，从而使交易各方处于协调之中。其关注的焦点仍然是市场秩序与市场效率，至于如何实现社会财富的合理分配与不同集团利益兼容发展，并没有予以重点分析。

从现实来看，体制改革或制度变迁的过程，就是一个社会的制度规则体系在两大社会基本矛盾（物质生产力与生产关系和经济基础与上层建筑之间的矛盾）与社会分工体系之间的矛盾运动中而引起的利益矛盾和利益冲突状态与条件下的不断完善、替换和创新的过程，同时也就是利益激励机制和利益约束机制不断完善、替换和创新的过程。如果从一个社会转型的角度来看体制改革，则它表现为社会生产方式、经济关系或经济制度及社会上层建筑制度等社会制度系统从量变到质变的一个系统动态变革过程。体制改革如果要推进社会进步与发展，则不仅要调整、变革社会分工体系与社会基本矛盾运动中的相互不适应、不配套、不互补的制度规则，以解放、发展社会生产力，并促进社会经济效率与财富增长；而且必须通过经济利益关系的调整、变革，为社会发展建立健康的动力与公平机制，以确保社会稳定与和谐发展。因此作为社会转型意义上的能够推进社会进步与发展的系统制度变迁的体制改革，其目标与绩效评价应是双重的，即是效率与公平的有机统一与相互推进。

对于具体的体制改革而言，特别是涉及权力结构与利益关系调整的体制改革，一般是表现为政府主导型的体制改革模式，其实际内容主要表现为外在制度的创新，即具有权力或权威性的社会代理人设计和确立并被自上而下地强加和执行的具有法规表现的正式博弈规则的不断完善、替换和创新。而外在制度，其本质是具有社会权力或权威的强势利益集团维护或改变某种社会利益格局的合法或合规性的基本工具，是一种隐含着上下等级关系的和权力因素的博弈规则，是社会强势利益集团实现某种利益格局目标的工具、手段和方式，因此，这种表现为外在制度创新的体制改革，本质上是一个社会共同体在既定的社会环境中，不同利益集团为实现自身利益最大化而在强势利益集团主导下的有意识、有目的地重新界定社会利益关系和权力关系的博弈乃至斗争的过程，所以体制改革必然要引起社会资源配置和收入分配机制的变革，从而引起社会权力结构和人们之间的利益分配关系的改变。实际上,从改革的结果上看,改革可以是“帕累托改进”,也可能是“非帕累托改变”,但体制改革的一般情况在理论上都是“非帕累托改变”,任何一种体制改革都将产生相对利益的变化,没有人受损,就没有人受益,或现在不受损,将来就不会受益。

况且,外在制度创新首先是一种基于经济利益调整的政治行为,因此必须由人的有意识活动来推动。由此看来,我们既不能把外在制度创新过程视为一个平稳的、渐进的、连续的、和谐的过程,并把在这个过程理想地设想为只有人受益,没有人受损,只有好处没有坏处,变迁的各种主体均能够通过精明而又简单的“趋利避害”来追逐自身利益最大化,也不能把它视为一个无意识、无目的性的仅由既定社会历史和文化传统所决定的自发演进过程(正因为如此,我们可以有区别地将主要表现为自然演进的内在制度的历史变化称之为变迁,而将主要表现为人为设计的外在制度变革称之为创新)。事实上,任何外在制度创新过程都是一个不平稳的过程,是一个充满利益冲突的过程,是一个曲折不平的过程。在变革过程中,有些人要承受更多的痛苦和损失,而另一些人则是主要受益者,所以外在制度创新本质上是一个利益格局与权力格局的再调整。

基于制度创新本质的认识,则可以推论:人类社会进行制度创新不仅需要通过制度的建立、完善、替代与创新来为规范人类经济活动并为人类经济行为提供一个有效的制度框架,从而提高资源配置效率,克服社会生产力与生产关系之间的矛盾并促进社会生产力的发展。与此同时,制度创新还必须探寻由经济稀缺与社会分工体系之间的矛盾运动中而引起的利益矛盾和利益冲突的有效解决方式与途径，从而为人类社会经济活动提供一个公平而稳定的社会经济秩序。因此，任何一项制度创新的绩效应表现为效率与公平的有机统一。我们判断一种制度创新是否有绩效，不仅要看它能否促进资源的有效配置与能否促进经济增长，即是否有经济效率，还要看它能否实现社会公平。经济效率的提高不是衡量制度绩效的唯一指标，公平与社会发展的稳定与和谐，应构成衡量制度绩效指标的重要组成部分。如果要对制度创新绩效进行分类，我们可以将经济效率的提高视为制度创新的经济绩效，而把公平与社会发展的稳定与和谐视为制度创新的社会绩效。

从人类社会的发展来看，制度创新的经济绩效与社会绩效之间并不总是此消彼长的关系。在多数情况下，社会绩效的提高，尤其是公平的提高，可以促进经济绩效的提高。事实上，制度创新能否实现经济绩效与社会绩效的有机统一，这是一个社会能否实现健康、持续与和谐发展的基本制度保障。马克思主义创始人主张对资本主义社会制度进行革命性的变革，以建立社会主义与共产主义社会经济制度，其追求的一个理想目标就是社会经济制度的根本性变革与改造，以实现公有制计划经济体制下的经济绩效与社会绩效的有机统一。中国当代马克思主义者，进行社会主义经济理论创新与社会经济体制改革实践，其目的与目标就是想通过社会主义经济体制的创新，以实现社会主义市场经济体制框架下的经济绩效与社会绩效的有机统一。现代西方主流经济学的一个理论目标，就是致力探索通过市场经济体制的创新与完善，以建立能够实现市场经济体制框架下的经济绩效与社会绩效相统一的混合市场经济新体制,从而确保既能保持市场机制的效率优点,又能缓解私有制市场经济下不可避免的收入差距扩大的矛盾与冲突。例如,萨缪尔森认为,如果没有政府干预,市场经济自发运行形成的收入分配有可能过分不平等而令人难以接受。但是市场的自动机制又可以实现资源配置效率。为此,政府必须采取累进税,转移支付制度,政府通过食品券、医疗补贴等改变收入不平等的一些措施,以修补市场机制这只看不见的手之缺陷,从而实现市场经济体制下效率与公平的统一。

第二节　中国社会主义体制改革的本质特征与深化体制改革的基本要求

一、转型经济学关于社会主义国家体制改革性质的不同理论探讨

从20世纪70年代末期开始,前社会主义国家掀起了一股市场化体制改革潮流,即实行了一场将计划经济体制转向市场经济体制的制度大变革。这无疑是20世纪后期最大的政治经济事件之一。前社会主义经济从计划经济向市场经济的制度大转型,从国际到国内,引起了相当一批经济学家的研究兴趣,并形成了以"转轨"问题为研究对象的转型经济学或过渡经济学或改革经济学。

1.国际转型经济学关于社会主义国家体制改革的两种基本观点及其对社会主义国家体制改革性质认识上的趋同性

从国际转型经济学来看，他们基于不同的理论分析，对社会主义体制改革的方式与过程作出了不同的理论判断，并对社会主义国家的体制改革提出了不同主张。对此，美国伯克利加州大学经济学教授热若尔·罗兰将国际上转型经济学进行了综合的概括与研究。他认为，关于前社会主义国家的体制改革，国际转型经济学存在两种基本观点即“华盛顿共识”与渐进—制度观点（热若尔·罗兰，2002）。“华盛顿共识”以标准的新古典价格理论、标准的宏观经济学和宏观稳定性政策的经验以及比较经济体系的大量知识为理论基础，认为市场化改革将带来确定的效率改进，并认为只要价格具有弹性，政府不干预市场，市场就会自发地发展起来，因此，在转型中，必须尽可能地削弱政府的权力，使经济“非政治化”。为此，“华盛顿共识”特别强调：在转型中必须价格自由化、国有企业私有化及稳定宏观经济。对于改革策略，他们提出必须利用早期机会之窗或“例外政治”时期尽快推进改革，并要运用大爆炸方式同时全面地进行所有改革。

渐进—制度观点根植于现代微观经济学所提供的制度观点、经济学非合作博弈与演进方法的理论与方法以及哲学上的怀疑论等知识基础上，认为市场化转型的结果在总体上具有不确定性，他们强调市场的制度基础及其可能对市场成长速度和企业家活动产生的影响，为此，他们特别强调订立合同的一般环境、最低限度的法律环境、产权的安全与执法、政治稳定等。对于转型中政府的作用，渐进—制度观点强调政府在执法和保护产权上的重要性，并认为适当的政府基础结构对保证市场所遵循的游戏规则是必需的。对于改革策略，他们认为大爆炸方式与休克疗法可能是危险的，其结果可能会产生严重的政治不稳定，并使国家陷入低效率的难以倒转的经济后果。为此，他们将重点放在全民对改革的持续的、不断增长的支持上，强调改革的渐进方式，依靠实验的灵活性，以适当的顺序开展改革。

尽管这两种观点存在明显的差别，但对于社会主义国家体制改革的性质与目标，热若尔·罗兰认为，这两种观点是相通的。他说："两者都以引进基于私人所有制的成功的市场经济为目标。因此，就目标而言，没有根本的区别。"[①] 此外，我们还可以从这两种观点的代表人物的重要代表性论文的研究结论中得出其相通之处。如萨克斯作为"华盛顿共识"的典型代表人物，在他与胡永泰和杨小凯撰写的《经济改革和宪政转轨》中，强调转轨的核心是宪政规则的大规模改变，而所谓宪政转轨，也就是要求社会主义国家在过渡中采用资本主义的政治体制。这表明，在他们看来，社会主义体制改革的实质与目标就是社会主义必须从经济制度到政治体制彻底地转向资本主义，并且只有如此，才能说完成了社会主义体制的转轨或过渡。再如，科尔奈作为著名转型经济学家和渐进—制度观点的重要代表人物，在他的《从社会主义到资本主义变化意味着什么》中，认为所谓"过渡"，就是从社会主义向资本主义转变，这种过渡的历史过程的完结，取决于社会主义的经济特征和政治制度被资本主义的经济与政治制度所取代的过程。因此，在看待社会主义体制改革的性质上，"华盛顿共识"与渐进—制度观点是取得了高度的共识与相通的，从此角度上说，二者没有本质的区

① 热若尔·罗兰：《转型与经济学》，第311页，北京，北京大学出版社，2002。

别。

2.中国过渡经济学关于我国市场化体制改革性质的独特理论思考

中国经济学者立足于中国的市场化体制改革之实践,对中国的体制转型或过渡过程进行了艰辛的理论探索,并形成了富有特色的中国过渡经济学。中国过渡经济学基于马克思主义经济学的理论指导,综合吸收东欧的改革理论、西方新古典经济学以及新制度经济学的相关理论成果,对中国的改革过程,过渡中的利益分配问题及成本与收益,中国改革的模式与特征、中国改革的政治过程等多方面进行了具有中国特色的理论探讨与研究,并形成了对中国市场化改革过程、模式与道路的各种理论假设与解释(盛洪,2002)。这些理论解释在实践上从不同的角度丰富了对中国市场化改革实践的理解,在理论上带来了相对于西方主流经济学的理论上的挑战与突破,并丰富和发展了马克思主义经济学与制度变迁理论。

对于中国经济体制改革的性质,中国过渡经济学者有些依据一般均衡理论和相关的现代经济理论,从资源配置效率的角度,对中国改革过程的性质进行了不同的分析。林毅夫等人(1993)认为中国渐进式改革具有“帕累托改进”或“卡尔多改进”性质。而樊纲(1993)和胡汝银(1992)等人在公共选择与利益集团理论的基础上,从中国改革的政治过程角度来研究我国体制改革的本质特征,他们认为改革是不同利益集团相互博弈后的公共选择的结果,其本质特征在于它是“非帕累托改进”。在他们看来,改革的动因是利益或潜在利润,而改革的主导者是受利益驱使的利益集团,这些利益集团都是受自身的利益导向来从事社会活动,因此,新的制度安排的形成,“总是有利于在力量上占支配地位的行为主体集合”。当政治市场不完善时,制度变迁高度依赖于掌握最高政策决策权的核心领导者的偏好及其利益取向,即改革过程中社会利益的增进是以核心领导者能够获得更多效用或满足为前提。

与此不同,有些中国过渡经济学者依据有中国特色的社会主义经济理论与中央文件精神,对中国体制改革的性质,从改革的政治前提和目标角度,进行了有别于国际转型经济学的独特理论探讨。他们认为,中国改革的性质是以社会主义宪法制度和社会主义基本制度为基础与前提的经济体制和具体制度安排的创新。如张宇教授(1997)认为,中国经济改革是在工业化与社会主义宪法制度双重约束下的市场化,它的目标是完善社会主义制度、实现国家的工业化和现代化。他(2001)还认为,中国渐进式改革的根本特点在于,它对原有的宪法制度没有采取推倒重建的“革命”性态度,而是在原有宪法制度基础上通过边际性调整,逐步修改原有宪法制度的内含,赋予社会主义制度以新的含义。陈甬军教授对中国经济改革的基本性质,提出了一个概括性的论断,即中国经济改革的实质,是要在社会主义基本制度的基础上,完成经济运行机制中用市场机制对原有的计划机制的置换任务。他还认为社会主义市场经济体制的实践就是为了吸取人类文明成果和智慧力量,总结社会主义制度兴起和曲折发展历史经验,创造出一种既能保持公平,又能促进效率的经济体制,为人类的发展探索一种更好的制度基础(陈甬军、徐强,2003)。

二、社会主义体制改革的本质特征是社会主义制度的自我完善和发展，它既要通过实现经济政治体制的创新以实现资源配置方式与经济运行机制的革命性变革，更要体现社会主义的本质要求

社会基本矛盾是人类社会发展变革的根源。在社会主义社会中，基本的矛盾仍然是生产关系与生产力、经济基础与上层建筑之间的矛盾。在社会主义建设与改革的实践中，邓小平同志加深了对社会主义基本矛盾的认识，深刻地阐明了社会主义基本制度和社会主义经济体制及具体制度的联系与区别。他认为社会主义根本制度是优越的，但社会主义制度并不等于建设社会主义的具体做法。在我国"现行的一些具体制度中，还存在不少的弊端，妨碍甚至严重妨碍社会主义优越性的发挥，如不认真改革，就很难适应现代化建设的迫切需要"（邓小平，1993）。这里说的具体制度，就是指社会主义国家的经济政治体制。他明确说过："我们现在的体制就很不适应四个现代化的需要。"① 由此看来，社会主义体制改革，其实质就是社会主义制度实现形式的再选择，即要在坚持社会主义制度的前提下，从根本上改革束缚生产力发展的生产关系和上层建筑中不相适应的方面和环节，建立起具有中国特色的、充满生机和活力的社会主义新的经济体制。"改革是社会主义制度的自我完善"②，这是邓小平同志对社会主义体制改革性质的精辟概

① 《邓小平文选》，第二卷，第280页，北京，人民出版社，1994。

② 《邓小平文选》，第三卷，第142页，北京，人民出版社，1993。

括。

社会主义体制改革的本质特征,从我国经济体制改革目标任务的调整轨迹与体制改革目标模式的性质界定,我们可以得到更清楚的认识。从1978年开始的体制改革,我国体制改革在"摸着石头过河"的实践中,不断地进行改革目标的调整,其历史轨迹如表5-1所示。

表5-1　体制改革目标调整的历史轨迹

时间	体制改革目标任务
1978—1979年	在计划经济条件下,重视价值规律作用
1979—1984年10月	计划经济为主,市场调节为辅
1984年10月—1987年10月	有计划的商品经济
1987年10月—1989年6月	国家调节市场,市场引导企业
1989年6月—1991年	计划经济与市场条件有机结合
1992年—2003年10月	建立社会主义市场经济
2003年10月至今	完善社会主义市场经济

从我国经济体制改革目标任务调整的历史轨迹,可以明显地看出:我国体制改革的基本方向是坚持社会主义的市场化改革,其最后的目标是建立与完善社会主义市场经济。而社会主义市场经济,它不是抽象的一般的市场经济,而是历史的具体的具有社会主义性质的市场经济,其本质上是市场经济体制与社会主义基本制度的有机结合。对此,江泽民同志指出:"社会主义市场经济体制是同社会主义基本制度结合在一起的,建立社会主义市场经济体制,就是要使市场在国家宏观调控下对资源配置起基础性作用。

它在所有制结构上、分配制度上、宏观调控上具有鲜明的社会主义特征,因而也具有资本主义不可能有的优势。”(《在毛泽东同志诞辰一百周年纪念大会上的讲话》,《人民日报》1993年12月27日)

既然社会主义市场经济在本质上就是市场经济体制与社会主义基本制度的有机结合,因此,社会主义市场经济就内在地有两个方面的最基本要求:一方面,它要求遵循市场经济的规律要求,即遵循社会必要劳动决定价值与公平竞争、等价交换等价值规律的内容与要求;另一方面,它同时又要求实行和体现社会主义的本质。应该说,这两方面既相互结合又相互补充,二者缺一不可,否则都不是真正意义上的社会主义市场经济,也不可能达到社会主义市场经济的社会价值目标。

为此,我们认为,社会主义体制改革,一方面,必须针对计划经济体制下政企不分、忽视商品经济与市场作用所带来的资源低效配置与经济低效运行的弊端与问题,对计划经济体制及其以计划行政手段为主的经济管理体制进行市场化改革。在此基础上,逐渐培育、发展市场经济体制,并进行与市场经济体制相适应的经济政治体制创新,从而实现从微观经济主体的经济行为到资源配置方式与经济运行机制的革命性变革与置换,由此促使市场的优化资源配置功能与激励机制得以充分发挥;与此同时,通过市场化改革所引起的所有制结构、企业产权制度的变化,以及市场经济的价值规律与竞争规律的自发作用,必然会启动利益驱动机制并消除计划经济体制下的平均主义分配制度,由此必然会解放劳动与解放社会生产力,从而充分释放劳动积极性。因此,市场化体制改革,从经济意义上说,它会促进经济资源的高效配置与经济高效运行及社会财富的快速增长。可以说,我们进行社会主义体制改革,其基本动因就是要通过经济政治体制的创新以实现资源配置方式与经济运行机制的革命性变革,以经济效率的提高与社会财富增长,从而为解决社会主义初级阶段的主要矛盾即人民群众日益增长的物质文化需要与落后的社会生产之间的矛盾,进而为显示社会主义制度的优越性和巩固社会主义制度奠定物质基础。

另一方面,必须强调,社会主义体制改革必须坚持社会主义制度,体现社会主义本质要求,这是社会主义改革必须坚持的政治方向。马克思经济学认为,以生产资料公有制为基础的社会主义制度能够消除资本主义制度下的一切主要矛盾,如生产的社会化和生产资料占有的私人性;生产与消费之间的矛盾;资本、财富积累与劳动异化和贫困加剧之间的矛盾等,因此,从人类社会发展史上看,社会主义是比资本主义更好、更高级的制度。正是从这个制度讲,邓小平同志明确指出:"我们建立的社会主义制度是个好制度,必须坚持",他还强调说,"我们搞经济改革,仍然要坚持社会主义道路"①。但问题是什么是社会主义和如何建设社会主义。邓小平同志通过反复思考,对此进行了具有马克思主义理论创新的科学回答。

首先,邓小平同志针对我国社会主义计划经济体制下,由于社会生产力得不到解放与发展,从而造成经济低效运行与贫穷不能消除这一客观事实,指出贫困不是社会主义,社会主义要消灭贫穷;发展太慢不是社会主义,社会主义要加快发展。因此,他得出

① 《邓小平文选》,第三卷,第116页,北京,人民出版社,1993。

结论:社会主义的根本任务是发展生产力,并强调要坚持并发挥社会主义制度的优越性,则必须大力发展社会生产力,逐步摆脱贫穷,坚持全面改革和发展。社会主义进行体制改革,其任务就是"从根本上改变束缚生产力发展的体制","建立充满生机和活力的新体制"。

其次,邓小平同志结合社会主义的目的与奋斗目标,从社会主义制度的功能、价值判断及社会主义发展过程的视角,提出社会主义的本质是解放生产力,发展生产力,消灭剥削,消除两极分化,最终达到共同富裕。社会主义不能建立在贫穷基础上,为此,社会主义必须解放、发展生产力,但社会主义的目的和社会主义建设者尤其是对于共产党人来说,改革开放,发展生产力,其本身不是目的,目的是在生产发展的基础上逐步改善人民的生活,最终实现人的自由全面发展与全体人民的共同富裕。因此,我们可以说社会主义的本质是在生产力发展的基础上实现人民共同富裕。邓小平说:"共同富裕,我们改革一开始就讲,将来总有一天要成为中心课题。社会主义不是少数人富起来,大多数人穷,不是那个样子。社会主义最大的优越性就是共同富裕,这是体现社会主义本质的一个东西。"① 在此基础上,邓小平提出了什么是社会主义的根本原则问题。他说:"一个公有制占主体,一个共同富裕,这是我们所必须坚持的社会主义的根本原则。我们就是要坚决执行和实现这些社会主义的原则。从长远说,最终是过渡到共产主义。"②

---

① 《邓小平文选》,第三卷,第 364 页。

② 同上书,第 111 页。

因此,社会主义体制改革必须通过公有制的完善与发展,以及所有制结构与经济利益关系的调整来激发劳动积极性,大力发展生产力,从而为实现、维护和发展最广大人民群众的根本利益,进而为实现共同富裕提供动力、协调机制与制度基础。这是社会主义本质对社会主义体制改革的内在要求。

三、深化体制改革的基本要求

依据上述体制改革一般本质与绩效和社会主义体制改革本质特征的理论分析,并结合我国前二十多年非均衡体制改革中产生的制度缺陷分析,我们认为在完善社会主义市场经济体制的深化体制改革过程中,必须依据社会主义体制改革本质与建设社会主义和谐社会的基本要求,树立新的改革观,端正改革取向,清理、革除过去非均衡体制改革中所引发的制度缺陷,并必须对改革模式及有关的制度安排与制度结构作出相应的调整。为此:

第一,深化体制改革必须实现"信念的解放",牢固树立以人为本的改革观。加尔布雷斯认为,就整个资本主义社会经济来看,二元体系之间即计划体系和市场体系之间的权力和交换以及利得是不平等和不均等的,因此二者之间必然会存在利益冲突和矛盾。为此,他提出必须改革资本主义社会的二元体系,即一方面要加强市场体系的权力,另一方面要减少计划体系的权力。在他看来,改革最为关键的问题就是要提出"信念的解放",这是社会改革的最重要的起点(加尔布雷斯,1980)。所谓"信念的解放"就是要重新树立对"人生"的看法,选择"生活的道路",确定应当值得争取的"目标",不应只注重经济量的增长,把"经济增长"看成是"公共目标”，而忽视对人们生活的关心。他认为，社会的一个“公共目标”就是“要最大限度地满足公众需要，考虑公众的利益”，因此必须要将注意力集中到“质的分析”上来。加尔布雷斯的对资本主义社会经济的批评及相应的改革观，对我们深化改革如何进行制度调整，应具有一个原则性的启发意义。

目前，在深化体制改革过程中，我们必须依据科学发展观与建设社会主义和谐社会的基本要求，各项改革都应以人为本而不应以物为本，既要实现制度创新的经济绩效，又要实现制度创新的社会绩效。在改革进入到全面调整利益关系与完善社会主义市场经济的新阶段时，我们必须依据“三个代表”的重要思想，把健全、完善市场经济体制和发挥社会主义制度的优越性与坚持党的先进性紧密联系起来。为此，我们在深化体制改革过程中，一方面要将社会主义制度的优越性落实到发展先进生产力、发展先进文化、实现最广大人民的根本利益上来；另一方面，要把最广大群众的利益与市场竞争机制有机地结合起来，即把老百姓作为利益主体和市场竞争机制相结合。为此我们要以人民市场经济[1]的新观念来深化体制改革，在产权社会化过程中确保最广大人民群众真正能够成为产权主体，并努力实现社会分配公正化与经济、社会、政治生活民主化。在某种意义说，我们应将协调各阶层与各利益集团之间的利益冲突，以实现利益兼容基础上的效率、财富增长，从而要最大限度地满足人民群众利益需要，视为深化体制改革的基本任

---

① 关于人民市场经济的提法与理解，可参阅迟福林著：《中国改革进入新阶段》，第17—18页。

务。

第二,深化体制改革必须立足于劳动价值论的基础上,充分而完整地体现社会主义制度优越性和社会主义本质与基本原则的根本要求。在社会主义初级阶段和建立、发展市场经济的中国社会主义现代化过程中,为了解放、发展社会生产力,提高经济运行效率,促使资源配置方式由计划体制向市场体制的转换,我们必须通过大力发展非公有制经济与积极探索公有制的多种实现形式来形成多种所有制结构与多元产权主体,由此而形成多元市场竞争主体以刺激经济发展。为了与多种所有制结构相适应,在个人收入分配制度上,我们通过体制改革,逐步形成了与市场经济原则相适应的多种形式的分配制度,并依据商品生产是各种生产要素共同参与的活动,物化劳动是劳动、劳动过程的必要条件,是创造使用价值和财富的基本条件之一,是社会生产力的重要组成部分等马克思劳动价值论的有关原理,在党的十六大报告中"确立了劳动、资本、技术和管理等生产要素按贡献参与分配的原则"。上述与发展市场经济、提高各要素所有权主体参与发展社会生产力和社会主义建设积极性相适应的所有制和分配制度上体制改革,在理论上可以说是我国关于社会主义经济理论的重大发展,也是对马克思主义经济学的重大发展,在实践上为社会生产力的解放与发展,为我国市场经济体制的建立与发展,为社会主义经济的快速、持续增长提供了有效的制度激励与保障。

在此基础上,我们必须强调,解放劳动与劳动者,最终实现共同富裕是社会主义和共产党人的奋斗目标。"三个代表"的出发点和落脚点,就是始终为最广大人民的根本利益而奋斗。社会主义不是少数人富，大多数人穷。社会主义的核心价值观念是促进社会的公平与正义，所以社会主义制度下的财富应该属于人民，富裕的标准必须是人民共同富裕而不是少数人富裕。从马克思主义经济学来看，解放生产力最根本的就是解放劳动和劳动者。作为马克思主义经济学的理论基石——劳动价值论，其理论宗旨就是要突出劳动和劳动者，并强调劳动是生产的真正灵魂。马克思的劳动价值论虽然肯定资本等生产要素或物化劳动是劳动过程、商品生产过程的必要条件，因而是创造社会财富的基本条件之一，但是马克思旗帜鲜明地强调：劳动，或者说劳动力，不是一般的生产要素，而是主动的、起决定性作用的生产要素，是劳动创造价值，并且只有活劳动才是商品价值创造的唯一源泉。因此，马克思主义经济学认为，解放和发展生产力，第一位的是不断解放劳动、劳动者，并认为劳动和劳动结果相统一，是劳动者的基本权利和劳动解放的标准，改变劳动者与生产资料分离的状态，消除无产者的"无产"状态，是无产阶级及其政党的追求和历史使命，是劳动解放的标志与象征（李铁映，2003）。

为此，在深化体制改革中，我们必须依据构建社会主义和谐社会的目标与社会主义公平与公正的核心价值观念以及社会主义制度解放劳动和劳动者的历史任务，并毫不动摇地在鼓励、支持和引导非公有制经济发展与落实多种分配方式并存和按要素贡献分配原则的同时，立足于马克思主义的劳动价值论的基础上，坚持公有制为主体和共同富裕社会主义两个基本原则，巩固和发展公有制经济，不断壮大公有制经济的实力并不断提升公有制经济的活力，确保在公有产权为主体的基础上实现最广大人民群众与生产资料相结合;同时,在分配制度上必须确保按劳分配在个人收入分配中的主体地位,并必须从法律上充分保护劳动权利与劳动所得权和劳动所得的支配权,为实现最广大人民群众的根本利益和共同富裕提供根本的制度基础与保障。

第三,必须依据统筹兼顾的原则,实现"非均衡体制创新模式"向"均衡体制创新模式"大转换。历史而客观地看,我国过去实施的渐进非均衡式体制改革使我国经济效率提高、改革深化和社会凝聚力增强三者得以相互支撑。正因为如此,中国的渐进与非均衡改革是取得了相对的成功,并使中国经济发展取得了历史性的"奇迹"。但是,回过头来看,我国过去进行的由易到难、分步迂回实施、缺乏制度互补、制度供给、政府主导的渐进与非均衡的体制改革,存在着并为深化改革遗留着不少问题与难题。如:(1)非均衡改革过程中使用的"双轨制"等过渡性体制安排与实施的差别化政策,客观造成了各种新的利益关系格局的扭曲,并形成了不少"体制性租金";(2)非均衡体制改革容易形成新的既得利益集团,由此,不仅会造成改革主体动力递减甚至动力缺失,而且会容易造成"体制复归";(3)渐进、非均衡的体制改革方案会造成政治权力与经济权力的不平等,并会催发不同利益集团出现政治经济地位与利益分配上的分化与不平等;(4)渐进、非均衡的体制改革所引起的利益分配格局的迅速的不合理变化,以及改革不完全、不彻底所累积的各种矛盾与冲突,致使深化体制改革的难度不断增强并导致成本大幅度上升,等等。这些问题与难题的存在,如果我们不能及时加以解决,将会构成社会主义和谐社会建设与发展中的障碍与制约。因此,为了实施可持续发展战略与建设社会主义和谐社会，我们必须从战略高度，大胆地实现体制创新模式由“非均衡体制创新”向“均衡体制创新”转换；与此同时，不失时机地实施中部崛起与西部大开发战略，实现经济发展战略由“非均衡”发展向“均衡”发展转换。为此，体制改革的着重点应是加快中西部地区的市场体系、市场机制与市场制度建设，并加快农村工业化、市场化与城镇化进程，努力构建全国统一开放并和谐的社会主义市场经济新体制。

第四，要在倡导和确立自由竞争、维护产权、履行契约的基本社会理念的基础上，完善相应的市场体系与市场秩序，并通过市场制度的建立与完善以及相应的法治约束，规范经济人的无序交易与竞争行为，以此促进市场有序运行，并由此完善社会主义市场经济体制的微观基础。维护产权与自由竞争是确立市场经济的两大根基。而市场经济是社会主义市场经济体制的制度基础，因此，要完善社会主义市场经济体制，其一，必须着力完善市场经济得以有序运行的基础制度。依据理论分析和历史考察，我们认为交易制度是市场制度的核心层次，而依据马克思经济学的市场流通基本理论，交易制度主要是由产权规则、自由竞争规则、自愿让渡规则和等价交换规则所组成。因此，我们要完善市场制度，其核心是要完善交易制度中的四大规则。这四大规则的实践要求就是要倡导和确立自由竞争、维护产权、履行契约的基本社会理念与市场运行机制。其二，社会主义市场经济是非完善的一个重要标志就是市场功能能否得以有效而充分的发挥，而市场体系是市场机制得以存在和发生作用的载体和舞台，市场秩序是市场机制有效发挥的必备条件，因此，我们必须对以前非均衡分权式体制改革，以及财政包干中所引发的地方保护主义与权力渗透市场进行必要的反思、检讨并作出相应的制度调整，以建立全国统一而开放的市场体系，并在此基础上，加强市场秩序建设。其三，现代市场经济是竞争与合作的有机统一，因此，我们在强调经济自由与自由竞争的同时，必须结合现代市场经济的特征与要求，运用法治约束与相应的市场制度建设，规范市场交易主体的损人利己、损人不利己乃至损人害己的各种极端无序的自私自利行为，并积极探索能够实现竞争与合作相统一的正和博弈的竞争模式，力求避免恶性竞争、过度竞争和无序竞争，从而促进市场有序运行。

第五，必须在消除、调整非均衡市场化改革中出现的制度创新不对称与不互补问题的基础上，对现有的各类制度安排进行系统的清理与整合，并在深化体制改革中实施“平行推进”的改革战略，努力为我国市场经济的有序运行创立一个和谐的制度结构与制度体系，这是完善社会主义市场经济的一个主要议题，也是深化体制改革中实现利益兼容的主要任务。过去我们实施的非均衡渐进体制战略模式，不能反应各种制度之间相互依存、相互制约的关系，以及制度变迁中各种制度必须相互“协调”或相互“兼容”的基本要求，由此各类、各层次制度变迁过程中出现制度创新的不对称与不互补问题，由此既滋生出各种类型的“制度租金”，也致使因体制改革而引发出各种利益矛盾、冲突与混乱，从而导致体制转轨中出现较高的“不协调成本”。为此，下一步在我们深化体制改革与完善社会主义市场经济体制过程中，我们必须依据科学发展观与构建社会主义和谐社会的基本要求，既要对过去二十多年非均衡体制改革中产生的各种制度安排与制度结构中缺陷问题进行必要的清理与整合，又要通过实施“平行推进”改革战略，努力实现制度创新中的对称与互补，并确保各项不同改革之间的相互协调与相互促进。

最后，必须加快政治体制改革与民主制度建设，促使政治与经济保持适度的分离与距离，并积极利用法治来约束政府的各种不规范行为，厘清政府与市场的边界与功能，努力维护产权关系与公平竞争的市场秩序。为此，我们一方面要依据民主政治的要求，着力建设“公共服务型政府”。即政府要从“经济建设型政府”转向“公共服务型政府”，要在国家相关立法中进一步明确政府的公共服务目标与职能；要改革投资型财政体制，加快公共型财政体制建设；要加强政务公开，实现从封闭型的行政体制向公开、透明型的行政体制转变；要完善和逐步加强人民代表大会对政府行使公共权力、履行公共职责的监督机制。另一方面要积极利用法治来约束政府的各种不规范行为，努力实现市场经济体制下市场功能与政府功能的互补，并要积极探索产权关系的立宪保障，并建立有效的产权保护实施机制，从而努力维护公平交易与公平竞争的市场秩序。

第三节 深化体制改革的基本任务是实现利益兼容基础上的效率与财富增长

一、非均衡体制改革引发的几个偏离社会主义体制改革本质要求的突出利益矛盾问题

过去二十多年的市场化体制改革中,制度创新的基本导向是偏重于效率,主要解决的问题就是如何提高经济运行的效率,体制改革的基本任务就是如何解放与发展社会生产力。其结果,如果从制度创新的经济绩效看,应该说,我国经济体制改革取得了举世瞩目的成绩(见表5-2)。

但是,在过去以效率为导向的非体制改革过程中,由于我们偏重于制度创新的经济绩效评价,而有所忽视了制度创新的公平导向与社会绩效,由此致使我国过去的体制改革没有完全、完整地体现社会主义本质的内在要求,其结果导致在调整利益关系的体制改革过程中,我们所采取的某些价值取向与政策措施有所偏离了社会主义的两大基本原则与共同富裕这一社会主义的根本目的要求,由此引发了不利于中国经济持续发展与社会主义和谐社会构建的经济利益上的种种分化、矛盾与冲突。其突出表现为:

1.利益集团发展的不平衡与利益集团之间的矛盾与冲突问题。在培育多元产权主体的市场化体制过程中,不仅带来了社会经济利益关系的重大变化,而且逐步分化、形成了不同的社会利益群体与集团。特别是20世纪90年代以来,随着社会经济结构和

表 5-2　1978—2002 年中国体制改革的经济绩效

项目＼年份	1978	1980	1984	1988	1992	1996	1998	1999	2000	2002
GDP(10亿)	362.4	451.8	717.1	1492.8	2663.8	6788.5	7834.5	8206.8	8946.8	10479.1
人均GDP(元/人)	379	460	692	1355	2287	5576	6038	6551	7086	8184
农村居民人均纯收入(元)	133.6	191.3	355.3	544.9	784.0	1926.1	2160	2210	2253	2366
农村家庭恩格尔系数(%)	67.7	61.8	59.2	54.0	57.6	56.3	53.4	52.6	49.1	40.41
城镇人均可支配收入(元)	343.4	477.6	651.2	1181.4	2026.6	4838.9	5425	5854	6280	6785
城镇家庭恩格尔系数(%)	57.5	56.9	58.0	51.4	52.9	48.6	44.5	41.9	39.2	36.5
出口占GDP的比重(%)	4.60	6.07	8.34	12.60	17.55	18.52	19.43	19.69	23.06	25.71
外汇储备(10亿美元)	0.67	1.30	8.22	3.37	19.44	105.04	144.96	154.67	165.57	286.40

资料来源:《中国统计年鉴(2003)》,部分数据源于《中华人民共和国1998、1999年国民经济和社会发展统筹公报》。

体制转型的急剧推进,利益分化和资源积聚态势日益明显,由此引起社会不同利益群体与集团之间在占有资源、社会政治地位以及财富收入等方面出现了明显的差距和不平衡性。有学者从不同的角度对我国市场化体制改革后阶层的分化进行了研究。如陆学艺依据对组织资源、经济资源、文化资源占有情况将当今中国社会群体分成管理者、经理人员、私营企业主、专业技术人员、办事人员、个体工商户、商业服务员工、农业劳动者、城乡无业、失业者十大阶层(陆学艺,2001)。中国战略与管理研究会社会结构转型课题组(1998)发表的研究报告,则对近二十年来中国社会中各种社会力量与阶层的演变趋势进行了分析。他们依据体制改革后利益损益上的变化将社会阶层分成特殊受益阶层、普通收益阶层、相对被剥夺阶层和绝对被剥夺阶层。我们还可以拥有从获取收入的生产要素所有权的角度,将社会结构分成权力集团、资本集团、知识集团和劳动集团(卢周来,2001)。这四大集团在体制改革过程中,其政治经济地位与财富收入源泉出现了明显的差距和不平衡性,并由此而产生了不利于社会稳定、和谐发展的利益矛盾和冲突。作为政府和公有制经济中的管理者的权力集团,他们掌控了组织资源的再分配,因而在社会政治经济结构中处于非常强势地位,并可以通过政治与经济的相互交融而获取权力与制度租金。以私人及外商投资者为主的资本集团和以专业技术知识经营管理者为主的知识集团,在市场化体制改革中不仅由于其拥有的生产要素市场报酬得到不断提升而提高其要素收益,而且由于他们在改革中的政治地位的不断提升(1993 年,私营企业主党员比例为 13.1%,1995 年上升到 17.1%,2000 年进一步上升到 19.8%)而可以更便利地获取其集团利益,或可以通过形成压力集团来提升在影响体制改革利益取向上所占的分量，从而使他们在社会经济资源分配中可以处于优势地位。最后，劳动集团的地位持续下降，尤其作为边缘群体和弱势群体的劳动集团日益成为体制改革代价的承担者。如产业工人中的党员比例明显下降，农民在20世纪80年代后逐渐成为利益受损的阶层。

2.收入差距问题。近二十年来，我国收入分配制度经历了从"平均主义"分配形式和单一的按劳分配方式到"按劳分配为主体，其他分配方式为补充"，再到"按劳分配为主体、多种分配方式并存"的三次较大的收入分配制度改革，这种以提高效率为目的的体制改革确实大大地激励了劳动者的生产积极性，迅速提高了国民经济水平，但同时也导致了收入差距的扩大。尤其是20世纪90年代中后期以来，一方面市场化的按劳分配和按要素分配的力度增强拉大了收入水平差距；另一方面，非市场化的各种过渡性的收入分配以扭曲的方式拉大了收入水平的差距。从前者来看，在市场化导向的收入分配过程中，以市场定价机制实现的按劳分配是按照复杂劳动与简单劳动、技术劳动与非技术劳动所带来的边际生产率的不同来分配劳动报酬的，同时，按要素进行分配内生地决定了基于要素贡献率和要素拥有程度的差异而带来的收入分配差距拉大是必然的趋势。从后者来看，在非市场化导向的收入分配过程中，初始制度安排的不平等，再分配调节手段的不充足以及制度不健全导致的非法收入的泛滥等也是造成收入差距拉大的主要因素。在这两方面基本制度安排下以及其他方面的原因，导致我国居民收入差距随着体制改革而呈现跳跃式上升的现象。

在收入差距问题中，尤以城乡收入差距问题为最。改革开放以来,我国城乡收入差距在不断变化。1978年后,随着我国农村实行家庭联产承包责任制极大地调动了农民的生产积极性,农产品产量大幅提高,农民收入也随之上升,因而城乡收入差距不断缩小。1985年城镇居民的人均可支配收入仅仅是农村居民人均纯收入的1.86倍,城镇居民的消费水平是农村居民消费水平的2.3倍。然而,随着城市经济体制改革与农民收入增长逐渐趋缓,城乡收入差距也不断扩大。90年代以来,除1996、1997两个年份外,城乡收入与消费之比一直均呈上升趋势。2002年以来城乡收入之比维持在3.1以上。如果再考虑到城镇居民生活中许多难以统计的工资外收入,如利息收入、投资收入、第二职业收入等,城乡实际收入差距会更大。按国际一般的情况,当经济发展水平在人均GDP为800—1000美元阶段,其他国家城镇居民收入大体上是农村居民收入的1.7倍,而我国这一比例远高于其他国家,并且呈不断增大的趋势。据国家统计局资料显示,自1997年以来,我国农民收入增长幅度连年下滑,由1996年的9%持续下降到2000年的1.9%,而同期城镇居民收入增长幅度一直保持在7%左右。据测算,1978年到2000年,我国城镇居民的基尼系数从0.16上升到0.32,农村的基尼系数由0.21上升到0.34,而城乡统算的基尼系数为0.396,已与国际公认的0.4警戒线非常接近。其间,即1995年,我国城乡基尼系数一度达到了0.452的新高。根据国际标准,基尼系数在0.4以上表示绝对不平均,表明我国已经进入绝对不平均区间,且呈逐年扩大的趋势。按照这样的趋势发展下去,我国城乡之间的收入差距问题就会成为建设全面小康社会的主要障碍。

3.失业问题。撇开农村以隐形失业形式存在的大量剩余劳动力不说,单从城市失业角度看,工业化进程的加速,农村人口向城市转移,经济增长方式的转变,加入世界贸易组织时的承诺,国有企业改革的私有化和规模缩小,以及劳动力要素不断被资本、技术要素所取代等,尤其是1993年以后国有企业实行“鼓励兼并,规范破产,减员增效,下岗分流”的改革措施,使得原来积淀的隐性失业问题爆发出来,导致登记失业率持续上升。从表5-3中可以看出,改革开放前几年,我国城镇登记失业率和失业人数有下降的趋势,1985年失业率仅为1.8%。但20世纪90年代以后,我国城镇登记失业率一直呈上升趋势。特别是在1996年以后,我国城镇登记失业率一直维持在3%以上,这是除下岗职工之外的保守数字,如果把下岗职工计算在内,我国城镇的实际失业率将达到8%,即使扣除下岗职工中隐性就业部分,实际失业率也在7%以上。2001年下岗职工在城镇职工中的比重高达11.74%,如果算上下岗再就业的人数,那么下岗职工在城镇从业人员中的比重为5.29%,但这一数字仍然比登记失业率高出1.58个百分点。可见,我国失业的实际数字远高于国家统计局的官方统计数字。

表5-3 我国城镇登记失业及下岗变动情况

年份	城镇登记失业率(%)	城镇登记失业人数(万人)	下岗职工(年底数)(万人)	城镇职工数量(万人)	下岗职工占城镇职工比重(%)	城镇从业人员(万人)	下岗职工占城镇从业人员比重(%)
1978	5.3	530	—	9499	—	9514	—

1980	4.9	542	—	10444	—	10525	—
1985	1.8	239	—	12358	—	12808	—
1990	2.5	383	—	14059	—	17041	—
1991	2.3	352	—	14508	—	17465	—
1992	2.3	364	—	14792	—	17861	—
1993	2.6	420	300	14849	2.02	18262	1.64
1994	2.8	476	360	14849	2.42	18653	1.93
1995	2.9	520	564	14908	3.78	19040	2.96
1996	3.0	553	891	14845	6.00	19922	4.47
1997	3.1	570	1151	14668	7.85	20781	5.54
1998	3.1	571	1080	12337	8.75	21616	5.00
1999	3.1	575	1174	11773	9.97	22412	5.24
2000	3.1	595	1200	11259	10.66	23151	5.18
2001	3.6	681	1267	10792	11.74	23940	5.29
2002	4.0	770	410	10558	3.88	24780	1.65
2003	4.3	800	260	10492.0	2.48	25639	1.01
2004	4.2	827	153	10575.9	1.45	26476	0.58

资料来源:《中国统计年鉴(1998—2005)》,1993—2001年下岗职工人数参见《改革》(2003.3)第108页,2002—2004年下岗职工人数为国有企业(含国有联营企业、国有独资公司)下岗职工人数,参见《2002—2004年度劳动和社会保障事业发展统计公报》。

4.社会排斥与贫困问题。阿马蒂亚·森(2005)基于能力剥夺的贫困观分析了引起贫困的社会排斥这一广泛涉及经济社会问题的概念。从引起能力剥夺及贫困的关系特征角度,阿马蒂亚·森认为社会排斥既有表现为造成贫困的关系剥夺特征即建构性特征，也有表现为工具性剥夺(如没有土地的家庭)即工具性特征。从引起能力剥夺及贫困是否人为性角度，有学者认为社会排斥既表现为因政策故意排斥某些人的某些社会的积极排斥，也表现为因经济萧条而导致贫困与隔离的消极排斥。从现实角度看，社会排斥会通过不平等、关系剥夺、劳动力与信贷市场上的排斥、性别不平等与排斥、医疗保健不平等与排斥等各种方式来导致剥夺与贫困。

从我国现实来看，改革开放以来，一方面我们取得了贫困人口的大规模减少的成绩：根据世界银行确定的每天收入一美元的标准，贫困人口数量从1981年的4.9亿下降到2002年的8800万，这是我国体制改革所取得的最大成就之一。但是，另一方面，在非均衡市场化体制过程中，由于市场体系与市场制度的不统一与不完全，兼之我国由于长期历史原因形成的城乡二元经济体制等原因，导致我国出现明显的体制落差。这种体制落差从制度安排上形成了对我国某些劳动群体尤其是弱势劳动群体的以关系、能力剥夺为特征的各种社会排斥，如"买断身份"式国有企业改革中对部分工人劳动能力剥夺的社会排斥，以招商引资、兴建经济开发区与大学城等为由的各种形式的以剥夺农民土地为特征的工具性社会排斥，在劳动力市场与信贷市场上由制度歧视而产生的对部分劳动群体和弱势群体能力剥夺、关系限制的社会排斥，忽视农村和落后地区公共基础设施建设、基础教育和医疗卫生保健发展而导致其人力资本发展的社会排斥。如此等等的社会排斥，客观造成了非均衡体制改革后而形成的低收入阶层和以下岗、失业为主要群体的相对被剥夺阶层以及以贫困人口为主要群体的绝对被剥夺阶层，并由此而削弱了我国经济增长在减少贫困上的应有作用。我国20世纪90年代后期的发展情况显示，我国经济增长减少贫困的作用出现了弱化趋势。在1998—2000年间，我国经济持续以将近8%的速度增长，但贫困减少的速度似乎有所下降(见表5-4)。

表5-4　近期减少贫困的情况

贫困人口比例 (以每天收入一美元为标准)	1990	1992	1996	1998	1999	2000
全国	23.1	21.6	10.6	7.9	7.8	8.8
农村	31.0	30.0	14.9	11.4	11.2	13.7
城镇	0.9	0.0	0.2	0.0	0.25	0.3

资料来源：世界银行根据中国官方家庭调查数据(到2000年)所作的估算。转引自世界银行：《中国推进公平的经济增长》第28页。

5.腐败问题。我国自1978年以来进行的行政体制改革实际上就是中央权力不断分解融合到地方政府的过程。这种权力下放一方面调动了地方政府的积极性，另一方面也导致了局部权力失控，地方主义、贪污腐化现象严重。由于行政权力可以创造寻租的条件，于是也就有人在制度变迁的过程中，利用权力进行“设置租金”的“设租”(rent-setting)活动，以便造成新的寻租的可能性。为了寻求租金，寻租者向官员行贿，从租金中得利的官员，又力求保持原有租金制度和设立新的租金制度。这样由寻租到设租，便产生了一个贪污腐化蔓延、因果联系的恶性循环圈。我国当前存在的收入差距扩大，部分原因是由于收入分配的不公平，而腐败产生的灰色收入和非法收入也是造成收入差距的重要原因之一。

表 5-5 中国腐败感知指数

年份	指数	国家排位
1995	2.2	41 个国家中排名第 40 位
1996	2.4	47 个国家中排名第 40 位
1997	2.9	52 个国家中排名第 41 位
1998	3.5	85 个国家中排名第 52 位
1999	3.4	99 个国家中排名第 58 位
2000	3.1	90 个国家中排名第 63 位

资料来源:"透明国际"(Transparency International),2001 年。

注释:评定数值范围在 1—10 之间,指数越高,表明腐败程度越低。

二、协调利益关系,促成统筹发展,实现利益兼容基础上的效率与财富增长是深化体制改革的基本任务

在市场经济发展的基础上,构建社会主义和谐社会,是中国社会主义现代化进程中的一个新阶段,也是中国社会主义现代化建设的目标与方向。从价值目标上讲,社会主义和谐社会是一个人与自然、人与自身全面和谐的社会。从现实看,社会主义和谐社会是一个经济繁荣、政治文明、社会秩序稳定、人民安居乐业的公平正义型社会。前二十余年非均衡体制改革一方面带来了我国经济运行效率的提高与社会财富的快速增长,但也引起了利益结构的重大调整和利益关系调整过程中的种种利益分化、矛盾与冲突。经济利益上的种种分化、矛盾与冲突,构成了当代中国所面临的社会和谐问题。在某种意义上说,构建社会主义和谐社会,最根本的任务是实现人们在利益关系上的和谐。因此,完善社会主义市场

经济体制，深化体制改革，推进制度创新，其基本任务就是协调利益关系，促成统筹发展，实现利益兼容基础上的效率与财富增长，从而为促进经济与社会可持续协调发展提供体制基础。为此，党的十六届三中全会强调，深化体制改革，必须坚持社会主义市场经济的改革方向，坚持正确处理改革发展稳定的关系，坚持统筹兼顾，坚持以人为本，树立全面、协调、可持续的发展观，促进经济社会和人的全面发展。要完成深化体制改革的基本任务：

1.必须依据社会主义体制改革的本质要求，在坚持、完善社会主义市场经济体制的基础上，实现效率与公平的相互统一与相互推进

实现利益兼容基础上的效率与财富增长，其核心问题就是如何解决效率与公平的相互推进与均衡发展。在奥肯等西方经济学者看来，效率与公平是一个熊掌与鱼不可兼得的问题[①]。但事实上效率与公平是一个体现收入分配与财富创造和经济增长的矛盾统一体。一方面，效率与公平是相互抵触和相互对立的，因为，公平要求尽可能缩小收入分配差距，而没有一定的收入分配差距又会降低劳动积极性，进而要牺牲效率；效率则要实现资源的有效配置和财富增长，为此，必须实现按要素贡献分配，由于各经济主体拥有的要素数量和秉赋的不同，则必然要产生收入分配结果上的不公平。另一方面，效率与公平又是相互依存和相互推进的：效率的提升可以为收入再分配，从而为实现社会公平提供较多的社会

---

① 奥肯断言："为了效率就要牺牲某些平等，并且为了平等就要牺牲某些效率。"奥肯：《平等与效率》，第80页，华夏出版社，1987。

剩余产品与雄厚的物质基础，而公平分配尤其是收入分配程序与规则的公正，可以建立有效的物质激励机制，提高劳动积极性，从而有助于提高经济运行效率。

我们必须强调，效率与公平的统一与相互推进，是建立在一定的社会经济制度之上，或者说需要一定的社会经济制度作保障。依据马克思主义创始人的理论分析，效率与公平是一对社会历史范畴，不存在永恒、绝对和抽象的效率与公平关系。未来社会的生产资料公有制以及以此为基础的按劳分配制度，可以消除资本主义私有制下的异化劳动和社会关系的物化现象，从而促使社会生产的目的发生革命性的变化，并使劳动的性质成为自由劳动联合体，由此可以在解放劳动的基础上解放社会生产力，提高生产效率，并实现效率与公平的相互统一与相互推进。我国在社会主义经济建设与经济体制改革的实践过程中，认识到在社会主义经济制度下尤其是在社会主义初级阶段，要实现社会主义的本质要求，促使效率与公平的统一和相互推进，则必须建立和完善社会主义市场经济体制。同时，经过二十多年经济体制改革的实践，使我们不断加深了对社会主义市场经济体制的基本属性和特征的认识，即社会主义市场经济体制应是与社会主义基本经济制度相结合的市场经济，即一是建立在“公有制为主体、多种所有制经济共同发展的”基本经济制度和“按劳分配为主体、多种分配方式并存”的分配制度之上的市场经济；二是规范的市场经济，也就是建立在规范的市场体系和信用制度基础上并在法治约束下的市场经济；三是公平的市场经济，也就是起点公正和规则公正、权利与义务对等的市场经济。

如果建立了符合上述属性和特征的社会主义市场经济，则可以从市场经济与社会主义双重制度上确保效率与公平的相互统一与相互推进。因为，从市场经济制度看，它具有自主性、平等性、竞争性、开放性、趋利性、排他性等属性与特征，这里，既有满足公平的属性与特征，如平等性和排他性等，又有满足效率的属性与特征，如自主性、竞争性、开放性、趋利性等。因此，市场经济是具有实现效率与公平相互统一与相互推进的制度属性与特征，当然，我们要充分发挥市场经济在促使效率与公平之间的相互统一与相互推进，其前提是必须建立一个"好的市场经济"，即是有法治约束的公平与规范的市场经济。从社会主义制度来看，其本质要求就是要实现效率与公平的统一与相互推进，因此，如果我们建立、完善了社会主义市场经济体制，从理论上说，是可以用双重制度来强化公平与效率的相互统一与相互推进的。

2.就目前政策选择来看，我们要完成深化体制改革的基本任务，实现可持续发展，根本的问题就是要在依据统筹兼顾的指导思想，着力解决当前经济社会发展中的城乡之间、地区之间、人与自然之间以及经济与社会之间等各方面所存在的一系列不协调问题

"统筹兼顾"，"统"就是统揽，就是宏观调控，适时适当干预；"筹"就是筹划、协调；"兼顾"就是照顾到方方面面的利益关系，协调好方方面面的利益矛盾，因此，统筹兼顾就是要兼顾全局、适当调整、综合平衡、协调利益。统筹兼顾是社会主义建设中协调利益关系，处理人民内部矛盾的基本原则与方针。当年毛泽东同志在我国生产资料私有制的社会主义改造已经基本完成的情况下，就指出：在社会主义建设时期仍然会存在各种形式的人民内部矛盾，

不同经济主体之间的利益关系与矛盾是人民内部矛盾的重要表现形式。毛泽东同志认为:社会主义建设中的任何人民内部矛盾不但应当解决,也是完全可以解决的,处理人民内部矛盾的原则与方针是"统筹兼顾,适当安排"(毛泽东,1999)。由于前二十多年非均衡市场化体制改革中产生的各种利益矛盾和冲突的累积,使协调发展问题成为制约我国可持续发展与建设社会主义和谐社会中的一个突出问题。为此,党的十六届三中全会提出了推进经济体制改革的一些新原则:其一是强调要坚持社会主义市场经济的改革方向;其二是在坚持效率原则的同时,强调要坚持统筹兼顾,协调好改革过程中的各种利益关系;其三是强调以人为本,树立全面、协调、可持续的发展观,促进经济社会和人的全面发展。在此基础上,十六届三中全会依据统筹兼顾的指导思想和当前经济生活中的突出矛盾问题,提出了要用"五个统筹"① 的政策要求来解决目前我国几个最突出的利益矛盾与冲突问题。从协调利益矛盾与冲突角度上讲,在"五个统筹"中,最为基础也是最为突出的是如何统筹城乡发展与统筹区域发展。

在统筹城乡发展上,其关键如何解决农业发展、农村进步和农民增收这所谓的"三农"问题,并通过"三农"问题的解决来建立现代的新型城乡关系。统筹城乡发展的关键环节在于:

首先,要尽快取消城乡分割的制度性障碍、加快城镇化建设步伐。我国城乡分割的社会体制导致了"二元社会"的长期存在。在

---

① "五个统筹"就是指统筹城乡发展、统筹区域发展、统筹经济社会发展、统筹人与自然和谐发展、统筹国内发展和对外开放。

“二元社会”状态下，没有统一的劳动力市场，分割的劳动力市场使得劳动力生产要素不能按经济规律合理配置，农村剩余劳动力的转移存在制度性障碍，由此必然会造成中国现阶段城镇化滞后于工业化，经济结构优化升级缓慢。并且，“二元结构”造成了社会保险、教育、医疗等公共社会福利制度上的城乡差异与城乡公共产品供给上的非均衡状态，这样就会从制度上扩大城乡发展的差距。因此，城乡统筹，首先必须从制度上逐渐消除造成城乡分割与维系“二元社会”结构的制度安排和制度结构。与此同时，要从国情出发，立足新世纪的发展目标，顺应经济发展和城镇发展规律，做好加快我国城镇化发展的战略布署，积极探索多元化的中国农村城镇化之路，逐步形成分工合理，各具特色的城镇体系。

其次，要着力缩小城乡居民收入差距。为此：(1)应加强政府对农村的转移支付力度，切实落实好农村义务教育制度，并建立、完善农村社会保障制度，同时，确保基层政府的公共支出，避免因农村政权运作所需财力不足而向农民随意乱摊派、乱收费，从而加重农民负担。(2)加大对农业的基础设施和公共品投入，改善制约农村经济发展的“瓶颈”，从根本上改进农业生产条件，从而为农民生产致富创造条件。(3)大力发展高科技农业，引进高科技改造传统农业，支持农业科技的研究和推广，依靠技术进步优化农村产业结构，提升农业劳动生产率，从而提高农民收入。(4)继续对农产品实行市场保护价和对农用生产资料实行价格和税收优惠，切实减轻农民负担。

最后，要在政府和市场的双重作用下实现城乡资源互动。市场机制是配置资源要素的主导力量，由于城市在市场要素方面的巨大吸引力，乡村生产要素纷纷流向城市，对城市经济发展起到了重要作用。但相对于城市经济而言，乡村处于“劣势”地位。在市场作用下，作为城乡要素交流形成的这种不对称性，就需要依靠政府，通过政府掌握的资源和作为对经济社会发展的调控者来发挥作用，并充分利用二次分配、制定政策、完善法律法规等手段，发挥统筹城乡经济社会发展的作用。针对近年来城市资源要素缺乏向农村流动的动力，流量严重不足，农村资源要素又受利益机制驱动，争相外流向城市集聚的态势，政府应通过有力度的政策和一切可行的途径，引导城市的资源要素流向农村。同时积极创造就业机会，引导农村劳动力进城务工经商，这样在城乡资源对流中就可切实改善城乡资源配置关系，提高资源配置效率，从而为城乡协调发展创造基础条件。

在统筹区域发展上，我们必须依据新的协调发展观要求，积极推进西部开发，有效发挥中部地区综合优势，支持中西部地区加快改革发展，振兴老工业基地，鼓励有条件的东部地区率先基本实现现代化，逐步形成东、中、西部经济互联互动、优势互补、协调发展的新格局。具体来说：

(1)加强政府宏观调控作用，对中西部给予政策、资金支持。即从外部加大对中西部地区的经济扶持和政策倾斜，帮助西部地区打基础、调结构，使西部地区保持一定的发展速度，保证东西部差距不被继续拉大，进而缓解东西部差距扩大的趋势。要通过政策扶持，鼓励人力、物力、资金、技术等各种要素向中西部地区流动。具体措施，如给予中西部地区在引进外资方面的优惠政策，减免中西部企业的税收；通过财政转移支付制度、公共投资重点分配制度、政策性贷款等优惠制度加强对中西部的支持。

(2)中西部地区要在借鉴东部发展经验的基础上加快自身经济发展。中西部的优势在自然资源,因此要充分利用自身资源优势,将资源优势变为经济优势。中西部地区要在改革自身体制,提高现有生产力水平的同时,努力学习东南部沿海地区的先进经验,大力发展外资企业、乡镇企业、私营企业等多种经济形式,培育新的经济增长点,以促进经济的快速发展。

(3)推进东部地区对中西部地区的支持与合作。中西部地区的发展对于东部地区的进一步发展同样会起到促进作用,因此,东部地区应该给予中西部地区必要的支持与帮助,在教育、人才、资金、技术、管理等方面支援中西部地区,实施对口支援项目,以合作的形式实现东中西部地区在互利互助的基础上搞优势互补、利益共享式的合作。

3.完成深化体制改革的基本任务,必须强化社会主义市场经济体制内在的公平、公正伦理基础,完善市场化体制改革中形成的多元社会利益主体的协调与整合机制

一定社会的经济体制既是一定社会生产关系的体现,也是社会经济运行和人们经济生活中相互关系的制度化表现。经济体制为社会组织和成员从事社会生产和再生产提供该社会所允许的公共的行为规范,因此它必然要内含一定的伦理道德原则。市场效率激励功能的充分释放,必须以市场秩序的健全为前提,而民主制度下的市场秩序必须以“公平正义”的伦理道德为基础。在著名伦理学家罗尔斯(Rawls)看来,社会正义原则是社会秩序安排的核心问题。他在《正义论》开篇中就明确提出:“正义是社会秩序的首要

美德，正如真理是思想体系的首要美德一样。"[①]社会主义的价值目标是追求公平正义，社会主义社会本质上是一个公平正义型社会，因此，不论是从有秩序市场经济来看，还是从社会主义社会的本质来看，公平正义都应是社会主义市场经济体制的题中应有之义。建立社会主义市场经济体制，从社会价值与社会功能来看，是为了提高人的自主性、独立性和社会的平等、自由程度，逐步实现社会共同富裕，促进人的全面自由发展。因此，社会主义市场经济体制必须内含社会主义和市场经济双重要求的伦理道德原则。以此而论，可以作为我国社会主义市场经济体制伦理基础的应是等价交换和最终实现共同富裕这两个基本范畴。可以说，等价交换和最终实现共同富裕是我国市场经济体制的根本属性，它们在我国社会主义市场经济体制伦理体系中处于核心地位（唐永泽、朱冬英，2005）。

等价交换既是市场经济价值规律的基本内容与内在要求，也是市场经济体制的伦理基础。等价交换的伦理体现与制度保障就是要社会公正。从商品与商品交换来看，社会公正尤其是规则的公平与公正是市场经济体制的内在逻辑。马克思认为商品是天生的平等派，在流通领域或商品交换领域，是天赋人权的真正乐园，那里占统治地位的是自由、平等、所有权和边沁（马克思）。依据市场经济体制下等价交换的内在逻辑与伦理要求，我们可以推论：实现商品交换领域中的规则公平与公正，这是我们建立利益协调机制的微观伦理基础。为此，我们必须维护市场交换主体的自由和

---

① Rawls, J. A Theory of justice, p.3, Cambridge, Mass., Harvard University Press, 1971.

所有权，确保市场主体享有平等的社会权利；市场必须对所有人开放，每个人都有自由进入或退出的平等权利，任何人都不能以强制的方式要求别人按照单方面的意愿进行市场交易；任何进入市场经济活动的主体，在参与市场竞争时，条件都应当是平等的。

由于进入生产资料所有制形式的差异和进入市场主体所拥有的要素秉赋的市场报酬率的不同，纵使我们遵循了市场等价交换的原则与伦理要求，也必然会有收入分配结果的分化与利益关系上的矛盾，为此作为社会主义市场经济，还必须从收入分配的结果上来建立与社会主义本质要求相符合的伦理原则。这就必须构建最终实现共同富裕的伦理基础。对于分配中的公正问题，英国李嘉图和社会主义者汤普森（1997）认为，最重要的善行和恶德都是这样不可分割地和财富分配问题联系在一起，普遍的道德原则要求的分配方式必须根据增进全民最大幸福的原则，使财富和政治考虑都服从能保证最大的善行即最大的幸福的分配。共同富裕的实现既是社会主义的目标，也是社会主义的本质要求，因此，共同富裕的实现是社会主义市场经济体制的最大的公平，为此，我们在深化体制改革与完善社会主义市场经济过程中，必须强化共同富裕这一社会主义市场经济内在的最大的公平、公正伦理基础。在实践上，必须进行利益结构的调整，注重收入再分配过程中的公平与公正要求，健全利益和谐与利益整合机制。在此过程中，首先要通过有效的制度安排来容纳和规范不同利益主体的利益表达与利益博弈，实现社会资源和权利的公正分配，这是实现利益协调与社会分配公正的关键所在。此外，我们既要承认市场体制下利益分化和差别以及各种利益群体存在的合理性，又要大胆实施收入再分配政策,关注弱势群体和边缘群体的利益祈求,并充分发挥公共权力的调整职能,妥善处理社会各阶层的利益关系。

具体地说,在深化改革中,为了协调、整合不同利益主体的关系,实现社会公正的财富再分配,应该加快实施:(1)转变经济增长方式,调整经济结构,鼓励发展劳动密集型产业,扩大社会就业,提高劳动要素市场报酬率,着力协调劳资关系,建立健全劳动保护制度;(2)建立社会保障体系,构建社会福利安全网络,加大对社会弱势群体的扶持力度;(3)强化政府在解决收入分配不公正上的宏观调控职能,完善国家预算和财税制度;(4)完善人民代表制度和政治协商制度,建立、完善社会各阶层的利益表达渠道和途径,努力形成社会认同的利益协调与整合制度,促成社会利益共同体的形成与发展。

第六章　深化体制改革中利益兼容的物质与制度基础

如何依据统筹兼顾和马克思主义社会协调原则，化解目前凸现的社会经济利益矛盾，理顺、协调好转型与发展过程中的各种利益关系，既是深化体制改革中的基本任务，也是构建社会主义和谐社会的本质要求。为此，我们必须探索、寻找、创设深化体制改革中具有均衡性和协调性的利益兼容机制。而要协调体制改革中的各种利益关系，建立健全深化体制改革中利益兼容机制，则既要通过可持续经济发展为社会不同主体实现利益兼容建立物质基础，又要通过能够促成利益兼容的制度建设与体制创新为不同主体实现利益兼容建立制度基础。依据历史唯物主义的基本原理、社会主义的本质与基本原则以及社会主义体制改革的本质特征，我们认为，从原则角度看，要建立深化体制改革中的利益兼容机制，则既要大力发展社会生产力，提高劳动生产率，增长社会财富，又要巩固和发展社会主义的基本经济制度，充分发挥社会主义公平正义的制度功能与优势。

第一节 解放、发展生产力是协调社会主义经济利益关系和解决社会主义人民内部矛盾的根本途径和物质基础

一、物质生产力既是推动社会发展的根本动力，也是评价社会经济发展的最基本标准和人类协调、解决实践生活基本矛盾即客观世界资源约束与人类主体利益实现的物质力量

马克思主义唯物史观认为，人类社会的历史始终是人类从事物质生产的历史，是生产力不断发展的历史。生产力和生产关系，经济基础和上层建筑的交互作用，形成社会基本矛盾的运动，并由此推动了人类社会的发展。在社会基本矛盾的运动中，生产力是最活跃最革命的因素，是社会基本矛盾的起点。人类社会的形成与发展是以一定的物质生产力发展为基础。马克思在《〈政治经济学批判〉序言》中，正是抓住了物质生产力这一决定社会历史发展的最根本因素，才科学地解释了社会发展的根本原因，并创立了唯物主义社会发展史观。对于马克思的这一唯物史观的伟大发现，列宁高度概括道："只有把社会关系归结于生产关系，把生产关系归结于生产力的高度，才能有可靠的根据把社会形态的发展看做自然历史过程。"①

① 《列宁选集》第一卷，第 8 页，北京，人民出版社，1976。

基于唯物史观的基本原则,马克思主义创始人历史地考察了人类社会的历史,发现人类社会已经经历了从原始社会到奴隶社会到封建社会到资本主义社会的历史演变,并着重通过对资本主义社会深刻的研究,发现社会化生产力的发展,曾经否定了封建土地所有制和劳动者个体所有制,促使资本主义所有制的产生和发展。不仅如此,马克思、恩格斯还唯物辩证地考察了以机器生产方式为特征的资本主义社会生产力,并剖析了资本主义私有制与以生产社会化为特征的社会生产力发展之间的尖锐矛盾。他们认为:一方面发展社会生产力,是资本的历史任务和存在的理由。资本正是以此不自觉地为一个更高级的生产形式创造物质条件,正因如此,“资产阶级在它的不到一百年的阶级统治中所创造的生产力,比过去一切时代创造的全部生产力还要多,还要大”[①];另一方面,认为社会生产力在资本主义所有制下的进一步发展,又必然使社会生产力与资本主义所有制的矛盾日益尖锐起来,最终导致资本主义制度的灭亡。马克思、恩格斯还根据人类社会发展的一般规律和对资本主义内在矛盾及发展趋势的揭示,指出了一种预见性的思想:在资本主义到共产主义的过渡时期,只有发展生产力,才能彻底消灭私有制。他们说:“无产阶级将利用自己的政治统治,一步一步地夺取资产阶级的全部资本,把一切生产工具集中在国家即组织成为统治阶级的无产阶级手里,并尽可能快地增加生产力的总量。”[②] 由此可见,发展生产力,是人类社会发展的根本

① 《马克思恩格斯选集》第一卷,第256页,北京,人民出版社,1976。

② 同上书,第272页。

动力,这是马克思主义唯物史观的基本原则。

不仅如此,马克思主义唯物史观的创立,还深刻地揭示出物质生产活动与社会经济发展是人类社会存在与发展的物质基础,经济利益是人类社会最基本的价值追求。对于一个人或社会来说,没有满足最基本的经济利益需要的物质条件,则不可能存在与发展,进而,其他一切客体对象也将因失去价值主体而失去其价值,所以,人们对经济利益价值的追求具有优先于其他任何价值追求的性质。这也正是社会生产关系与上层建筑必须适应和服务物质生产发展的根本原因。从逻辑上说,如果我们肯定了物质经济利益对于人类价值追求的优先性,就肯定了物质生产的优先性,也就肯定了物质生产力作为衡量、评价社会经济发展标准的优先性。因此,如果我们承认社会发展的根本是发展社会的物质生产,则评价社会经济发展的最基本的优先尺度只能是物质生产力。由于物质生产力是一个由劳动本身、劳动对象和劳动资料等多要素所组成的复杂系统,因此可以从生产力系统中的不同角度来评价社会经济发展,事实上,在马克思主义经济学中,既采用过生产资料尤其是生产资料中的生产工具,也采用过劳动力与生产资料的结合方式,来评价社会经济发展,但它们只是物质生产力标准的不同表现而已。

在通常的政治经济学教科书中,我们是将生产力定义为人类征服和改造自然的能力。但这一定义,其一,没有将人类社会的最基本的价值追求融入进来,容易误导生产力的目的就是为了改造自然。事实上,正如马克思所说,人们所奋斗的一切都同他们的利益相关。因此,生产力应是人类社会运用生产资料,创造财富以满足、实现人类利益追求的力量,实现人类主体的利益追求应是生产力的最基本的价值追求和目的所在。其二,在知识经济初现端倪的今天,人类的生产活动领域有了巨大的新拓展,并引起了劳动对象、劳动资料和财富的表现形式发生巨大新变化。虽然征服、改造自然仍是人类基本的物质生产活动,而且创造、开发人文社会和信息资源以创造物质与精神财富从而以满足、实现人类利益追求的一切人类活动,与人类改造自然的活动一起,构成了今天人类生产活动的总体。科技、信息、人文社会服务业的大发展和对财富生产的巨大新贡献,既引起了劳动对象和劳动资料的巨大新变化,而且使财富的物质表现形式不仅局限于传统的生活资料和生产资料,而且使科技、信息乃至人文社会生产和生活环境均成为财富的表现形式。由此引起创造财富以满足、实现人类利益追求的资源约束也不仅局限于自然资源,它还应拓展到科教、信息和人文社会资源,概之,就是一切客观世界资源。

由此看来,如果从今天广义的总体的人类生产活动来看,物质生产力是人类社会开发、利用涵盖自然、科技信息和人文社会等一切世界资源以创造财富、满足和实现人类利益追求的一种物质力量。说到底,它是人类解决实践生活基本矛盾即客观世界资源约束与人类主体利益实现的物质力量或技术层次上的表现(鲁品越,2001)。

二、解放、发展生产力是社会主义的本质与根本任务，是解决社会主义人民内部矛盾、实现共同富裕的根本途径和物质基础

毛泽东同志在《关于正确处理人民内部矛盾的问题》中明确提出了关于社会主义社会基本矛盾的理论。他一方面指出：在社会主义社会中，基本的矛盾仍然是生产关系和生产力之间的矛盾，上层建筑和经济基础的矛盾；另一方面，强调社会主义社会的矛盾同旧社会的基本矛盾，是具有根本不同的性质和情况，它不再是对抗性的矛盾，而是非对抗性的人民内部矛盾，并认为社会主义社会的矛盾可以经过社会主义制度本身，不断地得到解决。[①] 毛泽东同志关于社会主义基本矛盾的理论，既为我们从总体上把握社会主义社会主要矛盾的变化，提供了基本的理论原则，同时它又内在地蕴涵着在社会主义条件下，生产力发展的相对不足与人民需要的不断增长将直接构成一对矛盾。在毛泽东同志关于社会主义基本矛盾理论分析的基础上，邓小平同志在改革开放之初，就结合建国以来二十多年社会主义建设的实践，指出“我们的生产力发展水平低，远远不能满足人民和国家的需要，这就是我们目前时期的主要矛盾，解决这个主要矛盾是我们的中心任务”[②]。在此基础上，党的十三大明确指出：社会主义初级阶段所面临的主要矛盾，是人民日益增长的物质文化需要同落后的社会生产力之间的矛盾。

---

① 参见毛泽东：《关于正确处理人民内部矛盾的问题》，《毛泽东文集》，第7卷，北京，人民出版社，1999。

② 《邓小平文选》，第二卷，第182页，北京，人民出版社，1994。

邓小平同志不仅科学地分析了什么是社会主义初级阶段的主要矛盾,而且指出了解决这一矛盾的根本方法与途径就是要发展国民经济,发展社会生产力。他还认为社会主义的主要矛盾可以通过社会主义制度的充分发挥加以解决。他说:“社会主义制度优越性的根本表现,就是能够允许社会生产力以旧社会所没有的速度发展,使人民不断增长的物质文化需要能够逐步得到满足。”[①]但是,邓小平同志又认为过去在计划经济体制下所形成的权力过于集中的国民经济管理体制和一些具体的制度束缚了社会生产力的发展,并制约了社会主义制度优越性的充分发挥。为此,必须进行经济体制改革,以解放、发展社会生产力,并完善社会主义制度。不仅如此,邓小平同志还在马克思主义关于发展社会生产力这一基本原则的基础上,进一步发展马克思主义的生产力理论,鲜明提出社会主义的根本任务就是发展生产力,并从多方面、多角度进行了科学的阐述:要摆脱贫穷,提高人民生活水平,必须大力发展生产力;要解决社会主义的主要矛盾,必须大力发展生产力;要巩固、发展社会主义制度和充分发挥社会主义制度的优越性,必须大力发展社会生产力;要为社会主义向共产主义过渡创造客观物质条件,实现共产主义伟大理想,必须大力发展生产力。

既然社会主义的基本矛盾,仍然是生产力与生产关系、经济基础与上层建筑之间的矛盾,因此,从体制角度看,我们要发展生产力,则必须通过体制改革,不断调整生产关系和上层建筑中不适应生产力发展的环节和部分。为此,邓小平同志一再指出:我们要发

---

① 《邓小平文选》,第二卷,第128页,北京,人民出版社,1994。

展生产力,对经济体制进行改革是必由之路,同时,在革命是解放生产力这一马克思主义的基本原理基础上,提出改革也是解放生产力的新论点。因为,在邓小平看来,改革不仅是解放生产力的必由之路,而且就改革引起的社会变革的广度和深度来说,是一场新的革命,可以说是中国的第二次革命。

在此基础上,邓小平同志针对计划经济时期我国对社会主义"左"的一些错误认识,反复提出要重新认识什么是社会主义的问题。他指出贫穷不是社会主义,我们要坚持社会主义的发展方向,就必须要发展生产力、摆脱贫穷、使国家富强,人民生活得到改善。为此,邓小平同志将解放、发展生产力作为社会主义的本质属性,并把它们同消灭剥削、消除两极分化、最终实现共同富裕有机地统一起来,重新认识社会主义的本质特征。这是对马克思主义关于什么是社会主义本质的重大新贡献。

由此可见,社会主义要消灭贫穷,解决主要矛盾和人民内部矛盾,确保一切社会成员享有丰裕的物质生活,最终实现共同富裕,必须以生产的高度发展和解放、发展生产力为前提和物质基础。这是马克思主义唯物史观和邓小平社会主义本质论的内在逻辑结论。对此,恩格斯在《社会主义从空想到科学的发展》中已有精辟的论述。他说:"社会阶级的消灭是以生产的高度发展阶段为前提,在这个阶段上,某一特殊的社会阶级对生产资料和产品的占有,从而对政治统治、教育垄断和精神领导的占有,不仅成为多余的,而且成为经济、政治和精神发展的障碍。"接着,他还说:"通过社会生产,不仅可能保证一切社会成员有富足的和一天比一天充裕的物质生活,而且还可能保证他们的体力和智力获得充分的自由的发展和运用。”①

三、协调社会主义经济利益关系和解决社会主义人民内部矛盾，必须坚持社会协调原则，树立“以人民利益”为基础的物质生产力观，促使人民利益标准与生产力标准的内在统一

诚然，我们要协调人民内部矛盾，实现共同富裕，其前提与物质基础就是要解放、发展社会生产力，生产更多更好的财富，把作为社会分配的对象的“蛋糕”做大。但是，正如前面所述，物质生产力是人类社会运用生产资料开发、利用资源以创造财富、满足和实现人类利益追求的一种物质力量。它一方面作为人类解决实践生活基本矛盾在技术层次上的力量表现，很显然，随着这种物质生产力的不断解放与发展，则人类解决客观资源世界与人类主体之间的矛盾的力量也不断增强，并可以创造日益完善雄厚的物质财富基础以协调人类各种利益矛盾。但另一方面，由于物质生产力是以生产人们的物质利益为目的，实现人类主体的利益追求是物质生产力的最基本的价值追求，因此，当人们把争取自身利益的主体价值追求渗透到物质生产力，而社会生产出的物质财富和利益不能满足人们对利益追求的欲望和需要时，则必然要导致人们围绕经济利益而发生各种矛盾、冲突与合作，并由此而形成社会生产过程中经济利益关系。如围绕社会生产资源与生产

---

① 恩格斯：《社会主义从空想到科学的发展》，《马克思恩格斯选集》，第3卷，北京，人民出版社，1976。

资料则要形成与生产力性质、水平相适应的生产资料所有制关系及其相应产权关系的实现形式；围绕社会生产中各种组织管理活动，则要形成不同主体在生产过程中的权力和地位关系；围绕社会生产出来的财富和物质利益，则要形成一定的物质财富分配方式。

由此可见，我们在解放、发展生产力，提升人类利用资源生产财富的力量，从而从技术角度增进人类财富与利益的数量，以协调利益关系，解决人类实践生活的基本矛盾的同时，又形成了一定的社会利益结构关系，并产生社会生产过程中在利益上既相关联又相差异和矛盾的主体力量结构或利益集团，在社会财富和利益总量一定的条件下，必然要引发社会财富和利益分配过程中的利益矛盾与冲突。这是一个对立统一的矛盾过程。协调、解决这一矛盾的基本途径就是在一定的社会制度约束的基础上，依据社会协调发展的原则要求，促使社会生产力发展与广大民众对生产力发展中利益价值追求的相互统一。正如马克思主义的历史唯物主义所认为，物质生产力是社会历史发展最终的决定力量。但一个阶级、政党能否对社会发展起推动作用，取决于这个阶级、政党能否代表生产力的发展要求，能否代表广大人民利益的要求以及如何处理这两个要求之间的关系。中国共产党在社会主义革命和建设的过程中，坚持、发展了这一马克思主义的社会协调原则，并从实践上进行了符合国情与时代要求的理论创新，提出了要树立与人民利益相统一的物质生产力观，并以此来调整、协调人民利益关系。

毛泽东同志早在 1945 年党的七大所作的《论联合政府》的政

治报告中指出:“中国一切政党的政策及其实践在中国人民中所表现的作用的好坏、大小,归根到底,看它对于中国人民的生产力的发展是否有帮助及其帮助之大小,看它是束缚生产力的,还是解放生产力的。”① 这里,毛泽东同志提出了检验政党政策正确与否的真理性标准,即生产力标准。值得注意的是,毛泽东使用的是“中国人民的生产力”,说明检验政党政策正确与否的生产力标准是具有一定的社会属性,是与人民利益价值追求相统一的生产力标准。在此基础上,毛泽东同志又强调:“共产党人的一切言论行动,必须以合乎最广大人民群众的最大利益,为最广大人民群众所拥护为最高标准。”② 这就是中国共产党人的人民利益标准。显然,毛泽东同志所提出的生产力标准与人民利益标准是相通的,具有高度的内在统一性:人民群众是解放、发展生产力的主体,生产力的解放、发展,同最广大人民群众的最大利益是一致的;最广大人民群众的最大利益,是以解放、发展生产力为物质基础,只有解放、发展生产力,最广大人民群众的最大利益才能实现。因此,中国共产党实行解放、发展生产力的一切政策,必须和最广大人民群众相联系,必须以人民群众的利益为出发点和落脚点。

在社会主义条件下,我们要协调社会主义经济利益关系和解决社会主义人民内部矛盾,我们必须解放、发展生产力,并自觉地调整生产关系,进行体制改革。而生产关系的自觉调整与体制改革必须具有物质利益内涵,既要指向人与自然矛盾的解决,又要指

---

① 《毛泽东选集》,第3卷,第1079页,北京,人民出版社,1991。

② 同上书,第1096页。

向人民日益增长的物质文化需要的满足。为此，邓小平同志结合社会主义体制改革与社会主义经济建设的实践，提出要树立“以人民利益”为基点的物质生产力观，促使人民利益标准与生产力标准的内在统一。为此，他首先针对贫穷不是社会主义，从解放生产力、发展生产力的切实要求出发，坚持生产力标准的优先地位。指出：“社会主义现代化建设是我们当前最大的政治，因为它代表着人民的最大的利益、最根本的利益。”① 他还说：“逐步改善人民的生活，提高人民的收入，必须建立在发展生产的基础上。”② 其次，他认为不能脱离人民利益标准孤立地理解生产力标准，生产力标准必须以人民利益为基础和指向，人民利益标准是社会主义的根本价值目标，坚持生产力标准必须重视对不同主体之间进行利益协调。对此，他指出：“社会主义财富属于人民，社会主义的致富是全民共同富裕。社会主义原则，第一是发展生产力，第二是共同致富。我们允许一部分人先好起来，一部分地区先好起来，目的是更快地实现共同富裕。”③ 最后，邓小平认为生产力标准与人民利益标准在社会主义制度下是统一的不可分割的整体。这一方面体现在邓小平关于社会主义本质的界定之中，另一方面体现在邓小平的“三个有利于”标准之中。从邓小平的社会主义本质论和“三个有利于”，我们可以看出邓小平的生产力观是“以人民利益”为基础和指向的生产力观。以此可知，解放、发展生产力是实现人民利益要求，提高人民生活水平，最终实现共同富裕的前提与物质基础，

---

① 《邓小平文选》，第二卷，第163页，北京，人民出版社，1994。
② 同上书，第258页。
③ 《邓小平文选》，第三卷，第172页，北京，人民出版社，1993。

而实现人民利益要求，提高人民生活水平，最终实现共同富裕是解放、发展生产力的目的与落脚点。这两方面是相互统一、互相推进的有机整体。

最后，江泽民同志从共产党执政规律的高度，科学地提出了具有时代新特征的“三个代表”重要思想，从而将马克思主义关于人民利益标准与生产力标准的内在统一的思想提到了一个新的理论高度，开辟了马克思主义关于社会经济和谐发展的新境界。正如江泽民同志在庆祝中国共产党成立80周年的讲话中指出：代表中国先进生产力的发展要求，代表中国先进文化的前进方向，代表中国最广大人民的根本利益，是统一的整体，相互联系，相互促进。发展先进生产力，是发展先进文化、实现最广大人民根本利益的基础条件。人民群众是先进生产力和先进文化的创造主体，也是实现自身利益的根本力量。不断发展先进生产力和先进文化，归根到底是为了满足人民群众日益增长的物质文化生活需要，不断实现最广大人民群众的根本利益。

第二节　财富均衡增长与劳动效率提高是实现利益兼容的物质保障与必由之路

一、利益矛盾与冲突的缓和必须以不断的财富创造活动与财富均衡增长为物质保障

利益起源于人们的不同需要，并通过围绕自然财富与劳动财

富而形成的一定社会经济关系而表现。需要是利益的自然基础，自然资源或自然财富与劳动财富是利益的载体和具体内容。人类社会在追求自身不断增长的需要满足过程中，必然致使利益主体和需要对象之间以及不同利益主体之间产生一定的矛盾与冲突。为此，人们只有在一定的社会生产关系下，建构一定的有效社会经济制度，不断地进行财富创造活动，从而增进社会财富数量与质量，才能实现利益兼容，协调、缓和人们的利益矛盾与冲突。

既然财富创造活动与财富数量和质量的不断增进是协调利益矛盾和冲突，实现利益兼容的物质条件，那么，我们很有必要对财富的性质与源泉有一个全面而科学的分析与判断。从经济学说来看，虽然财富无疑是经济学的一个基本概念，甚至可以说是经济学科概念的起点，但迄今为止，经济学理论对于财富的内涵、源泉和度量从未有一致的看法，并有客观财富论与主观财富论相互冲突的财富的概念(《新帕尔格雷夫大词典》，第4卷)。古典经济学是研究财富的生产与分配的科学。它在扬弃重商主义货币、金银财富观与流通领域创造财富论，以及承续并发展重农学派使用价值财富观与劳动生产物是财富等客观财富论的基础上，侧重于从物质生产领域来考察财富的性质、来源和度量。古典经济学首先强调财富来自自然与劳动，认为财富既包含自然资源财富又包括人类劳动财富。但从商品价值的形成与交换价值衡量角度看，以斯密为代表的古典经济学则撇开了自然因素，强调社会财富来自劳动，并将劳动视为一切财富(价值)的源泉。斯密说："世间一切财富，原来都是用劳动购买而不是用金银购买的。所以，对于占有财富并愿用以交换一些新产品的人来说，它的价值恰恰等于它使他们能够购买或支配的劳动量。”① 稍后,法国古典政治经济学的完成者西斯蒙第更明确地指出:“财富是人类劳动的产物,它给予人们要求享受到的一切物质财富;包括一切物质享受和来源于物质享受的精神享受。”② 在劳动财富观的基础上,斯密还强调,在存在社会分工与市场交换的条件下,一个人是贫还是富,主要要看他能够支配多少劳动,换言之,要看他能够购买多少劳动,也就是说,要看他所拥有的货物的价值或交换价值。而有待交换的货物的价值或交换价值等于他能购买或能支配的劳动量,因此,劳动是衡量一切商品交换价值的真实尺度。由于斯密不仅将劳动视为价值与财富的真实基础,而且将有待交换的货物或商品的价值量归结为商品内部所凝结的劳动量,因此,在他看来,通过参与物质生产劳动量的增加与基于分工基础上劳动生产率不断的提高,社会财富将得以不断增长,国民也将不断富裕。

与客观财富论相反,边际革命以后的新古典经济学家提出了主观财富论。他们放弃古典经济学关于财富的客观认识与标准,运用主观心理感觉上的效用与稀缺范畴来分析财富的本质、来源和相应主观财富标准。他们认为,财富的本质是有形商品带来的欢乐或“效用”,资源之所以成为财富,其原因是它们相对于人们的主观欲望来说,具有稀缺性。马歇尔在其《经济学原理》的“财富”一章中,指出:“一切财富是由人们要得到的东西构成;那就是能直

① 亚当·斯密:《国民财富的性质和原因的研究》,上卷,第 26 页,北京,商务印书馆,1996。

② 西斯蒙第:《政治经济学研究》,第 1 卷,第 11 页,北京,商务印书馆,1989。

接或间接满足人类欲望的东西。”[1] 罗宾斯在《经济科学的性质和意义》中申明:“资源不因其优良的质地而成为财富,它之所以成为财富,是因其稀缺。”[2]由此可见,新古典经济学便以主观效用和稀缺性标准替代古典经济学的劳动客观标准来评价、衡量财富大小,由此而来,财富的来源与大小则由人们消费有形货物或商品的主观感受而定。为此,经济问题就不再是研究有形财富最大化的条件,而是研究享受最大化或效用最大化的条件[3]。通过求解效用最大化的一阶条件,我们可以得出商品的交换价值或需求价格(进而加总求和而成的货币形式的财富总量)是由商品和货币的边际效用决定,而边际效用是一种主观心理感受,因此用效用主观标准来评价财富必然导致财富失去客观的度量尺度。不仅如此,由于边际效用是正常状态下稀缺性的一个直接函数,因此,用它作为财富的度量单位,必然会引出一个困惑的结论:财富作为享受和生活便利总和的大幅度增加,可能就是物质丰裕程度减少的后果。为了避免这种理论上的尴尬与困惑,新古典经济学既放弃斯密的劳动价值或价值标准,同时又采用他的产品成本的度量标准,即工资、地租、利润的加总求和的方法来度量商品的市场交换价值。如果采用产品成本或生产费用论来度量交换价值或财富,则可以推

① 马歇尔:《经济学原理》(上卷),第73页,北京,商务印书馆,1997。

② Robbins, L. 1932; p.47, An Essay on the Nature of Significance of Economic Science. London; Macmillan.

③ 杰文斯在《政治经济学原理》中写道:“对我来说,经济问题可以这样表述,已知一个确定的人口包括各种各样的需要和生产能力,占有某些土地和其他物质资源;要求证的是,该国以何种劳动的使用方式使其产生的效用最大化。”(杰文斯,1871, p.254)

论:新古典经济学的财富来源则又归结为自然、劳动和人类加工的生产要素即资本相互作用的客观结果。

上述古典经济学与新古典经济学关于财富的性质、源泉与度量的认识,从现实看来,各有片面性和局限性。从古典经济学的客观财富论来看,它过于强调财富的实物性与劳动性,由此而有所忽视财富的自然性和财富结构的多样性,并忽视了作为劳动产品必须能够适合于或满足于人类的需要才能成为人类追求的财富,并且由于劳动是一种具有异质性的具体活动,因此,将劳动作为衡量财富的客观标准,必然存在不可比较性,难以计量问题。从新古典经济学的主观财富论看,它看到了财富具有主观效用性与稀缺性,因而注意到一切物品必须能够满足人的需要才能转化为财富,但由于忽视了财富的物质性与劳动性,因而有可能模糊人类社会促进财富增长与实现国民富裕的正义之路,同时,由于效用标准的主观性与不可捉摸,也必然会引起社会财富失去统一的客观度量。

从经济学说史来看,我们可以说,马克思的劳动价值论,进一步深化并完善了古典经济学的劳动价值论,并就资本主义市场经济条件下的财富性质、源泉和度量,马克思作出了更为深刻而科学的理论分析。马克思在《资本论》的一开头,就指出:“资本主义生产方式占统治地位的社会的财富,表现为‘庞大的商品堆积’,单个的商品表现为这种财富的元素形式。”① 这表明,马克思虽然没有排除诸如自然资源等其他的财富形式,但在资本主义市场经济条件下,商品是主要的占统治地位的财富形式,它是社会财富的细胞

① 马克思:《资本论》,第一卷,第47页,北京,人民出版社,1975。

或元素形式。而商品,马克思认为它具有使用价值与价值两个因素,其中,使用价值是构成财富的物质内容,它是交换价值的物质承担者。同时,马克思认为,使用价值只是使商品具有质的差别,衡量使用价值的量是一种社会尺度,即是由物的自然属性和“约定俗成”的社会习惯来衡量,因此它缺乏统一的计量标准。为此,马克思引出了一个作为使用价值与价值中介的交换价值。马克思将交换价值定义为“一种使用价值同另一种使用价值相交换的量的关系或比例”①,它使商品只能有纯粹的量的差别,因而不再包含一个使用价值的原子。而各种使用价值能够按一定比例交换,必定其中存在一种共同的东西,而交换价值只是这种共同东西的一种表现形式。为此,马克思在古典经济学劳动价值论与劳动财富论的基础上,从劳动的自然属性与社会属性的角度,将创造财富的劳动区分为具体劳动与抽象劳动两重形式,其中具体劳动生产不同的质的使用价值,抽象劳动形成价值实体,并认为构成促使使用价值之间能够进行交换的共同的东西是价值实体,即抽象的人类劳动。作为抽象人类劳动的凝结或物化就是商品的价值,这是价值的质。价值量,马克思认为是由社会必要劳动时间决定的,并认为由社会必要劳动时间决定的价值是商品的社会价值或现实价值即市场价值,由此,马克思将社会劳动财富的衡量、不同的使用价值之间的交换与市场价值奠定于一个客观的计量尺度之上。不仅如此,马克思还从商品价值的决定与实现的不同角度,将社会必要劳动时间区分为两种含义上的社会必要劳动时间。第一含义的社

① 马克思:《资本论》,第一卷,第49页,北京,人民出版社,1975。

会必要劳动时间强调的是由社会平均劳动生产力决定的平均必要劳动时间才能形成、决定商品的价值,第二种含义的社会必要劳动时间强调必须是能够满足社会需要,符合社会总劳动的分配比例上所必需的劳动时间才能使商品的价值得以实现或社会承认。

从马克思对资本主义生产方式下财富元素形式——商品的两个基本因素的分析中,我们可以推论:马克思是把劳动视为财富的基本来源。事实上,马克思是将商品生产过程视为产品生产过程与价值形成过程的有机统一。其中产品的生产过程就是劳动过程,它是人与自然之间的物质变换过程,是有目的的人的活动借助于劳动资料使劳动对象发生符合人类需要的物质变换。从价值形成过程看,它是一个通过人的有目的的产品生产过程,将生产资料即劳动资料和劳动对象中的原有价值即 C 转移到新产品之中,同时劳动者将自身的"活劳动"或新加的劳动形成新产品之中的新的价值即 V + M。因此,在马克思看来,不仅是劳动创造价值与财富,而且是活劳动形成新价值,所以,劳动者或活劳动是对象化或抽象化劳动财富的源泉。对于新价值中的剩余价值 M,马克思赋予了特别的社会含义。他认为,含有剩余价值 M 的价值形成过程即价值增殖过程或剩余价值的生产过程是资本主义生产方式的绝对规律。如果撇开剩余价值的资本主义形式,马克思也从社会发展的角度,高度肯定了剩余劳动或剩余价值的社会意义。在他看来,超过一定的需要量的剩余劳动,不仅任何社会都存在,而且是一切社会发展的物质基础。

由此可见,马克思的劳动价值论,进一步深化了古典经济学的客观财富论。概括来说,它认为财富是一个具有社会历史性的范畴，在资本主义生产方式下，商品是财富的主要表现形式，而商品是使用价值与价值的统一。使用价值是财富的物质载体，抽象劳动或对象化劳动是财富的社会实体，社会必要劳动时间是衡量价值或作为社会实体形式的财富的计量尺度。作为商品形式的财富是由劳动创造，是活劳动、劳动资料与劳动对象等多种生产要素共同相互作用的结果，但劳动者或活劳动是劳动产品新增价值的唯一源泉。社会劳动财富的增长，主要体现为剩余劳动或剩余价值的增长，这是任何社会发展的必要条件与物质基础。

虽然马克思的劳动价值论相对古典经济学的劳动价值论与客观财富论，更明确了劳动财富的性质、来源与尺度，但是，由于马克思对财富的分析，主要是侧重于物质资料生产领域，并主要是从商品生产的角度来分析劳动财富论，由此必然会相应地限制财富的外延。为此，我们必须在马克思劳动价值论与劳动财富论的基础上，依据财富的社会历史性特征，并依据社会生产方式的变化与以人为本和谐发展观的客观要求，以更广阔的眼界，更深刻、更完整地分析财富的性质、形式、源泉与尺度，从而更有效地进行财富创造活动，努力从数量与质量的双重角度增进社会财富，为实现利益兼容，协调、缓和人们的利益矛盾与冲突提供更有效的物质条件。

刘诗白教授在新著《现代财富论》(2005)中，继承并创新了马克思劳动价值与劳动财富论，同时，结合现代生产方式的时代特征，提出了“现代财富”新概念并赋予了不同于以往的新观念。刘教授认为，在市场经济条件下，虽然财富主要是表现为商品财富，但我们必须确立全面财富观。他指出：现代财富包括商品财富与非商品财富两大类别，由于现代生产方式是社会生产的全面发展，由于现代产业结构的特征是由物质生产、服务生产、知识和精神生产三大部门所组成的三维产业结构，因此，现代财富主要表现为物质产品、服务产品、知识和精神产品三种形式。刘教授认为：诚然，财富是人类创造的，劳动是财富的始源，但不是唯一源泉，除了劳动力、工具力、对象力、科技力之外，管理力、环境力等等也是社会财富的新源泉。特别地，针对粗放型经济增长方式所引起的环境恶化现象，刘教授强调自然也是财富的源泉，并且自然财富具有有限存量和可扩展性两大特征。值得一提的是，刘教授认为社会主义财富是人民财富，其主要特征有：是社会共同的财富；是高度丰裕的财富；是满足新的健康需要的财富；是丰裕的精神财富。

依据上述不同的关于财富内涵、性质、来源与衡量尺度的理论探讨，在社会主义市场经济条件下，如果我们要通过不断的财富创造活动来协调利益矛盾与冲突，则：

(1)必须坚持劳动价值论，树立客观劳动财富论与活劳动是新增商品价值或财富的唯一源泉之理念。因为，在市场经济条件下，商品财富是主要的财富形式，而商品财富的实质是对象化劳动或物化劳动。为此，我们要增加社会财富以协调利益矛盾与冲突，则首先必须解放劳动与劳动力，充分发挥劳动积极性，提高劳动生产力。

(2)必须将使用价值与价值统一起来评价社会财富。作为增进人类福利的社会财富，首先必须具有使用价值，只有使用价值才是社会财富的物质承担者。劳动产品、商品必须能够满足人类社会的物质与文化需要，才能成为真正意义上的有用社会财富。如果片面地以 GDP 或 GNP 来计量社会财富总量，其实质是新古典经济学成本价值论在社会宏观经济中的体现与延续，其结果不仅缩小了社会财富的外延，而且不能完整体现劳动、商品财富的内涵。

(3)必须拓展财富来源，发展创造财富的多种生产力，调整、完善合乎现代生产方式之要求并涵盖物质生产、服务生产、知识与精神生产等多维产业在内的新型产业结构，从而形成合理的由多样性财富形式所构成的财富结构，以满足人类社会全面发展所带来的多种与多层次的需要，进而协调、缓解不同利益主体与需要对象之间的矛盾与冲突。

(4)必须转变经济增长方式，树立自然财富观念，努力建立节约型社会，促进人与自然之间的和谐发展。

(5)必须在促进社会财富增长，创造高度丰裕财富的同时，确立人民财富观念，建立社会共同财富，并通过产权制度的建立与完善，协调财富分配之间的矛盾与冲突。

不断的财富创造活动与财富总量的增长，虽然为协调利益矛盾提供了物质保障与必要条件，但由于我国现实经济发展中的各种差距与不协调问题，已影响到我国经济的可持续发展与各种利益矛盾的协调，因此，我们要实现利益兼容基础上的财富增长，还必须在现代财富概念与人民财富理念的基础上，积极探索能够推进公平的财富均衡增长模式。为此，我们必须着重做好两方面的工作：

其一，必须树立科学发展观，着力推动高投入、高消耗、高排放、低效率的粗放型经济增长方式向低投入、低消耗、低排放、高效率的节约型经济增长转变，促进社会商品财富与自然财富的均衡增长与人和自然的和谐发展。

从中国商品财富的市场价值总和 GDP 来看,改革开放以来,取得了具有“中国奇迹”意义的年均 9%以上的高速增长。但中国的 GDP 高速增长是以高投入、高消耗、高排放为基础,从而是以环境污染与减少自然财富为代价。2003 年中国 GDP 仅占世界的 4%,却消耗了世界 1/4 以上的钢产量、30%的煤和一半的水泥。以大量消耗资源、能源的高投入、高污染型产业为支撑的传统粗放型经济增长,虽然使 GDP 高速增长,但它给自然环境与生态平衡带来了巨大压力。如水土流失日益严重,耕地锐减,荒漠化土地不断扩大,林木蓄积量急剧下降,草地退化、沙化和碱化面积增加,大气和水体出现严重污染等等。这种高投入、高消耗、高排放、低效率的粗放型经济增长方式,必然会导致生态赤字和自然灾害频频发生,这既直接带来了自然财富的快速消耗,也给人力资本和商品财富带来巨大损失。据统计,在 20 世纪 90 年代,因自然灾害造成的经济损失占 GDP 比重在 3%—5%之间,目前中国大气和水污染造成的损失价值每年约占 GDP 的 7.7%(中国财政政策报告 2004/2005)。与此同时,也导致了资源约束成为我国可持续发展的首要瓶颈。

为此,我们必须要树立、落实科学发展观,矫正 GDP 至上之偏差。我们既要重视 GDP,但不能刻意追求,同时,要对 GDP 的核算制度加以改进和完善,引起其他反映和衡量社会经济福利水平的指标,来弥补 GDP 指标的不足。考察经济增长不能只体现商品财富的市场价值总量上的增长,还必须与自然环境、自然财富的增长相互协调。为此,必须走资源节约型经济增长之路,实行“绿色 GDP”核算制度,即要把资源成本和环境成本等纳入国民经济核算体系，从而促使商品财富与自然财富的协调增长以及人与自然的和谐发展。

其二，必须确立人民财富观念，在着力解决各类经济发展差距与不协调的基础上，积极探索能够推进公平的财富均衡增长模式，从而协调经济发展中的利益矛盾与冲突。

虽然近年来，我们实施的诸多拉动经济增长的政策措施，如开发西部、加强社会保障体系建设、农村税费改革等等，均是在不同程度上促进经济社会均衡发展。但由于改革开放以来我们多年实施的非均衡发展战略与非均衡体制改革的惯性作用，致使我国经济发展存在严峻的发展差距与不协调问题。其中，最为突出的是城乡差距、行业差距与地区差距。由于这些差距的存在导致中国经济的不平衡发展，在经济结构迅速转变的条件下，导致人均收入分配不平等的扩大，其结果扩大了经济增长的收入不均等效应。此外，在我国经济增长与发展过程中，还产生了各种不协调问题。如积累与消费比例不协调，积累、投资比例过高，消费需求增长缓慢；第二产业增速加快，第三产业发展相对缓慢，导致了就业的GDP弹性系数迅速下降，就业增长与经济增长不同步（见表6－1和图6－1）；获取社会保障、义务教育和基本医疗等公共服务的机会不平等，扩大了收入分配的不公平，等等。所有这些经济发展中的差距与不协调，必然会引起社会财富的不均衡增长与不均衡分配，从而会引发出各种利益矛盾与冲突。

表6-1 第二、三产业增加值增加率与全国就业GDP弹性系数

年份	第二产业增加值增加率(%)	第三产业增加值增加率(%)	全国就业GDP弹性系数(%)
1996	12.1	7.9	13.5440
1997	10.5	9.6	14.3385
1998	8.9	8.8	14.9834
1999	8.1	7.8	15.0076
2000	9.4	7.1	12.0984
2001	8.4	8.0	17.3869
2002	9.8	7.5	11.7966
2003	12.7	8.3	9.8782
2004	11.1	9.5	10.8612

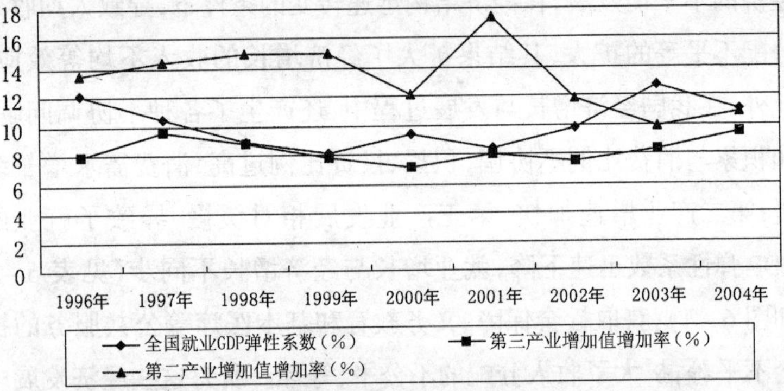

图6-1 第二、三产业增加值增加率与全国就业GDP弹性

数据来源:《中国统计年鉴2005》。

为了能够协调经济发展中的利益矛盾与冲突,我们应强化社会均衡发展的能力培养与制度建设,推进公平导向的财富均衡增长。从市场角度来说,依据新古典区域均衡增长假说,区域差异是市场均衡机制失灵的表现，这种失灵主要产生于市场的不完善以及妨碍要素流动的制度性瓶颈。为此我们必须致力于不断完善市场经济体制，促进生产要素在区域间自由流动。如果没有要素流动，经济增长的不平衡则一定会趋于扩大，因此，要素自由流动是经济均衡增长的必要条件。从政府角度来说，就是要加强公平财富均衡增长的制度建设与环境创造。当前要解决的首要问题是公共行政，应最大限度地在收入分配、公共服务等方面树立以人为本的行政理念，杜绝因行政垄断、管制乃至滥用而创造的权力结果不公平，杜绝以追求经济增长为借口的对公平的实质性破坏与对社会正义原则的践踏，而将创造公平增长作为政府善治的基本理念，将追求公平增长看成是政府的法定责任，将公平创造视为政府行政的合法性基础。同时，应积极发展第三产业，提高 GDP 的就业弹性，最大限度地创造就业，并促进广大群众的消费比例，实现财富为民所有并能够为民所用。

二、提高劳动生产效率是协调利益矛盾，促进商品财富增长的必由之路

如果我们将前面分析的客观财富论、主观财富论以及马克思的劳动价值论与劳动财富论综合起来考虑，可以推论：要协调利益矛盾，促进市场经济条件下的主要财富即劳动对象化的商品财富增长，则不仅要增加生产商品财富的劳动数量，而且必须努力增加有效劳动和有效劳动时间，因为只有增加能够满足社会需要的商品财富，才能缓和利益主体和需要客体之间的矛盾与冲突，为此，我们应在马克思的劳动价值论的基础上，引入有效劳动和有效劳

动时间等概念,建立符合知识经济时代要求的有效劳动价值学说(朱富强,2004)。而以增加有效劳动和有效劳动时间促进劳动商品财富的必由之路就是要提高劳动生产效率。对此,斯密在《国富论》中,明确指出:社会财富是来自劳动,社会财富的增长,不单是取决于参加生产的劳动量,而更重要的是取决于更大的劳动生产率。

从现实经济运行的状态看,改革开放以来,从速度来看,1978—2004年我国经济年均GDP增长率高达9.4%,一直处于次高或高速增长状态,但我国的高速经济增长主要依靠资本的快速积累来推动,并具有高积累、高投资、高增长之特征。多年来的积极财政政策与改善投资环境政策的累积效应,活跃了政府投资、民间投资以及外商投资,由于这三大方面投资主体的相互驱动和众多因素的共同作用,导致在1978—2004年的26年之中,有一半左右年份的投资率接近或超过37%。较高的投资率在广大民众消费率没有相应提高的情况下(如2000—2004这5年间,农村居民的消费率每年均为0.74)必然会产生资本的快速积累。从表6-2可以看出,1978—2004年资本平均增长为9.9%,对经济增长的贡献达到63.26%。而相对于资本来说,劳动力数量增长对经济增长的贡献是逐渐减弱,90年代以后,劳动力的增速明显放慢,对经济增长的贡献开始下降到10%以下。从全要素生产率TFP来看,其增长率及对经济增长的贡献率相对较高的时期是改革开放初期和90年代初期,而这两个时期主要对应是市场化体制改革的快速时期。在这两个相对激进的市场化体制改革时期,引起了要素在不同生产率产业之间和不同所有制之间的重新配置,从而促进了整体生产率的改进。同时，也表明我国的 TFP 的增长主要是来自于体制改革对要素配置潜力的释放，而不是主要来自于技术创新和劳动效率(科研支出比例的下降，是影响我国技术创新和劳动效率的一个重要原因，从图 6－2 中我们可以看出：1.科研支出占 GDP 的比例在 80 年代中期以后逐渐下降，近几年稍有增加，但是比例仍然小于六七十年代；2.科研支出占财政支出的比例在 80 年代以后逐渐下降，目前接近 60 年代以来的最低水平)。特别值得注意的是，在 1997—2000 年之间，在资本快速提高的同时，TFP 增长率却下降到只有 0.8。这属于一种典型的粗放型经济增长模式，缺乏经济增长质量。

依靠资本积累和高投资驱动的粗放型经济增长模式，一方面难以促进能够满足广大群众需要的真实商品财富的提高，从而使经济增长可以真正造福于广大民众；另一方面，它加快了资本有机构成的提高，背离了劳动力资源丰富的特殊国情，如果不加以遏制，则有可能会陷入马克思所批判的因资本过高积累条件下进行扩大再生产，将引起剩余劳动力和贫困积累的陷阱。这两方面表明：粗放型经济增长将会激化劳资双方的利益矛盾，并不利于有效商品财富的增长。

表 6-2　1978 年以来中国经济增长的源泉(%)

	GDP	资本	劳动力	TFP
GDP 及各要素的增长率				
1978—1985	9.8	8.5	3.1	3.4
1985—1989	8.9	9.8	2.6	2.0
1990—1997	11.2	12.2	1.1	3.5
1997—2000	7.7	4.4	1.1	4.7
2000—2004	8.7	15.5	1.1	-1.1
1990—2004	9.7	11.4	1.1	2.4
1978—2004	9.4	9.9	2.4	2.5
各要素对经济增长的贡献				
1978—1985		52.04	12.84	35.12
1985—1989		66.07	11.82	22.12
1990—1997		65.24	3.87	30.89
1997—2000		33.92	5.56	60.52
2000—2004		107.22	4.89	-12.11
1990—2004		70.36	4.43	25.21
1978—2004		63.26	10.41	26.33

资料来源:(1)各年 GDP 采用《中国统计年鉴(2005)》的以 1978 年价格测算的 GDP 数据;(2)1990 年以前的资本数据采用李善同(2005),1990 年以后的资本数据采用《中国统计年鉴(2005)》的各年当年价格的资本形成总额除以 1991 年为基年的固定资产投资价格指数得到;(3)劳动力数据采用《中国统计年鉴(2005)》的就业人数;(4)TFP(全要素生产率)根据索洛的增长核算的公式:TFP = GDP 增长率 $\alpha\times$ 资本的增长率 $(1-\alpha)\times$ 劳动力增长率,α 为资本产

出弹性。在此我们选用的资本产出弹性为0.6。

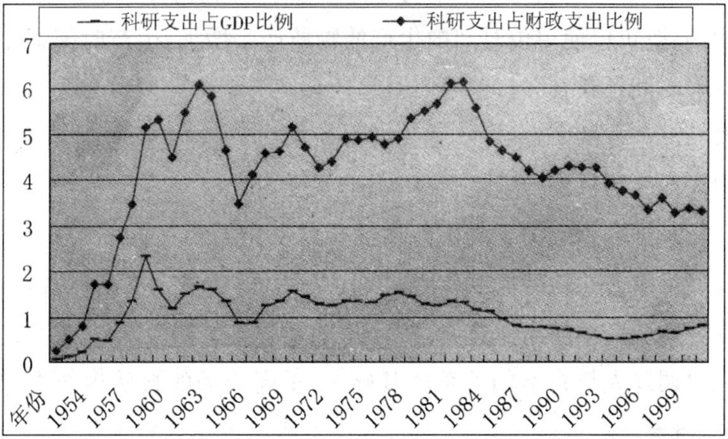

图6-2 科研支出占GDP比例和科研支出占财政支出(含债)比例

资料来源:采用《中国统计年鉴》各年中的相关数据测绘而成。

为此,我们必须努力转换经济增长方式,提升经济发展的质量。其一,必须大力发展劳动密集型产业,扩展就业渠道,并在深化效率性分工的基础上,创造新的就业岗位,从而扩大财富生产的劳动投入量。其二,必须在技术创新、产品创新的基础上,提高劳动生产效率,这是协调利益矛盾,促进商品财富增长,提高经济发展质量的根本的必由之路。因为:

第一,劳动生产效率的提高,意味着整个社会活劳动和物化劳动的节约,意味着单位时间提高有效产品总量的增加,从而成为提高经济效益,增加有效商品财富的前提。第二,劳动生产效率的提高,标志着产品产量增加的同时,还标志着原材料、能源与动力耗费的降低,并表明产品质量合乎要求,流动资金及时周转,生产过程安全无事故，所以，劳动生产率是检验生产节约和技术水平、劳动熟练程度、经营管理水平的综合性指标。第三，劳动生产效率的提高，既可以使单位时间内生产的物质产品增加，生产时间缩短，闲暇时间延长，同时，也可以引起社会经济结构的调整与改善，刺激第三产业的大发展，从而引起社会生活方式的变化与改善，促使人民的生活从物质满足型向小康享受型转化。

依据马克思关于决定劳动生产力变化的因素分析①，并结合现代生产方式的特征以及协调利益矛盾、促进劳动商品财富对提高劳动生产率的内在要求，我们认为：要提高劳动生产率，首先，要在协调好人与自然的关系的基础上，提高劳动的自然生产力，为此，既要通过自然环境的改善，提高生活资料的自然富源，如土地的肥沃程度和鱼类丰富的水源等，又要保护、改良充当劳动手段的传统富源，如瀑布、航运河道、矿产资源、森林等，同时，我们在提高自然生产力的同时，必须保护好自然环境与自然财富。其次，必须强化技术创新与企业产品自主创新。通过技术创新和加速科研成果应用到具体生产过程，可以对社会生产率起着巨大的正向推进与成倍提高的作用。然而，市场化改革过程中，大部分产业我们突出市场换技术的战略，忽视了技术创新与企业产品自主创新，从而在技术上制约了我国全要素生产率的提高与企业自主创新的能力。当体制改革释放要素配置效率潜力到了一定程度时，则提高技术创新与企业自主产品创新能力，不仅可以从根本上提升企业

① 马克思认为，劳动生产力是由多种情况决定的，其中包括：工人的平均熟练程度，科学的发展水平和它在工艺应用的程度，生产过程的社会结合，生产资料的规模和效能，以及自然条件（马克思：《资本论》，第一卷，1975）。

和我国的综合竞争力，而且可以从根本上确保全要素生产率的不断提高，同时，如果我们选择可以引起就业乘数效应的技术创新模式，还可以增加社会就业。最后，必须在深化分工、加强协作与经济联合以及强化经济管理的基础上，提高劳动的社会生产力，努力提高劳动之间的协调性，以及从商品生产的耗费劳动到凝结有效劳动转变过程中的劳动有效转换系数，由此既可以协调商品生产过程中的利益关系，又可以提高商品财富总量。

第三节　社会主义基本经济制度的巩固和发展是利益兼容的根本制度保障

物质生产力的解放、发展与社会财富的增长只是为利益关系的协调创造物质基础，而利益的实现与分享是在一定的经济关系或经济制度下进行的，从利益关系角度上说，经济制度可以说是实现、维护、变革、发展利益关系的基本工具与手段。在经济制度中，围绕生产资料的所有、占有、支配和使用等方面而形成的经济关系即生产资料所有制，既是社会生产关系的形成条件，也是经济利益关系的实质与核心。经济利益实质上是经济关系的具体表现或现实实现。事实上，任何一项利益与权利的实现与现实体现都必须以能够所有、占有、支配和使用一定种类和数量的生产要素或生产资料为制度保障；同理，一个群体共同利益的维护和体现，必须以相应的生产资料公有制为制度保障。社会主义经济制度是以生产资料公有制为基础的新型经济制度，它既是社会主义本质的表现形式之一，也是社会主义本身所固有的公平价值规定性在经济关系上的体现。可以说,以生产资料公有制为基础的社会主义经济制度是社会主义条件下人民群众的根本利益所在,也是协调利益关系,实现利益兼容的根本制度保障。因此,在体制改革中要实现、维护、发展人民群众的根本利益,则必须巩固、发展社会主义经济制度。

一、我国社会主义初级阶段基本经济制度的建立与本质要求

马克思主义创始人通过对生产社会化和资本社会化发展趋势的分析,得出了公有制必然要取代资本主义私有制的结论,并就未来社会的公有制形式提出了一些初步的设想。列宁、斯大林在社会主义实践中,继承并发展了马克思主义创始人关于社会主义基本经济制度的思想,并建立了在城市以国家所有制为基础,在农村以集体所有制为基础的社会主义单纯的两种公有制,即被称为"斯大林模式"的社会主义基本经济制度。我国在十一届三中全会以前,虽然在基本思想上继承了马克思、恩格斯、列宁、斯大林关于社会主义基本经济制度即社会主义两种单纯公有制的经济思想,但是在实践中,也认识到,为了促进社会生产力的发展和加强社会主义建设,应该允许并且完全可以在公有制之外存在一种对社会主义经济建设有利的非公有制经济。这是我国在实践中探索社会主义道路所得到的十分有益的经验。

十一届三中全会以后,中国共产党人恢复了马克思主义的实事求是的思想路线,创立了社会主义初级阶段理论,并将社会主义初级阶段的基本国情与社会主义建设的一般规律结合起来,探索社会主义经济体制改革。在改革的实践中,突破对传统社会主义

基本经济制度及单一公有制模式的认识，积极探索社会主义初级阶段的基本经济制度：

1. 十一届三中全会后，邓小平在深刻总结历史经验教训的基础上，根据我国将长期处于社会主义初级阶段的实际情况，初步提出了以公有制为主体、多种所有制经济共同发展的思路。

2. 1992年邓小平同志在南巡谈话中，批评了“多一分外资，就多一分资本主义”的错误思想，并指出：“改革开放迈不开步子，不敢闯，说来说去就是怕资本主义的东西多了，走了资本主义道路。要害是姓‘资’还是姓‘社’的问题。”我们要建设社会主义市场经济，而单一的公有制无法实现市场经济，市场经济需要多种所有制经济并存，邓小平指出市场经济不等于资本主义，社会主义也需要市场经济，提出了著名的“三个有利于”的评判标准。江泽民在十四大报告中，进一步阐明了所有制结构与社会主义市场经济的关系，认为社会主义市场经济体制是同社会主义基本制度结合在一起的。

3. 十五大最终确立了我国社会主义初级阶段的基本经济制度。十五大报告第一次把“以公有制为主体、多种所有制经济共同发展”确定为我国社会主义初级阶段的基本经济制度。

4. 十六大对基本经济制度的内容做了进一步的发展和明确。十六大报告中明确提出坚持和完善基本经济制度，提出了两个“毫不动摇”和一个“统一”的论述，即“必须毫不动摇地巩固和发展公有经济”，“必须毫不动摇地鼓励、支持和引导非公有制经济的发展”，并且二者应该“统一于社会主义现代化建设进程中”。

如果我们将邓小平同志的社会主义本质论和社会主义初级阶

段的基本经济制度统一起来,则社会主义初级阶段的基本经济制度的本质要求主要应体现为两大方面:

其一,应坚持并完善公有制为主体,同时应促进多种所有制经济共同发展。只有坚持并完善公有制为主体,才能在更大的程度和范围上实现社会资源的协调配置与整个社会的有计划协调发展,才能消灭两极分化,实现社会各利益群体的利益兼容,最终达到共同富裕。只有促进多种所有制形式的共同发展,才能形成符合市场经济体制要求的多元所有制结构与产权结构,才能促进不同利益主体的市场竞争,从而才能更有效地解放、发展社会生产力,促进社会财富增长,为利益关系的协调提供更为雄厚的物质基础。

其二,必须在个人收入分配中,坚持并完善按劳分配为主体,积极探索多种分配方式,确保在收入分配中能够实现效率与公平的有机统一。马克思主义认为,生产方式决定分配方式,消费资料的分配是生产条件本身分配的结果。在社会主义初级阶段,由于实行的是以公有制为主体、多种所有制经济共同发展的基本经济制度,这就决定了在分配上必须坚持以按劳分配为主体、多种分配方式并存的制度。在整个社会主义分配制度中,既不能因为强调按劳分配的主体地位而否定多种分配方式的存在和发展,也不能因为多种分配方式并存而动摇按劳分配的主体地位。因此,在社会主义初级阶段,个人收入分配必须坚持以按劳分配为主体、多种分配方式并存的制度。

二、坚持、巩固社会主义基本经济制度是实现利益兼容与共同富裕的根本制度保障

1.所有制是调整、协调利益关系的制度基础

所有制关系是一个社会经济关系的基础，也是一个社会基本经济制度的基础与核心。这是马克思主义政治经济学的一个基本原理。在马克思看来，从最一般的意义来说，所有制不外是劳动主体与劳动的客观对象之间的关系①。并且马克思认为所有制不是什么抽象概念，也不是一种特殊范畴，而是人们在生产过程中的全部社会关系。具体地说，它包括以下几层含义（王祖强，2005）：(1)所有制关系是人们与生产条件的关系，因此，所有制是社会生产与再生产过程中劳动主客体相互结合的统一体。(2)所有制是人们占有、使用和处理生产条件时所发生的一种排他性关系，是人们把生产条件当做他的意志支配领域而发生的一系列行为。(3)所有制是在使用和处理生产条件中实现财产的所有、占有等关系，它必须借助现实的经济过程才能实现，并且在占有、使用和处理生产条件中所发生的各种关系行为，要通过一系列的社会规范尤其是法律规范加以规定和保证，否则所有制关系无从体现和实现。(4)所有制形式的经济内容存在于生产关系总体（即生产、交换、分配和消费诸环节的总和）之中，因此，只有通过对生产关系的总体考察，才能明确所有制形式的经济内容。综上所述，如果从完整的角度

---

① 参见马克思：《经济学手稿（1857—1858）》，《马克思恩格斯全集》第46卷上卷，第492、493、496页，北京，人民出版社，1979。

来说，我们可以在一般的意义上将所有制定义为劳动主体围绕劳动客体所发生的拥有或狭义上的所有、占有、支配、处置、使用等一系列行为关系的总和。从此一般定义出发，我们可以进一步对所有制进行细分：依据劳动主体的社会联合程度，所有制可以区分为私人所有制、集体所有制及全民所有制或国有制等；依据所有制主体的社会性质来区分，我们可以将所有制区分为奴隶主所有制、封建地主所有制、资本主义私人所有制、社会主义公有制等；依据劳动客体，所有制可区分为生产资料所有制、劳动产品所有制及劳动力所有制。

依据所有制的几层含义及定义，我们可以推知：利益在所有制关系体系中均会得到具体的表现：(1)作为对生产条件的所有制关系也就是生产资料所有制关系，它不仅使社会生产呈现出不同的社会生产方式，而且是劳动力、社会财富及社会消费资料分配的制度基础，有什么样的生产条件的分配，就有什么样的劳动力、社会财富和与社会消费资料的分配，正因为如此，斯大林认为生产资料所有制在整个社会生产关系中起决定作用，并认为它是整个生产关系的核心与基础①。(2)作为排他性关系和决定生产活动中不同经济主体的行为关系以及它们在社会规范尤其是法律规范中得以体现的所有制关系，则是人们有效行使社会权利与实现自身利益追求的根本制度保障。(3)作为交换与分配环节上的所有制关系，实际上也是一种利益的交换与分配关系。由此可见，所有制是调整与协调人们利益关系的制度基础与制度保障，任何一种所有

① 参见《斯大林选集》，下卷，第594—595页，北京，人民出版社，1979。

制关系的调整与变化，必然要通过一定的利益关系的调整与变化来体现；有什么样性质的所有制，就有什么样性质的利益关系与利益矛盾。

2.在社会主义条件下实现利益兼容与共同富裕首先必须坚持、巩固生产资料公有制

马克思在早期的《1844年经济学哲学手稿》中，分析了在资本主义私有制下，将会产生劳动产品、劳动本身和劳动者相异化以及人同自己的社会本质和人同人相异化，这几种异化将会造成“劳动为富人生产了奇迹般的东西，但是为工人生产了赤贫”[①]，并且造成了劳动使人的自由社会本质的丧失和人与人之间即工人与资本家之间的对立。此外，马克思在《哲学的贫困》、《雇佣劳动与资本》、《资本论》等著作中，基于劳动价值论创立剩余价值论，认为在资本主义生产资料私有制下，造成了劳动者与生产资料相互分离下的生产方式，并使剩余价值生产成为资本主义生产方式下的绝对规律；在此生产方式与剩余价值规律的作用下，不仅要堆积出生产资料私人占有同社会化大生产之间以及由此决定的生产与消费之间尖锐的不可调和的矛盾，从而造成社会财富的巨大浪费，而且，在剩余价值的生产与分配过程中，要堆积出生产工人与资本所有者之间不可调和的矛盾：劳动者创造的剩余价值由资本家凭借生产资料的所有权而无偿占有，工人因为没有所有权而仅能获取体现劳动力价值部分的生活资料，由此，随着社会生产力的发展，

---

① 马克思：《1844年经济学哲学手稿》，《马克思恩格斯全集》，第42卷，第93页，北京，人民出版社，1979。

必然要产生出财富和资本增长与贫困积累相互对立的两极分化现象。为此,马克思依据社会生产力的发展与生产资料所有制形式的变化趋势,认为在未来社会中,要消除异化问题和资本主义生产方式下的各种内在矛盾,从而实现人的全面自由发展,必须建立生产资料社会所有制即公有制,并且马克思运用辩证否定规律指出:未来社会的生产资料所有制是“在资本主义时代的成就的基础上,也就是说,在协作和对土地及靠劳动本身生产的生产资料的共同占有的基础上,重新建立个人所有制”。[①] 在这里马克思所预测的未来社会所要建立的生产资料公有制,其本质规定性是:(1)建立社会主义公有制就是要重建广大劳动者以社会生产为基础的联合起来的社会个人所有制,其实质就是要实现劳动者与生产资料的直接结合;(2)重建社会个人所有制必须以生产资料的共同占有为基础,实现生产资料的社会集中和社会使用,从而实现劳动的协作与社会化;(3)重建社会个人所有制,其目的在于充分实现劳动者的个人所有权,其内容在于能够充分体现每一个劳动者作为生产资料所有者的利益要求与权利实现。

从当代资本主义的发展看,20 世纪 80 年代以来,为了缓和劳资之间的对抗性矛盾,采取了各种形式的分享经济形式,如利润分享制、员工持股计划、劳力管理合作制、工人自治、有差别的劳动资本合伙制、职工股份制等等,虽然这些分享经济形式,旨在缓和资本主义的劳资矛盾,进一步改善企业管理,但并没有改变资本主义生产资料私人占有的本质,事实上,已在扬弃自由资本主义时期的

---

① 马克思:《资本论》,第一卷,第 832 页,北京,人民出版社,1975。

生产资料私人占有的某些属性,并逐渐增强了向社会所有制的转化的特征。这也表明:变革生产资料纯粹私人占有制、建立生产资料的社会所有制将既是调节利益关系、实现剩余分享的制度基础,也是社会生产方式变革的必然历史趋势。

由此可见,在社会主义条件下,要协调利益关系与利益矛盾,实现共同富裕,必须坚持、巩固生产资料公有制这一社会主义的根本经济制度。因为:(1)生产资料公有制实现了劳动者与生产资料的直接结合,从而可以从根本上克服资本主义生产方式中生产资料私人占有同社会化大生产之间的矛盾以及由此决定的其他制约社会生产力发展的各种矛盾,由此可以为社会生产力的发展提供更有效的制度保障,从而为社会财富的创造和共同富裕提供更雄厚的物质基础。(2)生产资料公有制有利于实现社会总供给和总需求的平衡,并能够保证社会生产、流通、分配和消费置于社会和市场的自觉调控之下,为社会经济发展创造稳定的宏观环境,从而更有利于实现经济与社会的协调发展。(3)生产资料所有制可以消除私人垄断和少数工业、金融寡头操纵经济现象,为社会公平创造机会均等与过程公平,同时,公有制经济可以分流大部分利润,这在某种程度上可以直接降低两极分化,因此,生产资料公有制是实现社会主义公平目标的基本物质基础和基本制度保障。(4)生产资料公有制可以保证国家利益、社会利益和个人利益的统一,有利于实现整体利益与局部利益、长远利益与现实利益的协调,由此可以在较高层次上充分实现劳动者的个人所有权及利益追求,保证劳动者的主人翁地位,从而可以实现更高层次的共同富裕目标,有效遏制两极分化的形成与扩张。

我们知道,马克思是根据社会化大生产的客观要求与高度发达的社会生产力水平而提出未来社会生产资料公有制的本质规定与具体形式,由于我国目前的基本国情是处于社会主义初级阶段,社会生产力发展水平尚未达到马克思所设想的高度,并且我国社会生产力表现出多层次性与不平衡性之特征,由此决定我国现阶段的生产资料公有制具有不完全性,即是处于不完全状态:其一,从全社会来看,由于社会生产力的多层次与不平衡性,致使我国不能建立单一的全社会性的生产资料公有制结构,而只能建立以公有制为主体、多种所有制共同发展的多层次所有制结构;其二,我国的公有制,不论是以国家所有制形式表现出来的全民所有制,还是以各种形式表现的集体所有制以及具有公有成分的各种混合所有制,其公有化程度也不是全社会的,而是一种较低公有化程度的公有制;其三,与我国公有制相结合的经济运行体制不是马克思所设想的计划体制,而是市场体制。

由于我国生产资料公有制是处于不完全状态,因此,在社会主义初级阶段我们要协调利益矛盾,实现共同富裕,则既要依据马克思所设想的生产资料公有制的基本规定性,坚持、巩固生产资料公有制,但另一方面又必须依据社会主义初级阶段的基本特征与社会主义市场经济的基本要求,通过努力提高公有制的有效性,来坚持、巩固公有制的主体地位,并由此不断完善、发展社会主义生产资料公有制。为此:

首先,必须深化对公有制为主体的基本认识。在强调公有制为主体是我国社会主义初级阶段基本经济制度的基础和核心的同时,还必须在实践中科学地理解主体地位的基本内涵:第一,公有资产在社会总资产和经营性资产中必须占优势，这是量的要求；第二，国有经济必须能够控制国民经济命脉，对经济发展起主导作用，这是质的要求。因此，真正坚持公有制的主体地位，必须在质与量辩证统一的基础上，着力发挥国有经济对国民经济的有效控制作用。只有在这个前提下，积极发展其他多种所有制经济，我们才能说是坚持公有制为主体。

其次，必须质和量相结合地发挥公有制经济的主导作用。质和量互变规律是辩证唯物主义的基本规律，因此，对任何事物的考察都要从质和量两方面进行分析。为了提高公有制经济的运行效率，培育适合市场经济发展的多元产权主体，我们有必要使国有经济从不适合自己功能定位的某些竞争性行业退出，以提高公有制经济质量和国有经济的控制力。如果没有较高的经济质量，量的优势最终也无法保住，所以，不要人为地给公有制经济的比重做出限制。所以，坚持、巩固公有制的主体地位，必须要从实践出发，从发展生产力出发。就目前来说，我们要在公有制经济的质上做更好的文章，做到以质的提高来代替量的优势，以有效发挥公有制经济的主导作用为基本准则。但是，我们必须强调，以质的优势来替代量的优势，并不是不需要一定的量，更不是把降低国有经济的比重作为公有制经济改革的一个导向与评价指标。改革开放以来，一方面，在实践上国有经济比重不断下降；另一方面，在理论上我们又不断强调要坚持公有制经济的主体地位，这是一种很不和谐的现象。对此，我们应予以高度的关注。

最后，公有制主体地位的实现要与市场经济相结合。我们要实现的国有经济的主导作用是在市场经济条件下保持的，这就面临一个如何将公有制主体地位的实现与市场经济形式相结合的问题,为此,我们既要积极探索适应市场机制的公有制实现形式,又不能离开市场经济抽象地谈公有制为主体,我们要适应市场主体多元化的现实要求,打破“大国有”观念,要努力建立适合社会主义初级阶段特征与市场经济要求的多种公有制形式与公有制的多种实现形式。此外,提高国有经济的控制力,不应以牺牲市场经济效率为代价,不应阻碍市场经济的完善和发展。

3.在社会主义初级阶段下实现利益兼容与共同富裕,必须在巩固、发展公有制经济为主体的同时,促进多种所有制经济共同发展,大力发展和引导非公有制经济

为了实现利益兼容与共同富裕,诚然,首先必须坚持公有制的主体地位,并将公有制作为社会主义经济制度的基础,这也是坚持社会主义改革方向的最基本要求。但是,生产资料所有制的结构与形式要与生产力发展水平相适应,由于我国处于社会主义初级阶段,生产力发展表现出多层次性与不平衡性,这就决定了为了促进社会生产力的发展和社会财富的有效创造,不能将公有制作为社会经济的唯一形式,必须需要多种所有制经济的共同发展,也就是说,必须在公有制经济发展的同时,鼓励个体、私营经济以及各种形式的国家资本主义经济等非公有制经济共同发展,以促进社会生产力发展与社会财富增长。

事实上,党的十一届三中全会以来,在邓小平同志的领导下,中国共产党人立足于社会主义初级阶段社会生产力的发展水平,依据“三个有利于”的实践标准而不是依据公有化程度的“制度标准”,实事求是地研究了我国社会主义初级阶段的所有制结构,并

形成了在以公有制为主体的前提下，发展多种所有制经济的理论和政策。特别是党的十四大以来，党的第三代中央领导集体，坚持、发展邓小平以公有制为主体、多种所有制经济共同发展的重要思想，通过对非公有制经济性质、地位和作用的重新评价，逐步把非公有制经济纳入社会主义初级阶段的所有制结构之中，并升华为社会主义初级阶段所有制结构的重要组成部分，从而把公有制为主体、多种所有制结构共同发展确立为我国社会主义初级阶段的一项基本经济制度。特别是党的十六大，在公有制经济与非公有制经济的相互关系上，明确强调要共同发展。十六大报告指出："坚持公有制为主体，促进非公有制经济发展，统一于社会主义现代化建设的进程中，不能把这两者对立起来。各种所有制经济完全可以在市场竞争中发挥各自优势，相互促进，共同发展。"①

在社会主义初级阶段，不仅从解放、发展社会生产力的层面上讲，我们需要发展多种所有制结构，促进非公有制经济的发展，而且从协调利益矛盾与冲突，实现共同富裕的层面上说，我们也需要发展多种所有制结构，促进非公有制经济的发展。因为：

第一，改革开放以来，我国各类非公有制经济得到迅速发展，在国民经济中的比重不断提高，由二十年前在我国国内生产总值中的比重不到1%，发展到今天已是"三分天下有其一"之势。各类非公有制经济不仅创造了大量社会财富，增加了财政收入，繁荣了市场，扩大了服务范围，满足了居民多方面的需要，而且又促进

① 江泽民：《全面建设小康社会，开创中国特色社会主义事业新局面》，第25页，北京，人民出版社，2002。

了农村城镇化,加快了农村剩余劳动力的产业转移,同时也增加了社会就业渠道与就业数量,从而增加了劳动群体的收入水平并促进了社会稳定,这样,必然会在一定程度上缓解社会利益矛盾与冲突。

第二,由于生产资料所有制及其内在的各类具体产权的有效行使,是任何实现人们行为自由、个性发展与权利要求的基本物质保障,而公有制经济与非公有制将长期并存于社会主义初级阶段,并且随着多种所有制结构经济与非公有制经济的发展,相当数量的公民将拥有越来越多的排他性经济资源与社会财富。因此,我们要协调利益关系,实现共同富裕,则不仅要发展公有制经济,以维护、保护和发展全社会的公有财产与全社会的共同利益和一定范围内的集体财产与集体利益,而且还必须高度肯定各类非公有制经济存在的合理性,并通过非公有制经济的发展以及对各类合法私有财产的法律保护,才能维护、保护和发展好非公有制经济主体的合法权利与合法利益。

第三,在社会主义初级阶段,由于社会生产力与社会需要的多层次性与多样性,客观上将长期存在各类在社会化大生产程度不高的小生产行业。在这些小生产行业中,我们必须在保护其生产资料私有权的基础上,允许各类小生产的充分自主发展,从而实现广大劳动群众能够依据社会需要和自身能力,自主创业与自主致富。马克思从历史发展的角度,客观而历史地论述了生产资料私有权对于社会发展和小生产劳动者的自由个性解放的意义以及小生产发展的产权基础。他说:“劳动者对他的生产资料的私有权是小生产的基础,而小生产又是发展社会生产和劳动者本人的自由个性的必要条件……只有在劳动者是自己使用的劳动条件的自由私有者，农民是自己耕种的土地的自由私有者，手工业者是自己运用自如的工具的自由私有者的地方，它才得到充分发展，才显示出它的全部力量，才获得适当的典型的形式。”[①] 因此，在我国目前仍有大量小生产与剩余劳动力存在的条件下，我们必须在切实充分保护小生产者的生产资料私有权的基础上，促进各种形式的个体、私营经济的大发展，积极引导公民探索符合自身条件的自主创业、自主致富之路。

第四，由于二十多年来我国发展多种所有制经济理论与政策的不断推进，必然会因所有制结构的多元化发展而逐步促成利益主体多元化的形成与发展。改革开放以来，不仅基本社会阶层——工人、农民、知识分子内部发生了深刻变化，而且随着改革开放的深入，新的经济形式和新的产业的兴起，形成了新的社会阶层，如民营科技企业的创业人员和技术人员、受聘于外资企业的管理技术人员、个体户、私营企业主、中介组织的从业人员、自由职业人员等。随着社会结构的巨大变动，致使我国社会利益关系出现了一系列新的变化，并使各类社会利益矛盾也凸现出来，集中表现在社会各阶层之间以及社会各阶层内部利益主体之间的利益关系上。其显著特点：一是社会阶层利益主体的多元化。不同社会阶层既有着共同的利益，又有各自特殊的具体利益与不同的利益要求。在利益的驱动下，不同社会阶层和社会成员之间必然会产生一定的利益矛盾，在市场竞争加剧的条件下会出现利益冲突。二

---

① 马克思：《资本论》，第一卷，第 830 页，北京，人民出版社，1975。

是利益关系与矛盾的内部构成具有复杂性，由于利益主体多元化，相互之间发生各种各样的联系(包括协作、摩擦、冲突)形成纵横交错的利益关系，使利益矛盾错综复杂。三是从利益矛盾的性质看具有两重性。一方面，社会各阶层之间的利益矛盾一般是在根本利益一致前提下的人民内部的非对抗性矛盾，可以通过非对抗的方式来解决；另一方面，由于不同的利益要求以及不同的立场观念，导致人们价值观念的碰撞，产生互不信任、互相埋怨以及各种经济、社会纠纷，如果处理不当也可能使矛盾激化，影响社会稳定甚至酿成社会动乱。社会结构以及利益关系的变化要求我们的政策和工作必须及时地、正确地反映并妥善地处理各种利益关系，化解各种利益矛盾。要化解目前多元化利益主体之间的利益矛盾，进而实现共同富裕，不能单纯依靠税收、转移支付等财税再分配途径与手段，从财富分配的末端上去化解。从根本上说，依据生产资料所有制是经济制度的基础与核心原理，我们必须从产权关系上来协调各类利益矛盾与冲突，促进多种所有制经济的共同发展，并鼓励、引导非公有制的发展，促使各种利益主体均有一定的财产所有权以维护、实现其利益要求。

在发展多种所有制经济、鼓励和引导非公有制经济以协调利益矛盾、实现共同富裕的过程中，我们必须做好两方面的工作：

其一，要正确处理、协调社会主义公有制经济与非公有制经济的相互关系。在社会主义初级阶段，公有制经济与非公有制经济具有不同的功能和优势，各自在社会主义初级阶段的建设实践中发挥着不可替代的作用。公有制经济尤其国有经济是社会主义经济制度的基础，是实现社会公共需要和全民共同富裕的制度基础，它们在国民经济中起着主导作用,并对国民经济的发展具有控制、协调的功能。非公有制经济是社会主义市场经济的重要组成部分,具有增强国家经济实力,促进社会财富创造与增长,催生市场关系,稳定社会,推进公有制经济内部改革等特殊功能。在社会主义初级阶段多层次的社会生产力的约束条件下,公有制经济与非公有制经济都有并存发展的物质基础与合理性,同时两者在社会主义市场经济条件下,均赋予了实现不同劳动群体利益需要,进而在协调社会主义利益关系与实现共同富裕上具有不可替代的功能。在社会主义市场经济下,虽然两者之间存在一定的市场竞争关系,但它们也存在分工协作关系,它们都可以在社会分工体系中寻找到发挥自身优势的坐标与位置;同时,在社会分工协作过程中,随着公有产权与私有产权的裂变与融合,随着产权交易市场和资本市场的发展,将促成公有制与非共有经济的相互交融与转化,并新生大量的多种形式的混合所有制经济,从而可以使不同所有制经济之间的外部矛盾转化为混合所有制经济内部之间的内部矛盾。所以,我们必须依据社会主义初级阶段所有制结构的开放性、竞争性与互补性的特征与要求,构建一个开放有序、竞争协作的能够促进效率与公平协调发展的社会主义市场经济所有制结构,以协调各种不同所有制经济之间的市场竞争关系,并努力促成它们形成合理的分工协作关系,积极促成它们之间的相互交融与转化,从而为利益关系的协调和社会的共同富裕提供有效的制度基础。

其二,要正确理顺非公有制经济发展中的内部利益关系,认真协调非公有制经济发展中的劳资关系。在社会主义市场条件下,在建设中国特色社会主义的过程中,虽然包括劳资矛盾在内的各种利益矛盾是非对抗性的，可以运用人民内部矛盾的理论和方法来定性非公有制经济中利益矛盾与劳资关系的性质，并通过正确处理人民内部矛盾的途径和方法来协调非公有制经济中的利益矛盾与劳资关系。但是，由于非公有制经济是以生产资料私有制为基础的，因此其劳资关系的实质是一种雇佣关系，由此必然会在客观上形成一定程度的剥削关系。这种以剥削关系形式而表现出来的利益关系与利益矛盾，如果我们不能加以协调与控制，则会向对抗性矛盾转化。为此，我们首先应使各类非公有制经济内部利益关系与劳资关系，建立在宪法以及劳动法所规定的权利平等、自愿互利的新型合作关系之上，并运用宪法、公司法以劳动法等法规来规范非公有制经济中的利益关系与劳动关系。其次，由于在社会主义初级阶段的基本经济关系中，公有制关系是主流，因此，我们可以运用公有制经济的利益关系与劳资关系，来影响、引导非公有制经济中的各种产权关系与劳资关系。再次，可以运用公有产权与私有产权的相互交融与渗透，促使公有产权中的利益关系与劳资关系主导并影响私有产权中的利益关系与劳资关系。最后，应在生产发展的基础上，促使非公有制经济中的不同利益主体形成相辅相成、相互促进、共同发展的正和博弈关系，从而使不同利益主体和劳资双方之间的利益都得到增进，由此而形成比较一致的利益关系与相互协调的劳资关系。

第七章　体制改革中利益兼容的微观机制塑造

——兼论实现按劳分配与按要素分配的市场均衡

中国正处于全面建设小康社会，经济体制深入改革的阶段，制度合理与制度生命力对经济持续快速增长具有关键作用。目前许多问题制约着持续协调的经济发展，其中比较突出的问题就是微观层面的企业制度。

在微观企业机制中不同主体的利益如何分配与协调，对协调与兼容利益关系，保障社会公平，从而提高经济绩效与居民收入，十分重要。本章试图从利益关系的角度，对我国收入分配方式的改革与企业改革中所有权结构的调整，以及对改革过程中利益协调微观机制的转换做一个综合研究。

第一节　经济体制转轨过程中微观利益协调机制的转换

一、传统计划经济体制下微观企业利益协调机制的特征

从20世纪50年代中期完成社会主义改造到1978年十一届

三中全会,中国全面实行了二十多年的计划经济体制。计划经济体制赖以运转的微观主体是大批公有制经济的国有企业。在传统的计划经济体制下,作为从事生产经营主体的"国有企业"并非名副其实的企业,或者说只具备了企业的局部功能,因为它们的经营并不是面向市场,面向消费者。计划经济体制下的国有企业形成了一整套以行政手段为主导的利益协调机制。企业中实行整齐划一的按劳分配,基本不存在按生产要素收入分配。企业要承担很多社会职能,提供了许多本来应由政府提供的"公共品",如职工福利、保险、医疗卫生、子女教育、就业等。这样制度安排令企业的经营目标偏离了经济效益目标。国有企事业单位建立了完整的社会保障制度,企事业单位为职工办理终身的社会保障。这套利益协调机制的特征是:在公有制基础上,社会全体成员的根本利益是一致的,既然每个成员的利益是同一的,因而也就共同地表现为社会的整体利益,个人利益要服从集体利益,局部利益要服从整体利益,各个利益主体之间利益边界模糊,利益调节主要依靠行政手段,利益分配是按劳分配;全体成员实现自身利益的途径是公有财产的巩固和增加。传统体制下我国实行"大财政,小银行"的财政金融管理体制,银行是财政的"钱袋子",政府主管部门对国有企业的生产、销售过程提供财政信贷上的优惠以及原材料供应上的便利,并以行政方式支配运营企业的国有资产。

传统计划经济体制下的国有企业通过基于公有制的利益协调机制,基本保证了利益平等,消除了利益冲突。因此,改革开放之前源自微观企业领域的收入分配不公问题较少。但是,传统体制下的企业也存在着许多问题,表现在:(1)政府参与经营企业,企业独立性经营受到限制，某种程度上成为社会“大工厂”的一个单位；(2)国家对企业提供“父爱”资源，企业只具有“软预算约束”，容易盲目投资造成经济结构失衡；(3)在计划指导下协作生产的国有企业内在地排斥市场机制作用；(4)国有企业的实物资产、无形资产等非人力资本全部属于国家，企业内的管理者和普通职工只拥有劳动力要素，不直接拥有任何物质资本的产权，企业的职工仍然是企业的客体，这就大大削弱了职工的主体地位，造成了职工对企业存在依附关系；(5)企业中薪酬与福利的分配与行政级别、职称挂钩，对经营者、职工缺乏有效的激励机制。因此，这种企业机制不能满足人民群众日益增长的物质和文化需求，随着经济发展、改革开放与体制转轨，传统企业制度越来越不适应生产力发展要求与不符合广大人民的根本利益。

二、以市场为导向，以自主经营、自负盈亏为目标的企业改革

企业部门的改革是从计划经济体制向市场经济体制转轨的重要组成部分。改革开放使传统的国有企业开始面对市场，在市场中求生存、求发展。随着经济体制改革的深入，转向面对市场经营的国有企业逐渐成了名副其实的“市场微观主体”。首先，它们作为市场供应方的生产者，与作为市场需求方的消费者相对应，构成市场经济机制的运行主体，形成了市场经济的微观主体之一；其次，国有企业作为党和政府深化经济体制改革的微观主体，作为市场经济条件下的生产经营单位，它们在产值、产业结构、税收以及就业等方面都在国民经济中起主导的作用。

我国国有企业的体制改革在逐渐推进所有权结构、企业法人治理结构、收入分配体制调整的过程中,大体经历了三个阶段:

第一阶段,放权让利的改革阶段。改革首先并且长期是在微观层面上进行,20世纪80年代依次选择的利润留成制度、两步利改税、企业承包经营责任制等形式赋予了企业一定的自主权和激励机制。这种改革的特点是在不触动政府对国有企业拥有所有权的前提下,逐步向企业下放经营权,并从经济利益上调动企业内部人的积极性。但是这种制度安排下国有企业并没有独立的法人财产权,也就谈不上法人财产承担独立的民事责任,企业包盈不包亏,企业与政府的责任不对等。在金融体制改革方面,1984年中国人民银行正式行使中央银行的职能,形成了以中国人民银行为领导,多种金融机构并存的金融体制。

第二阶段,建立现代企业制度的改革阶段。从1992年起,国有企业产权制度改革实践集中在三个方面:第一,建立国有企业现代企业制度,完善包括股东会、董事会、市场股东、信息披露机制在内的企业内外部治理结构。1993年11月,中共十四届三中全会确立国有企业改革和发展的方向:建立现代企业制度,是发展社会化大生产和市场经济的必然要求。1997年9月,中共十五大提出在大多数国有大中型骨干企业初步建立现代企业制度的目标。现代企业制度的内涵是"产权清晰、权责明确、政企分开、管理科学"。股份公司制是大中型国有企业建立现代企业制度的一种组织形式。第二,建立规范的现代股份公司制,要求企业的终极所有权与法人财产权互相分离,分别属于出资者和企业法人两个对等的民事主体。国有企业规范的公司制改革内容,首先是在法律上确立企业作为独立的法人实体和财产权利主体的地位。法人财产权是公司对法人财产依法拥有的独立运用和支配的权利，法人财产需要由出资者的代理人支配。公司作为财产经营组织，其经营活动就是对财产权利的运用，包括以公司名义独立地进行商务活动、市场交易，独立地行使资产经营权、资本投资和融资权等。法人财产具有整体性、延续性、独立性，所有者一旦把资产委托出去，便不能凭所有权任意分割企业法人财产。第三，在要素市场方面，20世纪90年代，伴随着企业股份制改革的展开，中国进一步推进金融管理体制改革，上海和深圳两个证券交易所先后成立。证券市场建设促进了中国金融市场体系的完善，也促使收入分配体制进一步改革，按要素分配的范围扩大了。

第三阶段，完善现代企业制度的再改革阶段。从2001年开始至今，中国加入WTO，国内外市场逐步接轨，国有企业面临新的机遇与挑战。与此同时，在国有企业股份化改制与资本市场运作中累积了许多问题，如所有者缺位、国有资产流失、内部人控制、上市公司股权分置、公司治理结构不规范等。时代的进步、市场环境的变化、社会主义市场经济体制的完善，迫切需要初步完成股份化改制后的企业在所有权结构和企业治理结构方面进行一系列深入的再次改革。

2003年十届全国人大通过国务院机构改革方案，成立国有资产监督管理委员会（简称“国资委”），将国家经贸委指导国有企业改革和管理的职能，中央企业工委的职能，以及财政部有关国有资产管理的部分职能等整合起来，从“五龙治水”的国有资产管理体制改为国有资产监督管理委员会一元监管。国有资产管理体制改革的任务是塑造国有资产人格化的权利主体,实现政企分开,所有权和经营权分离,解决国有资产"所有者缺位"问题。国资委的体制架构形成国有资产三级委托代理层次:第一级是国有资产管理监督委员会,代表国有股东行使"管人、管事、管资产"的职权;第二级是国有出资人授权经营的国有资产运营公司(持股公司),形成国有资本投资运营主体;第三级是具体的基层国有企业,凡有国有出资人投资的企业,按照《中华人民共和国公司法》的要求改组为有限责任公司、股份有限公司或国有独资公司。

进入新世纪之后,要素市场特别是资本市场、国有商业银行等部门也进行了更深入的体制改革。国有商业银行先后进行了股份公司制改革。在收入分配机制改革中,国有企业也开始吸纳按要素分配方式。按劳分配和按要素分配两种分配方式在企业内部和外部并存与互补。

三、经济体制改革必然引起微观利益协调机制的转换

传统计划经济体制的一个特征是分配结果的平均,市场经济体制则要求以起点公平与竞争公平来促进经济效率,在利益协调方式上两种体制有所区别。经济体制改革从实质上说是有关资源配置方式和人们利益关系的制度大修正和大变革。经济体制转轨构建和培育了竞争性市场体系,使市场机制瓦解旧的计划经济体制,从而促使资源配置方式和利益协调机制的转换,从计划调节为主转向市场调节为主。在计划经济向市场经济体制转型的过程中,计划经济体制的一套利益协调机制被瓦解或不适用了,而逐渐被与市场经济体制相匹配的一套新的利益协调机制所代替。市场

经济取向的改革总的来说会带来更高的效率和更多的财富，我们通过对微观企业的一系列放权让利与分配体制改革来调整利益关系，在一系列利益导向的分权化改革作用下，致使中央与地方、政府与企业之间的利益结构发生变革，形成经济利益多元化格局，并由此形成多元的利益主体。各个利益主体和竞争主体以往模糊的利益边界显性化，利益主体之间经济利益摩擦与矛盾不断增加。建立和完善和谐有序的市场经济体制需要形成一套公平的产权界定与交换的制度规则，以价值规律、供求关系、竞争关系来调节企业之间、要素所有者之间、区域之间的利益关系。

在市场经济体制中，国有企业首先是一个以盈利最大化为目标的经营实体，遵循价值规律的作用，这是国有企业的自然属性。经济体制改革后，企业对外投资、资产重组、兼并收购等资本运营主要应通过资本市场运作实现，企业的人力资源、人事变动主要通过劳动力市场、人才市场来调节。另一方面，作为社会主义的国有企业，它还要体现国有经济与社会主义制度的特殊联系，还应该承担弥补市场机制的缺陷、消除私有制下的异化劳动等特殊任务。这是国有企业的特殊社会属性。在体制转轨过程中，随着产权制度调整，出现了按生产要素的分配方式，逐渐形成两种收入分配方式互补和共存，以市场机制为基础来调节收入分配关系。在保障体制方面，微观企业转换经营机制之后，逐步剥离了原有的后勤保障职能，并为职工办理医疗保险、养老保险等社会保障以代替计划经济下国有企业的终身雇用、后勤服务等制度安排。其他所有制成分的企业中人事保障机制、收入分配机制在经济体制转轨过程也大致经历了类似的变革。

经济体制转轨是一个漫长的过程，其中会伴随着非帕累托改进的制度变迁与一系列的制度缺陷，市场经济体制本身也存在失灵，这些都会使社会转型期的利益协调机制失灵，利益冲突凸现，增加了进一步深化改革的阻力。微观企业体制改革过程中对人力资本产权实现诉求的忽视、利益集团分化博弈、重视改革效率轻视社会公平等等因素，导致了在经济转轨过程中利益分配不公、收入分配差距拉大等矛盾不断出现。对于这些矛盾，本章将在第三节详细分析。

第二节　实现按劳分配与按要素分配的市场均衡

收入分配问题，与不同社会群体的切身利益密切相关。市场经济活动中各个利益主体的经济诉求，必然要通过一定的分配形式来实现。社会主义市场经济环境下的经济利益协调机制的一个重要特征是按劳分配方式与按要素分配方式的共存互补。本节重点研究按劳分配与按要素分配两种收入分配方式在市场经济环境中并存互补，在市场机制调节下实现体制性均衡的问题。

一、我国现阶段多种收入分配方式并存的理论依据与实现机制

马克思一贯强调生产资料所有制是生产劳动的前提。马克思非常重视所有制基础（产权关系）与收入分配方式的联系。对于生产资料所有制与劳动产品的分配与归属关系，马克思认为，“一定

的分配形式是以生产条件的一定的社会性质和生产当事人之间的一定的社会关系为前提的。因此,一定的分配关系只是历史规定的生产关系的表现。"① "消费资料的任何一种分配,都不过是生产条件本身分配的结果。"② 马克思的劳动价值论虽然肯定资本等生产要素是劳动过程、商品生产过程的必要条件,是创造社会财富的基本条件之一,但是马克思旗帜鲜明地强调劳动创造价值,强调劳动是生产的真正灵魂,并且只有活劳动才是商品价值创造的唯一源泉。马克思不认为各种社会都是根据劳动去分配产品的。马克思分析了资本主义条件下,资本家通过垄断生产资料所有权,占有工人劳动创造的剩余价值,剥削工人。

在马克思设想的公有制经济中,非劳动生产要素不再归个人所有,人们之间的差别只体现在劳动上面。当消费品还需要按不同份额分配时,劳动就是唯一的尺度和标准,按劳分配就成为唯一可供选择的分配方式。同时,在公有制条件下,劳动者是生产资料、生产过程和劳动产品的共同主人,社会生产目的是为了解放劳动和劳动者,实现人民的共同富裕。

中国共产党十五大关于收入分配问题指出:在社会主义初级阶段"坚持按劳分配为主体、多种分配方式并存的制度。把按劳分配和按生产要素分配结合起来,……允许和鼓励资本、技术等生产要素参与收益分配"。中国共产党十六大提出全面建设小康社会的目标,要求全面提高全体人民的收入水平,并相应地缩小不同阶

---

①　马克思:《资本论》,第三卷,第997页,北京,人民出版社,1975。

②　《马克思恩格斯选集》,第三卷,第13页,北京,人民出版社,1972。

层的收入分配差距。十六大还确立了劳动、资本、技术和管理等各种生产要素应按贡献参与分配的原则,以完善按劳分配为主体,多种分配方式并存的分配制度。这是对我国社会主义经济建设和体制改革实践经验的总结,也是对马克思主义分配理论的创新和发展。按要素贡献分配的原则,其依据不仅是因为各种生产要素在价值形成或财富形成中做出了贡献,而且也是社会主义市场经济的所有制关系和多样化产权形式决定的。十六大关于收入分配体制的理论创新,为我国社会主义经济的快速、持续增长提供了有效的制度激励与保障。

改革开放二十多年来,中国的所有制形式由单一向多样的变化,使得收入分配方式也由原来的单一的"大锅饭"式的按劳分配逐步走向多元化的形式。经过二十多年的经济改革和发展,我国居民收入水平大为提高,收入来源也显示出了多元化的趋势。在居民收入来源构成中,既有初次分配所得,也有再分配所得;既有工资、奖金、津贴等按劳分配所得,又有股息、利润、利息、租金等按要素分配所得。随着非公有制经济、资本市场的发展,通过利息、股息、租金等形式体现的按要素分配的收入成为居民收入的一个重要来源。

我国通过体制改革,逐步形成了与市场经济原则相适应的多种形式的分配制度。按劳分配方式与劳动、资本、技术和管理等生产要素按贡献参与分配等方式在我国社会主义市场经济环境中是并存的。公有制为主体,多种所有制经济成分并存的经济基础,是现阶段收入分配方式多样化形态的根源。各种收入分配方式,离不开市场机制的调节和控制,社会主义市场经济条件下,多种所有制经济共同发展，收入分配机制应实现按劳分配和按要素分配等各种收入分配方式的均衡。

二、西方经济学企业理论对企业分配关系研究的批判性回顾

探讨按要素贡献分配方式的微观制度基础，必须厘清企业中的分配关系。西方经济学对资本主义市场经济环境中的企业分配很早就提出了理论。19 世纪时，萨伊就提出劳动、资本和土地三种要素提供“生产性服务”，共同创造了产品的价值，理应获得各自的报酬。美国经济学家 J. B. 克拉克在《财富的分配》(1899)中进一步阐述了按生产要素贡献分配的理论。新制度经济学派对企业问题的研究比如关于人力资本的研究、关于生产要素功能性分配的研究、关于激励和约束机制的研究等，更补充了按生产要素分配的理论。我国的一些学者在研究西方企业理论的基础上也提出了关于按要素分配的认识和观点。

（一）企业理论对生产要素的一种划分

企业理论认为，要素所有者投入企业的生产要素，在特定形式资源投资的意义上，都可以视为资本，按照产权特征可以分为人力资本与非人力资本两大类。企业的非人力资本(记为 K)和人力资本(记为 L)的产权特征差异是产生企业所有权不对称匹配的一个重要原因。一般而言，非人力资本 K 与其所有者可以分离，具有良好的信息显示机能，易于估价，并可以在不同所有者之间转让和抵押，以显示所有者的信誉，所以在企业初始缔约谈判中以实物资本出资的权利主体被认为居于轴心地位(张维迎，1996)。人力要

素或人力资本 L 与其所有者融为一体不可分离，易于隐藏难于估价，其发挥价值只能激励，不能压榨，也难以转让和抵押[①]。

按照复杂程度，人力资本可以区分为一般生产能力和经营创新能力。非人力资本包括实物资本、货币资本、无形资本等形式，在实物形态上体现为机器、厂房、原料等，在货币形态上分为股权投资和债权投资。

表 7-1　生产要素的划分(一)

<table>
<tr><td rowspan="5">生产要素
(资本)</td><td rowspan="2">人力要素 L
(人力资本)</td><td>一般生产能力</td></tr>
<tr><td>经营管理能力，决策能力，创新能力</td></tr>
<tr><td rowspan="3">非人力要素 K
(非人力资本)</td><td>实物资本：机器、厂房、原料等实物形态的资本</td></tr>
<tr><td>货币资本：股权投资，债权投资</td></tr>
<tr><td>无形资本：制度、组织、商誉等</td></tr>
</table>

如果考虑到 O.E.威廉姆森提出的“资产专用性”范畴，生产要素又可分为普通(非专用的)要素和特质(具有专用性的)要素。经营管理能力和产品创新能力具有相比一般生产能力，具有更大的专用性，专门匹配于个别企业的股权、商誉等非人力资本比债权等资本形态更具有专用性。这样，对生产要素可以从产权特征和专用性程度两个维度进行划分。企业生产要素两维度的划分可见表 7-2。

① 另一方面，以方竹兰为代表的学者认为非人力资本由于社会表现形式的多样化和证券化趋势，使非人力资本所有者日益成为企业风险的逃避者，而人力资本的专用性和团队化趋势则使人力资本所有者日益成为企业风险的真正所有者。见参考文献[165]。

表 7－2　生产要素的划分(二)[①]

专用性程度 / 要素	一般/非专用(u)	特质/专用(s)
人力资本	一般人力资本(L_u) (生产能力)	特质人力资本(L_s) (经营管理能力和产品创新能力)
非人力资本	一般非人力资本(K_u) (债权或债券投资)	特质非人力资本(K_s) (股权投资,商誉,专利等)

要素的权利主体因为要素禀赋之区别,在企业组织分工合作中居于不同的地位。所以生产要素在产权特征和专用性上的这些区别,是企业理论研究企业契约与企业所有权配置的出发点。

(二)新古典生产函数与要素收入分配

新古典经济学中厂商投入产出的技术关系可以用生产函数表示为:

$$Y=f\,(L_i,\ K_i)\qquad (i=u,\ s)\tag{7·1}$$

其中 L 代表人力资本,K 代表非人力资本,Y 代表产出。这类生产函数被定义为"在技术水平不变的情况下,厂商在一定时期内使用可能的生产要素组合与所能生产的最大产量的关系"[②]。

---

① 表 7－2 对生产要素的划分可参见杨瑞龙和周业安:《企业共同治理的经济学分析》,第 103 页,北京,经济科学出版社,2001。

② 生产要素可以有多种类型和不同的组合,生产函数的形式也是多样的。作者在公式(7·1)基础上进行演绎,考虑权利主体的要素不同特质组合,则把引入个体要素禀赋特征的企业生产函数表示为:

$$Y=f\,(W(L_i,\ K_i),\ M(L_i,\ K_i),\ S(L_i,\ K_i))\qquad (i=u,\ s)\tag{7·3}$$

新古典经济学认为,生产要素的价格由它们的供求关系决定。工资是劳动的收益,劳动的边际生产力 $MP_L=\frac{\partial Y}{\partial L}$决定其需求价格,形成劳动要素的成本构成供给价格,工资是劳动的供给和需求均衡的结果。利息则是使用资本的代价,由资本的供给与需求决定。资本的需求是一切企业主的资本需求总量,资本的供给是劳动与等待的产物,即储蓄。利润则是管理者的报酬,取决于管理要素的供求。克拉克认为,在竞争均衡下,产品的价值决定于劳动、资本的边际生产力,而工资、利息也由生产要素 K 的边际生产力 $MP_K=\frac{\partial Y}{\partial K}$决定。在新古典一般均衡框架的企业模型中,收入分配是由要素市场根据边际生产力均衡条件给出的,企业要素收入分配均衡乃是市场充分竞争达到帕累托最优即社会福利最大化的结果。在长期均衡的企业中,所有生产要素获得的报酬总量等于企业所生产的产品总量,单类要素按其边际生产力水平获得报酬,这个思想可以用公式表示为:

$$L\cdot MP_L+K\cdot MP_K=Y \tag{7·2}$$

西方经济学的这种按要素分配理论,是建立在其效用价值论的基础上,不能以一个统一科学的标准来衡量不同生产要素的贡献,因此也没法合理阐明企业的分配关系。而马克思关于资本主义企业分配关系的理论建立在劳动价值论基础上,是客观的、科学的,因此我们认识按要素贡献收入分配,必须坚持马克思主义的劳

公式(7·3)中 $W(.)$,$M(.)$,$S(.)$表示不同类型的要素所有者及其要素禀赋。这样一来,生产函数公式(7·3)也可表示企业利益相关者在团队中的合作关系,要素需要经过其权利主体(所有者)这一环节才能映射到企业产出变量。

动价值论。

(三)各类权利主体的收入分配关系

在企业理论关于各类生产要素组成的合约分析框架中,各种生产要素按照其发挥的功能及承担的风险,以产权为依据分配收入权益。在企业的要素收入分配中,一般的人力资本、非人力资本获得合同预期的收入,可以认为一般人力资本(L_u)提供劳动,获得合同性工资收入,有时也有奖金等剩余收入;一般非人力资本(K_u)如机器、土地、建筑等实物形态通过租赁获得合同性租金,货币形态资本进行债权投资获得合同性利息收入;而具有专用性的特质人力资本(L_s),经营管理承担风险,除了合同的薪金收入也可获得剩余收入奖金等形式;特质非人力资本(K_s)进行股权投资获得剩余收入红利等。企业理论中这种功能性收入分配可以总结为表7-3。

表7-3　要素功能的收入分配[①]

要素＼功能	合同收入	剩余收入
一般人力资本(L_u)	工资、津贴等	奖金等
一般非人力资本(K_u)	利息、租金	/
特质人力资本(L_s)	薪金、津贴	奖金、提成等
特质非人力资本(K_s)	/	红利、风险佣金等

现实企业中的收入分配总是在人格化的权利主体或契约当事

① 此表参考了杨瑞龙和周业安:《企业共同治理的经济学分析》,第111页,北京,经济科学出版社,2001。本书作者稍作了修改和演绎。

人之间进行的,契约当事人是人格化的自然人,他们之间的收入分配关系比新古典经济学所描述的按生产要素功能分配收入更复杂。企业契约当事人总是拥有一定的生产要素,凭借对人力资本或非人力资本等要素的所有权他们索取会计和法律意义上合同收入和剩余收入。

就企业当事人参加企业组织的利益动机来看,他们希望获得团队分工协作的真正利益——组织租金[①]。组织租金的创造和分配是企业中独特的内容,是支付了所有成员的保留收入,或满足了所有成员的参与约束条件之后的剩余,相当于经济学中的"超额利润"。与强调风险承担的"剩余收入"不同,"组织租金"是企业组织实际的好处,并非要与风险承担对应。"剩余收入"、"合约收入"与"组织租金"、"保留收入"完全重合的可能性很小,例如在发达资本市场上普通股东的剩余索取权只是他们的保留收入,特许加盟店按合约支付给授权方的商标使用费很大程度上包含了组织租金。这种划分为解释收入分配关系提供了又一个维度。

三、按劳分配与按要素分配的渐进均衡是市场机制协调利益关系的产物

我国二十多年的经济体制转轨伴随着利益协调机制的转换及产权制度的调整。社会主义市场经济环境下经济利益关系主要通过市场机制来调节,因此在利益分配关系的调节中,价值规律与价

① 关于企业租金的详细讨论,参见杨瑞龙和杨其静:"专有性和企业制度"[J],《经济研究》,2001。本章的解释参考了此文献。

格机制也发挥着基础性作用，按要素分配成为一个普遍现象。在社会主义市场经济环境下，实现按劳分配与按要素分配两种分配方式的均衡意味着通过市场价值规律来协调不同所有制经济的结构与收入分配实现形式，利用供求机制的作用来调整微观主体的利益关系及收入分配。分配方式的多元化、收入来源的多样化、收入差距的合理存在，体现了市场经济机制下不同微观主体要素禀赋、要素组合方式、经营方式和经营业绩的差别，体现在不同所有制、不同行业、不同技能、不同职业、不同的参与分配方式、不同区域之间和城乡之间，收入差距过大和过小都不利于提高效率。不同权利主体的利益协调与兼容，在分配方式上要体现激励机制的创新，调动各层次劳动者和要素所有者的积极性，使一切生产要素的活力竞相迸发，让一切创造社会财富的源泉充分涌流。

在市场经济中按劳分配与按要素分配都需要以要素市场交易的形式进行，在价值规律的调节下达到均衡。实现按劳分配与按要素分配市场均衡的实践形式需要一系列发育成熟健全的要素市场，包括劳动力市场、人才市场、经理人市场、资本市场、技术产权市场、土地市场等，与普通商品市场互补配套，使市场价值规律充分发挥作用，按照供求关系合理调节收入分配，优化资源配置。

在体制转轨过程中我国虽然建立了社会主义市场经济的基本框架，并且建立了产品市场与要素市场相统一的市场体系，但要素市场的建设不仅滞后于产品市场的建设，而且两大市场体系之间还存在摩擦与冲突。从市场制度上说，我国在市场化改革中培育出来的是一种不完全的市场，由此不仅产生一般意义的市场失灵，而且存在着市场制度缺陷所产生的各种市场秩序不健全等特殊制度意义上的市场失灵。这种双重失灵在以资本市场、房地产市场为代表的要素市场体系上特别明显。

在要素市场化改革与培育要素市场体系过程中，我们不仅缺乏严格的、规范化的市场运作机制，而且政府主导与推动的特征更为明显，权力与政策制度对要素市场价格、供求与竞争等市场机制的渗透与制约更为深刻。由于某些商品与生产要素的价格的确定，受控于权力，因此拥有权力的部门可以偏离价值关系与供求关系，人为地操纵其权力控制的特殊商品与生产要素的市场交易价格，并不对称地释放市场交易信号，从而制造价格剧烈波动与虚假市场信息。要素市场体系存在的制度缺陷、秩序不健全问题，导致经济主体在市场中的选择权利与机会出现严重的不均等问题，成为导致我国收入分配差距扩大的重要原因。

四、理顺收入分配关系，实现社会公平，实现按劳分配与按要素分配的市场均衡

我国市场体系特别是要素市场与收入分配体制的完善与健全，需要一个逐步整合过程。我们亟须从制度上加强产权界定和物权保护，完善市场体系与市场秩序。产权是各种生产要素所有者参与微观企业层次收入分配的依据，维护产权、理顺收入分配关系应尽快制定成熟的物权法律制度，完善《中华人民共和国公司法》、《中华人民共和国证券法》、《合同法》等基本经济法律，明确不同经济主体之产权活动的博弈规则，运用法治约束市场交易主体的各种极端无序的自私自利行为，探索实现竞争与合作相统一的正和博弈市场秩序。在深化体制改革过程中，把最广大人民的利

益与市场竞争机制有机地结合起来，把老百姓作为利益主体与市场竞争机制相结合，在产权社会化过程中确保最广大人民群众真正能够成为产权主体，并努力实现社会分配公正化。

对于社会主义公有制经济中的按劳分配方式，在效益好、规模大、关系国计民生的国有企业中必须保留，并探索社会主义市场经济条件下新的实现形式。对于按要素分配方式，在有效管理、依法治国的前提下应做到有选择的发展。对凭借体制转轨期间特权的暴富，如国有企业经营者利用产权改革的时机，采取 MBO 等方式侵吞国有资产，以及利用转轨期间政策空隙从事违法交易的投机暴富，应该加以禁止、惩罚、监管。政府既需要综合运用财税政策杠杆调节初次收入分配和再分配领域，限制分配差距，也应打击各种非法收入、投机收入。在非公有制经济的外资企业、民营企业中，人们拥有的生产要素彼此不同、数量不等。为了维护不同主体的所有权，保障要素所有者的利益，调动他们的积极性，各种生产要素应以产权为依据按贡献参与收入分配。合法正当的按要素分配要加以保护，以促使我国中等收入阶层发展壮大，促进民营经济加快发展。在公私产权混合的企业里，在不同的产权组合下，按劳分配和按要素分配两种方式可以实现相互结合与转化，以达到收益分配的协调、公平和均衡。在市场经济体制下公平有序地引导按劳分配方式与按要素分配方式的均衡，应使劳动者按劳分配收入和按要素分配收入较为公平地增长，发展壮大中等收入阶层，才能避免出现过度贫富悬殊。中等收入阶层大规模兴起之后，社会结构才能达到较为合理的状态，精神文明和政治文明才能较快地发展，实现全面建设小康社会、社会主义和谐社会的宏伟目标。

第三节 利益兼容与企业所有权结构调整

一、关于企业所有权结构的一些理论评述

企业是劳动、资本、技术、管理等诸项生产要素的融合体。企业所有权结构一般认为由企业的剩余索取权安排和剩余控制权安排共同组成。企业内的劳动、资本、技术、管理等各类生产要素及其所有者通过一定的企业所有权结构实现有机的组合,生产出产品、服务、质量、效益。不同的企业所有权结构,直接关系着各类利益主体的收入分配关系,也关系到企业效率的高低。围绕着企业的性质及企业所有权如何在各个生产要素所有者之间匹配,各个经济理论流派提出了不同的看法。

马克思认为雇员劳动创造的价值是企业价值的源泉,商品价值是由劳动要素创造的,其他参与生产的要素只是转移价值,并不创造新价值。但他不认为各种社会是根据劳动来分配产品的。在资本主义条件下,资产阶级凭借企业生产资料的所有权,垄断了劳动的客观条件,无须劳动也能占有工人创造的剩余价值。“资本主义生产的全部性质,是由预付资本价值的增殖决定的”①;只有“同时还充当剥削和统治工人的手段”的东西“才成为资本”②;“在生产过程中,资本发展成为对劳动,即对发挥作用的劳动力或工人本

① 马克思:《资本论》,第二卷,第92页,北京,人民出版社,1975。

② 马克思:《资本论》,第一卷,第835页,北京,人民出版社,1975。

身的指挥权”,“资本发展成为一种强制关系,迫使工人阶级超出自身生活需要的狭隘范围而从事更多的劳动”①。马克思的这些论述,立足于生产资料所有制,侧重从剩余索取权(“剩余价值”)角度,主要分析了资本主义企业所有权在雇主(人格化的资本)与雇员之间极端不对称匹配以及由此引起的劳动异化和阶级矛盾问题。马克思关于企业的理论观点是系统综合的,对于企业所有权结构的分析与资本主义企业现象相符合。

新古典经济学企业理论通过引入生产函数、微积分求导等分析工具,使该理论具有较强的逻辑性和可操作性。但是新古典经济学企业理论忽略了社会生产关系和经济制度对企业生产的影响,抽掉了利益相关者之间的契约网络。科斯(1937)在新古典价格理论中引入交易费用,认为企业其实是因节省交易费用从而成为市场的替代物。科斯认为企业中雇主—雇员关系是一种长期的、权威的契约关系,并认为企业可以通过“权威”配置资源来节约交易费用。张五常(1983)对科斯的企业合约理论作了进一步拓展,认为分散地、直接地对劳务活动进行度量和定价费用太高,让一个企业契约来组织生产,可大大减少这些交易费用。阿尔钦与德姆塞茨(Alchian & Demsetz,1972)赞同企业的本质是一种合约结构,并运用交易成本分析法,提出企业所进行的是一种团队合作生产。在此过程中,客观上存在计量合作成员边际贡献的困难,由此必然产生具有外部性的机会主义行为,为此,他们从降低交易成本和提高企业运营效率的角度,提出企业物质资本所有者必须组成

① 马克思:《资本论》,第一卷,第344页,北京,人民出版社,1975。

一个专门从事监督合作成员行为的团体,并认为要提高这个团体的监督效率,则该团体必须拥有剩余索取权。这篇论文说明企业效率与企业所有权的不对称匹配结构是正相关的。但在他们那里,生产要素与其所有者没有得到明确的区分,而是一律人格化的"团队成员"。这些团队成员假设都是同质的,从中挑选监督者是任意的,这与现实有较大距离。张维迎(1995)在《企业的企业家》中用数理经济模型发展了阿尔钦和德姆塞茨(1972)提出的团队生产的监督人索取剩余收入的思想,按照效率原则论证了资本雇佣劳动的股东至上主义模式是最有效率的企业所有权结构。

20世纪90年代出现的企业的雇员与资本共同控制理论将舒尔茨的人力资本理论引入与应用到主流企业理论之中,强调应赋予企业中人力资本所有者一定的剩余索取权,把"分享剩余"与"共同控制"作为一种"激励工具",从而形成有效的公司所有权结构与治理结构(周其仁,1996;方竹兰,1997)。这种理论揭示出不同要素所有者利益协调共享企业所有权的前景。

就合约结构而言,企业组织是一种"公共域",在各种完全界定了权利与责任的要素服务合约没有被分配,存在合约不完全性,因而成为各种权利主体争夺的对象。因为谈判能力不对称和权力分配不均,企业的组织租金在企业团队成员之间的分配不是均等的,而是取决于企业当事人的谈判能力和博弈方式。杨瑞龙和杨其静(2001)基于要素资源的"专有性"范畴,在企业合约理论分析框架内讨论契约当事人对企业租金的分配。但他们的分析方法是个体理性主义的。本节基于整体主义方法,借用利益集团范畴,研究企业当事人组成的利益集团之间互动与企业所有权结构调整的关系，以此来解释企业体制转轨过程中的一些现象。

二、传统体制下国有企业的所有权结构与利益关系不协调问题

在各种社会形态的经济制度安排下，企业所有权配置中物质资本所有权至上的不对称结构都被认为是产生利益不协调的一个重要原因。资本主义企业制度下物质资本所有者占有企业剩余索取权和控制权，这种不对称匹配的企业所有权结构在带来所有者"权威"和"控制"的同时，也产生了"剥削"问题和委托代理问题，导致企业物质资本所有者与雇佣工人、职业管理者之间的利益冲突。

计划经济体制下国有企业制度，国有资本是企业的主体，物质资本的地位被过分强调，企业职工无法直接与生产资料结合，丧失了劳动积极性，具有"搭便车"动机。国有企业人力资本产权存在着不同程度的缺失，制约了企业职工收入水平的提高。计划经济时代物质形态的物质资本稀缺，企业所有权集中于政府主管部门行使的安排，有利于国家集中统一调度资源，凝聚人心士气，减少贫富差距。在21世纪的知识经济时代，社会生产力和科学技术发展到更高的水平，人力资本成为最难获得或最难替代的稀缺生产要素。关键技术、工艺，优秀的企业家才能日益成为企业参与市场竞争的资源。而传统的国有企业中，国有出资人基本上占有、控制企业全部所有权和剩余索取权，这种企业机制与所有权结构难以适应经济科技发展日新月异的新形势。国有资本在社会各个行业都有所渗透，有些行业完全为国有资本垄断，在市场经济环境下这种宏观结构也不合理。

传统体制的国有企业所有权单一、集中的归属结构产生利益不兼容的问题主要有：

首先，企业所有权单一、集中地属于国家，需要通过层层委托代理人行使，代理成本很高，治理效果不好。我国国有企业的委托代理链条可以理解为：全民委托政府行使对国有企业的控制权和所有权，企业拥有法人财产权；企业中的主要负责人成为法人代表，事实上代表着企业。国有企业中的工会与职工代表大会也发挥着一定的监督功能。国有产权的代理关系是行政代理基础上的多级代理，代理与监督的层次较多且复杂。从图7－1来看国有企业的代理关系和监督关系，这样的委托监督链条仍然过长，特别是国有股权的委托代理链太长，法人治理结构就难以有效制约经营者。

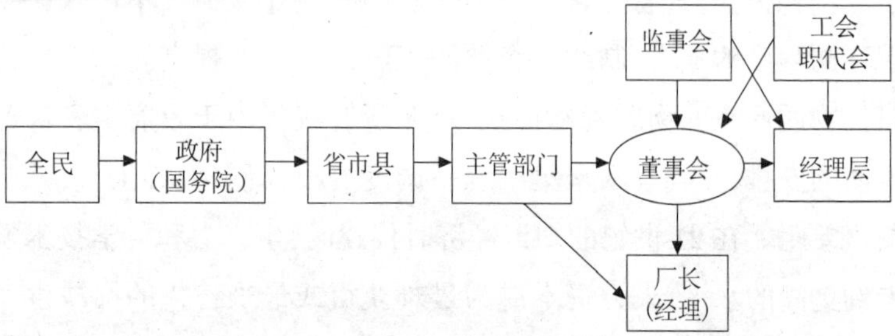

图7－1　国有企业治理结构与监督关系

其次，高度单一化、集中化的国有企业所有权机制不能对成员有效地激励，不能调动劳动者的积极性。在以市场取向为目标的改革过程中，由于非国有企业实行了市场化的分配制度，构建了“激励性企业合约”制度，使非国有企业劳动者收入明显高于国有企业的劳动者收入,并较好地解决了人力资本的产权要求,调动了劳动者的积极性。国有企业激励机制一直难以形成,劳动者收入较低,人力资本产权难以行使与实现,结果在劳动力市场发育了的条件下,必然导致国有企业大量人才流向非国有企业,进而导致国有企业低效运营;这又反过来削弱了人力资本产权实现的物质基础。这样,国家与劳动者的利益矛盾不断扩大,而且陷入恶性循环。

第三,现代企业聚合了各种不同类别的生产要素,技术生产工艺复杂,国有企业所有权单一、集中的结构也不适应社会化大生产多种生产要素有机耦合、相机治理的要求,也就不能适应生产力的发展。

三、国有企业所有权改革过程利益集团互动机制模型

针对国有企业所有权之改革进程,作者借用利益集团的范畴,从整体主义方法研究企业当事人组成的利益集团之间互动与企业所有权结构调整及体制改革的关系。本节对国有企业产权改革中利益集团互动博弈机制的分析模型建立在3条假设之上:

假设1:在国有企业生产经营过程和改革过程中,存在三类主要的权利主体组成的利益集团,它们是:①企业主管部门或国有出资人;②企业的经营管理者;③普通职工,本书分别记为S、M、W三个利益集团。这三类利益群体都与国有企业的产权和经营活动有直接的利益关系。

国有企业的政府主管部门(记为利益集团S)包括国有资产监管部门、财政部门等对企业资产拥有控制权的部门,它们代表国家

行使国有资产所有权的职能，具有公共管理的目标，除了让国有资产保值增值外，还要配合政府其他部门引导经济体制改革与经济发展，保持社会稳定。利益集团 M 是企业的经营管理者和业务负责人，利益集团 W 是国有企业的普通职工。

假设 2：作为出资人 S 集团掌控着大量的国有资本，记为$(0, K)$。M 集团和 W 集团拥有人力资本，M 和 W 在其人力资本质量上有所区别。利益集团 M 的成员主要是企业管理者以及一部分技术骨干，具有较多的专业知识和管理经验，了解企业经营情况，人力资本具有专用性，其投入企业的要素记为$(L_s, 0)$。利益集团 W 的成员是国有企业普通职工，具有一般的人力资本记为$(L_u, 0)$，但不具有人力资本质量的特殊性。三个集团的要素禀赋见表 7－4。

表 7－4　国有企业改革中不同权利主体的分类

权利主体	要素禀赋	职能分工
国有出资人(S)	$(0, K)$	债权人、国有股东(Shareholder)
经营管理者(M)	$(L_S, 0)$	经营管理者(Manager)，业务主管
普通职工(W)	$(L_u, 0)$或$(L_s, 0)$	工人(Worker)、普通技术人员、雇员

在计划经济体制下，传统的国有企业所有权和控制权集中于主管部门，企业执行政府下达的指令性计划，经营利润上缴国家；企业发生亏损时，由政府调拨资金弥补亏损维持经营。企业内部的职工有固定的工资收入，并且享有各种稳定的福利待遇。这种企业制度模式不适应市场经济体制的要求，必须改革。

假设 3：国有企业产权改革重构面对两种模式：第一种方案是

国企整体改制为股份公司模式，第二种方案是在股份公司制基础上共同治理的分享制模式。

以企业物质资本所有权为轴心设立国企改制的股份公司，是国有企业产权改革的第一种方式，或者说非对称的改革方案。这种企业改制模式下企业拥有法人财产权，对出资人投入企业的资产拥有支配和收益权。国有出资人保留对企业的所有权，将企业委托经营管理者运营。在上市股份公司的股权结构中，一部分股份可以进入资本市场流通，另一部分国有股不能流通，形成股权分置结构。

在现代股份公司改制的框架内，基于利益相关者共同治理原则，让职工和经营管理者等内部人获得股份，并且使全部股权能够流通转让，代表着国有企业所有权改革的一种较为均衡的方式。这种国企改制模式的特征是企业内部成员持股，共同治理和利润分享，可以称为共同治理的分享制。在国有资产转化为国有股权后，企业成员以资金、技术、劳动贡献获得股份，外部股东、经营者和持股职工共同治理，共同承担风险，分享企业的剩余收入。共同治理的分享制与上述的改制股份公司模式在法人治理结构的参与主体、所有权结构及收入分配上均有明显区别，更注重不同利益阶层的协调与共同控制，可以说是更均衡的企业体制改革，或者说是企业的"二次改革"。

在下面部分的讨论中，作者把传统的国有制模式记为 SOE，根据企业治理主体的称呼，把非对称模式改制的股份公司记为 SM，把共同治理的分享制模式记为 MWS。在本章国有企业改革分析模型中，企业中的三类利益集团就面对着这三种企业所有权结构模式{SOE, SM, MWS}。

四、国有企业所有权改革过程中出现的问题

经过渐进、非均衡的经济体制改革,特别是股份化阶段的改革,国有企业所有权结构从改革开放前高度单一化、集中化对称的结构逐渐地转向多元化、社会化的非对称结构。但是按照上述非对称的SM模式,国有企业所有权改革过程也出现一些问题,主要有:

其一,按照非对称模式改制(SM模式)企业的公司所有权结构不合理。为了保持政府的"控制权",国有股权一般在公司化改制后的企业中占统治地位。政府各主管部门和国有出资人拥有大部分不流通的股权结构,流通的股权中小股东没有控制权,上市公司股权过于集中,据资料统计,我国上市公司前三大股权持股比例之和的平均值为76%,排名世界第一,远高于其他国家的水平①。股权集中在几个股东手上,且很少流通,使我国的资本市场难以发挥上市公司外部治理的功能。国家控股的比重大,企业就不能摆脱行政主管部门的行政干预。国有股权的所有权约束在企业内部如果不能到位,企业的剩余索取权与控制权不能匹配,掌握企业剩余控制权的经营管理者没有相应获得企业剩余索取权,改制后的企业治理结构就会失衡,企业就不能规范健康地运行。

其二,按照非对称(SM模式)国有企业改革过程中出现新的既

---

① 参见孙永祥:《公司治理结构:理论与实证研究》,第59-60页,上海:上海三联书店、上海人民出版社,2002。

得利益集团。企业产权改革过程中因为所有权主体缺位，公司治理机制不健全，以经营管理者为主体的“内部人控制”问题出现：在所有权和经营权分离的公司制度下，出资者和经营者的行为目标不完全一致，经营者有可能为了自身的目标而背离出资人的利益，例如增加在职消费，操纵账务，使企业的利润减少。一些人利用手中的企业控制权力寻租，而企业治理机制对管理者权力寻租行为监督不力。少数人通过资产操纵、财务操纵等手段，利用巨额国有资产无偿占有多数人的劳动，造成国有资产流失，为自己谋取私利。

其三，在非对称的改革方式下国有资产流失现象大量存在。既得利益集团的存在，造成改革主体动力递减甚至动力缺失，而且容易造成“体制复归”。国有资产的运营过程中，还存在着比较浓厚的行政色彩，国有控股股东可以凭控股权转移处置企业国有资产。关闭、停产或亏损的国有企业资产因有形损耗或无形损耗出现价值折旧损失的“冰棍现象”。部分国有资产管理分散，无法集中形成合理的资产经营结构，国有资产作为滞存资产，没有形成良好的资本，寻求资本经营的效益最大化。各级政府部门投资建设的经营性和非经营性资产，有相当部分闲置，无法发挥其应有价值。

从上述问题可以看出，国有企业非对称改制的公司因为所有权结构不合理，产生了治理机制的失衡，导致经营者为主的“内部人控制”、国有资产流失。下面我们利用利益集团博弈模型探讨产生企业改革中利益集团的互动机制。

五、利益集团的互动选择：国有企业中经营管理者的权力优势、集团组织优势决定了他们更容易获得改革过程的主导地位

在奥尔森的《集体行动的逻辑》理论模型中，利益集团的结构、力量对比、规模、成员的密切度等在集团间的博弈较量中发挥了重要作用。奥尔森认为，小集团在较量中往往比大集团更具有优势，因为小集团成员搭便车的现象少。奥尔森把集体利益区分为两种：一种是相容性的(inclusive)，另一种是排他性的(exclusive)。前者指的是利益主体在追求这种利益时是相互包容的，如处在同一行业中的公司在向政府寻求更低的税额以及其他优惠政策时利益就是相容的正和博弈。后者指的是利益主体在追求这种利益时却是相互排斥的，如处于同一行业中的公司在通过限制产出而追求更高的价格时就是排他的，即市场份额一定，你多生产了就意味着我要少生产。这时利益主体之间是一种零和博弈。与此相适应，奥尔森把集团分为相容性集团和排他性集团。在他看来，较之排他性集团，相容性集团就有可能实现集体的共同利益。工人雇员组成的利益集团，目的是为了维护自身的合法利益，集团人数众多，规模较大，但也存在较多“搭便车”机会主义，妨碍了集团的集体行动。股份公司的出资人组成的股东利益集团内部成员对组织租金的分配存在“零和博弈”关系，也存在“免费搭车”的机会主义行为。而公司的经营管理者集团规模较小，分工恰当，成员之间利益可以相容，往往是最有能力组织集体行动的集团。

现在我们回到国有企业改革的利益集团互动模型中来。由于

利益分化，前面假设的三个利益集团对于企业改制选择集团里的三种所有权结构模式有着不同的偏好，在选择国有企业产权改革方案时，会发生互动性的影响。

其一，对S集团来说，其代表的是改革的主导者——职能主管部门和国有出资人。对于非对称(SM)和共同治理分享制(MWS)两种改革方式，S集团必须权衡改革后国有资产保值增值问题和不同利益集团的利益诉求问题，并力求进行利益协调和平衡。SM的非对称改革模式将使许多国企职工解除与企业的关系，下岗或失业，遇到来自职工利益集团W的阻力。而MWS的改革模式，企业可通过职工持股来解决职工的福利及安置问题，改革遇到的阻力较小，容易保持社会稳定。M、W、S三种人共同治理模式的企业(MWS)中，各类股东、职工建立新的治理机制和监督激励机制，有利于监督企业经营者。这种改革模式较符合S集团职能要求。因此他们对企业改革的偏好是：MWS > SM > SOE。

其二，我们分析M集团对改革模式的选择偏好。在SOE企业状态下，M集团的国企经营管理者因为人力资本优势，管理企业待遇较好但缺乏发挥经营才能的空间。如果企业以非对称(SM)方式改制为股份公司制，上级主管部门放权，经营管理者获得的企业控制权和控制的资产规模增大了，他们的经营管理才能也能更充分地发挥，因此对他们来讲企业按照非对称化的股份公司(SM)模式改制最好。而企业向共同治理的分享制(MWS)模式改革，共同治理的监督约束机制使经营管理者对企业控制权力小了，谋取利益的空间也缩小了，而且经营不力者还会成为被改革对象，下岗或辞退。因此，M集团对企业改革模式的偏好可以表示为SM >

SOE > MWS。

其三,我们分析 W 集团对改革模式的选择偏好。普通职工组成的 W 集团在 SOE 模式企业中他们收入稳定福利待遇齐全,社会地位高而且没有失业危险,对企业事务享有发言权;在 SM 改革方案下,他们却要转变身份,基本得不到企业改制补偿,相当一部分人失去工作。MWS 的企业模式在剩余索取权和控制权等方面则能较好地照顾到 W 集团的利益诉求。因此,W 集团对企业改革模式的偏好是:SOE > MWS > SM。

综上所述,三个利益集团对企业所有权结构模式的偏好顺序可以表示为表 7-5。

表 7-5 三个利益集团对企业所有权结构模式的偏好顺序

	最好选择 >	次好选择 >	最坏选择
国有出资人(S)	MWS	SM	SOE
经营管理者(M)	SM	SOE	MWS
普通职工(W)	SOE	MWS	SM

在企业改革决策中,S、M、W 三个利益集团都采用投票选择的方式对上述三种企业所有权结构进行决策。在三个利益集团权力均等的条件下,作者借用"投票悖论"模型来模拟分析利益集团之间的互动影响。由表 7-5 知道表决结果将是三种模式得票相同,不能形成各个利益集团一致同意的结果。这在公共选择理论中称为"投票悖论"或"阿罗悖论"①。"阿罗悖论"否定了用任何明确的

① 公共选择理论研究公众决策规则认为,个人偏好加总面临许多问题。从个人偏好到集体偏好的方法,即少数服从多数的方法,不满足通常所理解的理性条件。互相矛盾的决策偏好使个体之间僵持不下,不能达成有效集体决策。

方法加总个人偏好的可能性，也隐含着大型集体根本不存在共同利益的逻辑。如果按照上述利益集团选择偏好的分析，国有企业改制过程以各利益集团表决的机制进行，碰到的就是集团之间利益冲突的“投票悖论”局面，就无法通过投票选择形成具有帕累托改进性的改革方案。但这种“阿罗悖论”的结果只是在一种假设前提下的抽象分析，企业改革的实际情况并非如此。

在现实企业中，本章构造的利益集团互动选择模型勾勒出的三个利益集团，其权力、地位是不同的。在利益冲突的情况下就国企体制改革模式进行决策，不同利益集团的规模、权力和信息就将发挥重要影响。我国实施的是偏重效率的经济体制改革，经济增长主要依赖于资本推进，在经济体制改革过程中代表资本的利益集团处于强势地位。而且由于职能行政主管部门自我改革的有限性、不彻底性，代表权力的利益集团也处于强势地位，相应地，工人团体的地位相对下降，而且借用奥尔森的理论，普通职工组成 W 集团人数往往非常庞大，较易产生集体行动中的“免费搭车”行为，成为企业改革中的弱势利益群体。

企业的经营管理者群体（M 集团）原先是企业改革的积极倡导者与组织者，企业股份化非对称改制的 SM 模式给了他们更多的经营权，增加了他们的收入。在深化企业治理机制与股权结构的均衡化的改革模式中，他们预期要由自己承担改革成本，或者触动了自身利益，或者要他们成为改革对象时，将使他们改革动力缺失。在国企改制中利益集团 M 可以利用职权和各种手法，操纵各种形式的决策程序，拖延改革或延误改革时机，使企业所有权及相关机制的建设呈现停顿状态，无法深入改革。国有出资人 S 集团虽然掌握行政权力,当他们并不充分了解国有企业内部的信息,很难获得企业的真实、准确的信息。且政府主管部门官僚层级众多,协调组织成本较高,这使国有出资人S集团集体的行动受到影响,难以有效约束监督企业的经营管理者。这两个因素造成企业深入改革的速度缓慢。

在非对称改制的股份公司(SM)制度模式下,企业进行股份制改造,国有出资人拥有大部分的股权,而利益集团M通过国有出资人的委托授权,成为股份公司的经营管理者等,掌握了企业大部分事务的控制权。由此造成企业改革中企业控制权与收益权的不平等分配,在改革方案的形成与实施过程中形成经营管理者对企业改革方向的操纵问题,并催发不同利益集团出现经济地位与利益分配上的分化和不平等。非对称体制改革引起的利益分配格局的迅速不合理的变化,致使深化企业体制改革的难度不断增强并导致改革成本上升。

六、对利益集团互动选择模型的思考和相关启示

本章构建利益互动选择模型,分析研究在面对不同体制改革方案时,企业不同阶层的人形成的利益集团如何选择,如何互动地影响。非对称化转轨过程中国有企业内部人控制、资产流失、财务造假等问题,不仅仅是理论描述,现实中也确有存在。国有企业产权改革往往导致大量多年为国有企业做出贡献的工人下岗失业,丧失生存资源,而少数握有特权的人利用各种手段收购、转移、攫取企业的资产,从而得到暴富的机会。这种现象迫使我们思考如何调整企业所有权结构才能实现体制改革中的利益兼容,使国有

资产得到有效管理和运营，以适应社会主义和谐社会。

加快生产力的发展要求强化拥有关键人力资本的职工、技术人员、管理人员在企业机制中的地位。企业理论的发展与现代企业的实践显示出从物质资本（非人力资本）“决定论”和“至上论”的传统思维转变到多种性质资本或多种资本化的生产要素聚合而成“共享论”。在知识经济时代，实物资本稀缺性相对下降，人力资本的经济价值提高。人力资本在企业中具有越来越大的主导性力量和专用性，专门匹配于企业的经验和技能离开企业很难获得报酬，在企业经营过程中和破产时也要承担风险。因此，人力资本享有企业所有权的谈判实力越来越高。利益兼容、均衡化的企业改制应做到让劳动、资本、管理、知识等各种生产要素参与收入分配。这样一种利益兼容微观机制的塑造，有赖于在利益兼容与协调的框架下，依据产权多元化和资本社会化的生产方式变化趋势，实现劳动与资本的联合，实现按劳分配与按要素分配的市场均衡。

近年《中华人民共和国公司法》和《中华人民共和国证券法》的修改，增加了上市公司保护中小股东利益的治理机制。上市公司股东分类表决制度，使企业中的各种利益集团可以通过股权互相牵制，共同行使控制权，是我国公司治理机制在体制改革中的一个重要进步。今后，在公司治理机制中应多考虑普通职工利益诉求的实现与公平治理机制的建设。

第四节 利益兼容对新型企业收益分配制度的构建要求

一、构建适应社会主义和谐社会的微观利益协调与整合机制

构建社会主义和谐社会、树立落实科学发展观要求以人为本、以民为本。构建公平正义、安定有序的和谐社会要求妥善协调各方面利益关系,正确处理人民内部矛盾和其他社会矛盾。一个能够协调各方面利益的和谐社会应建立有序的利益表达机制、形成公平合理的利益整合机制。

构建和谐社会应完善企业为中心的微观利益协调与整合机制。社会主义和谐社会的理想,对企业制度提出了进一步调整改革的要求,必须实现非对称的体制改革模式向均衡体制改革模式的转化。利益共享、多元治理的企业制度模式是实现社会和谐与利益兼容、全面建设小康社会的微观机制。企业制度安排既应造就适应现代市场经济竞争的大企业,也应保护劳动者和各种生产要素所有者获得合法收益的权利,做到人尽其才、物尽其用、以人为本、协调发展。应该把企业的投资者、管理者、职工劳动者看作是不同要素所有者之间的平等契约关系。

构建和谐社会应在增加劳动者收入的过程中使阶层收入差距缩小。普遍提高居民的收入分配水平,缩小贫富差距是构建和谐社会的重要任务。完善的市场经济体制可以公平有序地引导按劳

分配与按要素分配的均衡，微观分配机制应使劳动收入和按要素分配收入公平地增长，避免出现劳动者收入增加一倍，不劳动者收入增加多倍的收入增长马太效应，保障较低收入群体的基本生活。对企业中做出贡献的经理人，须设计合理的报酬方案以增加其积极性。

二、按劳分配与按要素分配均衡的实现与社会主义共同富裕

社会主义市场经济环境下的经济利益协调机制的主要特征是按劳分配方式与按要素分配方式的共存互补。对于公有制经济中的按劳分配方式，在效益好、规模大、关系国计民生的国有企业中应该保留，并探索新的实现形式。对于按要素分配方式，在强化法制的前提下应有选择地发展。合法的按要素分配方式要加以保护，促使中等收入阶层发展壮大，构建全面小康的社会基础。

社会主义的最终目标是解放劳动与劳动者，最终实现共同富裕。社会主义制度下的财富应该属于人民，富裕的标准必须是人民共同富裕而不是少数人富裕。在落实多种分配方式并存和按要素贡献分配原则的同时，必须立足于马克思的劳动价值论，毫不动摇地巩固和发展公有制经济，不断壮大公有制经济的实力并不断提升公有制经济的活力，确保在公有产权为主体的基础上实现最广大人民群众与生产资料相结合，确保最广大人民群众共同富裕。

三、利益兼容思想下构建新型企业收益分配制度与企业所有权结构的调整

我国国有企业具有盈利最大化与弥补市场机制缺陷、巩固社会主体制度的双重任务。在社会主义市场经济中国有企业既应追求效益和竞争力，也应实现利益分配格局的公平。如果企业剩余索取权的安排有利于国有企业这双重目标与任务的实现，这种产权安排及收益分配方式就是较优的。

在构建和谐社会过程中什么样的企业收益分配制度能适应各个微观主体利益兼容的要求？

股份合作制是我国改革中出现的一种新型的利益共享微观机制。股份合作制企业成员以资金、技术、劳动力等要素入股，职工股东共同劳动，共同治理，共同承担风险，共享企业的成果，企业公共提留积累为职工集体所有，国有资产在评估后有偿转让或入股。股份合作制企业机制是按劳分配与按要素分配实现均衡的一种成功的形式。但股份合作制度在我国只能适用于一些规模较小的集体与民营企业，不能作为国有大中型企业发展与壮大的途径。从股份合作制企业实践中可见，利益兼容的企业所有权结构，应让人力资本所有者、物资资本所有者等多元主体共同参与企业治理，实现各自的利益诉求，协调与整合利益关系。治理国有企业改制中出现的问题应从优化所有权结构及治理机制入手，企业经营者剩余控制权的行使应受到股东群体、职工群体的约束与监督。

在此，为完善社会主义和谐社会的企业制度，我们需要思考以下几点：

首先,完善现代企业制度建设,提高各类主体参与企业治理的程度,积极探索共同治理模式,消除内部人控制问题。推行职工持股及建立职工持股会。职工持股会为职工股东主体服务,作为机构投资者参与企业治理与控制,管理分配职工股权收益。企业治理结构的完善还应吸纳不同类型的股东,可以考虑发展来自资本市场的机构投资者,使其成为国有企业改制后一个所有权主体和公司治理参与者。

其次,实现利益兼容,应在微观企业领域建立起权责明确、保护严格、流转顺畅的现代产权制度。现代产权制度可有效界定主体间的产权,调控不同主体的利益关系,适应和谐社会协调发展的要求。在现代产权制度下,市场机制方能公平地引导按劳分配与按要素分配的均衡,实现利益分配格局公平。国有企业在国有资产管理上应建立国有资产人格化的产权制度,从体制上解决"所有者虚置"与"缺位"的问题。在市场经济下资产的人格化是个普遍的现象,资产的人格化系指资产的运营充分反映商品生产者的意志、经济期望和行为偏好。资产人格化是市场经济的基本要求,是国有企业深化改革的基本要求。为了防止出资人和经营者目标的背离,出资人需要对企业的经营者进行监督和激励。国有企业要做到这一点首先需要国有资产的产权人格化,产权人格化在制度上首先表现为国有资产产权代表制度和稽查特派员制度。根据国有资产管理的特点,由各级党委、政府的组织人事部门和国有资产管理委员会共同提名,对国有资产运营公司、企业集团及大型国有企业派出国有资产的产权代表。国有资产具体的运营公司、企业集团及大型国有企业的国有资产产权代表由各级政府的国资委按程序任命,并签订资产经营责任合同,对企业的全部法人财产及其净资产承担保值增值责任。

第三,企业剩余索取权结构的调整,要让物资资本所有者与人力资本所有者及其他利益相关者共同分享企业收益分配权及剩余索取权。企业剩余索取权的现实分配应取决于要素主体各自资产专用性程度、他们在企业中的相对重要性变化情况以及由此决定的双方谈判能力的大小。剩余索取权与固定索取权的安排,构成了企业收益分配制度。现代企业制度的逐步建立与完善需要建立多元化的劳动者人力资本报酬激励机制,让劳动者现有部分剩余索取权,对企业经营者和职工构建有效的利益激励机制,并使实际拥有企业剩余控制权的人能够分享企业剩余收益,使拥有企业关键资源的群体发挥其能力,按贡献参与分配。这样可以使物质资本所有权主体、经营权主体与劳动力产权主体三者结成利益共同体,调动劳动积极性,增加企业活力,实现双赢与多赢。

在企业深化所有权结构改革过程中,应注意改革过程中效率与公平的兼容。国有企业改革需充分尊重照顾各方的利益,不可操之过急。一项改革方案必须争取得到大多数利益主体的赞同始得付诸操作。社会主义市场经济体制框架中的现代企业制度,不仅要符合当代公司治理的一般模式,还必须适应社会主义制度的要求和中国的国情,能够有效地激励企业职工的积极性,在国家、集体与个人之间建立一种行之有效的利益调节机制,以解决好各经济行为主体对企业改革的广泛参与和支持问题。国有企业股份公司转制后应构建各类所有者、经营者、劳动者权责利明确的利益整合、正和博弈的股权结构,实现、维护和发展最广大人民群众的多方面利益要求，充分调动广大人民群众的积极性，消除两极分化，实现统筹兼顾和利益兼容基础上公平、效率双赢发展。

第八章　深化体制改革的基本特征与利益兼容基础上效率与财富增长的宏观体制保障

当前我国利益矛盾与冲突的根本原因，在于我国非均衡体制改革过程中制度安排与制度结构缺陷的不断累积。二十多年来，我国实行的是非均衡与渐进性为主要特征的体制改革，一方面，它极大地促进了社会经济效率的提高，推动了生产力的发展，使有中国特色的社会主义事业取得了举世瞩目的一系列成就；另一方面，这种改革模式也遗留了许多亟待解决的问题，例如，制度之间的不对称、不互补造成的体制运行成本增大、政府官员贪污腐败现象严重、政府职能转换不到位、部分群体生活困难、居民收入分配差距悬殊等，其中，居民收入贫富分化悬殊已经严重影响了社会经济可持续发展。因此，防范利益矛盾与冲突进一步恶化，创造一个利益兼容的和谐发展环境，必须坚定不移地深化体制改革，从根本上消除现存制度体系累积的缺陷，进一步释放并激发人民群众创造财富提高经济活动效率的热情与动力，为确保我国经济社会在利益兼容基础上实现效率与财富的长期、快速、稳定的可持续发展奠定坚实稳固的宏观体制保障。

第一节　深化体制改革应具备的基本特征

过去二十多年实行的非均衡体制改革,由于它具有非均衡性、渐进性、非互补性等特征,致使在体制改革中引发了诸多的制度安排与制度结构上的缺陷,并由此产生利益关系上的不协调与矛盾和冲突。我们认为,要在利益协调基础上实现效率与财富增长,必须大力深化体制改革,增强体制活力与效率,减轻体制运行的成本,创造和谐的社会环境。为此,深化体制改革必须具备以下五个基本特征,即体制改革的系统性、对称性、互补性、和谐性与整合性。下面,我们分别对五个基本特征作简要分析。

一、深化体制改革的系统性特征

比较制度分析理论认为,体制是各种制度的有机集合,是一个十分复杂的社会系统,它植根于特定的社会历史、文化、习惯、风俗、法律等社会环境,因此,一个社会的政治体制与经济体制具有多样性与复杂性的特征,且很难简单地通过帕累托比较来分析判断不同体制之间的优劣;同时,面对复杂的社会系统,人是有限理性的,而不是无限理性,尽管组织(如政党、政府、社团、企业)的功能能够在一定程度上弥补人的有限理性的不足,但是组织在知识与信息处理上的理性特征依然是有限理性,同时,世界范围内各种经济体制、政治体制之间相互作用、相互影响、相互竞争、相互渗透、相互融合与相互学习,使各种各样的经济体制与政治体制的进化显得日趋多样与复杂,这就决定了现实世界中体制的多样性、差异性与复杂性的特征（青木昌彦、奥野正宽，1999）。正因为如此，世界上许多国家和地区的经济体制与政治体制改革，才显得异常复杂与困难重重，体制改革的绩效也千差万别、不一而足。

但是，体制的多样性、差异性与复杂性，并不一定排斥体制改革的系统性。随着改革开放的日益深入与全面展开，在多年的“试错”式改革过程中，在错综复杂的国际环境中，在各种体制的竞争与相互学习交融过程中我们积累了丰富的经验与教训，积累了大量的理论与实践知识，在此基础上，我们明确了体制改革的目标，系统地推进体制改革就有了实施的可能性。具体地讲，就是根据邓小平理论与“三个代表”重要思想，以开创中国特色的社会主义事业为中心，塑造和谐、公正、公平、法制与民主的良好社会环境，进一步解放与发展生产力，实现经济长期可持续发展的目标，在此基础上改革与完善与之相适应的经济体制与政治体制。也就是说，一切经济体制与政治体制改革，都要围绕有中国特色的社会主义伟大事业展开。进一步讲，有中国特色的社会主义市场经济体制就是我国经济体制改革的目标，它充分体现了中国的具体国情，即反映了中国特定的历史、文化、习俗、人文、法制与民主的因素，有效地促进了经济的快速健康发展。政治体制改革也要尊重中国的具体国情，在加强中国共产党领导地位的前提下，遵循经济体制改革的需要和社会发展的要求，有条不紊地展开，当前阶段的重点是行政管理体制改革与政府职能转变以及适时适当地扩大党内民主。

在体制改革总体目标明确的情况下，必须统筹规划体制改革的阶段任务与目标、方法，避免“摸着石头过河”所带来的严重积弊，即经济、政治体制出现各种各样的制度“漏缝”或缺陷，进而导致制度结构的整体功能难以协调统一，制度效率比较低下，社会贫富差距已超过国际警戒线，同时进一步的深化改革还面临前所未有的较大的压力。为此，本书认为深化体制改革，必须认真吸取以往改革的经验与教训，预先采取有效防范措施，杜绝强势利益集团对体制改革的不正当影响所带来的弊端，防止体制改革误入歧途；同时，要特别强调尊重体制自身的制度结构的整体性与系统性，多项制度协调配套、系统地推进体制改革，在改革过程中逐步消除以往累积的制度缺陷，严密防范新的制度“漏缝”的产生，实现体制转轨的整体性、综合性与系统性，提高制度创新的整体绩效。

二、深化体制改革的对称性特征

体制是由多层面的规则组合而成的制度集合，具有明显的层次结构特征。一般而言，较高层次的更为根本的制度相对于较低层次的非根本的制度更难变迁与创新，属于“自然意义”上的制度创新不对称。由于制度创新主体的偏好、创新时序与力度的不一致所引起的制度结构创新的不对称，属于“人为意义”上的制度创新的不对称(周小亮，2005)。目前，我们谈论的深化体制改革的对称性特征，不仅要纠正“人为意义”上的制度结构创新的不对称，而且要纠正“自然意义”上的制度结构创新的不对称。我国体制改革始于经济体制，而经济体制改革是从“摸着石头过河”开始的，非均衡性与渐进性特征贯穿了过去二十多年的体制改革整个过程，导致体制改革出现了较为严重的不对称的特征，主要表现在以下五个方面：第一，城乡体制改革的不对称，例如城乡医疗体制、教育体制、税负体制、财政收入、支出与转移支付等方面制度创新的不对称，成为导致当前国民收入分配不均等的最主要原因之一。最近，胡鞍钢教授指出，中国城乡居民的人均收入差距在1995年时为2.5倍，到2003年时这个差距扩大为3.23倍，如果考虑城镇居民获得的各种转移支付和补贴等，实际的收入差距约达5倍。中国已从收入比较平等的国家，迅速转变成收入不平等程度比较严重的国家。第二，不同地域之间制度创新不对称，先东部、后中西部、内陆的改革时序以及改革力度的差异，导致东部、中部、西部之间居民收入差距拉大。第三，不同产业之间制度创新的不对称，市场化程度高的产业职工平均收入相对较低，市场化程度低或垄断性强的产业职工平均收入程度相对较高。第四，不同市场之间的制度创新不对称，导致我国不同类商品市场的市场化程度不同，进而导致同一商品的多种价格并存，以及市场准入条件的不公平，既不利于市场公平竞争，又给权力腐败制造了可乘之机，成为官商勾结暴富的温床，加大了贫富悬殊的差距与社会的不公平感。第五，社会制度构成要素之间创新的不对称，主要指我们重视各种经济、政治、法律正式规则的创新，忽视各种价值观念、伦理道德等非正式规则的创新，特别是在各种制度的实施机制上创新与健全明显滞后，滋生出“有规不循”、“有法不依”的人治取代法制问题（周小亮，2005），也是导致权力腐败，人为增加收入分配差距的重要因素。

今后，我们在深化体制改革过程中，必须统筹规划城乡、区域、行业、市场、制度构成要素之间制度创新步伐的协调统一，采取“平行推进”的改革战略，即要在所有各个领域同时积极推行改革，同时要考虑到各种体制之间在转轨过程中的相互协调与相互促进（樊纲、胡永泰，2005），以逐步消除制度创新不对称累积缺陷对居民收入分配差距扩大的不利影响。

三、深化体制改革的互补性特征

所谓制度的互补性，是指一个制度的存在及其作用的发挥是以另一个制度的存在及其作用的发挥为前提条件的。由于制度间互补性的广泛存在，因此在体制改革时，仅仅改革一种制度是远远不够的，为了形成协调一致的经济体制，还必须不断进行多项配套制度改革（青木昌彦、奥野正宽，1999）。但是，长期以来，我们的体制改革严重忽视了体制内制度之间的互补性问题。在渐进性体制改革过程中，为保持社会的平稳发展，我们始终强调改革的先易后难的原则，导致体制改革出现了严重的不互补特征。由于体制内部制度结构的复杂性和各层次制度变迁的难易程度不一，且由于体制改革涉及人们利益关系的调整，必然会受到各种各样的人为阻力，在缺乏系统统筹与精心规划的前提下，各种联系紧密、相互制约、相辅相成的旧制度系统虽然被打破，但新的制度安排和制度结构却无法发挥相应的作用，呈现出新旧体制混杂、犬牙交错，新旧体制支离破碎、各行其是的状态。从整体上看，制度变迁的总体绩效虽然已有一定程度的体现，但制度变迁的整体协调配套性较差，且伴随的问题也十分令人忧心，特别是客观上造成了我国居民收入差距不合理的扩大，如行业改革、市场改革、地区改革的非均衡性、非系统性以及市场化改革的快速推进与市场经济相伴随的社会保障体制改革的严重滞后，都是在改革过程中忽视制度之间的内在互补性所造成的严重后果，已成为制约社会利益兼容和共同富裕的重要因素。

深化体制改革的根本目的在于以更高效的制度安排及制度结构来取代旧的制度安排与制度结构。这种高效运行的体制的深层含义在于经济的可持续性增长和人们经济福利水平的不断提高，其隐含前提条件是社会拥有一个利益兼容的格局以及共同富裕的良好预期。而这种隐含条件在缺乏系统筹划的制度变迁中很容易被打破，从而反过来影响了制度变迁的总体绩效，导致社会各利益集团将会自觉或不自觉地抵制制度变迁，最终必然导致制度变迁进程坎坷曲折与总体绩效下降，历史上，类似的改革失败案例就是最好的证明。因此，深化体制改革，不仅要从理论高度把握体制是由一系列互补性强的制度的有机集合，各项制度之间是相互联系、相互制约、互为条件的，而且要在深化体制改革实践中认真贯彻这个原则，借鉴系统工程的思想，尊重制度之间的互补功能，统筹规划，确保体制改革协调配套，以最大限度地保证制度改革过程中利益格局调整的合理性与公平性；同时，根据制度之间的内在联系有条不紊地进行新旧制度的衔接、替代与完善，特别是经济体制与政治体制改革以及其他互补性强的制度之间的改革，更要做到细致规划，步伐协调一致。此外，制度互补性特征还要求我们注重正式制度与非正式制度之间的互补，即正式制度与社会文化、风俗、习惯、价值观念等不要有太大的冲突。

四、深化体制改革的和谐性特征

在我国,深化体制改革的本质特征是社会主义制度的自我完善和发展,它既要通过实现政治经济体制的创新以实现资源配置方式与经济运行机制的革命性变革,更要体现社会主义的本质要求。追求社会全面发展,效率与公平的和谐统一,人民生活实现共同富裕就是社会主义本质要求在当前阶段的重要体现。深化体制改革的根本任务之一就是通过制度创新提高效率、解放与发展生产力,创造越来越多的社会财富。深化体制改革的根本任务之二就是保证社会财富的分配公平、合理。只有公正合理的分配制度,才能最大限度地激发每一个社会成员投入劳动创造财富的热情,才能最大限度地解放与发展生产力,提高整个制度系统的效率水平。忽视公平,效率难以得到长期有效的持续提高;反之,忽视效率,公平只能停留在低层次水平之上。无论是"效率优先,兼顾公平"的战略倾向,还是"公平至上,兼顾效率"的战略倾向,都会导致严重的不良后果。建国五十多年的发展历史已充分证明了这一点。前者导致社会贫富分化悬殊,社会财富分配严重不公,社会安全稳定状况面临较严重的潜在隐患;而后者则导致生产力水平提高缓慢甚至严重停滞,社会财富积累与财富创造增量远远无法满足人民群众日益增长的物质文化生活消费的需要,从国际横向比较看,物质文化生活水平差距过于悬殊的状况长期持续下去,必然严重影响国家政权与制度的稳定。可见,效率与公平的统一是制度系统功能得以良好发挥作用的内在要求;效率与公平的内在统一,是社会和谐发展的重要基础与根本保障,二者缺一不可、不可偏废。

从本质上看，体制改革就是利益分配格局的调整，利益分配格局的改变往往是通过国民收入分配模式的改变来实现的。迄今为止，人类社会还没有找到一种有效的分配模式来保证整个国家范围内居民收入均等或不出现差距，但这并不意味着我们无法找到让整个社会感到相对公平的分配模式。这里需要澄清一个把公平与收入差距等同起来的认识误区，实际上二者有重要的区别。如果一个国家中绝大部分社会成员都认为现行分配制度不公平或收入分配差距过大，则该社会利益矛盾或冲突就比较严重；反之，若绝大多数社会成员认为现行分配制度合理或基本合理或比较公平，则该社会较易形成利益兼容格局。因此，可以这么认为，收入分配差距是一种客观现象，而收入公平合理则是各个社会利益主体的主观感受。目前我们正面临一个严峻的现实，即我国社会成员普遍认为收入分配非常不合理，在不少社会群体(包括国有企业下岗职工、竞争性行业国有企业职工以及其他弱势群体)的眼里，深化体制改革甚至变成了一种十分不公平的零和博弈，他们认为，现在富裕阶层收入的增加在很大程度上是建立在他们收入减少的基础上。而且，统计数据也表明了现阶段我国居民收入分配十分不合理的观点。官方表明的统计数据，反映了居民收入分配的基尼系数则在改革开放的十几年间产生巨大变化，从1978年的0.16到1995年的0.45；另外，1999—2002年基尼系数则分别为0.457、0.458、0.459、0.460，许多专家甚至认为该统计数据显然低估了实际情况，也就是说，实际情况可能更加严峻(于祖尧，2002)。

根据国际通行标准,基尼系数在0.35以下表明居民收入分配比较平均。0.35—0.40,表明居民收入差距较大。0.40—0.50,表明居民收入差距不平等问题严重。在0.60以上,则表明该社会随时都有可能发生动乱。如果按照国际通行标准,我国应至少把基尼系数降低在0.40以下。在此基础上,通过适当的舆论导向,形成全社会对收入差距的认可,为创造利益兼容发展格局奠定一个良好的舆论环境。因此,在深化体制改革过程中,必须坚持以"三个代表"及党中央的社会和谐发展战略作为总体指导思想,在实践中丰富并充实深化体制改革的内涵。结合我国实际情况看,目前,迫在眉睫的任务是提高整个社会对公平感受的满意度。具体一点讲,在新一轮深化体制改革过程中,除了原先享受垄断利益的既得利益集团的收入可能因为市场化改革而降低之外(可看成是利益的一种合理回归),其他社会群体的合理收入不能因为市场化改革的深入而出现较大幅度的减少,否则可能加深相关利益集团对改革的误解,以为深化体制改革是一种彼增此减的零和博弈,避免给深化体制改革添加不必要的阻力。因此,深化体制改革应该是而且也必须是社会成员福利全面增长但增速不一的正和博弈。只有这样,深化体制改革才能建立在最广泛的民意基础之上,获得最广泛的支持,深化体制改革目的的实现才有坚实的基础,才能够迅速且顺利地推进体制改革。

当今世界各国,劳动力就业收入构成了国民收入的主要组成部分,也是居民参与收入分配最主要,同时也是最基本的方式。为此,我国应通过深化经济体制和政治体制改革,在全社会创造一个机会均等的劳动就业市场,包括各行各业的就业机会均等与薪酬水平的合理结构,为收入分配差距合理化奠定一个良好的基础。此外,衡量一个国家或地区收入分配差距是否公平合理首先是指收入来源本身是否公平合理,而正常情况下,劳动者就业收入占其全部收入的绝大部分,因而机会均等的劳动就业市场显得十分重要。实际上,当前我国收入分配差距与就业机会不平等有着十分密切的关系。其次,收入分配差距是指人与人之间收入差距是否合理。这表明,如果第一层次的收入来源本身是合理的,则第二层次的收入差距的合理性问题也就比较容易解决(李炯,2000)。因此,深化体制改革,是为各个社会成员创造平等的劳动就业市场竞争的机会,是激发劳动者创造财富与效率的最好激励,也是创造整个社会利益兼容格局的重要基础。

总之,深化体制改革必须具备和谐性特征,创造和谐的社会环境不仅是深化体制改革面临的重要任务,而且也是深化体制改革能否顺利进行的基础条件。这里的和谐实质上是指效率与公平的协调统一。深化体制改革必须自始至终以效率与公平的协调统一作为指导原则,并在实践中始终如一地真正贯彻执行。只有注重效率与公平的协调统一,才能弥合由于收入差距扩大造成的社会利益鸿沟,创造利益兼容、和谐发展的良好局面。

五、深化体制改革的整合性特征

深化体制改革整合性特征有两层含义:一是过去二十多年体制改革过程中产生“制度缝隙”,必须在深化体制改革过程中进行整合与完善;二是必须对各利益集团的利益诉求以及对社会意识形态的发展在适时引导的基础上进行整合,以保证新的体制能够有效地平衡各利益集团的利益诉求，并得到社会意识形态的支持，减轻体制运行的摩擦成本。实际上，关于深化体制改革的整合性特征的第一层含义，上面的四个特征已作了必要的分析与回答。至于整合性特征的第二层含义，有必要作进一步的简要分析。

深化体制改革必然涉及社会利益结构的调整，可能引发不同利益集团剧烈的利益矛盾与冲突。从获取收入的生产要素所有权角度看，目前的社会结构可以分成权力集团、资本集团、知识集团与劳动集团。在过去二十多年里，这四大集团的政治经济地位与财富收入源泉出现了显著的差距与非均衡色彩，产生了不利于社会稳定、和谐发展的利益矛盾与冲突。特别是权力集团与新兴资本集团对社会“租金”的不合理瓜分，更是众矢之的，是公众经常指责的官僚腐败现象之一。权力集团常常利用手中掌握的权力资源进行索取“租金”活动，而新兴资本集团则成为政府“租金”的购买者。从这个意义上看，腐败其实是权力集团和新兴资本集团的合谋与交易的结果（胡鞍钢，2002）。尽管暴露出来的腐败仅仅是权力集团中的一小部分，但是，其给社会带来的不公平感受是十分强烈的。为此，在今后深化体制改革过程中，中国共产党必须坚持走群众路线，亲近民生，倾听民声，集中民智，反映民意，更加务实，更加脚踏实地对各利益阶层或集团的利益诉求进行有效整合，抑制不合理的利益诉求并保证合理的利益诉求能够在新体制中得到体现，这是深化体制改革能否成功的试金石。

此外，深化体制改革不能脱离社会意识形态孤独地进行。是用一成不变的意识形态来束缚不断变化的客观实践，还是用客观实践的变化来调整意识形态,是马克思主义理论演进过程中的关键问题。过去,我们往往过于强调意识形态维护现存制度的作用,而忽视了它在推动制度创新方面的作用。实际上,一种成功的意识形态不仅有利于深化体制改革的迅速推进,而且有利于新体制的巩固与稳定,减少新体制运行的摩擦成本。但是,成功的意识形态必须符合客观实践,这就要求我党在新时期必须保持深入群众的工作作风,体察民情、善解民意,并注意掌握合理引导民意的分寸,引导社会意识形态的发展能够反映时代的变化新特点,与人文、历史、政治、经济、法制发展的实践紧密联系起来,成为体制创新的助推器(道格拉斯·C.诺思,1994;王邦佐、谢岳,2001;陈荣荣、刘英骥,2004)。

总之,深化体制改革的整合性特征的本质要求是各个利益集团的利益诉求的有效平衡与成功的社会意识形态的有机结合,在此基础上,形成和谐统一高效运行的新体制。

第二节　实现利益兼容基础上效率和财富增长的宏观体制保障

世界各国经济发展的历史表明,并非所有的经济增长都能带来社会稳定,也不是所有的快速增长都能够最终形成可持续发展趋势。事实上,只有在利益格局基本兼容的基础上的增长,才有可能最终演化成长期可持续发展趋势(王绍光、胡鞍钢、丁元竹,2002)。实践已经证明,市场机制对经济效率提高和社会财富的增长的激励作用是十分明显的,也是其他机制(如计划机制)所无法比拟的。但是,市场机制的自发作用必然会导致收入差距扩大和各个阶层财富累积的严重分化,如果这个问题不能得到及时解决,必然破坏社会稳定;反过来,缺乏稳定的社会环境,市场机制的作用显然也难以得到有效发挥。因此,保持社会稳定是政府的最基本职责之一。为此,政府必须采取切实有效的措施抑制社会收入差距无限扩大,有意识地、主动地在整个社会范围内比较公平合理地分配收入与财富,纠正社会不平等与不公正的趋势,创造利益兼容的和谐发展社会环境。

鉴于此,我们可以得出一个简单的结论,即经济社会效率的提高和财富的增长,主要依赖市场机制的激励作用,而市场机制有效发挥,需要政府创造一个利益兼容的和谐发展社会环境,以维护社会稳定。我们已经知道,社会收入差距扩大和各阶层财富累积严重分化是当前社会稳定的最主要的潜在威胁,而造成这一后果的基本原因在于非均衡与渐进性体制改革过程中制度安排与制度结构的缺陷累积。因此,消除累积的缺陷,完善体制的内部结构与外部环境,是彻底解决问题的关键。

综上所述,当前深化体制改革的重点是完善市场经济体制、改革与之不相适应的政治体制,以及建立与市场机制正常运行相对应的社会主义宏观调控体制。显然,目前完善市场经济体制改革的重点是市场秩序建设与市场化改革的对称;与市场经济体制不相适应的政治体制主要表现为政府行政管理体制,需要深化行政管理体制改革,具体一点讲,就是政府机构改革、政府职能转变与政府决策程序的改革与完善以及民主政治制度的进一步完善;市场机制的正常运行离不开完善的政府宏观调控体系,市场效率竞争与政府宏观调控的协调与配套是相辅相成、缺一不可的内在联系。为此,实现整个社会在利益兼容的基础上的效率提高与财富增长,必须从以下三个方面展开深化改革。

一、市场秩序建设与市场化改革的对称

我国正经历着一场深刻的社会转轨,即从计划经济体制向市场经济体制转轨。经济体制转轨的过程,就是市场化与市场秩序对社会资源起基础性优化配置作用的过程,其中,市场化侧重于市场机制作用的范围或领域,而市场秩序侧重于这种作用的效率,如果市场化程度不高,市场机制调节的领域狭窄,即使局部范围内市场秩序良好,市场机制的功能也难以得到有效发挥;如果市场化程度很高,遍及社会经济生活各个领域,但市场秩序混乱,市场机制的正常功能同样也难以发挥应有的作用。因此,必须保证市场化改革与市场秩序建设相对称,促进市场机制对社会经济效率提高与社会财富创造与增长的推动作用。市场机制对社会经济效率的提高和社会财富的增长的巨大作用是有目共睹的。

(一)我国市场秩序建设与市场化改革的含义

1.市场秩序。市场秩序是市场经济运行状况的一种反映,是市场主体(包括企业、个人、各种市场中介组织等)在社会经济活动中对各种成文或不成文市场规则的集体理性选择的结果。理论上,按照市场行为的具体内容可以把市场秩序进一步细分为市场进入退出秩序、市场交易秩序、市场竞争秩序和市场管理秩序(仉建涛、苏晓红、任太增,2004)。但是,各国在规范市场竞争秩序时,通常把市场主体进入与退出市场的自由程度、市场交易的自由程

度、规范程度当做判断市场处于垄断还是竞争，是正当竞争还是不正当竞争的标准或手段，而市场秩序管理通常被当做维护市场竞争秩序必不可少的环节，因此，在实践中，市场秩序是指市场竞争秩序，或者说是广义的市场竞争秩序，市场秩序建设通常指建立并维护一个良好的市场竞争秩序。良好的市场竞争秩序是市场机制发挥作用的重要基础。竞争是市场机制的核心内容，是市场机制促进经济效率提高、经济进步、增进社会福利的基本手段。没有竞争，市场机制也就丧失了优化配置社会资源的功能，因此，可以说竞争是市场机制的灵魂。但是，市场机制并不能自动地保持它自身的竞争机制。在自由市场经济条件下，竞争的结果必然导致垄断，而垄断就是对竞争机制的最大破坏。除垄断外，大量存在的非法竞争或不正当竞争也构成了对竞争机制的严重挑战。这表明，市场经济中追逐利润最大化的厂商，从自利目的出发的理性选择，总有一种逃避市场公平竞争的倾向，即希望其他经济主体处于激烈的市场竞争之中，而自己却能置身之外，在一定条件下，这种倾向就可能转化为扰乱市场竞争秩序的行为，如假冒伪劣产品的生产、倾销、厂商密谋定价等(罗季荣、李文溥，1995)。因此，必须有一整套权威的竞争规则规范经济主体在市场竞争中的行为，否则，市场经济将会陷入一片混乱。在实践中，各个国家都对市场竞争秩序作出明确规定，发达的市场经济国家尤其如此，以美国为例，规范市场竞争秩序的基本手段是一套完善的法律体系，包括竞争法(《反不正当竞争法》、《反垄断法》)、合同法(《经济合同法》、《涉外经济合同法》、《技术合同法》等)、广告法、票据法、保险法、海商法等。其中，竞争法作为一般准则，在上述法律体系中居基础地位。1890年,美国国会通过了参议员约翰·谢尔曼提出的《保护贸易和商业不受非法限制与垄断之害法》,即通称的《谢尔曼法》,标志着现代竞争法的诞生。此后,《克莱顿法》(1914)、《联邦贸易委员会法》(1914)、《罗宾逊—帕特曼法》(1936)、《惠特—李法》(1938)、《塞勒—凯弗维尔法》(1950)等,从不同角度对限制竞争行为以及不正当竞争行为进行了明确的界定和严厉的惩戒。正因为如此,市场经济又被称为法制经济(高鸿业,2004)。

我国从计划经济转向市场经济转轨过程中,几乎一直伴随着市场秩序混乱的现象,目前,市场秩序混乱已经和企业破产倒闭、工人失业、居民收入分配差距扩大以及各种结构性矛盾混杂在一起,相互牵制,成为市场化改革与市场秩序建设的重大障碍(仉建涛、苏晓红、任太增,2004)。这表明,我国市场秩序建设与完善程度远远滞后于市场化改革。与欧美发达市场经济国家相比,我国关于市场竞争秩序方面的立法还比较薄弱,迄今为止,《反垄断法》还迟迟不能出台,已经颁布的《反不正当竞争法》等法规因配套法规不完善,其执行效果也比较差。

2.市场化。通俗地讲,市场化就是市场机制在一个国家或地区中对资源配置的作用持续不断增长,经济运行对市场机制依赖程度不断加深,市场经济体制逐步产生并发展到成熟的演变过程(陈宗胜,1999)。从历史上看,市场化主要有两种类型:第一种类型是从自然经济自发地向市场经济转变,在转变过程中,自给自足的社会生产逐步减少并退出历史舞台,取而代之的是为交换而进行的社会化大生产。现在欧美发达的市场经济国家的市场化大都属于这种类型。第二种类型是从计划经济体制向市场经济体制的转变，主要表现为国家或政府对社会经济活动的直接干预的不断减少，计划机制的作用日趋弱化，计划调节领域仅局限于关系国计民生的重要领域(如食盐的生产与定价等)，同时，市场调节的作用则越来越强，遍及国民经济各个领域。东欧国家、俄罗斯和我国的市场化属于第二种类型。第二种类型的市场化改革又可以进一步细分为"激进式"或所谓的"休克疗法"的市场化改革，以及"渐进式"的市场化改革。东欧国家、俄罗斯以及前苏联加盟共和国采用"激进式"市场化改革，我国则采用"渐进式"的市场化改革。

迄今为止，我国的市场化改革取得了巨大成功，主要表现在国民经济和居民人均收入在长达二十多年时间里保持较快速的增长，我国综合国力不断提高等方面。但是，在市场化改革过程中，也存在一些亟须解决的问题。我们知道，市场经济体制是一组相互制约、相互协调配套的制度集合，市场经济体制的巨大作用是这种制度集合的整体效应在实践中的体现，而渐进式的市场化改革注定了我们经济体制改革的阶段性特征，即在每一个阶段上，都存在着市场竞争秩序与市场化改革不对称与不互补的现象。例如，在普通商品实行市场化定价时，对能源、原材料价格则实行差别定价，大型国企往往享受优惠计划内价格，中小国企的价格则高一些，而民营企业往往必须以市场价格购买。在国有企业改革过程中，国有企业行为市场化改革的同时，政府对国有企业的管理方式却没有进行相应变革。其社会经济管理职能与国有企业所有权代表的角色经常混乱。在劳动力市场化改革过程中，允许劳动力市场自由流动，却没有相应地放松户籍管制制度，导致劳动者无法公平竞争。再如，允许人才自由择业，却没有制定垄断行业部门的公开竞聘机制,等等。诸如此类大量存在的市场竞争秩序与市场化改革之间的不对称性与非互补性,进一步加剧了居民收入分配的不合理程度,加剧了社会利益矛盾和冲突。

(二)市场秩序建设与市场化改革的对称及互补

上面的分析表明,体制改革过程中的制度安排与制度结构的缺陷的累积,是引起目前我国利益矛盾与冲突的基本成因。利益矛盾与冲突的存在表明我国居民收入差距扩大是不合理的或者主流民意认为是不合理的。客观地讲,市场经济体制本身对收入差距的合理性无法进行衡量与调节。然而,如果市场经济体制本身不完善,则会进一步加剧社会收入分配的不公正性与不合理性,这一点从我国与发达市场经济国家的居民收入差距状况相比较就可以得到佐证,例如,在我国市场化改革过程中,利用市场秩序混乱或利用市场机制不完善的机会,钻法律空子而一夜暴富的现象比比皆是,而在发达国家则很难找到类似的例子。从这个意义上看,市场秩序的建设和市场机制的完善客观上的确能够降低收入差距扩大的幅度。

在许多情况下,完善的市场体系对市场秩序的建立与维护有十分重要的意义。例如,在一个职业经理人市场成熟的国度,经理采取同业竞争行为要冒很大的风险,即被解雇且难以重新受雇的风险,而在我国,国有企业的经理们则把同业竞争当做短期发财致富的重要途径。因此,加快市场化改革,形成一个完善的社会主义市场经济体系,对市场秩序建设的推进及缩小居民收入差距均有重要实践意义。

1.健全社会主义市场经济体系

市场机制是由一系列相互联系、相互制约、协调配套、浑然一体的制度集合而成。市场体系不健全，这个制度集合就会产生制度结构缺陷，因此，健全市场体系是一种兼具旧制度安排与制度结构（指计划体制）改革与替代以及加强新制度内在的对称性及互补性建设的举措。

就我国现实情况而言，健全社会主义市场经济体系的总体目标应该是十六大提出的“统一、开放、竞争、有序”的现代市场体系。我国现代市场体系应该是各类市场有机结合的整体，包括商品市场（主要指生产资料市场和消费品市场）、金融市场（主要指货币市场、资本市场与外汇市场）、劳动力市场、房地产市场、技术市场和信息市场等。其中，商品市场是现代市场体系的基础，其他各类市场是伴随商品市场的发展和科学技术的进步而逐步形成的。完善的市场体系是现代市场经济正常运行的基础条件[①]。

所谓“统一”的现代市场体系是指我国社会主义市场经济体系必须采取切实可行措施，严厉打击条块分割、地方保护与封锁的不正当竞争行为，真正形成全国畅通无阻的大市场。所谓“开放”是指我国社会主义市场经济体系是一个具备完善的市场准入和退出机制，对所有经济主体一视同仁，实施优胜劣汰机制。对所有市场主体都是统一开放的标准，既对内开放，也对外开放，而不是一个只对外开放而不对内开放，也不是一个只对内开放却不对外开放的市场体系。所谓“竞争”是指我国市场经济体系必须是一个以完

---

① 参见江泽民：《全面建设小康社会　开创中国特色社会主义事业新局面》，第20页，北京，人民出版社，2002。

善的法律体系为保障的允许各类市场主体平等竞争、平等使用各种生产要素的市场体系。所谓“有序”是指我国市场经济体系必须以完善的法制严厉打击假冒伪劣生产销售、偷税漏税、经济金融欺诈、逃避债务等扰乱市场秩序行为，形成一个社会信用体系完善发达的市场体系（刘晋豫，2002）。

根据这样的标准，我国市场化改革的道路还相当遥远且十分艰辛。经过29年的改革开放，目前，我国96%左右的商品已经由市场自行决定价格，商品市场已成为现代市场体系牢固的基础，但要素市场的发展则明显滞后，特别是产权市场的发展更是严重滞后。因此，健全社会主义市场经济体系，必须大力推进金融（包括资本）市场的改革开放和稳定发展，进一步发展产权、土地、劳动力、技术和信息市场。使现代市场体系的各个分类市场协调均衡发展，形成有机的市场结构体系和良好的制度结构，以促进经济效率和社会财富的进一步提高。

2. 全面推进市场秩序建设是维护市场机制正常发挥作用的基本保障

依据新制度经济学的观点，有效的制度结构能够为经济主体提供较大的利益激励和较充分的自由选择空间，也能够为人们建立比较有效的利益约束机制，促使人们理性地追求自身利益。制度的基本功能在于降低交易成本，促进有效激励机制产生，制度的基本任务是为人类社会构造有效的组织架构和文化结构模式，对经济主体形成激励机制，鼓励社会发明、创新和勤奋工作。因此，制度功能的发挥和基本任务的实现，必然促使社会经济效率提高（周小亮，2002；柯武刚、史漫飞，2003）。

显然，一个完善的市场体制符合有效制度结构条件，其功能发挥和基本任务的实现，必然会促进经济效率提高和社会财富增加。但是，市场经济体制整体功能的正常发挥必须以良好的市场竞争秩序为基础。当前，建设并维护良好的市场竞争秩序必须做好以下几方面工作：

首先，必须建立健全维护市场竞争秩序的法律体系。市场竞争秩序的确立是一项复杂的系统工程，采用头痛医头，脚痛医脚的措施只能治标，难以治本。改革开放以来，我国已进行过多次大规模的以行政化方式为主的整顿规范市场经济秩序的行动，也取得了一时的效果，但行动一结束，市场经济秩序紊乱的苗头又开始滋长直至泛滥，然后又是新一轮整顿规范市场秩序的大规模活动，形成一个恶性循环。因此，必须借鉴发达国家的经验，以法律的形式而不是行政干预的方式，对市场竞争秩序作出明确界定，对不正当竞争行为、扰乱市场秩序行为作出详细的规定并附上相应的惩罚条款，鼓励经济主体正当竞争，提倡政府部门依法行政。

其次，必须加强执法力度，降低执法成本。执法力度不强，执法成本过高也是市场秩序较为混乱的一个原因。因此，加强执法机关职能建设，执法机关监督法制建设和合理的激励机制建设，同时加大扰乱市场秩序行为惩戒力度，是加强针对扰乱市场秩序行为的执法力度、降低其执法成本的关键。

第三，要注意法律之间的协调配套。不正当竞争行为牵涉到十分复杂的经济现象和体制根源，如果在立法时不进行广泛详尽的调查研究，如果不能适当地召开立法听证会，制定的法律难免漏洞较多，甚至会产生前后矛盾的现象，无疑，这既影响了法律的严肃性、权威性与实用性,又会影响法律的最终执行效果。

第四,必须对行政权力扰乱市场经济秩序的行为进行严厉打击。长期以来,行政权力造成的地区封锁、地方保护和行业垄断的行为,是市场竞争秩序一大困扰。因此,国家必须下大决心坚决打击权力扰乱市场竞争秩序的行为。

最后,必须统一市场秩序管理机构,防止多头管理、政出多门而出现的不必要的混乱,同时提高管理人员和执法人员自身的业务素质与道德素质,也是建设与维护良好的市场秩序的重要因素。

二、政府机构与政策决策程序的改革与民主政治的完善

自 1992 年中国共产党第十四次全国代表大会提出了建立社会主义市场经济体制的战略目标之后,我国经济体制改革取得了突破性进展;相比之下,我国政治体制改革则显得步履蹒跚,当前,我国政府机构改革、政府职能建设与转换以及政策决策程序与机制的改革已经严重滞后于市场化的经济体制改革的要求。显然,政治体制改革的严重滞后,必然严重影响经济体制改革的进展与成果的巩固,尤其是政府机构改革和政府职能的建设与转换上的滞后,更是如此。事实上,迄今为止,我国政府依然未能摆脱机构庞杂、职能不清、冗员繁多、人浮于事、官僚作风严重、腐败加剧,频频出现决策失误的低效政府的不良形象,这足以表明,滞后的政府机构改革和职能建设与转换,不仅直接影响到市场机制的形成与完善及其基本功能的正常发挥,而且关系到当前社会收入分配差距过大且进一步扩大的趋势能否得到有效遏制,还关系到能否胜

任创造一个利益兼容和谐发展的社会环境等一系列重要问题。

随着我国经济体制改革的深化，强烈要求政府机构与政府职能进行相应的变革，使政府这一上层建筑与经济基础重新保持一致性，以进一步促进经济效率提高和社会全面发展。为此，只有大力推进以政府机构和政府职能建设与完善为中心的政治体制改革，进一步完善政府职能建设，精简政府机构，形成与市场经济体制相适应的政府体系，才能适应经济可持续发展的需要。概言之，政府应该全面从微观经济活动中退出，全面履行其公共安全、公共服务、公共保障职能，由无限政府转变为有限政府；由权力政府转变为责任政府；由政府自定规则自己执行，转变为重大公共决策由立法机构决定，政府只是执行机构（萧剑，2005）。显然，政府机构改革与政府职能建设与转换涉及十分广泛的社会管理公权力及利益在整个社会范围内的重新调整与分配，必须进行相应的政治民主制度的改革与完善。以下，我们从三个方面对这个问题展开探讨：

（一）党和国家民主政治战略与当前任务概述

中国共产党历来重视民主政治建设，以实现和发展人民民主为己任。以毛泽东为核心的党和国家第一代领导集体，提出了必须建立和巩固人民民主政权，必须先发扬民主调动人民建设社会主义的积极性和主动性，提出民主既是目的又是手段等重要论断。以邓小平为核心的党和国家第二代领导集体，提出了没有民主就没有社会主义，就没有社会主义现代化的重要论断，并着重提出，有中国特色社会主义政治建设不仅是社会主义现代化建设的重要保证，也是社会主义现代化建设的重要任务和根本目标之一。以江泽民为核心的党和国家第三代领导集体，从“三个代表”的高度来认识民主政治建设问题，提出建设社会主义政治文明是全面建设小康社会的重要目标，而全面建设小康社会的战略目标显然包括了缩小居民收入差距、提高城乡弱势群体收入水平，有效地协调社会利益矛盾与冲突等方面内容(刘绥虎,2002)。这表明，中国共产党已经深刻地意识到社会收入分配差距过分扩大对社会稳定构成严峻挑战，也对中国共产党的执政能力构成严峻挑战，因此，首次把缩小社会收入分配差距与社会主义政治民主制度的建设与完善联系起来。2005 年 10 月，党的十六届五中全会进一步强调推进全面建设小康社会进程，关键在于加强和改善党的领导，在此基础上，更加注重社会公平，加大调节收入分配的力度，努力缓解地区之间和部分社会成员收入分配差距扩大的趋势。这表明，加强与完善社会主义民主政治制度建设，提高党和国家的执政能力与执政水平，是切实消除包括体制改革过程中出现的利益不兼容等方面弊端的重要保证。按照党的十六届四中全会的精神，当前和今后一个时期加强党的执政能力和执政水平建设的主要任务，就是按照推动社会主义物质文明、政治文明、精神文明协调发展的要求，不断提高驾驭社会主义市场经济的能力、发展社会主义民主政治的能力、建设社会主义先进文化的能力、构建社会主义和谐社会的能力、应对国际局势和处理国际事务的能力。这五个方面的能力建设，涉及经济、政治、文化、社会、外交以及国家主权、安全和领土完整，关系改革发展稳定、内政外交、国防等各个方面，是对党的总体执政能力的总体要求，它最终必然体现在党领导下的政府系统的实际执行能力的提高上，因此，加强和完善社会主义民主政治制度的建设的效果，最终体现在党和国家能否设计、组织、实施并监督一个精简高效的政府系统。从这个意义上看，加强党的执政能力、提高党的执政水平，当务之急是深化政府机构改革，完善政府职能建设与转换，完善政府政策决策机制与程序，实现从“生产建设型”政府向“公共服务与社会管理型”政府的角色转变。

(二)政府机构改革和政府职能建设与转换

1.经济体制的转轨与社会矛盾的激化要求我们全面改革与完善政府职能建设，并实现稳妥的转换

在市场机制下，由于市场失败的客观存在，在实践中，政府与市场在社会资源配置上实际上是一种对立与互补关系，政府成为管理社会公共事务的特殊组织，而市场能够解决的其他经济事务应当让市场自行解决，政府不必去干涉。所谓社会公共事务，通常是指通过市场机制配置资源方式难以得到有效解决的社会事务，即广义的公共产品，如秩序、安全、公平、正义等。在体制转轨过程中，社会利益格局剧烈变化，政府自身的利益得失及其利益取向成为社会关注的焦点，正确处理政府自身利益得失，端正政府的利益取向，将片面关注社会经济增长，增加税收收入的发展观转变为更加注重构建民主法治、公平正义、诚信友爱、充满活力、安定有序、人与自然和谐相处的社会主义和谐社会的科学发展观。这表明，体制转轨过程中政府职能改革与完善，不仅仅是政府与市场在资源配置领域的一般性划分的技术性问题，它更涉及日益激化的各种社会矛盾特别是深层次的利益分配矛盾问题能否得以顺利化解，经济社会能否可持续发展的政治问题。

为此，政府在自身职能建设与完善方面，必须实现四大转变：

一是从生产建设型向公共服务和社会管理型转变；二是从提供经济物品向提供制度环境转变，为社会提供完善的市场制度及社会管理制度等；三是从行政管理型政府向公共服务型转变，即从行政审批转向提供公共产品为社会服务以及将服务寓于社会监督管理之中；四是从集中管理型向依靠市场调控型转变（周天勇、辛鸣，2005）。

为实现上述的政府职能的彻底转变，必须坚决加强并改善党的领导，进一步完善民主法制制度，完善人民群众监督和参与政府职能规划制度，将党的群众路线与一切为人民服务的执政理念，在实践中更好地贯彻落实，真正体现“权为民所用、情为民所系、利为民所谋”的党在新时期的执政理念，发挥集体智慧，群策群力，对政府系统职能分工进行科学规划与合理设置。

总的来讲，应处理好“纵向”与“横向”之间政府职能的关系。前者指各级政府之间的职能配置，即从中央政府到地方各级政府之间的政府职能的合理配置。目前，我国政府系统的职能设置明显带有中央高度集权的计划经济体制色彩，主要体现在从上到下各层级机构职能设置的雷同化，缺乏合理分工与协作，效率低下。改革的思路是按照市场经济的要求，对现行宪法和地方组织法进行适当调整，进一步下放权力，对中央政府与地方政府的职能加以合理安排、明确规范。中央政府主要处理全国性的公共事务，如国防、外交、公民基本权利的保障、宏观经济调控、平衡地区间经济发展和收入分配、全国性的公共基础设施、基础科学研究的资助等；地方政府主要处理本行政区域内的地方性公共事务，如本地公共基础设施建设、文教卫生、社会治安、环境治理、社会救济等。

后者指同一级政府部门间职能结构，包括中央政府和地方政府内部政府各部门之间的横向职能的分工与协作。在计划经济体制下，政府部门间的职能设置是按行业和产品进行分类，而在市场化过程中，这些职能分工被打破，导致部门之间出现相互逐利行为，各政府部门纷纷退出资源配置权限小的领域，同时跨越本部门界线涉足资源配置权限大的领域，从而不可避免地导致政府各部门之间的职能交叉、错位、机构重复、推诿扯皮、管理脱节等现象，也是政府腐败现象的主要根源之一。另外，市场化条件下游离出来的公共事务，却缺乏相应政府部门的管理，再次暴露了政府部门间的职能设置缺乏科学依据。因此，在政府职能的横向设置上，应遵循“趋向综合、宜粗不宜细”的总体原则，重新调整政府部门间的职能结构，做到职责明确、分工科学（周天勇，2004）。

此外，在规范各级政府事权的基础上，中央政府应鼓励各级地方之间形成区域合作关系，重点解决地区间交叉的公共事务，如跨地区公共基础设施建设、卫生防疫、人口流动、市场统一等。

2.按照科学规划与合理设置政府职能的改革目标来调整与优化政府机构

政府职能的彻底转变，客观上要求我们合理调整与优化政府机构。政府机构的调整与优化包含两个方面内容：一是合理设置政府机构，切实解决机构层次过多、职能缺位、错位、越位等问题；二是优化政府机构人员结构，解决人员臃肿、权责脱节、人浮于事的弊端，这是当前政府机构改革的最大难题。

所谓合理设置政府机构包含以下六方面内容：一是政府机构在总体上要实现精简的目标，但又不能搞“一刀切”，而是要优化政府机构的结构，具体地讲，就是对于在计划经济体制下履行特定职能而在市场经济体制下不再需要的政府机构，应果断地裁撤掉，对于市场经济体制下需要新增政府机构来履行新的职能，就应该及时建设并加以完善；二是政府机构要科学规划，按照履行政府职能的需要，层次清晰分明，规划的着眼点在于更快更好且成本更低地提供高效的社会公共服务，为经济主体和大众提供便利；三是政府机构改革要保持相对稳定性，不要过于剧烈与反复，否则势必影响政府机构功能的正常发挥；四是要形成一套约束政府机构改革的法律机制，有效遏制我国历史上政府机构改革的"怪圈"再次出现，即政府机构改革出现了"膨胀—精简—再膨胀—再精简"的怪圈；五是政府机构设置时要充分考虑市场机制自身能够解决的问题，就不要设置政府机构去代替市场，以避免政府机构的设立可能带来的政治租金和经济租金的负面影响；六是要充分利用日益成熟的社会主义民主政治，健全与完善对政府机构的监督机制（周天勇等，2004；陈荣荣，2004）。

所谓优化政府机构人员结构，应从以下几方面着手：首先必须深化干部人事制度改革，积极引进竞争机制，科学规划干部的统一考核体系并贯彻落实，以打破选人用人中论资排辈的观念和做法，形成干部能上能下、能进能出的机制，促进干部人才合理流动，增强干部人才队伍的活力与素质。其次，要重点加强对领导干部任命机制的改革，若有可能，尽量推行选举制，在推行选举制不成熟的领域，必须对推荐人规定相应的误荐责任，也就是说，若被推荐干部有重大腐败行为，一旦查清在任新职前有腐败行为而推荐人却没有察觉的应承担一定的连带责任，若已察觉的还继续推荐，则应承担较严重的包庇罪，由司法机关介入调查审理。第三，重点加强对领导干部特别是主要领导干部的监督。通过制定法律或行政规制制度明确主要领导岗位职责权利与义务，强化对领导干部在人、财、物使用上的行为监督，避免领导干部滥用职权。第四，要坚持人员增减与体制改革同步进行，在优化人员结构原则下进行增减，在增减过程中实现人员结构优化，以提高单个人员的工作效率。第五，加强干部培训工作，提高干部再就业能力，鼓励机关干部参与人才市场竞争，采取政府安置和社会安置相结合的方式，实现政府机构人员顺利转岗分流。最后，对主要领导岗位进行轮岗制，有利于干部人才队伍的培养锻炼与人才的合理流动与优化。

3.政府职能的科学规划与合理设置、调整与优化政府机构必须以法制建设与完善为前提

政府职能的建设与完善以及政府机构的调整与优化，涉及整个社会深层次利益的大范围调整以及执政党执政方式、方法、能力、依据等深层次问题的变化，涉及城乡、地区与行业利益的深度调整与变化，必然导致各社会利益阶层或利益集团的更为激烈的矛盾冲突，如果没有严格周密的法制环境作为依托，强势集团（如权利集团、新兴资本集团等）势必通过自身的优势地位干扰或影响政府职能科学规划与合理设置，使政府职能更加有利于为其既得利益与潜在利益更好地服务，而不利于社会弱势群体的利益诉求，从而使政府职能建设与转变以及政府机构调整与优化的偏离预定的目标。改革开放以来地方政府、部门政府的职能改革与机构调整之所以成效低下，大部分就是因为缺乏良好的法制环境，导致政府可以自己制定自身系统的职能与机构方案，自己评估执行结果，

最终效率低下也就可想而知。为此,在新一轮深化体制改革过程中,在坚持并加强中国共产党的领导地位的前提下,首先必须树立民主立法民主化观念并强化相关制度作为保障,只有在立法上实现全体公民的平等,才能保证全体公民真正在法律面前实现人人平等。其次,必须改善执政党对立法的领导方式,引进和完善民众参与立法的程序制度,扩大提出立法议案的主体范围,强化立法听证制度,完善立法公开制度,强化立法的法律监督机制,实现降低立法成本和法律运行社会成本,从而实现法律制度本身的科学性、合理性、公正性;在此基础上,强化依法行政的观念与机制建设,强化行政职能的透明公开、接受社会监督,强化事权与财权为基础的职能与机构设置依据,并强化政府预算约束,保证政府职能的科学规划与合理设置以及相应的政府机构调整与优化,并在实践中得到较好地贯彻执行(周天勇,2004)。

(三)政府决策机制与民主政治的完善

1.政府决策的共同特点

按照公共选择理论的观点,政府决策不管是以法律意志还是以政府政策出现,归根结底都是对人们利益的调整。政府的决策会影响到许多人的利益,但真正作出决策的只是少数人,不管这少数人是由选举方式产生的还是由其他方式产生的,他们在决策时总是自觉或不自觉地倾向自己所代表的阶层或集团的偏好与利益,而且,一旦既得利益集团形成,这种格局就难以打破。现代政府无论采用何种制度或方式进行决策,都不能完全消除社会成员的偏好显示和偏好加总的问题,也就是说,政府的任何决策都无法保证个人利益与整体利益不发生冲突(樊勇明、杜莉,2001)。当然,这并不意味着政府决策机制没有改善的空间,实践表明,通过改革与完善政府决策机制,政府的决策效率是不断趋于提高的,即决策机制的改善能够减轻利益冲突的程度。在独裁体制下,决策机制往往简单、粗陋,决策失误较多,引发的社会利益冲突也比较激烈,而在民主制度下,决策机制存在的弊端能够比较容易地得到纠正,因此其决策失误程度往往较轻,引起的利益冲突比较容易得到缓和。

2. 当前我国政府决策存在的主要缺陷及其完善的方式

改革开放以来,我国政府在实施重大政治经济决策时,对决策带来的利益分配格局调整问题不够重视,也没有充分征求利益各方代表的意见,同时也缺乏大规模征求意见的渠道与机制,而是借助党和政府的权威强化决策的出台与实施,结果导致不同的利益群体在利益分配上相差悬殊,形成了一批强大的既得利益集团和处于利益分配不利地位的社会弱势群体。这些既得利益集团是改革开放成果的最大受益者,不仅占据了改革开放以来新增财富的相当大比例,而且在社会收入分配体系中占据了十分有利的位置,若没有重大改革,这种趋势将长期持续下去,这些既得利益集团包括权力集团(国家与社会管理者阶层)、新兴资本集团、知识集团(皖河,2002)。与此同时,在国家中占人口绝大部分比例的劳动集团获取的改革开放新创造的经济成果的比例却趋于相对下降,其社会地位也相应下降,而且,劳动集团中还有 8000 万城乡贫困劳动者,政府如何通过决策来调整利益分配格局,增加劳动集团收入的较高增长,缩小其与权力集团、新兴资本集团和知识集团的过大的收入差距,对党的长期执政能力是一个严峻挑战。

为此,江泽民同志在“十六大”报告中提出深化分配体制改革的构想:“坚持效率优先、兼顾公平,既要提倡奉献精神,又要落实分配政策,既要反对平均主义,又要防止收入悬殊。初次分配注重效率,发挥市场的作用,鼓励一部分人通过诚实劳动、合法经营先富起来。再分配注重公平,加强政府对收入分配的调节职能,调节差距过大的收入。”但是,这仅仅是构想,还不是已经实现的目标。要想实现这个目标,还必须具备两个重要条件:即政府在重大决策过程中优先考虑弱势群体的公共产品供给与社会保障体系的健全。例如,优先向广大农村提供道路、桥梁、水利等基础设施建设以及医疗卫生保健系统建设等,能够在有效地降低农民生产生活成本的同时,提高农民的货币收入与实际收入,提高农民的实际生活水准与福利水平;同理,优先为弱势群体提供健全的社会保障网络体系,也会直接地提高其收入(如转移支付),或间接地提高其收入(如提供养老保障、医疗保障等),从而提高其实际收入水平与福利水平。进一步地,优先考虑弱势群体的公共产品扩大供给以及社会保障体系的完善,还会改变整个社会的劳动供求格局,提高弱势群体(如农民工)的合法工资收入,防止资本集团利用制度缺陷对农民工进行掠夺性雇佣。长期以来,中国农民工工资远远停留在低层次水平上,绝大部分学者将这种现象归咎于“中国劳动力无限制供给”的状况,但是,这种解释显然缺乏足够的说服力,因为我国农民工工资甚至远低于经济社会发展水平比我国还落后的国家,如印度、斯里兰卡、孟加拉国等。实际上,除了劳动力供给量大的因素外,还因为我国公共产品与社会保障制度供给的非均衡性,如果现在能够向弱势群体提供更多的公共产品和完善的社会保障制度，将会明显改善农民工务农的比较收益，从而减少向城市转移的劳动力，导致整个社会初等劳动力供给曲线向左边移动，从而抬高了初等劳动力市场均衡价格，提高了初等劳动力工资收入水平，从而能够有效地提高弱势群体收入水平的同时，降低资本集团的收入水平，客观上有利于缩小社会贫富分化差距。但遗憾的是，目前理论界以及政府机构对这个问题依然缺乏较为深刻的认识与针对性强的对策措施。

因此，从解决居民收入差距日益扩大问题的紧迫性和艰巨性这一战略高度上考虑问题，政府决策机制必须彻底改革并加以完善，简言之，即通过重大行政决策的民主化、法制化来提高决策效率与公平程度。现阶段，党和政府深化社会主义民主政治制度改革与完善的重要任务之一，就是要大力推进决策科学化、民主化与法制化。走群众路线的决策机制，把改善普通劳动大众的生活状况，增进他们的福利作为决策的重大经济政策决策的出发点和归宿点。具体地讲，党和政府决策民主化、科学化必须建立在较为完善的制度基础上，这些制度大体上应包括社情民意反映制度与群众利益密切相关的重大事项社会公示制度、价格听证制度、专家咨询制度、决策的论证制度和责任制度、重大决策失误的引咎辞职制度以及权力的监督制衡制度等，而所有这些制度保证，实际上就是在立法民主化基础上的法制建设与完善，能够有效地防止并纠正实践过程中出现的问题与缺陷(李良栋等，2004)。

综上所述，政府机构与政策决策机制的改革与完善必须建立在民主政治制度的改革与完善的基础上。而政府机构及其决策机制的改革与完善，必须体现以人为本的原则，紧紧围绕着社会主义市场经济体制和市场机制的完善与有效地抑制并缩小居民收入差距两方面展开，前者将促进经济活动效率提高，增进社会财富的增长，后者将有利于创造利益兼容的和谐发展环境，从而有利于市场机制功能的更全面发挥，有利于国民经济的可持续发展。

三、市场效率竞争与政府宏观调控的协调与配套

宏观调控通常是指国家运用宏观经济政策手段及其他手段对宏观经济运行所进行的“控制”或“调节”。这是政府通过调整某些经济变量（如货币供给、财政支出等）来影响市场经济中各种经济变量的取值，进而影响经济主体的行为，使经济运行朝着预定目标靠拢的过程。对国民经济实行宏观调控，是现代市场经济国家的共同要求。各个国家的宏观调控，既有现代市场经济宏观调控的共性，又在调控目标和调控体系方面有自己的特点。一般而言，现代市场经济国家调控的目标或主要任务可以归纳为四个方面：国民充分就业、经济可持续性增长、保持物价水平稳定与国际收支平衡。这四大目标的实现是建立在国家宏观调控能够有效克服市场失灵的基础上（蒋学模，2003）。

市场与组织是配置社会资源的两种制度类型，两种制度客观上存在一定互补性。尽管在现代市场经济国家中，市场失灵与政府失灵都是正常的现象，但这并不能否定市场机制与政府宏观调控机制的互补性，只是提醒我们要进一步全面深刻认识市场机制，避免对市场机制的错误理解，同时要加强和改善宏观调控机制，以保证市场效率竞争与政府宏观调控更加协调与配套。目前，市场经济机制比较成熟的发达国家已在实践中摸索出一套比较成熟的

政府宏观调控机制，在很大程度上有效地弥补了市场机制的不足，表现在经济社会可持续发展与居民收入差距控制在较合理的范围内，居民安居乐业、物质生活较为宽松富裕等方面。

我国正处于体制转轨的关键时期，从制度角度看，市场体制还不是比较完整的市场制度集合，不仅存在一般意义上的市场失灵，而且存在着因市场制度缺陷所导致的各种市场失灵问题。这既不利于市场效率的发挥，阻碍社会财富的创造与积累，也不利于公平合理的收入分配机制的形成与利益矛盾冲突及其导致的社会不和谐的因素的消除。对此，我们必须有清醒的认识，并在深化改革过程中进一步完善市场机制，同时加强与改善政府宏观调控机制建设，确保二者的对称性与互补性，使市场在微观领域的自我调节与政府在宏观领域的调控相辅相成、相得益彰。然而，在实践中，政府宏观调控失败的例子比比皆是，即使是当今最完善的市场经济国家，宏观调控失误或失败的例子也时有发生，更何况我国正处于经济体制转型紧要关头，相关制度法规还不够完善，甚至漏洞较多，且政府效率还比较低下，在这种情况下实施国家宏观调控，稍有不慎，不仅难以取得预期效果，可能还会起相反作用，例如，破坏或冲击市场经济正常秩序，降低市场机制运行效率等。因此，我国在实行宏观调控前，首先必须以“效率和财富增长”为中心，明确界定宏观调控的目标与范围；其次，在宏观调控目标明确的前提下，必须健全和完善宏观调控的手段体系。具体地讲，有以下几点：

首先，必须理顺国家宏观调控与市场效率竞争的关系。

国家宏观调控是市场经济发展的必然，是多年来世界各国政府克服市场失灵实践的产物。在国家宏观调控下，市场机制在资源配置上仍然起着基础性的配置资源的作用，而国家则在市场失灵领域(如公共产品、外部性等)起调节作用。可见，国家实施宏观调控的目的是克服市场失灵并保证市场机制功能正常发挥，而不是否定市场机制的作用。因此，不干扰市场机制的正常运行应作为国家宏观调控的前提。目前，关于国家宏观调控领域，国际上基本上已达成一个共识：凡是那些市场可以较好地发挥合理有效配置资源的作用或可以使其能够较好发挥这种作用的领域，都应划到国家宏观调控范围之外(罗季荣、李文溥，1995)。由于我国正处于经济体制改革过程中，不同区域、不同行业、不同领域的市场化程度不一样，市场失灵的领域可能比较多，相应地，可能也需要更多的国家宏观调控，但无论如何，在实施宏观调控时，一定要注意国家宏观调控与市场机制在资源配置中的对称与互补的关系，随时做好进退有序的准备，在需要国家宏观调控的领域，应该大胆及时地果断介入，在市场机制能够有效资源配置的领域，国家宏观调控也应该及时果断地退出，绝不能留恋或迷信国家宏观调控的效果，以保证国家宏观调控与市场机制的作用范围能够较好地衔接，避免宏观调控出现缺位、错位与越位等失灵现象。

其次，应该合理规划宏观调控目标，在提高市场机制效率、促进经济增长的同时，保证居民收入公平合理。

总体上看，国家宏观调控的目标有四个，即国民充分就业、物价稳定、经济增长、国际收支平衡。在不同时期、不同经济环境下，各个国家的宏观调控具体目标、任务或侧重点都有所不同。具体到利益兼容基础上经济效率与财富的共同增长，必须对国家宏观调控目标作一具体规划。市场机制能够自发地调整人们之间的利益关系，而国家宏观调控则能够自觉地调整社会利益格局，包括中央与地方之间、各地区之间、居民收入分配之间等方面的经济利益的调整。如果宏观调控目标明确，手段得当，完全有可能与市场机制形成优势互补、实现取长补短的良好效益，这样，既能够有效发挥市场机制的作用，同时又有利于社会利益兼容局面的产生。为此，我国现阶段的宏观调控目标应包括缩小居民收入差距，实现利益兼容，甚至把这一内容列入今后较长一段时期的国家宏观调控的主要目标之一。由于居民收入差距首先体现在劳动收入分配方面，因此这就意味着以缩小居民收入差距为目标的国家宏观调控，一方面必须重视就业机会的创造，增加整个社会就业机会的供给；另一方面也意味着建设并维护好一个机会均等的劳动就业市场并让市场机制来调节劳动力的合理流动的重要性。无论是就业机会不足，还是就业机会不均等，都会产生不合理的收入差距。目前，我国就业岗位比较少，就业机会十分不公平，特别是国有事业单位以及垄断行业等收入较高的就业机会，存在十分不公平的现象。因此，利益兼容基础上宏观调控目标，在某种意义上，可以归结为创造一个公平竞争、机会均等的劳动就业市场，激发广大劳动者的创业激情与工作热情，不断充实社会经济发展的动力，促进经济效率不断提高和社会财富不断增长。而就业机会的增加与机会的均等，客观上需要保持物价相对稳定以及经济持续增长。因此，当前我国国家宏观调控的目标可以归结为保持经济持续增长的基础上，调节、引导并维护一个公平的劳动力就业市场。

第三，国家宏观调控目标能否顺利实现，在很大程度上取决于国家宏观调控手段体系是否健全。

总体上讲,国家宏观调控手段体系可分为三大类:经济手段、法律手段和必要的行政手段。为实现宏观调控目标,国家常常将三种手段结合起来使用,但从各国实践活动看,经济手段在国家宏观调控手段体系中居于主导地位的趋势越来越明显。

宏观调控的经济手段主要包括货币政策、财政政策、产业政策、收入分配政策、汇率政策等。其中,货币政策指中央银行通过法定准备金率的变动或公开市场业务操作或贴现率的调整等方式,增加或减少货币供给量,以影响利率,从而调节投资与消费的政策。财政政策是国家通过税收和财政支出,直接控制消费总量和投资总量,以实现经济平稳运行的政策。产业政策是指国家根据经济发展的要求以及产业的现状与变动趋势,以市场机制为基础,规划、干预和引导产业形成和发展的政策。收入分配政策实际上是财政政策的一种延伸与拓展,是指政府通过征税、补贴、社会保障等方式对各种生产要素所有者收入的再分配,其实质是通过对富人征税和对穷人提供转移支付来实现的。汇率政策实际上可看作货币政策的延伸与拓展,它是开放经济条件下的货币政策,其目标是保持国际收支的平衡以实现开放经济下国民经济的稳定发展(余晖,2002)。

健全与完善国家宏观调控手段体系,目的在于用更加科学、规范的宏观调控手段,在保证市场机制基础性作用正常发挥前提下,对市场失灵领域进行调节,以追求市场效率竞争和宏观调控下社会利益兼容的完美结合。在利益兼容与市场效率竞争的关系中,利益兼容是手段,而发挥市场效率竞争、促进社会财富和经济效率的长期可持续增长才是目的所在。因此,国家在运用宏观调控手段时，应尽量采用经济手段与法律手段，尽量少用行政手段，因为法律手段和经济手段比较科学与规范，负面影响较小；而行政手段虽然见效快，但副作用即后遗症也十分明显，如1993年我们国家开展的宏观调控，给经济发展带来的后遗症至今还未完全消除，最典型的是全国各地存在的“烂尾楼”现象，既造成了土地资源的严重浪费，又给银行增添了许多呆账坏账。但遗憾的是，我国在2004年春季的宏观调控过程中，仍然可以发现浓厚的行政色彩，行政手段“一刀切”的弊端仍然十分醒目，显然，这不利于市场机制的正常发挥。在这次宏观调控过程中，为了防止某些投资持续过热，国务院出台的控制电解铝、水泥、钢铁投资的103号文件，虽然在缓解投资过热上取得明显成效，但也有保护现有厂商和保护落后的嫌疑，且造成许多在建项目的突然停顿，其严重的后遗症不言而喻：严重挫伤民营资本投资热情，土地、资金沉淀，银行呆账坏账将因此增加，劳动就业机会减少等。另外，国家发改委还出台一些行政性手段严厉制止物价上涨，如《关于严格控制出台涨价项目的通知》，也是典型的行政手段。

之所以强调国家宏观调控要淡化行政色彩，还有一个十分重要的原因，那就是行政手段常常会严重扭曲市场价格，而市场价格是市场机制赖以发挥作用的最重要的信号，竞争中的经济主体主要是依据市场价格信号各自作出最佳选择，从而实现整个社会资源的优化配置，如果市场价格信号失真，必然导致资源配置效果较差，经济效率低下以及可能导致社会收入分配悬殊的状况进一步恶化。目前，世界各国在运用宏观调控手段时正朝着规范化与法制化方向迈进，即经济政策手段的运用正受到越来越严格的法律制度的约束,国家在运用相关政策时只能在法律制度许可范围内灵活应用,这大大降低了因主要领导的个人偏好所带来的不确定性;相应地,宏观调控的严肃性、权威性也得到更广泛的认可,在克服市场失灵领域的作用也越来越成熟、越来越稳定,效果也更加明显。因此,健全和完善宏观调控体系,应大力推进我国宏观调控手段规范化与法制化,尽量减少行政手段的随意性与不确定性,确保市场机制的基础性作用不受宏观调控的严重干扰。

第四,理顺利益兼容与宏观调控的关系。

党的十六大在深化分配制度改革方面的创新为利益兼容格局作出了原则性界定并指明了方向。这种创新思想包括两方面:一是首次将确立劳动、资本、技术和管理等生产要素按贡献参与分配上升到了分配原则和今后完善按劳动分配为主体、多种分配方式并存的分配制度的认识高度上。同时这也是党的重要文件首次把保护合法的劳动收入和合法的非劳动收入记录在案。二是明确提出了初次分配注重效率，再分配注重公平的新思想。为解决效率与公平、利益兼容问题指明了方向。初次分配指在创造国民收入的社会生产领域内进行的直接分配。初次分配注重效率，主要应通过市场机制的作用，把劳动者的报酬与劳动效率和劳动贡献紧密结合起来，把人们的收入差别建立在劳动差别和劳动贡献大小基础上，打破收入分配领域的平均主义，有效地激发人们的主动性、积极性和创造性，解放和发展生产力。再分配指在初次分配之后在全社会范围所作的分配，在宏观上调节收入分配，缓解收入分配不公，防止两极分化，实现利益兼容。因此，在宏观调控手段上，国家实施的收入分配政策的作用范围实际上基本限于再分配领域，而初次分配领域仍由市场机制自行调节。这也再次证明了一个平等竞争的劳动就业市场对合理的社会收入分配格局的形成的重要性，国家宏观调控的长期目标应该是始终不渝地激励人们投资创业，增加就业机会供给，维护一个公平竞争的劳动就业市场。

但是，市场竞争必然导致两极分化，因此，国家宏观调控时还必须注意对收入分配政策进行适应性调整，注意税收手段与转移支付手段的合理应用。这一点我们可以借鉴欧美国家的个人所得税制度。在欧美发达市场经济国家，在征收个人所得税时，是按家庭赡养人口来计算扣除额，显然比较公平。过去，我们一直认为这种方法对征管条件、个人申报、纳税人素质的要求比较高，我国达不到这个要求，只好单纯根据个人收入，按照维持个人基本生活费用的基准作为相应的免税扣除额。这样做的后果客观上导致贫穷家庭更加贫穷，而富裕家庭更加富裕。原因是靠工薪收入比较富裕的家庭，往往在就业市场竞争能力较强，或者是社会背景深，能够通过关系获取高薪收入的就业机会，分开课税实际上比按家庭实际赡养人口课税要少缴税。而贫穷家庭往往就业人口相对少，且就业收入相对较低，按个人收入征税，显然会导致其税负偏重。另外，按家庭实际赡养人口课税，有时还有利于高收入家庭的某些成员退出或暂时退出就业领域，如夫妻双方收入都非常高，导致其边际税率也比较高，进而可能导致两人同时就业与只有一人就业的实际收入相差无几，这样，夫妻双方中可能有一人退出或暂时退出就业领域，转为休闲生活，从而为其他劳动力提供了就业机会，使社会劳动力供给具备了一定的弹性，有利于居民贫富分化的缓解。目前，随着计算机网络技术的发展，一些信息卡(如二维码)可以十分方便完整地记录家庭信息，我国完全具备实施按家庭实际赡养人口课税的个人所得税制度。另外，我国的转移支付手段在很多情况下是针对贫困家庭的。因此，我们完全有可能在“十一五”期间实现根据家庭收入及赡养情况实施协调配套的征税与转移支付制度，促进社会利益兼容的和谐环境的形成与发展。

第五，完善社会保障网络是市场竞争效率与国家宏观调控协调配套的重要条件。

建立健全与经济发展水平相适应的社会保障体系，合理确定保障标准和方式，完善社会保障网络系统，是市场竞争效率与国家宏观调控协调配套的重要条件。具体地讲，主要包括以下内容：完善城镇职工基本养老和基本医疗、失业、工伤、生育保险制度。增加财政的社会保障投入，多渠道筹措社会保障基金，逐步提高基本养老保险社会统筹层次，增强统筹调剂的能力，大力发展企业补充保险和商业保险。认真解决进城务工人员社会保障问题，加强农村地区养老保险与医疗合作保险制度假设，加大财政投入力度，切实保障农民的初级社会保障网络。完善优抚保障机制和社会救助体系，支持社会慈善、社会捐赠、群众互助等社会扶助活动。

总之，只有通过深化经济体制改革，最大限度地释放市场机制在社会资源配置方面的基础性地位的作用，并通过上层建筑中政府职能和政府机构的相应改革与完善，优化政府决策机制，强化并完善政府宏观调控体制等一系列的政治体制改革，才能有效抑制社会收入分配差距不断过分扩大的趋势，并最终把整个社会收入分配差距控制在社会认可的范围内，才能够实现社会收入分配利益兼容基础上的经济活动效率逐步提高以及财富不断增长。

第九章　实施收入财税政策大调整确保我国利益兼容基础上的健康持续发展

健康的国民经济体系不仅体现于国内经济总量不断上升，而且还要能够统筹解决体制改革所带来经济生活中的一些矛盾，使所有居民共享体制改革的利益增进。利益兼容的经济体制改革应该在立足于提高居民收入机会，提高初次收入分配总量，减少非正常收入机会，完善制度安排，同时实施收入财税政策大调整，对二次分配进行合理调配，促进效率的同时对改革所带来的利益冲突进行整合和协调，确保改革获得广大群众的支持和保持我国经济的健康持续发展。

第一节　大胆实施以公平为导向的收入分配调整政策是当前政府实施体制改革的当务之急

一、目前收入分配差距过大原因的财税政策分析

我国经济体制改革过程中伴随着财税体制改革的逐步推进，

在破除了平均主义的分配观念以后，财税体制改革必然带来收入差距的变化，具体体现在不同区域间收入差距的变化、不同经济成分企业间利润的变化，以及城乡之间和不同行业间收入差距的变化。不可否认，与经济体制改革同步进行财税政策调整，增加了经济发展的内在激励机制，提高了整个国民经济发展的效率，但在一定程度上也给居民收入差距的扩大造成了负面效果。

1.企业利税改革为收入差距的扩大埋下伏笔

在财税体制改革过程中，国有企业成为引入市场调节作用的排头兵，国有企业利润改革也就成为改革的第一步。从“放权让利”、“利改税”、推动“承包责任制”，和转换企业经营机制、对企业实行产权制度改革，同时结合国家改革工商税制，使得我国企业开始逐渐向现代企业制度挺进，大大提高了城镇居民的工资收入水平，同时也带来了国有企业内部收入差距快速扩大的局面。

通过与上级主管部门的谈判以获取更高的利润留存和各种形式的补贴等，20 世纪 80 年代这些保护性措施保证了国有部门工资继续上涨(蔡昉、杨涛，2000)，而且在改革初期的确带来了工人收入的普遍上升。但是随着改革的进行，国有企业领导人产生了“自我管理”的激励，企业领导人作为所有者的全权代表向自己放权让利，通过利润的非法流转，为亲属和家人谋求高额报酬。《企业法》把所有权与经营权的分离解释为国家的所有权与由企业厂长经理代表行使的企业的占有、使用和处分权的分离。这就为作为雇员的厂长、经理按照自己的利益与意志处理企业财产提供了某些法律依据(吴敬琏，2004)，同时为企业经营者带来谋求自己利益的可操作的空间。

随着1994年工商税制改革的推行,规范了企业所得税制度,为国有企业和其他经济成分公平竞争创造了良好的环境。企业经营机制的转换,带来了企业管理阶层收入的更快速增长。国务院发展研究中心企业研究所2004年发布了《转型中国企业人力资源管理》报告指出,中国企业经过二十多年的市场经济改革,市场化用人机制正大力推进,企业高层管理的薪酬水平有了明显提高,按要素分配、向关键岗位倾斜渐呈明显趋势,六成以上的企业总经理与员工平均收入相差3—15倍,甚至有6.4%的企业相差50倍以上(陆一,2004)。因此企业利税改革所带来的影响是国有企业尤其是大中城市中的国有企业的高收入群体收入快速增长,而广大的普通员工收入却增长缓慢,有些地区由于职工的大量下岗,恶化了低收入者的收入水平。

2.内外资企业不同税负待遇扩大了相关群体的收入差距

改革开放初期,由于我国经济发展首先要面临的最大问题是资本匮乏,为了吸引国外资本的流入,从经济特区到沿海开放经济区、沿江开放经济区,采取了一系列政策来优化我国的投资环境。税收优惠是其中最主要的一个政策,我国对外资税收优惠一般可以分为对特定地区投资的税收优惠、对规定行业投资的税收优惠、再投资退税、地方所得税的减免、预提所得税的减免等。

改革开放的二十多年,我国鼓励外资的政策为国民经济的发展作出了巨大贡献,目前我国已经成为最大的外资流入国,2004年,中国实际利用外商直接投资(FDI)金额为606.3亿美元。但是一个引人瞩目的问题是,从2003年的年度所得税清缴情况来看,外商投资企业的平均亏损面达到51%—55%,年亏损总额达1200

亿元(王红茹,2005)。在国家税务总局计划统计司与中国税务杂志社联合发布的2004外商及港澳台商投资企业纳税百强排行榜中,百强贡献税收为627.77亿元,不仅与2003年的627.65亿元基本持平,而且入围门槛还由上年度的2.21亿元下降为2.02亿元。此外,纳税额超过10亿元的企业也从2003年的14家下降到10家。在这些外资企业完全背离经济规律的越亏损越投资或者利润低下的背后,隐藏着非法避税的事实。

目前内资企业和外商投资企业的税收差别主要体现在企业所得税分别适用《企业所得税暂行条例》和《外商投资企业和外国企业所得税法》。一方面双方在费用列支标准、税前扣除项目方面有着重大的差别,另一方面地方政府对于属于地方税的外资企业所得税随意减征或不征以吸引外资,都大大降低外资企业的税负。另外许多外资企业在国际避税地建立公司,与其他地方的公司进行商业、财务的运作,通过转移定价等方法进行利润转移,利用避税地的优惠税收政策减少税负。由于内外资企业税负的差异,产生了许多的"假外资"企业,总体而言,外资企业的税收优惠造成了降低经济效率的资金在国内外间的过度双向流动(左大培,2000)。

税负不公导致外资企业尤其是外商独资企业利润丰厚,但是税负较轻,而内资企业税负较重,且所得税前工资有额度限制,超过则不能在所得税前抵扣,而外资企业工资无论多少都可以在所得税前抵扣,造成外资企业职工工资普遍高于内资企业。因此,内外企业税制的不统一在客观上扩大了内、外资企业员工和企业主之间收入差距。

3.分税制改革造成财权和事权的不统一并加剧了城乡间和区

域间的收入差距

在借鉴发达国家成功经验并充分考虑国情的基础上，我国于1994年进行了分税制财政体制改革，1995年开始又对政府间财政转移支付制度进行了改革，逐步建立了较为规范的政府间财政转移支付体系，加之2002年的所得税收入分税制改革，我国基本上建立起了适应社会主义市场经济要求的财政体制框架。分税制的实行规范了政府间财政分配关系和财政收入分配秩序，同时提高了地方政府的征税努力程度和中央本级收入占总财政收入的比重，强化了各地区对中央财政的依赖度。

分税制改革的背景是由于中央财政入不敷出，为此，中央需要尽量集中收入，确保中央财政的支付能力。因而分税制不可避免地隐藏着财权上收、事权下放的制度空隙。最直接的后果就是地方政府承担了较大的支出压力，而财权层层集中，导致有些地方政府甚至陷入严重负债的境地，同时也引发了地方政府之间的纵向税源争夺和横向税收竞争。

纵向税收竞争所产生的最大问题就是上级政府凭借行政权利，对辖区内的纳税大户企业规定为本级税源，而经营效果不佳、纳税额度低的企业一般仍然归属下级政府，形成了上级政府财政马马虎虎，而下级财政却无法支付的现象。其后果之一是，上级财政有足够的资金从事公共事业建设和城市发展需要，而下级政府为了行政事业费用费劲了心思，都没有足够的财力来提供本级政府的公共产品支出，形成了城市繁荣和县、乡、镇、农村发展滞后的对比局面，公共产品建设的滞后和市场外部环境的缺乏导致广大的县乡级无法吸引足够的投资。

与此同时,横向的税收竞争带来地区收入差距的扩大。分税制改革后,中央虽然提高了中央对地方各级政府的转移支付力度,但是地区间的收入差距依然明显增大。根据陈秀山、徐瑛计算塞尔指标的结果得出,从分税制改革前1990年的地带间收入差距为0.036,2002年上升到0.072,而各地带内的收入差距由1991年的0.051降至2002年0.049(陈秀山、徐瑛,2004),说明在东、中、西部地区地带内部收入差距减小的同时,地带之间的收入差距快速扩大。各地区收入差距扩大的一个主要原因在于各地区经济发展的自然环境差异化和经济政策的倾向性相关,但是由于东部地区为了扩大自己优势,结合国家政策的倾斜,利用税收减免等措施,增大本地区资本吸引力有着直接的关系。由于资本的流入导致税源的扩大,税收的减免实际上带来的资本供给弹性远远大于1,使得该地区的税收上升反而较快,有足够的地方财力改善投资环境,提高当地居民生活福利。落后地区始终没有强大的财力改善投资环境,形成一个新的非良性循环。东、中、西部地带实际上是利用各自的地理优势,同时结合政策的倾斜,利用分税制所带来的机会,横向的税收竞争,扩大自己的财政实力。然而后果却是地带间收入差距的迅速扩大和各地带内部经济发展趋同化。

我国省级以下地方政府承担了繁重的经济管理事权和社会管理事权,但是由于我国1994年分税制改革并没有建立起相应地方税体系,地方财权极度弱化,分税制改革带来财权集中和事权下放的不平衡匹配。为此地方政府唯有努力通过“三费”来解决自己资金的困境。我国实行的分税制度被“盲目推广和延伸,在省、市形成了上级政府都应集中资金的思维逻辑”(贾康、白景明,

2002)，导致乱收费现象在没有制度约束和地方政府扩大资金需求的内在激励之下，逐渐变得日益繁重起来。比较发达的地区由于税源充足，对于"费"的需求远远低于较落后地区，居民承担了较少的费用，但是落后地区政府在政绩化和公共事业建设压力的双重作用下，在预算内资金无法满足需求缺口的情况下，多收费成为不可遏制的一个趋势，这给收入欠发达地区社会成员造成了沉重的负担。

4.税收征管上不公平扩大了收入差距

通过分税制改革，我国已经建立起了比较完善的税收体制，税收的快速增长为我国的经济建设和政府调控奠定了坚实的基础，税收征管机制及相关人员为保证税收及时入库作出了巨大贡献。但是不可否认的是由于我国1994年税制改革并不是完全意义上的分税制改革，而是带有双轨制的分税制，税制过于复杂，给税收征管提供了许多可以人为操作的空间和许多不规范之处。

首先，税制的单一安排导致税收征管低效。我国地区差异较大，而通过中央立法开征的某些税种，由于在某些地区未必有相应的税源或税源太小，因而难以征收，这不利于地方因地制宜地调控配置区域性资源，从而影响了地方政府组织收入的积极性，使得税收征管不能及时到位。在税收征管过程中地方政府的税务部门擅自扩大优惠政策执行范围，或者违规批准，或者对企业纳税申报核实不严，造成税收流失①。

① 2004年审计署第4号公报称调查发现，2002年788户企业少缴税款133.85亿元；2003年1至9月少缴税款118.94亿元。

其次，在调控收入分配中起重要作用的个人所得税中，对高收入群体征管不力。从目前个人所得税的税源来看，主要是工薪阶层。2004年全国征收的1737.05亿元的个人所得税中，将近65%来源于工薪阶层，而拥有更多财富的文体明星、私企业主或企业高层管理者等高收入群体，却存在纳税不足甚至偷税、漏税现象(木乔，2005)。另外对于个人所得税的税前抵扣制度不完善，在扣除制度中并没有考虑居民的个体差异，如婚姻、子女和赡养义务等，对于居民的学习和培训等教育费用全部不予抵扣。同时对于个人所得税的稽查和监管乏力，没有从根本上解决实名制问题，也就无法避免高收入和多收入群体的逃税行为；并且个人所得税由地方税务系统征收，对于跨地区收入的合并征收不力(柏徐，2004)。

再次,税收稽查和激励机制不强。税法规定的罚款自由裁量权过大,5倍以下0.5倍以上的处罚额度可高可低,给执法随意性留下了空隙。在对于违反税法的案件中,由于许多地方政府和财政部门将经费拨付与上缴罚款收入挂钩,当地公检法部门以罚代刑或重罚轻判,削弱了对涉税违法犯罪的打击力度。同时现有税法对于居民诚实纳税没有任何激励措施——对于纳税人的信用等级和受稽查概率没有形成直接的联系。纳税人是一个追求自身利益最大化的个体,现有的税收制度安排及税收稽查没有做到所有居民的最优选择为诚实纳税。

5.财政支出所带来的收入差距问题

一般的观点是:受教育水平与收入高低成正相关,因为居民所接受的教育水平越高,就会拥有更多的组织资本、经济资本和文化资本以及更广泛的社会关系,获得更好的就业岗位的机会就越多、失业概率越低、增加劳动时间(如兼职、加班所带来的较高补贴)、减少待业时间、能够以较快的速度适应新的工作岗位、转换更高薪水的工作机会等,增加收入的机会也越多,即所获得的收入将越来越多。所以,当居民之间所接受的教育尤其是高等教育水平的差别越小,越有利于缩小相互之间的收入差距;反之,居民之间的收入差距会越大。并且随着市场经济的进一步发展,受教育水平对个人收入的影响以及对不同社会成员之间的收入分配的作用越来越重要,最重要的体现就是收入分配逐渐向学历高、技术型员工倾斜。所以基于全体居民收入水平共同提高的教育体制应当是提供全体居民相同公平教育的机会,国家应该充分利用强大财政作为基础,利用政府支出来帮助实现不同区域间、城乡之间、不同行业间的居民的平等素质教育和职业教育机会。

但是从我国的财政对于教育的投入来看,远远低于发达国家水平,甚至低于国际上发展中国家的一般水平,与此同时由于教育的收费改革,导致居民对教育的投入增多。此外,城乡基础教育投入差别很大。城市基础教育的资金投入基本上是有保障的,被列入城市财政预算。而农村基础教育的资金承担者为农村居民,农民在承受子女学杂费的同时,还额外为农村教育的发展做出了巨大贡献,但同时直接减少了农民可支配收入,降低了农民对教育投入的动力。因此,大量农村适龄少年儿童面临着失学的现状和危机,在许多失学的儿童中,大部分已经开始工作。这不仅会影响劳动力素质,大量青壮年被边缘化为城市流民还蕴藏着严重的社会不安定因素(王梦奎,2004)。

城乡医疗卫生投入的差距导致了城乡居民为医疗所支付的费用的差距，尤其是使得农村中许多家庭“因病致贫”。根据世界卫生组织公布的《2000年世界卫生报告》，在191个国家和地区中，中国的医疗资源分配公正指数排第188位，是世界上公共卫生资源分配最不公平的国家之一。城镇居民基本上可以享受公费医疗或在医疗保险制度覆盖范围之内。而农村合作医疗保健制度大部分已经解体，有合作医疗的仅占15%左右。广大农民基本上处于一种“小病不看，大病看不起，看大病即意味着倾家荡产”的状况（苏明，2003）。

城市居民大多可以享受现代社会保障制度（尽管仍不十分完善），包括养老保险、医疗保险、失业保险，还有国有企业下岗职工基本生活保障制度及城市居民最低生活保障制度。而占中国人口70%以上的农民基本上被排斥在现代社会保障体系之外。数千万进城务工的农民由于缺乏社会保障，难以真正融入到城市当中，这不仅与他们为城市的建设和发展所作出的贡献相比不公平，而且严重影响了城市社会的稳定。现在我国仅在部分农村发达地区正在探索建立农村社会养老制度。据有关统计资料，目前我国参加养老保险的农民仅占农村总人口的9.6%左右。这意味着农村养老仍基本上是以传统的家庭养老为主，至于其他的失业保障、医疗保障、最低生活保障等现代社会保障制度更与农民无缘（苏明，2003）。

不平等的转移支付制度和补贴制度，尤其是各种实物补贴，不以收入作为享有补贴的标准，而是“主要表现为占人口80%的农村居民无法享有与城镇居民相同的获取实物性补贴的权利”，和

"城镇居民中货币收入与部分实物补贴之间的正相关性这样一个事实"[①]。

改革开放以前政府通过价格剪刀差等形式集中了大量的收入，在工业化发展战略的计划经济体制下，政府对农业、农村和农民的投入大大低于正常水平，甚至为负。在当时特定的历史背景下，农村形成的公共产品供给制度主要是依靠广大农民的革命热情、积极性和凝聚力，以农民自身的贫困为代价，建立起农村公共产品供给制度的框架（刘乐山、何炼成，2005）。改革开放以后，在沿海发达地区和内陆的城市中逐渐引入了市场机制，许多具有排他性和竞争性的物品交给了市场，政府着力解决了城市的教育、医疗卫生、社会保障和城市基础设施建设、公共设施建设。但是在农村中的公共产品的供给许多仍然依靠农民自身的积累来解决——多层次的农业发展基金、强制性的劳动积累义务工、农民合作基金（张军、蒋维，1998）。与此同时由于地区经济发展的不均衡性，必然带来不同区域间地方政府的财力差异，进而导致了东、中、西部地区的公共产品形成的区域性差异，又形成了要素流动的单向性——优秀的资本和劳动力由西部、中部向东部单向流动，从而形成了发达地区经济发展的"马太效应"[②]。城乡之间、不同区域间的公共产品数量、质量和与当地经济发展相应的匹配程度直接影响

---

① 李实：《中国居民收入分配实证分析》，第6、7页，北京，社会科学文献出版社，2000。

② 著名社会学家罗伯特·莫顿（Robert K. Merton）认为"马太效应"是指任何个体、群体或地区，一旦在某一方面（如金钱、名誉、地位等）获得成功和进步，就会产生一种积累优势，就有更多的机会取得更大的成功和进步。

了当地对要素的吸引，导致不同区域的社会成员创造收入的机会差异和范围的不同，这是城乡收入分配差距和东、中、西部差距的另一个重要诱因。

二、实施以公平为导向的收入分配政策大调整的理论与实践依据

在当前深化经济体制改革的关键时期，面对收入分配差距的现实环境和制度因素，实施以公平为导向的收入分配政策是必然的选择。福利经济学的研究得出了低收入者福利的提升会导致整个社会福利水平增进的结论，其主要实现手段是以公平为出发点来提升低收入者的收入水平。公共财政的建立是适应社会主义市场经济体制的一个发展方向，而公共财政的公共性、非盈利性和公共收入的法制化，强调了公共财政必须立足于最广大的人民的公共利益，必须以公平为准则，为全体社会成员提供大致相当的福利水平；可持续发展所体现的横向公平和纵向公平要求，为收入分配政策的调整指明了新的道路；而建设社会主义的本质——走共同富裕之路，让公平成为了社会发展的最高理想。

1.社会福利函数的分析

福利经济学对于资源利用不存在浪费的效率原则基本上达成了一致意见，但是对于公平的概念，福利经济学家们有着不同的观点。既有机会平等和结果平等、过程平等之争，又有对于平等的判断标准的辩论，但是最终都回归到分配结果公平与否的讨论上。

从边沁的简单功利社会福利函数来看，$W(x)=\sum_{i=1}^{H}U_i(x)$，在

赋予个体相同权重的情况下,任何个人的福利增进都会带来社会福利水平的提高。庇古在继承了古典功利主义路线基础上,提出了社会总福利是社会成员从各种满足来源获得的效用之和,得出在分配不变的情况下,个人福利增进会带来社会福利的提高,但在收入分配变化的情况下,富人收入的提高所带来边际递减的效用水平会随着穷人收入水平的降低所带来的福利损失更大。

贝尔努利—纳什社会福利函数 $W=\prod_{i=1}^{H}(u_i)^{a_i}$中,赋予社会个人不同的权重,说明在个人福利增进的情况下,由于不平等的增加,反而有可能导致整个社会福利水平的增进。在这种表达方式中,连乘法突出了加总规则的平等性质,更直接地表达出收入分配平等即福利亦更高的政策愿望①。

现代社会对于福利函数的讨论中,较为突出的是伯格森—萨缪尔森社会福利函数 $W=W(u_1,u_2,\cdots,u_H)$,它对于函数的具体形式没有任何的规定,没有对函数的具体形式做出任何的规定,所以它是一种概念。但这种一般化的函数避开了价值判断问题,它可以包括帕累托标准,也可以不包括,还可以包括其他的标准。

在对于伯格森—萨缪尔森社会福利函数的具体化中,罗尔斯的公平理论无疑是一个典型。罗尔斯认为在社会成员一致接受人人享有平等权利,和对不平等做出安排并使对最不利的人产生最大受益和所有人在机会平等的条件下都有事可做的两条原则下,罗尔斯福利函数带有明显的平均主义倾向——境况较差的人收入

---

① 因为多个数相乘,当各数相等时,它们的积最大。

增加的多少在社会福利增进中的权重更大。其理论代表为极大极小社会福利函数 $W = \mathrm{Max}(Minimum(U_1, U_2, \cdots, U_n))$——整个社会福利水平取决于最低收入者福利水平的提高。

福利经济学对于公平观点的争论虽然立足点不同,但是内含的一个共同点就是,低收入者的福利水平在这个社会福利函数中的地位大小。不同种类福利函数的提出都不可避免对低收入者的福利在整个社会福利水平的地位都给予较大权重,因此实际上都在申明一个观点——低收入者福利水平的提高会大大增进社会福利水平,隐含的政策建议是提高低收入者的收入水平。

2.公共财政能够促进社会公平格局的形成

公共财政是指在市场经济条件下国家提供公共产品或服务的分配活动或分配关系,是满足社会公共需要的政府收支模式或财政运行机制模式,是与市场经济相适应的一种财政类型,是市场经济国家通行的财政体制和财政制度。公共财政有三个特点,即公共性、非盈利性和公共收支法制化即法制性,其三个特点都内含对社会公平体系建立的制度需求。

从公共性来看,建立社会主义市场经济体制是对公共财政的内在需求。基于市场垄断性的存在、产品外部性和公共品的生产都会导致市场失灵,需要强大的国家财政力量来解决此类市场失灵,以前靠指令计划和行政命令,这与社会主义市场经济体制不再完全相兼容。公共财政为此提供了一个解决问题的较好方式。从非盈利性来看,公共财政的目的是为了"保三争四"的原则进行,即:一是保证国家机构,如国防、行政以及公、检、法等执行社会管理职能的需要;二是保证科学、教育、文化、卫生、体育、社会保障等事业发展中必须由财政提供的部分需要；三是保证大型公共设施、基础设施、重点建设投入等非盈利或微利性投资的需要；四是争取在财力允许的情况下适当安排对国有垄断性和竞争性、盈利性企业的投入(陈荣凯,2001)。从法制性来看,公共财政以满足社会公共需要为基本出发点,与全体社会成员的切身利益直接挂钩。不仅财政收入要来自于社会成员的缴纳,财政支出要用于向社会成员提供公共物品和服务的事项,而且财政收支出现差额带来的成本和效益,最终仍要体现到社会成员的身上。社会成员对于公共财政的运作便有强烈的监督意识,从而要求和决定着政府财政收支行为的规范化:以法制为基础、全部政府收支进行预算、财税部门总揽政府收支。

公共性、非盈利性和法制性共同决定了公共财政体制必须建立在公平的基石上。公共性要求政府利用公共财政提供各地各个居民相差不大的公共品、控制外部性所带来的激励丧失(正的激励和负的激励)以及降低某些行业由于垄断给居民带来福利的损失。非盈利性决定了公共财政不以经济利润为主要目标,社会正义应该成为其首要的选择;法制性的特点使得公共财政真正回归到公共决策的定位上,全体居民对于来自于私人税收的资金的用途有决定权,能保证“取之于民,用之于民”。公共财政应该平等地对待每一位公民,平等地对待农业和工业,平等地对待农民和城市居民。政府应当利用公共财政手段增进社会的公平,包括缩小城乡差距、地区差距和工农差距。

3.科学发展观要求发展成果惠及全体社会成员

中国二十多年来的改革和发展取得公认的成就——十几亿人

温饱问题得以解决和初步达到小康水平，经济和社会面临着新的发展机遇。但过去那种全力以赴甚至不惜代价解决温饱问题的发展观念和政策，以及社会经济发展中出现片面、畸形、粗放式发展等问题，需要在新的发展阶段做出调整。为此，党的十六届三中全会公报中指出深化经济体制改革必须“坚持以人为本，树立全面、协调、可持续的发展观，促进经济社会和人的全面发展”。科学发展观成为我国未来经济发展调整方向和必须长期坚持的指导方针。

以人为本是科学发展观的核心和本质要求，经济和社会发展要不断满足人民群众日益增长的物质文化等需要，并保证发展的成果惠及全体人民。全面、协调发展要求实现经济持续健康发展和社会全面进步；同时，统筹城乡发展、统筹区域发展、统筹经济社会发展、统筹人与自然和谐发展、统筹国内发展和对外开放，全面协调社会各个层面、各个区域、各个领域的发展不均衡。因此，以人为本和全面、协调发展要求经济和社会进步的过程中依靠收入分配机制保证全体社会成员共享改革成果、统筹全方位发展。

可持续发展，就是要促进人与自然的和谐，实现经济社会发展与人口、资源、环境相协调，坚持走生产发展、生活富裕、生态良好的文明发展道路，保证永续发展。可持续发展最重要的是坚持可持续原则和公平性原则，即经济的发展要使得当代人和后代人都得到满足(横向公平和纵向公平)。1987年，联合国世界环境与发展委员会在《我们共同的未来》中，将可持续发展定义为：“既满足当代人的需求，又不对后代人满足其自身需求的能力构成危害的发展。”可持续发展所追求的横向公平和纵向公平理念是代际公平之间的有机契合。横向公平要求经济发展、社会发展和自然环境的发展相协调,它不仅体现为经济增长方式的转变,而且体现为整个社会中利益的一种协调和兼容机制,达到各方的和平共处与价值认同,并能持续繁荣和发展公平社会。纵向公平是指要求人类发展不以短期目标而牺牲自然环境和浪费自然资源为代价,能够给后代以公平的发展空间和潜力。即要求当代人在考虑自己需求与消费的同时,也对后代的需求与消费负起历史的和道义的责任,协调代际之间机会均等和分享发展成果。

所以,科学发展观在强调以人为本的核心观念的同时,要求以收入分配机制协调社会成员的全面发展、公平发展和可持续发展。

4.社会主义最终目标和构建社会主义和谐社会的提出呼唤共享福利增进的发展格局

什么是社会主义、如何建设社会主义,这是关于社会主义的一个首要的基本理论问题。"社会主义的本质,是……最终达到共同富裕"①,这一关于社会主义本质的论断为建设有中国特色的社会主义指明了方向和目标。发展是为共同富裕打下坚实的基础,为社会提供了更多更好的物质产品,也为更高收入水平的分配提供了保障。而共同富裕的目标明确表明社会主义要求合理的收入分配,要求全体社会成员共享改革的成果。如果不能做到共同参与分享经济发展和体制改革所带来的福利增进,社会成员势必对进一步深化体制改革、经济发展模式的改进缺少长期的动力和支持,甚至在收入差距过大的时候会阻碍改革的深入进行,严重时会引

① 邓小平:《邓小平文选》,第三卷,第373页,北京,人民出版社,1993。

起社会动荡，造成改革的倒退。因此，共同富裕的最终目标决定了我国应在“效率优先”的经济发展原则下，“注重公平”，利用财税制度和社会保障体制，合理调节社会成员收入差距保持在合理限度。

构建社会主义和谐社会的提出是在我国面临发展黄金期和矛盾凸显期的形势下，化解我国社会矛盾和抓住发展机遇，对社会经济、文化、生活等发展转型的重要指导方针。和谐社会首先立足于“以人为本”，以人为基本要素，以人与人之间的和谐为核心和目标，而实现这一目标的途径又依赖于人与自然、社会内部各要素之间的和谐。因此，构建社会主义和谐社会的形成既建立在经济发展模式的转变基础之上，又需要完善实现社会、文化、法制等体系，更要求建立合理的初次分配体系和调节微观经济运行所导致的收入差距过大的再分配机制。

三、大胆实施以公平为导向的收入分配政策大调整，促进利益共享是深化体制改革的一个基本任务与要求

社会主义体制改革的本质要求在坚持、完善社会主义市场经济体制的基础上，实现效率与公平的相互统一与相互推进。就目前政策选择来看，我们要完成深化体制改革的基本任务，实现可持续发展，根本的问题就是要在依据统筹兼顾的指导思想，着力解决当前经济社会发展中的城乡之间、地区之间、人与自然之间以及经济与社会之间等各方面所存在的一系列不协调问题，与此同时为完成深化体制改革的基本任务，必须强化社会主义市场经济体制内在的公平、公正伦理基础，完善市场化体制改革中形成的多元社会利益主体的协调与整合机制（参见第五章）。

随着我国深化经济体制改革、经济发展效率的增进，社会利益群体之间的收入和财富差距必然会存在暂时的扩大，但是“收入分配格局严重不对称的国家，常常缺乏社会的内聚力，要动员起来完成特定的目标相当困难”，“由于收入分配格局存在严重不公平的现象，爆发社会骚乱和政治动荡的潜在可能性很大”[①]，正如孔子曰：人不患贫而患不均。在目前收入差距呈现越来越大的趋势下，经济体制改革的深入开展可能导致更高的收益差距，如果不能合理调节，将会对长期的经济体制改革必然造成负面影响，甚至引起社会矛盾激化。因此大力实施以公平为方向的收入分配政策大调整，促进利益共享是目前深化体制改革的一个基本要求与方针。

1.进一步深化经济体制改革要在利益兼容收入分配格局下进行

经济发展是一项系统性的工程，它要求一国内各部门、群体以及相关制度的共同演进，最主要的是社会成员共享经济发展所带来的福利水平的提升以及由此所导致对经济体制改革的认可。目前经济体制改革已经进入改革开放以后的攻坚阶段，而前期改革在取得重大成果的同时导致了社会关系的重大变化，在社会成员利益关系上的直接反映就是利益主体多元化、利益结构复杂化、利益诉求多样化（李庆华、梁丽萍、赵慧珠，2003）。这既是由于追求经济发展的效率优先所带来的合理性结果，又产生于利用制度空隙或者利用权力寻租所产生的非法收入——不可否认过去的经济

① 莱斯特·R.布朗：《纵观世界全局》，第138—139页，北京，中国对外翻译出版公司，1985。

体制改革在某种程度上是以牺牲公平为代价的。但是,随着不公平的加深和改革逐渐深入到体制“内核”和“关键点”,对于利益的调整的幅度将会非常之大,在过去的改革中,广大低收入者的改革成本远比目前的既得利益集团相对大得多,如果不进行收入分配政策的调整,广大劳动者和既得利益集团都会对更深层次改革缺乏内在的支持动力,而目前我国居民的收入分配情况接近于中间小、两头大,占人口多数的既得利益集团和广大的低收入者的态度直接决定体制改革的未来方向,改革要获得大多数人的支持才能深入开展。随着我国市场经济体系的基本建立,进一步深化改革就需要革除旧体制中涉及各方利益主体的制度因素,由于会暂时损害他们的既得利益或者相对既得利益,势必引起既得利益者反对,与此同时,在过去的改革中无法体现出社会中的弱势群体应得的利益或者他们的福利水平相对降低,也会对体制改革产生抵触情绪,阻碍经济体制的进一步深化。具体来说,公众对改革的信心不足会妨碍社会安定团结,尤其是由于腐败或者公共权力差异产生的利益差距,会使公众的信心下降,必然要削弱他们参加工作和其他社会活动的热情、积极性与主动性,从而降低工作效率和质量,甚至造成整个社会成本急剧上升,最终导致改革进程的减缓甚至倒退;与此同时由于改革进程中自身利益没有得到很好的体现,使得民众对于“按劳分配”的思想产生直接怀疑,甚至导致价值观的扭曲,全社会以金钱至上和唯利是图占据社会价值观的相当大比重,对改革产生巨大的破坏力;高收入群体目前的高消费生活,将成为未来物价上升的重要推动力,又会通过价格机制降低中低收入者的福利水平,强化社会贫富差距和矛盾。更重要的是,大量优秀人才由于对改革缺乏必要的信心，优秀人才“无用武之地”而造成外流(俄罗斯休克疗法改革后大量优秀的科技人才外流就是优秀人才对国际改革丧失信心的直接反应)，将对国家和民族的长期利益造成巨大的损害(卢嘉瑞等，2003)。因此当前形势下采取合理的外部政策手段，调节收入分配差距，提高低收入者的收入水平，并且又能合理保护高收入者的创新精神和勤奋劳动，就成为一个迫在眉睫的要务。

完善社会主义市场经济体制的核心环节也就是应当逐渐建立起以市场价格信号为导向的资源配置体系，实现效率与财富的增进。但是效率与公平是一对矛盾统一体，任何一方的严重偏差将会造成双方的斗争，进而会损害双方，因此合理的经济体制改革要求兼顾效率与公平的双方共进，保证各方利益在协调中稳步增进。利益的协调能保证各方共享改革成果，在承认收入差异的基础上体现公平。同时利益的协调离不开对弱势群体的特殊照顾，对弱势群体进行政策支持既是保障其基本权利的需要，也有利于维持社会秩序，促进经济发展和整个社会的进步。经济体制改革应该建立在协调各方利益关系基础上，形成利益兼容的分配格局，统筹发展，实现经济和社会的全面进步。

2.以公平为导向的收入分配能够合理调节高收入，补助过低收入，促使利益兼容格局的形成

首先税收制度能够降低收入差距，确保全体社会成员不至于两极分化。累进性的所得税和财产税直接降低居民个人收入，对于调节过高收入作用明显，因此，世界各国也都纷纷建立了以所得税为主体的税制结构。而且利用个人所得税对于婚姻、儿童数目

和赡养老人数等来计算个人所得税的抵扣额，帮助家庭减轻因无工作人口的生活负担，结合负所得税制度，提高低收入者的基本生活水平。其次，财政支出政策能够保证低收入者保持全社会正常的生活水准。转移支付制度、一国范围内平均化的公共产品供给支持、社会救济和扶持政策等都为确保低收入者共享由于经济发展所带来的生活水平提升，也给市场经济主体在承担经营风险给予“国家保险”，提高其参与市场竞争的能力和激励创新水平。再次，国家通过对教育的投入，利用国家财政力量发展初等教育，为所有居民提供较为公平的起点；对低收入者教育实行减免教育费用，国家财政支持贷款帮助贫困人口接受高等教育，为全体居民提供接受教育的平等机会，都将有助于社会和谐局面的形成。

3.以建设公共财政为契机，税制改革为依托，社会保障和福利体系建设为外部机制，统筹各项政策，协调收入分配差距，构建和谐共进的体制改革是目前深化体制改革的基本目标。

在完善社会主义市场经济体制中，公共财政调节由于在初次分配中所产生的利益失衡，尤其在当前收入差距较大的压力下，承载了更多的社会期望和实践意义。政府在为全社会所有成员提供满足经济、生活、发展、闲暇需要的公共产品时，不应以某一群体、某一区域或者某一个所有制企业的需要为目标。因此，公共财政首先应当提供适应各地生活水平的、以其经济和社会发展需要为特征的公共产品；其次，必须建立覆盖面广的社会保障和社会福利体系，提高居民对深化体制改革的认可和确保体制改革中降低个体风险，保障社会弱势群体的利益；最后，要全面统筹各项政策，切实降低收入差距，创建各方利益和谐共进的体制改革新局面。

第二节　财税政策大调整与利益兼容

一、财税体制的利益兼容效应分析

财政税收政策是在保证市场经济效率的前提下外部强有力的收入调控手段。税收制度中的税制设计和相关抵扣制度、转移支付制度等是对低收入者的直接补贴，能提高低收入者福利水平；社会保障制度的完善和建立适合我国国情的社会福利制度，将会缓解我国在向共同富裕推进中的利益矛盾，为深化经济体制改革提供利益兼容的外部机制。

财税制度的安排能够为国家集中大量的财政收入，为经济发展提供必要的运行外部环境、公共产品和社会安全需要，提高低收入者的福利和社会保障水平。通过税收制度筹集收入来保证国家的财力随着经济的发展稳定增长，增强国家财政的实力。充足的财力一方面为政府的宏观调控提供重要保障，为经济整体运行的效率和长远规划提供物质基础；另一方面为政府提高公共服务能力提供足够的资金保障，从而确保居民享有更多的保障安全、闲暇等的公共产品，由此提高整个社会福利水平；其次还为政府协调利益差距、帮助低收入者维持基本生活创造有利条件，因为充足的财力可以使政府通过转移支付和各种形式的补贴为低收入者构建基本生活安全阀，使低收入者也能够共享经济发展与体制改革所带来的福利增进。

通过直接税来调节收入分配是国际上所通行的一种平抑收入差距的主要方式。一般认为,直接税主要有所得税和财产税。所得税是对纳税人在一定时期内的流量收入征收的税收,其名义归宿和经济归宿一致,不会扭曲负税人的经济决策,它通常以纯所得为征税对象,并以经过计算得出的应纳税所得额为计税依据,可以直接调节纳税人的收入。特别是在采用累进税率的情况下,所得税在调节高收入者个人收入有着特殊重要的作用,所以一般来说,所得税在西方市场经济发达国家比重相当大。对企业征收所得税,在筹集收入的同时,还可以发挥贯彻国家特定政策、调节经济的杠杆作用。财产税是课征于纳税人的财产价值,是一种对纳税人财富存量所征的税,对高收入者征收累进性的财产税,降低其财富存量,能够直接缩小社会居民的财富差距。其中主要以房地产税收和遗产税、赠与税为主。对房地产征税在提高房地产使用效率的同时,降低房地产所有者的财富水平,遗产税和赠与税的目的是尽可能地让获赠者和继承人不至于因不劳而获而迅速聚集大量财富。

区域性财税政策杠杆可以协调区域发展。一方面多级政府间事权与财权的适当划分,可以促进各地方政府充分利用自身资源,行使地方税权(开征权、减免权等)以促进当地经济的发展,因而充分赋予了区域间经济发展的内在动力;同时政府间转移支付制度的建立,保障了各级、各地政府间的公共产品大致相同的供给水平,并在一定程度上平衡了各地财力,尤其是对经济较为落后地区更具有倾向性,降低区域经济发展差距,尤其是降低了中央财政担负的“调剂各地方财政的财力,并帮助各地区特别是少数民族地区与经济落后地区发展经济文化建设等各项事业的任务”①,也客观上降低了区域经济发展的差距;在共享税和中央税的刚性制度外赋予地方税以一定的地方自主权和给予一定税收优惠,能够充分调动地方经济发展的内在激励机制,尤其是中央税和共享税的区域性税收优惠为吸引区域性投资倾向,促进区域性产业发展,从而带动该区域经济发展。另一方面,财税政策“可以引导资源和要素在不同区域结构性流动”,和作为“一种投资、消费、就业的信号,影响经济主体的决策行为,最终引导资源市场、要素市场、产品市场的重新调整,弥补市场机制自发形成的不合理的市场结构”(李大明,2002),从而影响了整个区域经济的发展。

城乡财税体制的不对称安排将降低城乡收入差距。农业除了“具有为国民经济发展提供产品、积累资本等贡献外,还具有植被国土、涵养水源、改良土壤、净化空气、美化环境和提供各种可再生的生物资源等多种功效”,同时不良的农业活动“会给社会带来负的外部性”(韦苇、杨卫军,2004),同时由于农业受自然因素影响极大,农民无法承担为此付出的风险,各国经济发展实践中把对农业的非对称财政制度视作对农业扶持和提高农民收入政策的首选。首先中央级财政加大对农业生产性公共产品和非生产性公共产品的供给,促进农业劳动生产率的提高的同时为农民生活提供保障,确保农产品效率生产,和保障农民享有国民普遍水平的社会福利;其次,由于农业生产的风险性和农民自身抵御风险能力低下,政府利用财政补贴等形式为农业收益提供保障,如价格支持政策降低

① 邓子基:《财政学》,第319页,北京,中国人民大学出版社,2001。

由于农产品弹性小而产生的“谷贱伤农”的发生，降低农民收入水平随着自然因素降低的波动；再次通过税收的特殊安排降低农业产品在流转过程中的税负，降低农产品生产和销售成本，同时提高国际竞争力；最后为农民建立合适的社会保障和医疗卫生保障体系，确保农民的基本生活水平不受意外因素而降低。因此，对于农业和农民的非对称财政制度安排可以确保农民的总体收入水平与国民收入的基本一致，让农民享受经济发展所带来的福利增进。

财税政策还具有合理调整行业收入差距功能。从行业收入差别来看，金融、保险、IT以及电力等行业都是目前职工收入最高的行业，而从事农、林、牧、渔业的社会成员始终位于收入底端（见第二章），行业收入差别主要体现在垄断性行业和非垄断性行业之间、外资企业和内资企业之间的差距。累进性的所得税降低垄断行业的职工收入水平，依靠流转税降低垄断性行业利润水平，是税收制度的自动稳定器功能的重要体现。

完善的预算收支体制，能够保证政府收入和支出的法制性，减少利用制度空隙进行寻租的空间。从预算内收入和支出的编制来看，法制性是市场经济下政府预算的一个根本特性（邓子基，2001），因此预算的法制性和公开性对保证预算安排的权威和接受社会的监督就成为预算体制内极其重要的环节，对于降低不合理的资金使用，是减少体制内寻租和非正常收入的机会。预算外资金是指，经过中央政府批准征收的规费、税收附加费、公共事业附加费、公共服务收费，也指由地方政府及其机构通过各种手段筹集的资金。因此通过保证预算外资金的收支“两条线”、提高对预算外资金的合法性的审查和逐渐降低预算外资金的比重，直至取消非税预算外资金等，降低预算外资金对于社会成员的负担和减少体制外的寻租机会。

财政收支体制的改革，可以保证税费的合理入库和使用管理，并接受让纳税人监督，让社会成员感受到主人翁意识，增强对社会的认同感和归属意识，支持改革深入进行。首先税收征管体制的完善可以保证税制设计目标的合理实现，尤其是在对于累进性的直接税征收体制的完善，确保富人在税制框架下多纳税，帮助实现降低社会成员之间的收入差距；其次财政资金支出的合理安排，尤其是按照预算内容合理支出，确保预算的严肃性和支出的规范性，保证税款的合理利用和总体"取之于民，用之于民"；再次，在整个收支过程中，尽可能地提高透明度，接受各级审计部门的监督，甚至接受人大代表或者普通民众的监督，让纳税人充分享受应有的知情权，增强对纳税的认可和对税制的信任，同时减少不合理的支出。

二、深化利益兼容的体制改革中财税体制的调整原则

深化利益兼容的经济体制改革就是在追求效率增进和提高社会财富总量的前提下，针对居民收入差距不断扩大情形，积极回应社会对公平的期望与要求。因此，利用非对称性的财政体制，充分保障低收入者的基本生活水平，同时协调区域发展中的差异，提高农民收入水平，调控行业收入差距就是深化利益兼容的经济体制改革的主要内容与目标要求。

首先，非对称的财税体制安排应当充分发挥经济主体的经济创造力。由于机会不均、资本拥有量的不同、劳动能力的差异，或

者人力资源的差异、权力系数差距等导致了一部分社会成员创造出的收入比另外一部分人所创造的收入要高。适度的收入差距是经济良性运行的必要条件，但是过高的收入差距将会产生社会不稳定的因素。因此，利用财税体制降低高收入者的收入水平，同时给最低收入者提供一定的基本生活保障，就是其主要功能之一。这种意义上的财税制度安排是一种典型的非均衡财税体制安排。但是非均衡的财税体制安排是以减少高收入者的收入为前提，在一定程度上降低了其税后收益率，对其工作积极性将产生影响，将会降低社会资源的配置效率。基于利益兼容的财税体制应当在确保财政资金的来源和国家财力增强的同时，充分发挥经济主体的经济创造力；另一方面对于低收入者的财政支持应当建立在效率激励的基础上，降低他们对财政支持资金的依赖，对低收入者的财政支持，不仅仅体现在“输血”上，更要通过财政政策激发他们自己“造血”，为此，非均衡的财税政策既要提高低收入者的收入水平，更要增强整个社会资金的使用效率。

其次，财税体制安排应当为低收入者的生活提供保障。社会保障是社会进步、经济发展的一个重要体现，因为社会成员在追求物质财富增加的同时，还要求一个安定的社会环境和经济制度。通过社会保险、社会救济、社会福利和社会优抚等社会保障体系，为低收入者构架一个“安全网”，同时降低社会成员由于意外事件导致的损害，是一国经济和社会全面发展的重要环节。社会保障体系既是深化经济体制改革配套措施之一，是社会进步和文明程度的一个标志，也是维护社会稳定的一个重要平衡体系。在改革过程中不可避免出现利益分化的情况下，利用非对称性的财税体制安排为低收入者提供生活基本保障,是确保公平竞争、增进效率的一个重要方面。

再次,利用财税体制协调区域间发展、力图城乡共进和降低行业间收入差距是深化利益兼容的经济体制改革中的重大目标。(1)利用财税体制对落后区域之间和城乡之间公共产品的供给应当保持合适的平衡,这是中央政府公平性的直接体现,利用政府转移支付,结合当地经济发展实际,中央政府承担全部的国防支出等全国性公共产品费用,承担部分地方性的公共产品支出,加大对于区域经济发展落后地区的公共产品投入,在财政支出上给予落后地区和农村大力倾斜,做到城乡之间和东、中、西部之间的公共产品相差不是太大。(2)利用税收优惠引导区域产业优化,带动区域内经济结构调整。例如,建立自由贸易区或者免税区、特区等形式直接为区内企业减免税负,促进产业升级;通过对外资企业的税收优惠,吸引资金的流入;给予区内企业产品流转税的特殊照顾,进一步提高其竞争力。(3)加大对落后地区转移支付力度,提供必要的社会保障和社会福利,健全市场经济的外部环境和为市场竞争提供保障。

三、基于利益兼容的财税体制调整建议

深化我国经济体制改革中利益兼容的目标,与财税体制所具有的功能具有一致性。在我国建立公共财政过程中,政府必须承担起义务教育的主要任务,加大对公共卫生系统的建立,完善社会保障和社会福利体系建设,并利用财税政策“以工哺农”,完善政府和区域间的转移支付力度,同时要进一步优化税制,加强预算内、

外资金的管理等方式,调整过高的收入差距,增进各方利益主体的利益兼容。

1.进一步优化税制

税收为政府提供满足社会经济发展中的公共需要产品。它为全体居民提供一个有效的而且私人经济无法提供的外部环境,并为国家防务、社会稳定、建造公共工程、干预外溢性经济和干预自然垄断经济而"付费";其次通过征收个人所得税、财产税和遗产税、赠与税,以及政府的济贫支出、政府的社会保险支出、社会救济和抚恤支出以及政府的投资性支出来实现居民的公平分配任务;同时财税机构作为对全社会有全局影响的机构,能够对全社会经济良性发展承担起引导和疏通的任务,即国家需要通过税收收入和支出来实现充分就业、经济增长、适度的通货稳定和外汇平衡的目标,为经济的持续性增长提供良好的外部条件。

首先,通过改革个人所得税切实降低收入差距。随着经济体制改革的进行,初次分配所带来的收入打破了"平均主义",个人收入分配由单一渠道、单一形式变为多渠道、多种形式,相应的个人收入差距不断增大。目前能够直接平抑个人收入差距的个人所得税税率设计目前过于复杂,税负差别大。采用分类综合的征收制度,缺少公平性,容易产生逃税现象、征管效率低下、不能使个人所得税与公民的个人收入紧密结合,以及缺少随通货膨胀而进行调整等问题(李志远,2004)。其次,起征点过低。目前虽然个人所得税起征点由过去的800元提高至1500元,但是1500元在一些大中城市仅仅是普通职工工资水平,因此,较低的个税起征点已经侵蚀到居民必要的生活福利了。同时在抵扣中,应当考虑区分一般扣除和个人生计扣除,例如考虑婚否、家庭整体收入和支出情况、子女的多少以及赡养情形,降低分项扣除时的成本,提高征税效率,充分体现税负能力公平原则。同时应当加强个人所得税的征管,尤其是高收入者的征管力度。由于个人所得的来源日益多样化,个税的征管难度进一步加大,导致调节收入分配的功能被弱化,甚至起到了“逆向调节”的作用,因此,改革现行的个人所得税制度,突出其收入分配功能是未来个人所得税改革的一个方向。应该让纳税人增强纳税荣誉感,体现纳税人的实际收入状况。对于诚实纳税进行信用奖励,如发放纳税记录本,对纳税人实行全国统一编号,建立纳税人信用评估系统,并且在全国实行信息共享;改革个人所得税的征收和缴纳制度,把纳税人自行申报和代扣代缴相结合,同时对重点对象加强监督,提高纳税申报的双向监督性;注重保护纳税人的权利,为纳税人服务。从纳税人权利宣言的制定、宣传、服务体系和救济体系来保证对纳税人权利的充分尊重,使纳税人有主人翁的感觉,并自觉纳税(张华东,2005);加强与个人所得税密切相关的工商、银行、海关、民政、政府综合部门、新闻媒体建立稳定的合作关系,以掌握纳税对象的注册、收入数额、出入境、民众的纳税反映等情况,构建固定的信息传递系统,形成良好的协税护税网络(於鼎丞,2001)。

其次,统一内外税,使内外资企业平等融入市场,降低内资企业的负担。但是随着我国加入 WTO,客观上要求内外资企业在同一条起跑线上竞争。由于内外资企业税负的严重不平等,致使内外资企业不平等竞争,进而将会对竞争实力不强的内资企业更处于不利的竞争状态:外资竞争实力强而税负轻,内资企业相对实力较弱而税负较重,与此同时,外资企业负担了较少的社会责任(社会保障和保险责任,以及环境维护的责任),而内资企业不仅要承担自身发展的任务、就业的社会责任还要承担社会发展的物质责任。因此,只有统一了内外税才能真正规范市场竞争体系,才能完善税收征管体制,才能使得国内外投资者利用两个资源和两个市场中在相同的条件下竞争,也有利于培育我国的公平竞争的市场环境,并使得居民认可由于内外资企业的发展实力所产生的收入差距。

最后,要切实开展财产税改革,降低高收入者的财富存量。作为财产税主体的房产税应该赋予其调节收入分配的重要功能。由于货币价值是比较和衡量异质的物质资产的唯一有意义的共同标准,所以应当以房产的实际价值为征收计税依据,并且依靠合理的房产评估体系来加强房产税的征收。累进性税率的房产税能够在调节收入差距的同时,为地方政府积累收入,在现实中是一个不错的选择,其合理税率区间以及累进梯度应该在综合调研我国房地产产业发展前景和居民生活实际水平的基础上,结合国际实践和我国房地产业发展的特殊趋势和新的税制改革的整体思路进行制定,这是一个尚待解决的重大课题;同时作为公平的税收应当充分考虑低收入者的实际情况,一方面要规范房地产税收抵免,另一方面要切实关注低收入者的福利水平,依靠税式支出或者政府的转移支付手段来调节他们的收入水平(潘贤掌、张华东,2005)。

遗产税是对财产所有者死亡时遗留的财产课征的税收,赠与税是对财产所有者生前赠与他人的财产课征的税收。通常认为,遗产税是主税,赠与税是辅税,大多数征收遗产税的国家,都同时征收赠与税。虽然从国外的实践经验来看,遗产税和赠与税占税收比重不高,但是由于其引起的社会影响非常大,一方面增加了居民的平等机会,另一方面鼓励了慈善捐赠,降低了财富聚集度和增大了社会对过高收入差距的扭转力度。所以我国应当在适当的时候征收遗产税和赠与税,提高财富的社会公平分配。

2.以财政税收政策为支点,以工哺农,协调城乡经济发展

在我国建国初期,为了促使国民经济从"一穷二白"的基础上迅速发展起来,我们选择了以发展重工业为主的工业化发展模式。在某种意义上说,这是一条典型的二元经济发展模式。为此,必然会在一定程度上削弱农业与农村的经济发展。为了大力发展工业与城市经济,我们选择了不利于农业与农村发展的一些政策措施,最典型的就是价格剪刀差和城镇户口制度。价格剪刀差把农产品创造的巨大价值转移到工业品,城镇户口制度限制了农业人口与大量剩余农村劳动力无法合理转移,它们是造成我国"三农"问题不可忽视的制度因素。自从建立家庭联产承包责任制以来,我国农村生产的积极性大大增加,带来了农村经济的大发展。改革"彻底引入了各种责任制、运行集市贸易"①,并使得农产品的价格主要取决于市场经济供需双方力量的均衡。但是,与此同时,带来了许多新的问题,在农村"政府从过多地运用权力变为过少地运用政府权力",最主要的体现就是农村公共产品的建设、医疗卫生体系、

① 盖尔·约翰逊:《经济发展中的农业、农村、农民问题》,第10、15页,北京,商务印书馆,2005。

社会保障制度和基础设施,如公路、水利、桥梁、集贸市场等的建设资金,政府严重缺位,大多数都是依靠农民通过自身的各种方式来筹集。从目前的收入发展水平来看,城乡差距是引起全国关注的一个社会问题,如果农民的收入水平在未来的经济体制改革中没有得到较高的提升,我国的经济体制改革难以得到占我国大多数人口的农民的支持,进而体制改革缺乏广泛的群众基础,由此,将会导致经济体制改革目标无法实现。

从国际的实践来看,西方发达国家无一例外,在工业革命之后都遵循优先发展工业,以农养工,等到工业发展到一定程度,再以工哺农,调整农业的产业结构或对农业进行直接的补贴。工业高水平的发展离不开农业的支持,而现代农业的发展需要工业的补给。

以国际为例,世界上发达的农业国家无一例外的都有一个工业反哺农业的过程,在启动该过程中,其典型的经济指标为人均GDP约为1500美元左右,农业产值与工业产值之比大约在2:8左右,农业劳动力占全部劳动力的25%左右(见表9-1)。从我国目前相关经济指标来看,我国人均GDP已经超过1000美元,农业与非农业产值之比大约在15:85,农业与非农业结构之比大约在50:50。我国已经进入工业化的中期,国民经济的主要动力来自于非农产业,农业不再为工业提供积累,工业实现了自我发展,相应的工业将反哺农业。因此随着我国经济发展水平的上升,尤其是工业生产总值占GDP比重越来越大的良好机遇,为实现以工哺农提供了较好的外部条件。

表 9－1　世界农业发达国家启动以工哺农的经济指数特征

相关指数	美国	日本	中国台湾
时间	1933	1961	1974
人均 GDP（$）	1800	2690	1500
典型政策	农业调整法	农业基本法	稻米价格补贴制度
农业总产值/工业总产值比例	2:8	24:76	24:76
农业劳动力/总劳动力	25%	30%左右	27%左右

资料来源：孙自铎，如何看待“以工哺农”，载于《决策》杂志，2005 年第 4 期，其中美国人均 GDP 为 1967 年价格，日本和中国台湾人均 GDP 为 1980 年价格。

首先，以工哺农首先要加大对农业的补贴力度，提供农业的竞争力。对农产品实施补贴是国际上支持本国农业发展的通用手段，同发达国家比较，我国农业补贴存在着补贴范围广、资金分散、补贴效果差和间接补贴多、直接补贴少，农民不能直接受益，以及补贴形式隐蔽，难以给农民提供补贴所带来的激励机制。① 为此，我们要改变补贴形式，加大直补力度、提高补贴的激励程度，同时强化补贴的集中程度，以提高补贴的效果。

其次，以中央财政为主导，为农村建立全国平均水平的公共产品。农村的市场建设落后、信息体系严重不足，以及包括生产灌溉、水利等生产性公共产品和道路交通、生活休闲场所等非生产性

① 参见徐汉明的文章：“创新发展我国农业补贴制度”，载《湖北日报》，2003 年 9 月 11 日。

公共产品在内，其供给程度与范围，严重落后于农村经济发展和巨大的农村需求。因此，以中央财政为主力，激励省、市地方政府配套资金，大力开展建设新农村运动，为农村市场经济建设提供必要的公共外部环境。

再次，统一城乡税制，增加对涉农产品的税收优惠。二元税制结构的存在，导致税收弱化了调节城乡之间、城镇居民和农民之间的收入分配功能，甚至反而助推了城乡经济发展差距与城乡居民之间的收入差距。目前全国大多数省份都取消了农业税，但农民在购置农资产品的增值税无法抵扣等问题依然存在，而且从国际实践看，对涉农产品的税收优惠和减免是增强农产品国际竞争力、保护国内农业、促进农民收入提高的有效方法。因此在统一城乡税制基础上，增加对涉农产品的税收优惠，以轻税政策促进我国农业生产的发展。

3.完善我国的转移支付制度，降低区域间收入差距

转移支付是政府间的一种补助。它是以各级政府之间存在的财政能力差异为基础，以实现各地公共服务水平的均等化为主旨而实行的一种财政资金转移或财政平衡制度。上级政府将通过调节机制取得的财力和每年安排的定额投入资金作为转移支付资金的来源，根据下级政府的收入努力程度、人均财力以及公共支出水平等因素，以转移支付的方式促进社会公共服务水平的全面提高。

从国际实践来看，转移支付制度的安排可以分为一般性转移性支付制度和专项转移支付制度。其中一般转移支付，各国都主要用于教育、基础设施建设等项目，以达到使各地居民均可以享用到同样或相近水平的公共品及劳务，而不是把补助投入到生产性

领域,一般性补助则基本上投入到能体现均等化各地财政地位和解决财政纵向不平衡的问题(徐国荣,2003)。专项补助一般指有条件补助,它对于各地区在符合相关条件下,获得一定补助具有横向公平。

一般认为转移支付制度可以:(1)实现各地区服务水平的均等化。即通过财政的横向和纵向转移达到各地在各自的经济发展水平上有相应的公共产品水平。(2)确保各地的财政收支平衡。弥补各地财政收入缺口或者对地方的超额收益进行调整。(3)对某些地方和特殊事件进行富有成效的救济和确保低收入者的基本生活保障。从转移支付的功能来看,一般是以缩小地区收入差距、鼓励地方经济发展和提供相应的调整手段为主要目标,这也是在发达国家转移支付金额大幅上升的主要原因。

利用政府间的转移支付制度可以为我国当前形式下的收入差距扩大起到良好的抑制作用。一方面,东部地区本身具有较强的经济实力,地方政府可以满足本地区公共产品的需要,因此,中央可以相应地减少该地区的转移支付力度,而对于中、西部地区,中央政府可以通过大量的转移支付,在满足这些地区全国性公共产品的需要同时,可以积极扶持建立地方性公共产品,为经济发展建设尽可能满足地方公共需求的外部环境。另一方面,将集中的收入通过专项转移支付对中西部地区的经济发展提供专项支持。在国家支持沿海经济发展政策全面贯彻之后,对中西部地区的转移支付制度是“先富带动后富”的非均衡发展战略的重大调整。但是政策的良好愿望并不能代表政策实施的良好结果,因此必须通过良好的制度设计来管理相关政策的实施:首先合理界定中央和地方的事权是一般性转移支出合理分布的前提条件。我国的财政收入集中度高,地方财政收入水平低下,但地方政府承担了繁重的经济发展和社会责任,合理的事权的界定才能正确地确定财权的分配和转移支付的力度;其次要注重转移支付规范化与公式化。一般来说,发达国家会设计比较科学的将多种因素考虑在内的计算公式(一般包括人口面积、相对富裕程度、成本差异等)以确定转移支付力度。在我国地区差距过大的现实选择中,必须:(1)考虑地区、省份民族,甚至各省中的市、县的不同情况,立足于减少转移制度的盲目性和随意性,以公平的制度来确立公平的转移力度;(2)采取灵活多样的支出方式,例如有条件补助和相应的配套补助,如限额配套补助、非配套补助、有条件补助① 等形式,使得各种补助能够发挥最大用途;(3)采取适当的措施来激励地方政府利用转移制度的效率和用途,特别为了激发地方政府的参与意识,更多采用配套性转移支付以发挥转移支付的粘合作用;设立专门的管理和分配机构,防止转移支付漏出的"粘纸绳效应"。

4.结合外部机制,充分利用税收机制,降低垄断行业过高利润和职工收入

在对垄断行业引入竞争机制,吸引多方资本投资,对其服务采取成本定价外,加强对垄断行业利润的监控和所得税的征收,确保

---

① 有条件补助是指专项补助,它分为配套补助(即补助提供者为支持某一特定活动提供一定金额,补助接受者需要支出一定金额)、限额配套补助(决定于补助接受者的行为,一般有最高限额)、非配套补助(资金必须用于指定的公共产品上);无条件补助是指提供一定的补助,其用途不作特殊规定,对下级政府充分信任。参见《财政学》(第6版),哈维·S.罗森,中国人民大学出版社,2003。

税制的收入分配功能。

5.完善预算资金内、外资金的管理

在各级政府事权和财权合理分工和界定的前提下，对预算资金的管理应该从编制的准备前期着手，加强宏观调控信息对预算的透明和立足于国家中期发展规划，尤其是强调对于我国建立公共财政的政府预算体制给予倾斜；对预算编制过程中应当强调项目可行性和项目可操作性相结合，大力借鉴国外的预算编制经验，增加预算编制的实践安排，如提前一年左右开始编制下年预算①，加强预算资金的类型区分与无条件补助和有条件补助相结合；对于预算资金的运用应该注重动态管理与效益管理，将中期检查和年度目标相结合，并采取各种激励手段调动预算使用部门提高资金使用效率，尽量减少滥用、挪用等行为；对于预算资金的用途应该有一套严格的监督和审计制度，以使得目标和结果相一致，并能体现预算编制的法律威严。

从我国预算外资金的收入来看，如下表所示，从 1997 年 2826 亿元增加到 2002 年的 4479 亿元，增加了 58%，年均增加 8%，预算外收入的快速增长造成了许多利益不协调问题，并在某种程度上扩大了利益矛盾与冲突：各级政府的预算外非规范收入日益增加的同时，不断侵蚀税基，使财政收入趋向萎缩，预算内财政收入占 GDP 的比重严重下降，制约了政府职能的履行；花样繁多的预算外乱收费成为企业和居民的沉重负担，“费”大于“税”，民怨较多；收入分配秩序混乱，加剧政府腐败和官员的寻租行为，而且破坏了财

---

① 如德国的预算编制一般都提前 12—15 个月。

政体制的完整性，甚至各部门以自我利益为中心。

表 9－2　我国预算外资金收入规模

（单位：亿元）

年份	1997	1998	1999	2000	2001	2002	2003
预算外收入	2826	3082	3385	3826	4300	4479	4566

资料来源：《中国统计年鉴(2005)》。

预算外资金快速增长的原因，一方面在于各级行政部门扩大，财政人员增多，且地方利益相对较为独立，为此，地方政府为了缓解财政压力，必然要在国家预算内资金外寻求相应的财源；另一方面，放权让利的政策环境与财政包干的利益驱动，将致使地方政府利用行政隶属关系截留属于企业经营权的收入，并利用政府的天然优势对准公共产品采取垄断性定价，以获取超额报酬等。

为此，我们首先应降低预算外资金，确保财政资金的统一管理。我国预算外资金虽然是适应我国特定条件下的产物，但也应当随着完善社会主义市场经济体制而逐渐取消，变预算外资金为预算内资金，对于各种收费逐渐过渡到税收层次。其次，应当深化预算外资金的两条线管理制度，确保各部门不因各自利益而损害纳税人尤其是低收入者的利益；再次，对于预算外资金的使用，实行部门综合管理制度，并建立核查和责任追究制度，确保各部门不因寻租而产生高额的收入。

第三节 社会保障和社会福利体系建设与利益兼容

社会保障是指当社会成员因为年老、疾病、失业、生育、死亡、灾害等原因致使生活困难时，能够从国家、社会获得满足基本生活需要的保障。社会保障制度是国家通过国民收入分配和再分配，依法对社会成员的基本生活权利给予保障而建立的一种安全制度。各项不同性质、作用和形式的社会保障制度构成整个社会保障体系，它主要是由社会福利、社会保险、社会救助、社会优抚和安置等制度所构成。从英国伊丽莎白女王 1834 年颁布《新济贫法》作为萌芽阶段开始，迄今不过 160 年的历史，而世界上已有 142 个国家（或地区）建立了类型不同和项目有别的社会保障制度，完全空白的国家只有少数几个（马哲实，1995）。社会保障制度的健全与完善是各国经济发展和人民福利提升的一个重要指标，在全面建设小康社会与构建社会主义和谐社会中，将会成为广大人民群众日益密切关心的话题。在经济体制改革时期，建立与经济发展阶段相适应的社会保障体系能够使全体社会成员更广泛和更公平地享受改革所带来的利益增进，因此党的十六大报告指出：建立健全同经济发展水平相适应的社会保障体系，是社会稳定和国家发展水平相适应的社会保障体系，是社会稳定和国家长治久安的重要保证。中共中央十六届三中全会通过的《关于完善社会主义市场经济体制若干问题的决定》也强调要加快建设与经济发展水平相适应的社会保障体系。因此，加快社会保障制度改革，建立适应我国国情的社会保障制度和福利体系，既是全面建设小康社会的重要方面和发展社会主义市场经济的必然要求，又是进一步深化体制改革、完善利益分配和协调体系迫在眉睫的大事。

一、社会保险和社会保障的利益协调机制分析

根据人们在工作中和社会中的风险类型，因市场经济中市场失灵的领域和人们对于生存、发展和享受的需要，一般把社会保障制度分为社会保险、社会救济和社会福利。社会保障制度体系是为社会全体成员提供安全保护的、以政府为主管的完整的体系。它首先具有调节功能。社会保障体系可以调节收入分配的不公，尤其保护少数人免受贫困，从而缓解社会矛盾，同时为社会进步的动力系统提供强大的后援。它还可以通过社会保障基金的运用来调控整个社会宏观经济的运行。其次，它具有稳定功能。通过保障社会成员的基本生活需要和发展以及享受的基本需要，普遍提高全社会的福利水平，保证整个社会的良性运转。因此，一般称社会保障制度为经济发展过程中的“安全阀”与“减压器”，它使人们对社会的认同感增强，社会趋于稳定状态。再次，具有恢复和发展的功能。通过对人们所遭受的意外的风险进行补偿，使其损失降到最低，保护和恢复其福利水平，同时通过社会福利增进人们更好地享受生活的能力，激发和提高个人的劳动能力，促进人们同社会的协调发展，使社会和经济生活实现良性循环。我国宪法明确规定国家和社会有责任为公民提供各种保险[①]。

---

① 《中华人民共和国宪法》(1982 年 12 月 4 日第五届全国人民代表大会第五次会议通过，2004 年 3 月 14 日第十届全国人民代表大会第二次会议修正)，第四十五条。

社会保险主要包括医疗保险、失业保险和养老保险等。医疗保险能够使得基本医疗保险成为一个准“公共产品”，抽取部分不影响其正常收支的在健康阶段工作时薪水收入来为将来的医疗付费，国家或者通过此方式来集中弥补落后地区医疗条件的恶劣情况，目标是降低人们对健康的忧虑和达成一国范围内基本医疗水平的平衡，让社会成员共享经济发展所带来的健康水平的提升，同时克服商业保险对重大疾病的供给不足问题。由于工业化和市场化所带来的竞争性的加剧，工作机会的双重性（失业和就业）不可避免（尼古拉斯·巴尔，2003），而充分竞争和有效率的市场需要劳动力合理和自由的流动，因此，在建立合理的劳动用工制度的基础上，失业保险为劳动力的自由流动提供较好的制度保障。从失业保险性质来看，由于劳动力的流动受到区域、行业的差异尤其是个人努力的影响，不可避免存在道德风险和逆向选择问题，商业保险无法满足精算的目的，几乎所有的国家都由政府来管理失业保险。失业保险保障了失业者临时失业时候的基本生活水平，为其再次寻找工作提供帮助，同时由于失业者在工作机会间隙期间保持稳定的收入，安定了个人生活和家庭关系，缓解了体制改革和劳动制度改革后市场经济对社会成员带来的冲击，有利于整个国家的安定团结和进一步深化体制改革。养老保险是指社会成员在有能力从事工作时，从其剩余生产能力中拿出部分为将来丧失部分劳动能力时提供保障。现代经济的发展趋势是农业人口占总人口比例逐渐下降[①]，真正从事农业人口的比例更少，老年人从以前依靠土

① 我国2000年的第五次全国人口普查结果表明，我国城镇人口数比第四次人口普查时要增加10%左右。

地、周围的子女的抚养方式变成为社会的抚养方式。养老保险体系的建立和完善能够在企业体制改革进程中为劳动者提供后援，提高工作积极性和对企业的忠诚度，同时能保证老年人的基本生活需求，使他们老有所养、老有所依，为社会创造更多的价值，尤其是稳定老年人的情绪和他们对国家和社会的包容，当前我国已经迈入老龄化社会，体制健全的养老保险对于构建和谐的、健康的、稳定的社会至关重要。此外，国家和企业为职工在劳动过程中发生工伤事故或者职业病导致的残废、暂时和永久性丧失劳动能力的意外风险，为劳动者提供工伤保险，它保护了劳动者客观上存在的危险和这些危险将会导致的损害，调动了劳动者的积极性，同时有利于给劳动者创造更好的劳动条件，使他们愉快并且健康地工作，并且对于发生的危害给予赔偿，保证劳动者发生意外时仍然能够正常地生活，共享经济发展所带来的福利增进；妇女在生育期间暂时无法工作中断经济来源时，由国家和企业对其基本生活和医疗保健给予物质保障——生育保险保障了女性劳动者的身体健康和确保了劳动力的再生产，为更好地保证新生命的健康抚养提供了保证，维系了家庭的和睦和团结；职工死亡后，为解决善后事宜和直系亲属的生活问题而规定的物质帮助——死亡及遗属保险，它代表着社会对死者的最大感谢，给予了死亡劳动者家属最好的安慰，让他们体会到社会的温暖，同时解除了劳动者的后顾之忧，有利于解决下一代的生存和发展，更好地回馈社会，也让他们享受到劳动者为经济增长作出贡献的同时也为他们的家庭积累了福利。

社会救济是现代国家中得到立法保障的基本公民权利之一。

当公民难以维持最低生活水平时,由国家和社会按照法定的程序和标准,给予临时或者一定时期内提供保证其最低生活需求的物质援助的社会保障制度。它主要包括城市居民最低生活保障,对农村无依靠老人、残疾人和贫困者的照顾,以及赈灾救济、扶贫救济等。社会救助的目标是扶贫救贫,救助社会脆弱群体,其对象是社会的低收入人群和困难人群。无论是西方发达国家或者是东亚新兴国家,都有一个普遍的社会救济制度,它像一张构建最低生活标准线上的安全网,确保每一个社会成员在因各种主观的或客观的原因生计断绝时,不至于陷入无助的陷阱。一方面它能够帮助社会成员解决由于意外的或者不可抗拒的原因遭受的巨大损失,而意外和不可抗拒力的原因在现今社会仍然徘徊在我们周围,所以社会救济制度将会长期存在;同时可以使生活一直困难的社会成员享受到基本的生活水平,并且随着经济的发展有相应的提高,共享经济发展成果。社会救济制度的实施在从物质(货币或者实物上)上为困难者提供帮助的同时,还可以激励他们提高从事社会生产的努力水平,并形成积极向上的社会风貌。

社会福利制度是指国家依法为所有公民普遍提供旨在保证一定生活水平和尽可能提高生活质量的资金和服务的社会保险制度。社会福利所产生的利益投向呈现单向,即不要求被服务对象缴纳费用,只要公民属于立法和政策划定的范围之内,就能按规定得到应该享受的津贴服务。社会福利较社会保险而言是较高层次的社会保险制度,它是在国家财力允许的范围内,在既定的生活水平的基础上,尽力提高被服务对象的生活质量。社会福利的最大特点就在于它能够提供私人无法或者无效率提供的一些"准公共产品”，例如，福利型补贴、生活设施福利、岗位津贴、住房福利以及社会成员的文化体育福利设施等，社会福利满足的是更多发展和享受需要，它们能够让社会成员分享经济增长所带来的幸福度的上升，这正是经济发展的终极目标。经济体制改革需要社会福利制度的支持，社会成员需要社会福利设施的改善，让他们感受到经济发展和经济体制改革所带来的精神和物质水平的改观。

二、我国目前社会保障和社会福利制度的现实分析

我国目前的社会保障体系是在改革开放以后逐步建立起来的，社会保障的运行机制、类型和模式、项目结构、管理手段和管理体制等方面都进行了深层次的改革与创新。1991 年 10 月颁布的《国务院关于企业职工养老保险制度改革的决定》以及各省相关配套政策的实施，在全国拉开了养老保险制度正式实施的帷幕。1998 年 12 月《国务院关于建立城镇职工基本医疗保险制度的决定》颁布，使我国的医疗保险制度走上了正轨；1998 年 12 月国务院通过的《失业保险条例》是我国失业保险制度完善的一个重大标志。

社会保障体系的初步建立适应了我国深化经济体制改革的基本需求，为经济发展、企业经营机制的转化作出了巨大贡献，保证了国家安定团结的局面和广大社会成员的生活安定和幸福。根据 2004 年 9 月国务院新闻办公室发表的《中国的社会保障状况与政策》白皮书，我国的社会保障已经取得了令人叹服的成就。

但是由于我国的社会保障体系建立的时间较短，有许多的政策是借鉴国外的经验，必然存在着许多不完善的地方，甚至出现了

许多失误,为改革付出了较大的成本。(1)社会保障制度的指导思想。从国际实践来看,效率和公平一直是社会保障体系所追求的既相统一又相对立的两大目标,也是西方发达国家在社会保障发展过程中争论的话题。但是从它们的实践来看,追求效率基础上的公平保障是大多数的选择。就我国而言,我们认为社会保障应该以"公平为主,兼顾效率"为指导思想,可能更符合我国的实际需要,更适合我国在日益扩大的收入差距下的平衡作用。但是目前,我国的社会保障体系的构建中一味地追求个人福利,而完全漠视社会保障体系的效率,甚至产生滥用社会保障专项基金等现象。(2)社会保障的覆盖面没有扩展到它应该有的范围。我国的人口比例构成主要以农村人口为主,在2000年的第五次全国人口普查中,农业人口占了63.19%,但是社会保障的主体"安全网"并没有在农村建立起来,农村无法完善的养老保险体系和优良的医疗保险制度,农民看病难等问题依然突出;农民工的医疗、养老和失业保险除了北京等一些发达地区之外,基本没有正式启动。农村社会保障制度的落后必将对农村剩余劳动力的流动产生直接影响,没有农村剩余劳动力和合理转移,就没有现代化的农业、农民、农村,也就谈不上我国经济的全面发展。(3)以现收现付制度为主的社会保障制度,难以应对老龄化。根据2000年第5次人口普查公报,在大约13亿人口中,我国65岁以上人口为8811万,占6.96%,人口结构开始进入老龄化[①](国际通常的定义)阶段,今后

① 国际上通常把60岁以上的人口占总人口比例达到10%,或65岁以上人口占总人口的比例达到7%作为国家或地区是否进入老龄化社会的标准。按照此标准我国已经跨入老龄化社会。

还将以较快速度增长，到2015年，60岁以上的人口将超过2亿，约占总人口的14%。我国的老龄化社会发展具有数量大和超前经济发展的特点，将会对我国的社会保障体系造成巨大负担。因此现行的现收现付制的社保基金面临着枯竭风险。(4)从资金筹集方式来看，20世纪80年代以来，我国的社会保障资金的筹集模式都是遵循现收现付制；从我国老龄化社会的发展趋势来看，继续沿用现收现付制必将导致我国社保基金压力的增大，将会出现收不抵支，因此公积金制度在我国长期来看是一个适合我国社保实际情况的选择。并且社会保障资金的社会统筹层次低，我国目前养老保险基金是实行省级统筹，失业保险基金和医疗保险基金实行市级统筹，由于企业经济效益没有得到好转，社保基金收支不平衡矛盾将进一步显现，省级或者市级统筹能力较弱，不能分散风险，而且由于各地发展水平不均衡，各地各行业社保负担不均，加剧了经济发展和收入分配的不平衡(陆解芬、王红领、朱玉林，2002)。(5)从社保基金的收入管理体制来看，1999年1月国务院第259号令颁布了《社会保险费征缴暂行条例》，对社会保险费的征缴管理做出了新的规定，1999年3月份社会劳动和保障部对社会保险费的缴纳等行为做出了具体规定，为规范企业的社会保险行为和国家的社会保险管理提供了有力的依据。但是现实的情况依然是由于社保费的立法层次较低，现行社保制度不够规范，政出多门，费率和统筹级次不统一，事业单位失业保险参与率低下，三资个体私营企业依法缴费意识淡薄，雇主不愿为全部员工投保只为少数高级员工投保或雇主本身不愿投保，缴费年限达不到15年的职工本身不愿意投保，他们更关心眼前利益等等(张进华，2002)。(6)从社会保险基金的支出管理来看,社会保障基金管理机构分散,管理层次过多,使得资金不集中,并且基金投资渠道单一,难以保值增值,外部监督机制也有待于完善。

三、深化利益兼容的体制改革需要健全社会保障和福利体系

深化经济体制改革需要社会完善的社会保障体系来促进企业转换经营机制,完善劳动力流动,为劳动力的失业、健康和养老保障提供安全网,更需要完善的社会保障体系来保证劳动力的再生产;同时也需要社会保障制度调节过高的收入差别,弥补按劳分配和按生产要素参与分配所造成的不足,缓解救济体制改革所造成事实中的不平等,同时协调社会成员的关系,提高全体社会成员共建和谐社会的积极性和主动性,为我国经济的发展激发更大的潜力;同时通过前瞻性的社会福利体系推动精神文明建设,提高社会成员的幸福程度,增加对社会主义体制改革的认可和积极参与进一步的改革。立足于深化体制改革,我国社会保障体系需要进一步改革。

1.重新审视社会保障建立的宗旨及完善社保基金的管理。我国社会保障制度的安排应该建立在我国经济发展的实际水平和社会对社会保障的需求基础上,要建立具有一定稳定性并与经济发展相适应的合理的社会保障制度体系,应该坚持公平性和效率性的统一。由于经济发展的效率优先必然带来收入分配的不公平,因此社保基金首先应该以调节社会的公平为目标。为了提高全民对于社保基金的高度关注和切实以社会成员的将来利益出发,应

当提高社保法规的立法层次，同时对于基金的管理和运用应当遵循法律允许的范围内保值增值的任务。大力开展农村中社会保障基金尤其是养老基金制度的建立，使农民脱离以土地为保障的传统模式，解放农村劳动力，增强他们的抗风险能力。社会保障基金的管理应该遵循依法管理，依法投资和接受民主监督的原则，确保保值、增值和公开透明使用。只有对社保基金使用的公开化，才能真正把人民的保障钱保护好；只有社会保障制度建立起收、支、管、投四个环节相对独立的社会保障体系（陈灿平，2004），税务部门征缴社会保障费、社会保障部门负责社会保障费的计发、财政部门负责社会保障基金的管理、独立的经营机构负责社保基金的投资运营才能够保证社会保障基金取之于民、用之于民。建立起内部监督、司法监督和社会监督相结合的社会保障基金监督体系，确保社保基金的有效使用。

2.将现收现付制度和积累制相结合，探索社会保障基金筹集方式的创新模式。虽然现收现付制和公积金制式的社会保障费的筹集模式各有利弊，但是从国际上社会保障费的筹集模式来看，把现收现付制度和积累制相结合是目前比较合适的方法（哈维·S.罗森，2003）（考虑到社会保障费的通货贬值的可能性和支出的压力，对于将来退休的人来说部分采用现收现付制度，部分来源于社会保障信托基金）。面对我国的老龄化压力所带来的最大影响就是社保费支出的快速增长，现收现付制度的弊端显现，因此积累制是我国社保基金的首要选择，但是积累制对于公平调节乏力，需要国家制定相应的配套政策，目前采用部分积累制是一个合理的选择。社保资金应当保证有稳定的来源，同时社会保障体系具有一定的强制性,国家应该利用高层次收入体系来统筹社保资金来源,发达国家一般征收社会保障税,确保了社会保障在社会成员中的重要地位和确保其收入的稳步增长,所以我国目前依靠特定机构征收社保资金应当逐步过渡到国家层次,同时可以依靠中央政府在全国区域范围内协调社保水平。

3.完善以医疗保险、失业保险和养老保险为主体的社会保障体系。医疗卫生体制改革、养老保险制度和就业与失业问题目前已经成为我国居民最关心的三大问题①。覆盖全国范围的以医疗保险、养老保险和失业保险为主体的社会保障体系,是关心全体社会成员的切身利益的体现,降低市场主体的基本风险,也是为完善社会主义市场经济体制创造外部条件。社会保障只有体现普遍性原则,也才能发挥其互助共济的功能。

4.不同区域保障水平应当在经济发展水平上有所区别。我国东、中、西部地区经济发展明显呈现不同的层次,与此同时区域内部省份也有所区别,东部地区省际差别一直非常大,中部地区省际差别较小,西部省份之间差别有逐渐扩大的趋势(见第二章),而且由于消费水平以及社会管理水平差距较大,不同区域间的社会保障水平肯定存在差异。在为各区域间提供适合各地基本的社会保障水平的同时,承认各自社会保障水平差距的存在,既是保证各地在相应收入和生活成本下同等保证水平的必要条件,又是在公平的基础上对效率的追求。

---

① 据国家统计局城调队 2000 年 12 月对武汉等 10 个城市的典型调查,老百姓当前最关注的问题,第一是医疗卫生体制改革(占 8.7%),第二是养老保险制度建设(占 81.8%),第三是失业与就业(占 68.1%)。

5.城乡保障的统一和差异化并存。在1978年农村实行联产承包责任制以前,中国农村居民除了依靠家庭保障以外他们还可以通过以社队为基础的集体经济制度而获得集体保障(梁鸿,1999),但在此之后,农民陷入了家庭联产承包责任制后唯一依靠土地作为保障的境地,但是随着经济的发展土地无法承载市场经济风险,尤其是在生活水平整体提高的情况下,土地收入更是无法保证农民的养老风险、医疗风险和失业风险。确保农民享受全国相同水平的社会保障就是完善社会主义市场经济的必要环节。但是,农村和城市的生活成本存在较大差异,城乡之间社会保障水平和结构都应该不同。城市应当建立一套规范的、与市场经济相适应的社会保障体系,农村社会保障体系应该立足各地的实际情况,建立以乡(镇)为主导,村委会为承办的,适应农村的养老保险体系,以政府补贴为主的医疗保险体系和以转移剩余劳动力为主要线索的失业和再就业系统。

6.构建适合我国经济发展和社会需要的福利体系。社会福利的重要作用和突出特点是它高于一般的社会保障,它能够给社会成员带来精神上的满足,提升幸福指数。根据我国居民群居的特点,在城市中以住宅小区、居委会和区级政府为单位建设多层次的社区服务中心、闲暇服务点、健身服务中心等形式的社会福利体系,在农村中,以村、生产队、小组为单位建立农民娱乐室、便民中心,农业服务中心等。

四、统筹其他各类政策，促进地区差距、行业差距和城乡差距的缩小，确保利益的共同增进

随着体制改革的深化，民众对改革的预期也比以前大大提高。深化体制改革，我们必须以从单纯的发展经济转化为以发展和公平为目标，从利益的不均衡增进转化为利益的协调提升，以使得广大社会成员普享改革的成果。过去的改革中政府都是作为一个强有力的角色，长期作为体制改革参与者、规则制定者和仲裁者。随着改革的进一步深化，政府要脱离直接参与经济的行为，要以规范化的规制来干预经济的运行，目前大量存在的垄断性和寻租性质的非正常利益将得以减少或消除不复存在。政府部门尤其是基层政府对于改革的积极性必然受到影响；而且各个部门和行业之间、区域之间、城乡之间都存在着利益的重新协调和整合。可以说深化体制改革是中华历史上一场最富有艰巨性和复杂性以及积极意义的“革命”，要进行整体协调性的改革才有可能达到预期的目标。统筹各项经济政策，顺利推进利益兼容基础上的经济体制改革，是目前我国经济体制改革所要走的关键一步。除了进行新一轮适合税制改革和完善我国的社会保障体系之外，统筹其他政策包括以下几个方面：

1.公共服务型政府的建立。公共服务型政府应当突出表现为其服务职能和新型的为民、为社会服务的实质，强调以民为本和公民权利第一性，在公民和政府之间关系以法制为基础而界定（中国社科院财政与贸易经济研究所，2004）。但市场机制的引入为利益各方带来由于市场失灵的客观存在所产生的分配失衡问题，导致

的利益分配不均就成为一个不可避免的结果。因此,深化利益兼容的经济体制改革中,新型服务型政府减少对市场的直接干预,确保利益增进的同时,协调利益的分配,形成利益各方兼容和认可的局面。

2.教育政策的普惠。在教育家杜威等人看来教育具有统合、平等化、发展的职能。统合是指能够将青年人"整合"到社会及各种成人角色中去的"社会化"的职能;发展即促进个人心理和道德生长的"发展"的功能;平等化的功能指在存在经济、社会地位等方面巨大不平等的情况下,教育给人提供公平竞争、向上流动的机会,帮助弱势者摆脱他出身的那个群体的局限,能够显著地改善人的生存状态,减少社会性的不公平(S.鲍尔斯、H.金蒂斯,1990)。因此教育的平等有助于缩小经济、政治地位的不平等,消除社会不平等就成为西方发达国家教育的一个基本准则。建设和谐社会,提高全体社会成员对经济体制改革的认可的一个重要内容就是提高教育的公平程度,尤其是提高农村和广大落后地区的教育水平,努力解决机会平等问题。(1)农村初等义务教育的免费提供。从国际实践来看,初等教育免费是一个比较通用的教育政策,它很好地解决了收入较低阶层的教育贫困问题。(2)帮助接受高等教育中的贫困家庭。应以各种形式帮助高校贫困生以完成学业,如政府支持的低息贷款、提供丰富的勤工俭学机会、较高的和特殊的奖学金安排、与企业联系建立合适的实习机会等。(3)大力发展职业教育,为社会提供合适的人才。经济和社会的发展需要各种应用型人才和高素质的技能型人才,因此以就业为导向,大力推动职业教育转变办学模式,发展多样化的成人教育和继续教育是未来教育发展中一个重要任务。(4)多渠道引进教育投资资金,鼓励私人的教育投资。面对我国大量的教育缺口,为政府减轻压力,让政府将有限的财政收入经办更多的公共事务的措施之一就是通过各种有效形式引进民间投资和引入外资。(5)鼓励私人捐赠办学。不以盈利为目的,而是以某种情感的、价值的或者道德上的标准,私人对教育办学进行捐赠,是具有比较完善价值体系的国家在发展过程中将会产生的一种共同现象,世界上发达国家中私人对教育的捐赠成为教育发展一个重要的力量。因此利用税收激励、道德宣传等措施促进私人对我国教育的投入来弥补我国教育经费的不足,应当成为我国经济总量提高和质量上升后教育经费多元化的发展方向。

3.建立农民利益的表达机制。目前产生“三农”问题的一个重要原因在于,农民的利益缺乏表达机制,而背后隐藏的是长期的二元经济结构和城乡割据,以及政策对工业的“偏爱”导致对农民利益保护制度的缺失。这与农民、农业和农村以及农民工为我国的经济发展作出的巨大贡献不相匹配。随着我国经济和社会的发展,社会出现的一个重要特征就是利益的多元化,而不同的利益集团都应该有自己制度化的利益表达机制。而和谐社会的发展需要各个群体在充分表达自己利益的基础上,通过沟通、协商等协调手段达到利益的兼容和整合,只有这样才是绝大多数人所赞同的改革和发展方向。增加农民的人大代表人数、制定农民权利保护的专项法案、完善农民的司法救济和农民的申诉制度、建立合理保护农民利益的中介组织等都是目前增强我国农民利益表达机制的合理尝试。

4.打破行业垄断。行业垄断是促成目前行业收入差距的主要因素,因此一方面要利用政府的控制力度,打破垄断行业的独家服务权,取消行业壁垒,吸引资本流入,降低利润率;同时实行政企分开,使企业树立正确的成本收益观;对于自然垄断行业的服务定价采取完善的价格听证制度,对垄断行业的职工工资采取分级分类管理(夏杰长,2003),降低垄断行业的利润与职工过高的收入。

5.区域经济政策的矫正和区域特色产业政策的扶持

改革开放以后我国历史上经历了四次区域政策的调整,从珠三角成为优势区域,到浦东开发带动长三角发展,到西部大开发,再到东北振兴、泛珠三角概念的提出,从我国区域解决发展可以判断区域政策对于一个地区经济发展起着至关重要的作用。从目前的实际情况来看,我国区域政策的调整以政府为主导,包括地方政府的积极呼应,利用当地的资源优势发展本地区的经济优势。与此同时,不均衡的区域政策产生了不同区域间经济实力的差距。由于经济地理差异,中国的经济增长始终存在着区域差距,但是随着改革开放的进行,区域经济发展差距不仅继续存在,而且呈现扩大的趋势,并且随着区域间税收政策的差异,在个人收入逐渐增加的情况下,导致东部地区个人税负以及税收减免的针对性较强带来东部地区企业的税负也较轻(潘贤掌,1998)。也有学者对于基尼系数的分解得出地区之间的总体差距主要来自沿海地区和内陆地区之间的差距(刘夏明等,2004)。地区差距过大将会对整个社会的和谐发展,全民共享改革成果带来直接的负面影响,其中最重要的是将会引起要素的单向流动,落后地区陷于要素贫困的陷阱;发达地区的公共产品供给承受巨大压力和自然环境的破坏(周国富,2000);同时由于地区差距过大,妨碍了全国统一市场的形成,国家政策遭遇地区差异,不利于宏观调控和增加地方经济割据。因此调整区域政策,尤其是增大对中、西部地区的政策倾斜就成为当前建设和谐社会的一个必然选择,因为一个区域的发展已经不仅仅是它本身的问题,更关系到整个社会的发展和经济素质的进步。(1)以市场为导向加大对中西部地区的政策合理倾斜。应把以前以税收优惠为主导的倾斜政策转变到增强中西部地区的要素吸引力上来,如中央政府加大对这些地区的交通建设,环境保护的扶持,提升中西部地区的人力资源素质(如免费的职业教育和培训等)。(2)增强当地政府的政策呼应的能力和动力。区域政策优势的发挥需要依靠地方政府相应政策的协调,包括取消众多的不完善的规则制度安排、地方保护行为。中央政府在区域政策的协调上应该立足于充分激发地方政府的内在动力,一般认为地方政府以区域最大化和政绩为主要目标,为此,一方面要适度的放权让利,让地方事权和财权基本匹配;另一方面要改革政绩考核目标,以长远经济发展为当地经济发展的主要指标,尤其是引入"绿色GDP"和当地居民对政府行为满意度为考核的主要内容,以促使地方政府以实际行动来策应中央政府的区域协调政策。(3)发挥区域间企业合作的比较优势。我国地域分布广阔性决定了各区域间有着自身独特的优势,区域内企业有比较优势,因此,增强区域间企业合作是目前协调区域发展的一个突破口。通过技术交流和进行许可交易等方式,利用自然资源的优势互补,增进资本、劳动力的协调,延长东部地区的产业链,同时利用东部地区的资金和技术优势,通过并购等形式参与中西部地区国有企业改造,达到提高发达地区资金使用效率和减轻中西部地区政府压力的双赢效果。(4)增加对中西部地区的农业的投入。中西部的主要特征是农业产值占整个国民生产总值的较大比重,而且由于耕种方式比较落后,导致这些地区农民的收入增加缓慢,因此,增加这些地区农民的收入水平既有现实的迫切性又有技术的可行性。为此,政府应当承担此责任,中央政府应当利用强大的财力来促进中西部地区农业产业结构的升级、支持农村的基本建设、保障农民基本福利水平、促进剩余农业劳动力的转化。同时地方政府本着多样化解决问题的思路,激励农民提高生产率和开展促进劳动力技能的培训,如灵活的支农贷款安排、免费提供优质种子、建立适合城市需要的岗位培训系统等。(5)我国地形分布复杂,地域跨度大,不同的地区有着自己独特的资源和经济发展特色。依靠独特的资源禀赋,可以获取高于市场一般水平的利润。因此,扶持各区域的特色产业,帮助各区域发挥自身最大优势,谋求区域经济的快速发展。

主要参考文献

1. 马克思:《资本论》,第一、二、三卷,北京,人民出版社,1975。
2.《马克思恩格斯全集》,第4卷,北京,人民出版社,1958。
3.《马克思恩格斯全集》,第19卷,北京,人民出版社,1963。
4.《马克思恩格斯全集》,第23卷,北京,人民出版社,1979。
5.《马克思恩格斯全集》,第42卷,北京,人民出版社,1979。
6.《马克思恩格斯全集》,第46卷,北京,人民出版社,1979。
7.《马克思恩格斯选集》,第一、二、三、四卷,北京,人民出版社,1976。
8.《列宁全集》,第33卷,北京,人民出版社,1957。
9.《列宁全集》,第34卷,北京,人民出版社,1985。
10.《列宁全集》,第42卷,北京,人民出版社,1985。
11.《列宁选集》,第1、4卷,北京,人民出版社,1972。
12.《斯大林选集》,下卷,北京,人民出版社,1979。
13.《建国以来毛泽东文稿》,第1册,北京,中央文献出版社,1992。
14.《毛泽东选集》,第5卷,北京,人民出版社,1977。
15.《毛泽东文集》,第7卷,北京,人民出版社,1999。
16.《邓小平文选》第二卷,北京,人民出版社,1994。
17.《邓小平文选》第三卷,北京,人民出版社,1993。
18. 江泽民:《全面建设小康社会 开创中国特色社会主义事业新局面》,北京,人民出版社,2002。
19. 江泽民:《在纪念党的十一届三中全会召开二十周年大会上的讲话》,1998年。
20. 江泽民:《正确处理社会主义现代化建设中的若干重大关系》,1995年。
21. 胡锦涛:《在省部级主要领导提高构建社会主义和谐社会能力专题研讨

会上的讲话》,《人民日报》,2005年6月27日。
22. 谢鸿光、文兼武:《中国小康之路》,北京,中国统计出版社,2000。
23. 谭崇台主编:《发展经济学的新发展》,武汉,武汉大学出版社,1999。
24. 柳新元:《利益冲突与制度变迁》,武汉大学出版社,2002。
25. 王东:《中华腾飞论——毛泽东、邓小平、江泽民三代领导集体的理论创新》,北京,中国人民大学出版社,2001。
26. 洪远朋:《〈资本论〉教程简编》,复旦大学出版社,2002。
27. 蒋自强等著:《经济思想通史》,杭州,浙江大学出版社,2003。
28. 盛洪:《中国的过渡经济学》,上海,上海三联书店 ,1994。
29. 盛洪:《寻找改革的稳定形式》,上海,上海财经大学出版社,2002。
30. 盛洪主编:《现代制度经济学》,北京,北京大学出版社,2003。
31. 程虹:《制度变迁的周期》,北京,人民出版社,2000。
32. 卫兴华主编:《市场功能与政府功能组合论》,北京,经济科学出版社,1999。
33. 孙海鸣、赵晓雷主编:《2003中国区域经济发展报告——国内及国际区域合作》,上海财经大学出版社,2003。
34. 景维民主编:《从计划到市场的过渡——转型经济学前沿专题》,南开大学出版社,2003。
35. 张伟和:《福利经济学》,北京,经济管理出版社,2001。
36. 郭冬乐、宋则主编:《通向公平竞争之路——中国转轨期间市场秩序研究》,北京,社会科学文献出版社,2001。
37. 陈荣荣、刘英骥:《中国经济基础与上层建筑变革关系研究》,北京,经济管理出版社,2004。
38. 周小亮:《市场配置资源的制度修正》,北京,经济科学出版社,2001。
39. 陈宗胜:《改革、发展与收入分配》,复旦大学出版社,1999。
40. 陈宗胜等:《中国经济体制的市场化进程研究》,上海,上海人民出版社,1999。
41. 陈宗胜:《经济发展中的收入分配》,上海三联书店出版社,1991。
42. 陈宗胜、周云波:《再论改革与发展中的收入分配》,北京,经济科学出版社,2002。

43. 北京大学《荀子》注释组:《荀子新注》,北京,中华书局,1979。
44. 周天勇等著:《中国政治体制改革》,北京,中国水利水电出版社,2004。
45. 肖红叶:《高级微观经济学》,北京,中国金融出版社,2003。
46. 周振华:《收入分配与权利、权力》,上海社会科学院出版社,2005。
47. 贺卫:《寻租经济学》,北京,中国发展出版社,1999。
48. 赵人伟等:《中国居民收入分配再研究》,北京,中国财政经济出版社,1999。
49. 周罗庚等:《市场经济与当代中国社会结构》,上海三联书店,2002。
50. 文建东:《公共选择学派》,武汉出版社,1996。
51. 谢识予:《经济博弈论》(第二版),复旦大学出版社,2002。
52. 李军林:《制度变迁的路径分析——一种博弈理论框架及其应用》,北京,经济科学出版社,2002。
53. 杨宜勇等著:《收入分配体制改革攻坚》,北京,中国水利水电出版社,2005。
54. 高培勇:《收入分配:经济学界如是说》,北京,经济科学出版社,2002。
55. 李连仲:《构建社会主义和谐社会问题研究》,广东经济出版社,2004。
56. 丁元竹:《建设健康和谐社会》,北京,中国经济出版社,2005。
57. 张宇:《过渡之路:中国改革的政治经济学分析》,北京,中国社会科学出版社,1997。
58. 张宇:《过渡政治经济学导论》,北京,经济科学出版社,2001。
59. 迟福林:《中国改革进入新阶段》,北京,中国经济出版社,2003。
60. 李铁映:《劳动价值论问题读书笔记》,北京,社会科学文献出版社,2003。
61. 陆学艺:《当代中国社会阶层研究报告》,北京,社会科学文献出版社,2001。
62. 唐永泽、朱冬英:《中国市场经济体制伦理》,北京,社会科学文献出版社,2005。
63. 刘诗白:《现代财富论》,上海,上海三联书店,2005。
64. 朱富强:《有效劳动价值论》,北京,经济科学出版社,2004。
65. 高培勇主编:《中国财政政策报告 2004/2005——科学发展观:引领中国财政政策新思路》,北京,经济科学出版社,2004。

66. 王祖强:《社会主义所有制理论创新与发展》,北京,中国经济出版社,2005。
67. 张维迎:《企业的企业家》,上海,上海三联书店,1995。
68. 孙永祥:《公司治理结构:理论与实证研究》,上海,上海三联书店,2002。
69. 吴敬琏:《当代中国经济改革》,上海,上海远东出版社,2003。
70. 李炯:《中国现阶段个人收入差距分析》,太原,山西经济出版社,2000。
71. 仉建涛、苏晓红、任太增:《经济转型与市场秩序重构》,北京,经济科学出版社,2004。
72. 罗季荣、李文溥:《社会主义市场经济宏观调控理论》,北京,中国计划出版社,1995。
73. 李良栋等:《中国政治文明建设》,北京,中国水利水电出版社,2004。
74. 樊勇明、杜莉:《公共经济学》,上海,复旦大学出版社,2001。
75. 李实:《中国居民收入分配实证分析》,北京,社会科学文献出版社,2000。
76. 汪行福:《分配正义与社会保障》,上海,上海财经大学出版社,2003。
77. "中国改革与发展报告"专家组:《中国财富报告——转型时期要素分配与收入分配》,上海,上海远东出版社,2002。
78. 纪宝成、杨瑞龙:《中国经济发展报告(2004 年)》,北京,中国人民大学出版社,2004。
79. 张平:《增长与分享——居民收入分配理论与实证》,北京,社会科学文献出版社,2003。
80. 成思危:《中国经济改革与发展研究》(第一集),北京,中国人民大学出版社,2001。
81. 王梦奎:《中国经济转轨二十年》,外文出版社,1999。
82. 杨胜刚:《经济发展与收入分配》,北京,社会科学文献出版社,1994。
83. 桑百川、王全火:《中国市场经济理论研究》,北京,对外经济贸易大学出版社,2001。
84. 卢嘉瑞等:《中国现阶段收入分配差距问题研究》,北京,人民出版社,2003。
85. 中国社会科学院财政与贸易经济研究所:《科学发展观:引领中国财政政策的新思路》,北京,中国财政经济出版社,2004。

86. 加尔布雷思:《丰裕社会》,上海,上海人民出版社,1965。
87. 加尔布雷思:《经济学与公共目标》,北京,商务印书馆,1980。
88. R.科斯等:《财产权利与制度变迁——产权学派与制度学派译文集》,上海,上海三联出版社,1996。
89. 阿马蒂亚·森,《以自由看待发展》,北京,中国人民大学出版社,2002。
90. 大卫·李嘉图:《李嘉图著作和通信集》第1卷,北京,商务印书馆,1981。
91. 亚当·斯密:《国民财富的性质和原因的研究》,北京,商务印书馆,1979。
92. 弗雷德里克·巴斯夏:《和谐经济论》,北京,中国社会科学出版社,1995。
93. 克拉克:《财富的分配》,北京,商务印书馆,1997。
94. 马歇尔:《经济学原理》,北京,商务印书馆,1997。
95. 庇古:《社会主义和资本主义的比较》,北京,商务印书馆,1963。
96. 约翰·梅纳德·凯恩斯:《就业、利息和货币通论》,重译本,北京,商务印书馆,2004。
97. 保罗·萨缪尔森:《经济学》第12版,北京,中国发展出版社,1992。
98. 保罗·萨缪尔森、威廉·诺德豪斯:《经济学》第17版,北京,人民邮电出版社,2004。
99. 凡勃伦:《有闲阶级论》,北京,商务印书馆,1963。
100. 加尔布雷斯:《经济学和公共目标》,北京,商务印书馆,1980。
101. Y.巴泽尔:《产权的经济分析》,上海,上海三联出版社,1997。
102. 斯韦托扎尔·平乔维奇:《产权经济学——一种关于比较体制的理论》,上海,上海三联出版社,1999。
103. 迈克尔·迪屈奇:《交易成本经济学——关于公司的新的经济意义》,北京,经济科学出版社,1999。
104. 科斯、哈特、斯蒂格利茨等:《契约经济学》,北京,经济科学出版社,1999。
105. 丹尼尔·W.布罗姆利:《经济利益与经济制度》,上海,上海三联书店,1996。
106. A.爱伦·斯密德:《财产、权力和公共选择——对法和经济学的进一步思考》,上海,上海三联书店,1999。
107. 约翰·克劳奈维根:《交易成本经济学及其超越》,上海,上海财经大学出版社,2002。
108. 道格拉斯·C.诺斯:《制度、制度变迁与经济绩效》,上海,上海三联书店,1994。
109. 道格拉斯·C.诺斯:《经济史中的结构与变迁》,上海,上海三联书店、上海人民出版社,1994。
110. 青木昌彦、奥野正宽:《经济体制的比较制度分析》,北京,经济发展出版社,1999。
111. 布坎南:《自由、市场与国家》,上海三联书店,1989。
112. 杰克·J.弗罗门:《经济演化——探究新制度经济学的理论基础》,北京,经济科学出版社,2003。
113. 热若尔·罗兰:《转型与经济学》,北京,北京大学出版社,2002。
114. 世界银行:《中国推进公平的经济增长》,北京,清华大学出版社,2004。
115. 威廉·汤普森:《最能促进人类幸福的财富分配原理的研究》,北京,商务印书馆,1997。
116. 约翰·伊特韦尔等编:《新帕尔格雷夫大词典》,第 4 卷,北京,经济科学出版社,1996。
117. 西斯蒙第:《政治经济学研究》(第 1 卷),北京,商务印书馆,1989。
118. 阿罗:《社会选择:个性与多准则》,北京,首都经济贸易大学出版社,2003。
119. 柯武刚、史漫飞:《制度经济学·社会秩序与公共政策》,北京,商务印书馆,2003。
120. 尼古拉·阿克塞拉:《经济政策原理:价值与技术》,北京,中国人民大学出版社,2001。
121. 尼古拉斯·巴尔:《福利国际经济学》,北京,中国劳动社会保障出版社,2003。
122. 莱斯特·R.布朗:《纵观世界全局》,北京,中国对外翻译出版公司,1985。
123. S.鲍尔斯、H.金蒂斯著:《美国经济生活与教育改革》,上海,上海教育出版社,1990。
124. Douglass C. North & Robert P. Thowas., *The Rise of the western world: A New Economic History*, Cambridge, at the University Press, 1973.

125. John R. Commons, *Institutional Economics: Its place in political economy*, The Macmillan Company, New York, 1934. 康芒斯:《制度经济学》,北京,商务印书馆,1997。

126. Berle, A. and Means, G., *The modern corporation and private property*, Macmillom, New York, 1932.

127. Buchanan, J. M., *Liberty, Market and State*, Harvester Press, 1986.

128. Olson, M., *The Logic of Collective Action: Public Goods and The Theory of Groups*. Harvard University Press, Cambridge, Massachusetts, 1980.

129. Dietrich, M., *Transaction Cost Economics and Beyond*. London and York; Rouledge &Thoemmes PRE, 1994.

130. Pitelis, S., *Market and Non-market Hierachies: Theory of Institutional Failure*. Oxford: Blackwell, 1991.

131. R. M. Sundrum: *Distribution In Less Developed Countries*, First Published By Routledge, 1990.

132. Theil, H: *Economics and Information Theory*. North Holland Publishing Company Amsterdam, 1967.

133. Yohannes Schwarze: How income inequality changed in Germany following reunification: an empirical analysis using decomposable inequality measures, Review of Income and Wealth, Series 42, Number 1, March. 1996.

134. Dennis Mueller: *Public Choice*, Cambridge University Press, 1979.

135. Davis Lance and North C. Douglass: *Institutional Change and American Economic Growth*, London and New York, Cambridge University Press, 1971.

136. John R. Commons: *Legal Foundations of Capitalism*, The Macmillan Company, New York, 1924.

137. John R. Commons: *The Economics and Collective Action*, The Macmillan Company, New York, 1950.

1380. Rawls, J., *A Theory of justice*, Cambridge, Mass.; Harvard University Press, 1971.

139. Robbins, L; *An Essay on the Nature of Significance of Economic Science*. Macmillan, London, 1932.

140. 胡祖光:“基尼系数理论最佳值及其简易计算公式研究”,载《经济研究》2004年第9期。

141. 李铁映:“中国经济改革的双重探索”,载《经济研究》2004年第2期。

142. 林毅夫、蔡昉、李周:“论中国经济改革的渐进式道路”,载《经济研究》1993年第9期。

143. 吴敬琏:“中国采取了‘渐进改革’战略吗?”,载《经济学动态》1994年第9期。

144. 樊纲、胡永泰:“‘循序渐进’还是‘平行推进’?——论体制转轨最优路径的理论与政策”,载《经济研究》2005年第1期。

145. 边燕杰、张展新:“市场化与收入分配”,载《中国社会科学》2002年第5期。

146. 周小亮:“论外在制度创新的差异性与多样性——兼评西方制度变迁理论关于制度创新差异性与多样性的不同解说”,载《经济评论》2002年第3期。

147. 杨瑞龙:“我国制度变迁方式转换的三阶段论——兼论地方政府的制度创新行为”,载《经济研究》1998年第1期。

148. 杨瑞龙、杨其静:“阶梯式的渐进制度变迁模型——再论地方政府在我国制度变迁中的作用”,载《经济研究》2000年第3期。

149. 黄少安:“制度变迁主体角色转换假说及其对中国制度变革的解释——兼评杨瑞龙的‘中间扩散型假说’和‘三阶段论’”,载《经济研究》1999年第1期。

150. 周业安:“中国制度变迁的演进论分析”,载《经济研究》2000年第5期。

151. 周业安:“中国渐进式改革路径与绩效研究的批判性回顾”,载《中国人民大学学报》2000年第4期。

152. 靳涛:“双层次互动进化博弈制度变迁模型——对中国经济制度渐进式变迁的解释”,载《经济评论》2003年第3期。

153. 樊纲:“公共选择与改革过程”,载《经济社会体制比较》1993年第1期。

154. 胡汝银:“中国改革的政治经济学”,载《经济发展研究》1992年第4期。

155. 卢周来:“改革进程中的利益分配”,载《战略与管理》2001年第2期。

156. 阿马蒂亚·森:“论社会排斥”,载《经济社会体制比较》2005年第3期。

157. 鲁品越:“生产关系理论的当代重构”,载《中国社会科学》2001 年第 1 期。
158. 李善同、侯永志、刘云中、何建武:“中国经济增长潜力与经济增长前景分析”,载《管理世界》2005 年第 9 期。
159. 张维迎:“所有制、治理结构及委托——代理关系”,载《经济研究》1996 年第 9 期。
160. 吴宣恭:“关于‘生产要素按贡献分配’的理论”,载《当代经济研究》2003 年第 12 期。
161. 逄锦聚:“劳动价值论和生产要素按贡献参与分配”,载《南开学报》2004 年第 5 期。
162. 周其仁:“市场里的企业:一个人力资本与非人力资本的特别合约”,载《经济研究》1996 年第 6 期。
163. 方竹兰:“人力资本所有者拥有企业所有权是一个趋势”,载《经济研究》1997 年第 6 期。
164. 黄杰阳、周小亮:“关于企业所有权结构的利益团体互动选择分析——兼论企业所有权结构不对称匹配”,载黄少安主编《制度经济学研究》(第六辑),北京:经济科学出版社,2005。
165. 于祖尧:“中国经济的内忧”,载《战略与管理》2002 年第 4 期。
166. 胡鞍钢:“第二次转型:以制度建设为中心”,载《战略与管理》2002 年第 3 期。
167. 王邦佐、谢岳:《社会整合:21 世纪中国共产党的政治使命》,载《学术月刊》2001 年第 7 期。
168. 王绍光、胡鞍钢、丁元竹:“经济繁荣背后的社会不稳定”,载《战略与管理》2002 年第 3 期。
169. 刘晋豫:“推进经济建设和经济体制改革”,载《宣传半月刊》(十六大专刊),2002 年第 22、23 期。
170. 周小亮:“提高农民收入与农村二次市场化制度创新”,载《东南学术》2002 年第 3 期。
171. 绥虎:“全面建设小康社会的民主政治建设和政治体制改革”,载《宣传半月刊》(十六大专刊),2002 年第 22、23 期。

172. 皖河:"利益集团、改革路径与合法性问题",载《战略与管理》2002年第2期。
173. 余晖:"政府管制改革的方向",载《战略与管理》2002年第5期。
174. 蔡昉、杨涛:"城乡收入差距的政治经济学",载《中国社会科学》2000年第4期。
175. 吴敬琏:"中国:政府在市场经济转型中的作用",载《河北学刊》2004年第4期。
176. 陆一:"上市公司薪酬差距变化研究",载《国际金融报》,2004年6月25日。
177. 王红茹:《在华外企偷漏税严重　中国"反避税"任重道远》,中国经济周刊,2005年5月9日。
178. 左大培:"外资企业税收优惠的非效率性",载《经济研究》2000年第5期。
179. 陈秀山、徐瑛:"中国区域差距影响因素的实证研究",载《中国社会科学》2004年第5期。
180. 贾康、白景明:"县乡财政解困与财政体制创新",载《经济研究》2002年第2期。
181. 木乔:"个税改革任重道远",载《人民日报》,2005年8月26日。
182. 柏徐:"我国个人所得税征收中存在的问题",载《经济研究参考》2004年第87期。
183. 王梦奎:"中国现代化进程中的两大难题:城乡差距和区域差距",载《中国经济时报》,2004年3月16日。
184. 苏明:"工农关系、城乡关系、分配关系——转型期'三大关系'的统筹与协调",载《经济参考报》,2003年7月30日。
185. 刘乐山、何炼成:"公共产品供给的差异:城乡居民收入差距扩大的一个原因解析",载《人文杂志》2005年第1期。
186. 张军、蒋维:"改革后农村公共产品的供给:理论与经验研究",载《社会科学战线》1998年第1期。
187. 陈荣凯:"借鉴'公共财政论'发展'国家分配论'",载《福建论坛》(经济社会版)2001年第2期。

188. 李庆华、梁丽萍、赵慧珠:“我国社会转型期的利益整合问题”,载《中共中央党校校报》2003 年第 8 期。
189. 李大明:“论促进区域经济协调发展的中国财税政策”,载《财贸经济》2002 年第 11 期。
190. 韦苇、杨卫军:“农业的外部性及补偿研究”,载《西北大学学报》(哲学社会科学版)2004 年第 1 期。
191. 李志远:“我国个人所得税税制模式的改革”,载《税务研究》2004 年第 11 期。
192. 张华东:“以人为本:纳税人权利保护的比较与借鉴”,载《发展研究》2005 年第 6 期。
193. 徐国荣:“国外转移支付借鉴与启示”,载《江西财经大学学报》2003 年第 4 期。
194. 马哲实:“论现代社会保障制度及其体制改革”,载《税务与经济》1995 年第 4 期。
195. 陆解芬、王红领、朱玉林:“促进收入分配公平的社会保障对策”,载《经济体制改革》2002 年第 5 期。
196. 张进华:“构建公共财政框架下的社会保障制度”,载《求实》2002 年第 6 期。
197. 梁鸿:“试论中国农村社会保障及其特殊性”,载《复旦学报》1999 年第 5 期。
198. 朱文晖、张玉斌:“四次区域政策调整评价”,载《瞭望》2004 年第 47 期。
199. 潘贤掌:“我国各地区税负差异及其影响因素的实证分析”,载《经济研究》1998 年第 11 期。
200. 刘夏明、魏英琪、李国平:“收敛还是发散——中国区域经济发展争论的文献综述”,载《经济研究》2004 年第 7 期。

后　　记

本书是国家社会科学基金项目“深化体制改革中的利益兼容问题研究”的最终成果。在开展此课题研究近三年来，我们本着强烈的理论研究责任心和使命感，承受着较大的思想压力。之所以我们有强烈的理论研究责任心和使命感，是因为从体制改革角度探索不同主体之间的利益兼容，不仅可以从理论上推进和丰富制度经济学、转型经济学和新政治经济学的研究范围，还可以从一个新的视野研究马克思主义经济理论，拓宽社会主义市场经济理论研究的范围。在实践上，如何有效地化解、协调利益矛盾，可以说是深化体制改革与我国现代化过程中不可回避的焦点问题，甚至可以说是我国构建社会主义和谐社会中的一个重要前提。因此，从体制改革角度来分析探讨我国利益矛盾与冲突的原因，并从深化体制改革的角度来分析、探讨如何协调、化解现有的利益矛盾与冲突，从而实现效率与公平相结合的经济发展，这对于进一步推进改革，正确处理发展、稳定与改革的关系，并对于实现全面建设小康社会与构建社会主义和谐社会的奋斗目标，具有重大的理论和现实意义。因此，如何全面系统地对深化体制改革中的利益兼容问题进行分析研究，这是全体课题研究成员义不容辞的职责。另一方面，由于课题研究成员多是年轻的研究生，原有理论基础和研究水平相对薄弱，所以，作为课题负责人不能不承受一定的心理压力，唯恐不能按质完成课题研究目标与要求。

现在，虽然通过全体课题研究成员的通力合作，终于完成了原定的课题设计计划，并且，研究成果获得了5位同行经济理论专家的较好评价，鉴定等级为优。但是，我们深知我们只是对所研究的问题进行了初步的探索，仅能称为阶段性成果，还需要我们今后继续进行长期的学习与研究。可以肯定，此成果尚存在不足、不完善甚至错误之处，在此，希望得到同行和读者的批评指正。

本书是在集体研究和分工协作中完成的。全书由课题负责人周小亮提出基本研究思路和研究方法，拟定详细的研究框架和纲目，安排、协调研究活动，承担导言、第一章、第三章、第五章、第六章的写作，陈资灿提供第八章初稿，周小亮的研究生黄杰阳、张亿、张华东分别提供第七章、第四章、第九章初稿，余静同学提供第二章初稿。最后，全书由周小亮修改和统稿。在研究过程中，我们围绕研究大纲展开了数次小型讨论，潘贤掌和郑珍远同志提供了宝贵意见。在此，深表感谢。

本课题的研究和本书的出版，福州大学管理学院给予了大力资助，为此，我们感谢管理学院领导和同仁的鼓励和支持。我们还要感谢国家社科基金对课题的资助；感谢我的博士生导师吴宣恭教授的无私指点与帮助；感谢方福前教授、白暴力教授、张彤玉教授、林其屏研究员、刘义圣研究员在课题评审时提供了宝贵意见，感谢商务印书馆给予的热情帮助。

周小亮

2006年6月于福州大学庭芳院